聂锦芳　著

追寻与沉思

马克思及其当代性札记

Pursuit
and
Contemplation

Notes on Marx and His
Contemporary Relevance

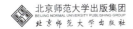

北京师范大学出版集团
BEIJING NORMAL UNIVERSITY PUBLISHING GROUP
北京师范大学出版社

自　序

我长期专注马克思文本、文献及其思想的研究，所发表的成果多是"规范性"的专著和论文。多年来，我也有撰写日记、笔记、杂感和书信等文体的习惯，但多属于私人性质，没有将其刊发的打算。是五年前那场弥漫全球的特殊际遇使情况发生了改变。

当时，我与其他人一样竟日困在家里，无法去学校正常上课，只能通过网络线上讲授、借助微信群发放参考资料，而不能与学生面对面互动和交流。一次我布置了期中考核的作业，让选课的同学根据我已经讲授过的内容，选择其中一个议题撰写一篇小论文。几周之后，同学们陆续将作业发到我的邮箱。我看后发现，有用心写作的，但应付交差和敷衍者居多。而在平时，我每周定期发送内容导读和相关研究文献之后，他们也几乎没有什么反馈，偶尔有提问者，百分之八十是关于课程将如何考试的！这种情况让我有点感触，于是就给同学们写了封信，向他们推荐了恩格斯在柏林大学做旁听生时写的两篇日记，并且对文本内容做了一点分析。最后，我借古喻今，提醒学生们不要丢掉责任和使命、放弃"精神和它的自由"，否则将来有一天会出现这样的情况："你被放在秤上称了，称出你分量不够"——这是恩格斯在日记末尾所引用的《旧约》上的话，我也将此作为我这封信的标题。

信发出后，我进一步意识到这种对学习和工作的敷衍态度并非仅存在于我的"课堂"，而是具有一定的普遍性。既然如此，我的劝诫如果能扩大一点散布范围，也就多少有点意义了。向来跟不上时尚和潮流的我注意到当时推送各种信息和表达对诸多问题看法的微信公众号这一传播方式，于是带着好奇，在孩子的帮助下也附庸风雅开设了一个，选用的名称是我的一本书的书名——"清理与超越"，推送的第一篇文章就是这封书信，时间是 2020 年 4 月 21 日。

没有想到的是，反响异常强烈。读者不断鼓励我，每隔一段时间没有新的文章更新和推送，就有人留言询问和催促。他们的反馈给我带来动力，也逼迫我扩大观察视野和取材范围，并加大分析力度。几年来这种随感、札记类的写作我基本上坚持下来了。迄今总共推送过 172 篇，积累起来的文字竟有 60 余万字！这些短文本是我枯燥的专业研究、那些"规范性"专著和论文之外的"副产品"，同行聚会时偶尔提及，我都感到不好意思，因为有"不务正业"之嫌。但由于写作这些文字时可以直抒胸臆，所以我会感到颇有兴味。

聚沙成塔，集腋成裘。现在我将公众号开设以来前两年的推送文章，连同之前所写的主题内容相关联和风格相近的若干篇什，合编为《追寻与沉思：马克思及其当代性札记》一书，分为"寻访与体悟""甄别与辨析""忆往与留痕""祛魅与澄明"四个专题。内容既包括对 2018 德国"马克思年"特里尔各个大型展览情况的介绍、我到欧洲各地寻访马克思恩格斯生命历程中重要"驿站"见闻的记述以及期间所生发出的感受，更有对诸多重要原始文本及其思想细节的甄别、研究方法的反思以及长期流行的某些似是而非的观点的考辨。此外，本书还追溯了我从事马克思主义专业研究三十年来的心路历程，检视了我所取得的代表性成果和师承关系，最后部分是对马克思思想当代理解中出现的复杂状况的剖析和对经济全球化时代各种纷纭现象的沉思。应该说，本书具有文献详实、考辨细致、分析深入和观点新颖等特点，且力求避免专业论著那般刻板、涩滞、程式化和缺乏生动性的文风，这使本书不仅对人文社会科学研究者具有重要参考价值，而且对关注当代社会发展的普通读者也会产生影响。

北京师范大学出版社欣然接受此书，尤其感谢饶涛总编辑、祁传华主任的支持！责任编辑郭珍女士于此书费力甚多，几年来从未谋面的我俩已经无法计算为此沟通过多少次，她极为认真负责、谨小慎微的态度给我留下深刻印象，尽管对有些删节和改动我持保留意见，但考虑到各种复杂因素我还是听从了她的建议，在此谨向她表达衷心的感谢！

另告读者，近两年来我撰写的此类文章也已经辑录为《尘海苍茫沉百感：穿行于思想、历史与社会现实之间》一书，将由中国社会科学出版社出版。

聂锦芳

2025 年春于北京

目　录

一、寻访与体悟

二、甄别与辨析

三、忆往与留痕

四、祛魅与澄明

一、寻访与体悟

马克思所处时代的具象呈现

一、回到马克思的生活环境
及其所处时代

　　2018 年是马克思诞辰 200 周年。金秋十月，我再次来到马克思的故乡——德国西南边陲莱茵兰-普法尔茨州的特里尔，一个古老、美丽而静谧的小城。作为德国"马克思年"活动最重要的内容，在马克思诞生日——5 月 5 日，这里有四个大型展览揭幕；在开展将近半年之后，其中的三个要于 10 月 21 日关闭（另一个将长期保留）。我是这一活动国际学术咨询委员会的成员，特地赶在这个日子到来之前，前来参观并出席相关活动。旧地重游，故友又见，见闻很多，感受甚深。为此，我拟分别介绍四个大型展览的主要内容，以及其中所反映出的关于马克思及对其思想理解和解释思路上的一些变化及特点；特别是考虑到其中的三个展览已经撤展，保留一份记忆和思考显得更为必要。

　　邀请我来访的莱纳·奥茨(Rainer Auts)博士以前并不是专业的马克思主义研究者，但经过 2015

年受命策展以来的种种磨炼，现在已经成为一位不折不扣的马克思专家了。作为州、市两个大型展览的执行负责人，刚一见面，他就对我说："鉴于全世界包括德国在内，有很多人是依据20世纪的状况来理解马克思的，我们一开始就确立了展览的定位：'您了解卡尔·马克思吗？'这一主题就是力图回到19世纪，回到思想史、社会运动中来呈现马克思的生平、著作和时代及其影响。"莱茵兰州立博物馆（Rheinisches Landesmuseum）和特里尔西蒙斯蒂福特市立博物馆（Stadtmuseum Simeonstift Trier）的展览是由官方统筹规划的，主题是"卡尔·马克思，1818—1883，生平、著作和时代"，但在内容上做了相应的区分：州立博物馆主要展示马克思的政治生涯及他与时代紧密相关的著作，而市立博物馆则重点突出马克思的生命历程和生活状态，本节介绍前一方面的内容。

展览以这样的语言来描述200年前欧洲的状况："这里正经历着政治、经济和社会的变迁。君主政权试图维护他们的集权统治，随着工业的兴起，行会和手工业者失去了原有的地位，革命和战争席卷了整个欧洲，旧秩序正面临着新思想的冲击。"①马克思敏锐地观察到新时代的到来，他悉心探索和思考，并通过文字描述和阐发，剖析了社会发展的症结及未来前景，促进了新的理论体系的建构。莱茵兰州立博物馆在约1000平方米的14个展厅中，展出了与那个时代密切相关的大量原始绘画、雕塑、照片、著作和手稿，呈现了马克思所处时代的复杂境况以及他进行探究的成果。

二、工厂制度对劳动者生活状态的"塑造"

首先跃入我们眼帘的是一幅由安妮-路易·吉罗代尔德·路希-特里

---

① Beatrix Bouvier, Rainer Auts（Hg.）: Karl Marx 1818-1883 Leben. Werk. Zeit，05.05-21.10.2018, Große Landesausstellung Rheinisches Langdesmuseum und Stadtmuseum Simeonstift Trier, S. 47.

奥松（Anne-Louis Girodet-Trioson）于 1812 年创作的拿破仑肖像画。与欧洲流行的众多以拿破仑为题材的作品不同，在这幅画中除了通常会看到的庄重的天鹅绒礼服、金光闪闪的权杖之外，并没有显示其身份的那把长剑，但在旁边却摆了一张桌子，上面十字架下的地球仪边有一本翻开的小册子，是著名的"拿破仑法典"。这是什么意思呢？拿破仑辉煌一生，四处征战，结局毁誉参半，见仁见智；但在主办者看来，他对人类历史进程最重要的贡献是于 1804 年颁布了这部奠定现代国家法律体系的法典。而 1779—1813 年特里尔属于法国，自然也实施了这部法典。它"使得贸易自由和职业自由取代了行会限制，保证了自由、平等和博爱，并通过对私有财产的保护，为市场经济奠定了法律基础"。这种解释体现了现在的德国社会民主党对那段历史的看法。1815 年维也纳会议重新划定了欧洲各国的疆界，莱茵兰地区和特里尔归属普鲁士所有，持续近 20 年的繁荣就此中断，特里尔不仅失去了法国市场，还失去了政治上的话语权，"被推到边缘地位"①。

　　国家归属和政治举措抵挡不住资本的力量及其效应。展览以阿道夫·冯·门采尔（Adolph von Menzel）的油画作品再现了德国波尔锡希机器制造厂生产车间的场景：涡轮轰鸣，阀门嗞嗞作响，煤烟扑鼻，尘埃四散，噪声弥漫。日夜倒班的工人营养不良，收入微薄，却在最恶劣的条件下制造动力十足的机器。对于城市郊外贫民窟的居民来说，重工业的滚滚浓烟、铸铁厂和机械制造车间是他们的现实。"他们属于工业化初期的失败者。那么，谁是胜利者呢？经营企业的资本家！"②1841 年，第一部由波尔锡希机器制造厂制造的蒸汽火车头在柏林的安哈尔特火车站（Anhalter Bahnhof）试运行。仅仅 17 年之后，该公司便庆祝了第 1000 部火车头的诞生。

---

　　① Beatrix Bouvier, Rainer Auts（Hg.）：Karl Marx 1818-1883 Leben. Werk. Zeit，05. 05-21. 10. 2018，Große Landesausstellung Rheinisches Langdesmuseum und Stadtmuseum Simeonstift Trier，S. 49.

　　② Ibid.，S. 240.

德国埃森克虏伯博物馆为展览提供了奥托·博尔哈根（Otto Boll-hangen）于 1912 年创作的油画《克虏伯炼钢厂的浇铸工人》。高大的车间穹顶仿佛是一个大教堂，画面中心的出口就像是主圣坛，在它两侧闪烁着银白色的光芒。徐徐上升到空中的不是祈祷的声音，而是因工人们把钢水倒入而从铸炉喷出来的蒸汽云团。但是可以看出，画作的本意并不在于呈现炼钢厂热火朝天的氛围，相反，画家给它起了这样的一个名字，特别是对灼热的火焰和气团的渲染，仿佛在追问：这些工人戴手套了吗？穿安全服了吗？戴口罩了吗？因为老板通常只在技术革新上大量投资，力求降低人力成本在生产投资中所占的比例，而在保护工人安全方面起初根本无所作为。马克思在《资本论》中严厉谴责过企业主追求利润时的贪婪，他举了一个轧花机的例子，轧花机被用于棉布生产过程中，通过铁制滚筒碾压从子棉中分离出皮棉。单在 1852—1856 年，一台轧花机就造成 6 人死亡，60 人严重伤残。要知道，工厂主只需花几个先令就能防止这类事故的发生，但他们压根没有想这样做。类似轧花机的例子也同样发生在炼钢厂。对资本家来说，技术进步的目的是降低生产成本，而不会想到要为工人做些什么，因为他们只是其用来创造剩余价值的工具。

与以往教堂的钟声把人们唤醒的情形不同，在工业化时代，闹钟响个不停，因为新的生产方式需要工人轮班工作，不能让机器休息。这种情况下，住得离工厂近，是一件幸运的事，不过，多数人都没有这种运气。展览对此的描述不由让人想起马克思在《资本论》中所引用的一段材料，那是一个 9 岁男孩乔治·阿林斯沃思的自述："我是上星期五来的。我们应当在第二天清早 3 点上工。所以我就留在这里过夜。我家离这里有 5 英里路。我睡在地板上，铺一条皮围裙，盖一件短外衣。……来这儿以前，我有整整一年的时间也是在高炉上做工……星期六也是清早 3 点上工，不过好歹还能回家睡觉，因为离家不远。"①

---

① 马克思：《资本论》第 1 卷，《马克思恩格斯文集》第 5 卷，人民出版社 2009 年版，第 299 页。

诚如马克思一针见血所指出的，"资本主义生产过程的动机和决定目的，是资本尽可能多地自行增殖，也就是尽可能多地生产剩余价值，因而也就是资本家尽可能多地剥削劳动力"①。这也适用于女工和童工。特别是在矿山，童工备受"欢迎"，因为他们能比成年人更灵活地在低矮的坑道里穿梭。井下条件艰苦，缺乏阳光和氧气，充满煤尘的空气严重损害童工的健康，但矿主们却习以为然。在防尘面具出现之前，这种残酷的工作让很多工人死于瓦斯中毒、矿坑塌方，或者粉尘肺病、关节硬化以及其他后遗症。

工人在这种状态下工作会把不良的情绪延续到工作之外。柏林图形艺术家汉斯·巴鲁谢克（Hans Baluschek）在一幅画中描述了一个工厂换班的场景：密密麻麻的女工们涌出工厂大门，背景中虽然有一片蓝天，但几乎不能清晰地看到女工们的面孔。一张张脸庞看上去都一模一样，苍白疲惫，神情僵硬，脸上找不到一丝笑容。随着工厂的工作流程越来越自动化，工人们不得不为机器服务。他们决定不了工作时间，决定工作时间的是机器。随着机械化的推进和分工制度的实行，工人失去了一切工作自主权和工作热情，他们只不过是一个机器零件，只需要重复最简单、最单调、最容易掌握的动作就可以了。为了把机器彻底"喂饱"，生产过程被分成越来越具体的环节和步骤。画中的女工们在漫长的上班时间里，总是重复着同一动作，她们不知道这个动作对于最终产品意味着什么，完成这项工作也没能让她们产生丝毫成就感，从她们的脸上不难看出这一点。机器生产发展的所有工具统统变成了统治和剥削劳动者的手段，工人被分解成不完整的人，沦为机器的附庸，在劳动过程中丧失了自由和自主意识，被异化了。这种异化劳动一方面让工人的身体不堪重负，出现了前所未有的贫病状况，另一方面也摧残了工人的精神生

---

① 马克思：《资本论》第1卷，《马克思恩格斯文集》第5卷，人民出版社2009年版，第384页。

活和状态。"在这幅画中，谁能找到一副没有抑郁特征的面孔呢？"①

　　展览中最有名的一幅画是杜塞尔多夫绘画学院的代表人物卡尔·威廉·胡布纳（Carl Wilhelm Hübner）于 1844 年创作的《西里西亚纺织女工》，描写的情节是：一个脸颊深陷的女人在家庭作坊里织好麻布，然后带到纺织交易厅出售，而一个 40 多岁、衣着考究、穿着打蜡的皮鞋、面色保养得很好的布商，却嫌弃地把布匹扔在女人脚下——于是她的劳动产品就不值钱了。在当时的德国，棉麻制品的生产主要在西里西亚，全国一半的织布机几乎都集中在那里。机器日复一日，嘎嘎作响，女工经常要工作到半夜。因为来自英国的现代机器生产的大批纺织品像潮水一般淹没了整个欧洲大陆，而且价格非常低廉，所以，尽管妇女和儿童都一起投入了工作，但布料价格仍然一路下滑，同时，税收、租金以及需向土地所有者缴纳的费用却在上涨。此外，农作物歉收，还导致食品价格暴涨。

　　这些严重的问题不仅仅存在于个人、企业当中，更普遍弥漫到各个城市乃至整个国家。为了寻找工作，越来越多的人涌进城市，但城市却没有准备好迎接这股人潮，通常几个家庭不得不共用一个没有卫生设施的房间，大家凑合着睡在铺着稻草的角落里。住房不足，导致新来的穷人们不得不按照小时来租一个可以睡觉的地方，这就为流行病的传播提供了条件，仅 1832 年，柏林就有 1000 多人死于霍乱。

三、技术发展带来世界观的变革

　　当然，也必须看到，在资本的时代，技术也获得了飞速的发展，尤其是通信技术的巨大进步。诸如，在 19 世纪中期，电报取代了信件，

---

① Beatrix Bouvier, Rainer Auts（Hg.）: Karl Marx 1818-1883 Leben. Werk. Zeit, S. 250.

用来传送紧急信息。展览展示了当时的穿孔纸带发报机和解码器。发报机在穿孔纸带上打出信息，纸带上打出的每一个特定格式，代表着一个特定的字。人们将穿孔纸带机与摩尔斯代码结合起来使用。摩尔斯代码仅仅由三个字符组成——圆点、横线和空格，可以用解码器来破解——钢制笔头把圆点、横线和空格压在纸带上，只要把纸带翻转过来，就能看到凸起的符号。这些新的技术成就大大加快了信息传递的速度。"除了原有的世界市场以外，又增加了像河流一样地倾泻出黄金的加利福尼亚和澳大利亚；电报已经把整个欧洲变成了一个证券交易所；铁路和轮船已经把交通和交换扩大了一百倍。"①马克思以《纽约每日论坛报》特约记者的身份称赞了这一技术成就。从 1852 年起，他为这份报纸撰写了数百篇有关政治、经济和社会发展的文章。1853 年，沙皇俄国的士兵和奥斯曼土耳其帝国的士兵在黑海开战，克里米亚战争爆发。发报机和解码器也首先被用来传递战争信息。马克思从伦敦进行报道的信息就是通过电报新闻获取的。

马克思还把技术进展及时引入他的资本研究中。在著名的《伦敦笔记》中，编号为 83 号的一页上有一幅带有实际摇臂和 K 型活塞的机器草图。这是他依据当时一本技术词典画的。蒸汽机既可以提高运行速度，又可以加速产品生产，早已成为工厂不可分割的一部分。通过热能转化，它使很多工作变得轻松起来。同时，蒸汽机也彻底地改变了整个运输系统。"撇开已经完全发生变革的帆船制造业不说，交通运输业是逐渐地靠内河轮船、铁路、远洋轮船和电报的体系而适应了大工业的生产方式。"这样大工业就与机器密不可分地联系在一起了，"大工业必须掌握它特有的生产资料，即机器本身，必须用机器来生产机器。这样，大工业才建立起与自己相适应的技术基础，才得以自立"。②

---

① 马克思：《英国工商业的危机》，《马克思恩格斯全集》第 10 卷，人民出版社 1962 年版，第 653 页。
② 马克思：《资本论》第 1 卷，《马克思恩格斯文集》第 5 卷，人民出版社 2009 年版，第 441 页。

四、生产的进步导致社会危机

但是，问题的关键在于，尽管出现了这样的情况，工人的工作量却没有减少，利润在下降，工资在下降，工作机会变得更少。马克思敏锐地观察到这种"机器排挤工人的现象"，就是说，技术进步、机器的使用、运输系统的改善和大工业的发展，不仅没有缓和反而可能扩大贫富悬殊的状况。展览中有一张当时一家商店的照片，上面物品应有尽有，那时人们心仪的一切东西都可以买到。除了当地出产的水果、蔬菜、生啤酒、奶酪和猪油，还有那些昂贵的殖民地产品，比如香料、咖啡和茶叶等。这些都是社会中下层负担不起的商品，然而，在上层社会，即便是小孩也都非常熟悉这些奢侈品。马克思在《资本论》中指出，企业主必须不断地增加利润，这样才能保障他们的投资一直获利。因此，他们必须不断开发新的市场，并刺激新的消费。宽敞、时尚的大商场由玻璃和柱体建成，将传统的农贸市场弃置一边，新开张的百货商店鼓励人们消费，购买远远超出需求的东西。"一个社会不能停止消费，同样，它也不能停止生产。"①和传统手工业相比，新兴工业生产更快、产量更大，产品的价格更为低廉，在让更多的人负担得起从而让资本家从中获利更多的同时，进行生产的工人却受惠甚少乃至持续处于贫困状况。

长期的观察让马克思陷入深思，迫使他不得不关注如下问题：利润从哪里来？怎样计算生产成本中工人的劳动？劳动究竟是不是一种商品？展览中呈现出他这样的推论：购买两磅砂糖花了两个法郎，两个法郎就是两磅砂糖的价格。同时用两法郎来支付 12 小时的劳动时间，那么两法郎就是工作 12 小时的价格。因此，劳动是一种商品，不比砂糖好，也不比砂糖差。不同的只是劳动以时间计量，而砂糖用秤称。马克

---

① 马克思：《资本论》第 1 卷，《马克思恩格斯文集》第 5 卷，人民出版社 2009 年版，第 653 页。

思也花大量时间研究工厂主，认为他们提供原材料和机器，雇用工人来进行生产；如果工厂主想要获得更高的利润，就得让工人在工资不变的情况下延长工作时间。马克思认为，这个额外延长的工作产生了更多的剩余价值，工厂主所赚取的剩余价值就是利润。清楚了这一点，马克思对资本时代的透析就达到了深刻的层次。

为此，马克思将自己在伦敦所写的笔记加上了这样的标题——"1857 年危机之书"。是年夏天，投资美国铁路的活动引发了金融危机，破产浪潮波及欧洲及其殖民地。为了了解世界第一次经济危机的原因和后果，马克思对很多报告和统计数据进行了评估，他认为，危机具有破坏性，但与此同时，也会导致资本主义的新发展。之后，马克思开始《资本论》的正式写作，力图彻底探索"资本主义生产方式以及和它相适应的生产关系和交换关系"①。他在以往的基础上更进一步清楚地阐明，从形式上看，存在着一个阶级社会，工人向资本家出售他们的劳动，用来换取工资，他们所创造的劳动价值与工资之间的差异，就是剩余价值。通过保持低工资，资本家将剩余价值最大化，并变得更加富有。马克思认为，这种剥削最终会导致工人革命和资本主义的灭亡。

五、"把所有不同的目标归结为争取自由和正义的积极斗争！"

较之于对资本主义生产方式的分析，那个时代的政治情形及马克思的态度就更值得我们关注了。

约瑟夫·韦伯（Joseph Weber）的一幅油画在一定程度上表达了马克思当时的社会理想。在画面上，黑、金、红三色旗帜迎风招展。黑色象

---

① 马克思：《资本论》第 1 卷，《马克思恩格斯文集》第 5 卷，人民出版社 2009 年版，第 8 页。

征着束缚，红色象征着推翻现有政权的鲜血与火焰，金色则代表自由。马克思在"《莱茵报》时期"撰写的时评中准确分析了对自由的渴望："没有一个人反对自由，如果有的话，最多也只是反对别人的自由。可见，各种自由向来就是存在的，不过有时表现为特殊的特权，有时表现为普遍的权利而已。"①

马克思与世界革命，特别是与工人运动的关系构成了展览所展示的那个时代社会状况的重要内容。展览中展出了《共产党宣言》留存至今的唯一一页手稿。1848—1852年，马克思全身心地投入到欧洲革命洪流中。他并没有将这场运动看作纯粹的无产阶级革命，而是认为"在二月革命中，资产阶级和无产阶级为反对共同的敌人而斗争"②。这就意味着这是一场反对专制、独裁的民主运动，当时要求"普选权、新闻自由、结社和集会自由、陪审团法庭、人权和公民权利"的呼声响彻莱茵地区、巴登、萨克森、巴伐利亚和西里西亚，这些呼声被称为"三月诉求"。基于此，马克思把他所负责编辑的《新莱茵报》定位为"民主派的机关报"。

展览还给我们呈现了马克思起草的"国际工人协会"的成立宣言和临时章程的印刷稿，这在当时只要花一便士就可以买到，而现在已经成为不可估价的极为珍贵的原始文献了。这一组织成立于1864年，又称"第一国际"。"第一国际"的绝大部分文件由马克思起草，花费了他很多时间，也在很大程度上表达了他的愿望和主张。特别值得我们关注的是，尽管较之"《新莱茵报》时期"，这时的马克思已经把无产阶级革命与资产阶级革命分别开来，但他仍然把"第一国际"的意旨做了这样的阐释："把所有不同的目标归结为争取自由和正义的积极斗争！"③

时序推进到1871年3月18日，巴黎被惊雷般的吼声唤醒。巴黎公

---

① 马克思：《关于新闻出版自由和公布省等级会议辩论情况的辩论》，《马克思恩格斯全集》第1卷，人民出版社1995年版，第167页。

② 马克思：《巴黎"改革报"论法国状况》，《马克思恩格斯全集》第5卷，人民出版社1958年版，第532页。

③ Beatrix Bouvier, Rainer Auts（Hg.）：Karl Marx 1818-1883 Leben. Werk. Zeit，S. 301.

社成员尝试建立一个新的公正的社会制度，但没有成功。14 年后，画家西奥菲勒·亚历山大·斯坦伦（Théophile Alexandre Steinlen）创作了一幅油画，画面里，公社的一个女革命者倒在一个排水管和一扇百叶窗之间。这是一种情景再现，更是一种深刻的思考。而实际上，马克思可以说是最早对巴黎公社予以关注和反省的人之一，他在《法兰西内战》等著述中有极为重要的总结。

马克思的后继者面对新的境遇不断总结经验、教训，历经曲折和坎坷，逐步将工人运动纳入西方社会发展和建构之中。展览中展出了两座用 19 世纪流行的工业产品——压制玻璃，做成的淡粉色半身塑像，呈现的是在德国公认的工人运动的奠基人——马克思和拉萨尔，解说词特别提及恩格斯关于"马克思首先是一个革命家"和"斗争是他的生命要素"的定位。①

总之，尽管上述展览明显地反映出德国社会民主党和学界对马克思的思想内涵和马克思主义发展进程的独特理解和倾向，但应该说，以大量原始作品和文献所具象地呈现的，由资本主义生产方式、犹太—基督教传统、近代启蒙运动、科学技术进步以及政治变革等因素所构成的近代欧洲的社会图景，以及在这一复杂的时代氛围中马克思理论思考和实践探索的轨迹，还是充分的、立体的和完整的。

---

① 恩格斯：《在马克思墓前的讲话》，《马克思恩格斯文集》第 3 卷，人民出版社 2009 年版，第 602 页。

马克思生命历程中的七个"驿站"

19 世纪中叶的生产方式、技术进展、政治形势和人们的生活境况既是马克思观察、思考和批判的对象，也在培育和"塑造"着马克思的人生。"大多数人对马克思的认识主要来自其理论、思想，比如对 20 世纪影响深远的共产主义，或者马克思列宁主义"①，而德国"马克思年"特里尔西蒙斯蒂福特市立博物馆的特展则从另外的角度，带我们一步步了解在社会经济充满动荡的时代，马克思是怎样生活的。7 个展厅分别展示了对马克思一生影响重大的 7 座城市（从马克思诞生地特里尔开始，到波恩、柏林、科隆、巴黎和布鲁塞尔，最后到伦敦）以及当时他的生活境遇。

一、特里尔

展览首先呈现给我们的是一幅 1826 年的特里尔城市平面图。众多别具一格的建筑构成那时城市主要的景观，其中不少仍旧标注在今天这座小城的旅游地图上。这些建筑很多是古罗马时期

---

① Beatrix Bouvier, Rainer Auts（Hg.）：Karl Marx 1818-1883 Leben. Werk. Zeit, S. 19.

的，此外有些建于特里尔归属于法国的时期（如市民医院），还有些则是这里归属普鲁士后建成的（如中心市场旁边的赌场）。

1818 年 5 月 5 日，马克思在特里尔出生，在全家 9 个孩子中排行第 3，是唯一幸存下来的儿子。其父亲海因里希·马克思、后来成为其岳父的路德维希·冯·威斯特华伦以及他中学时代的老师均深受启蒙运动的影响，所以自由、民主观念对马克思产生了最初和持久的影响。成年后的马克思在重返特里尔的时候，给燕妮写过这样一封信："我这么晚才给你写信，肯定不是因为我忘了，正好相反，我每天都到威斯特华伦家的旧居朝拜，它比一切古罗马建筑更让我着迷，因为那里藏着我的珍宝，那里让我想起年轻时最幸福的日子。"[1]在特里尔居住了 17 年之后，马克思前往波恩上大学。之后他很少回到特里尔，最后一次回去是在母亲 1863 年去世的时候。

当时特里尔的精神氛围和物质生活是怎样的呢？

众所周知，约翰·沃尔夫冈·冯·歌德（Johann Wolfgang von Goethe）是大诗人、文学巨匠，但展览却别出心裁地展出了他的一幅水彩画。这是他 1792 年徒步旅行时的作品。当时歌德随奥地利和普鲁士联军去征战法国。战事失败之后，诗人在返回的路上看到了一棵"自由之树"，树上挂了块牌子，牌子被涂上了法国国旗的颜色，并用法语写着一句话："过路的人们，这片土地是自由的！"作为画作背景的村庄是当时卢森堡的申根村（Schengen），它位于摩泽尔河边法国和德国的交界处，距离特里尔市不到 50 千米。（在今天，Schengen 意味着游客往来和物资流通，颁发以此命名的统一签证的国家目前已经达到 29 个。）前已述及，从 1779 年开始，特里尔有 35 年的时间属于法国，这是其繁荣时期，是所有男性公民第一次享受法律面前人人平等，行政管理和经济走向现代化，贸易自由得以实现的时期。但是在拿破仑战败后，按照 1815 年维也纳会议决议，特里尔并入了普鲁士王国的版图。

---

① Beatrix Bouvier, Rainer Auts（Hg.）：Karl Marx 1818-1883 Leben. Werk. Zeit, S. 52.

特里尔本地画家弗里德里希·巴登维特·巴赫（Friedrich Badenwitt Bach）的一幅油画再现了当时这里富裕阶层的休闲生活。他们遵循贵族的习俗，组织狩猎团体。画面上猎人们满载而归，十分兴奋。到手的猎物有狍子、狐狸和野兔，甚至还有一头雄鹿。他们准备一起聚餐庆祝一番，葡萄酒、火腿和面包都已经准备就绪。但这只是当时特里尔居民中的特殊情况。与此相反，社会底层的人们却过着截然不同的生活，五分之四的特里尔人生活在极度贫困之中。一方面，食品售价昂贵，另一方面，很多市民赖以为生的葡萄酒行业不景气，葡萄酒价格暴跌。他们住的农舍拥挤不堪，入不敷出，丰盛的餐桌只能是梦想。在相当长的一段时间里，特里尔是全德国最贫穷的地区之一。这里地处偏远，交通不便，国家没有投资，而且几乎没有重要的工业。相比之下，属于中产阶层的马克思的家庭，虽然没有特权，但生活条件很好，可以购置一幢楼房和一片葡萄园。

　　构成特里尔人重要生活内容的还有宗教。奥古斯特·古斯塔夫·拉辛斯基（August Gustav Lasinsky）的一幅画描述了这样的场景：大约 30 名朝圣者聚集在特里尔附近的一座小山上，有的仰望天空，有的虔诚跪下，还有的肃穆而立，而一名妇女则伸出双手祈祷着。画面中央站着一位身穿白色长袍的神父，他身后的男孩扶着教堂的旗帜。旗帜顶端的金色十字架刺破天空，闪耀着明亮的光芒。这是天主教会组织的群众性的朝圣活动。马克思生活在特里尔的时候，这里大多数居民是天主教徒，此外，还有随后到来的信奉新教的普鲁士官员和士兵。马克思的父亲和母亲都来自犹太人的拉比家庭，接受过正规教育，系统学习过犹太教经典。1816—1819 年，马克思的父亲改宗信奉新教，其孩子和妻子都先后接受了新教洗礼。

二、波恩

展览中有一幅1845年的波恩城市平面图，图案很详细，甚至标出了其城郊最美的景点。那时这里的居民甚至比特里尔还要少，面临很多问题，外来投资很少，贸易和商业匮乏，生活在社会底层的人们备受贫困的煎熬。然而，波恩也具有一些优势，它地处中心位置，交通条件和基础设施也比特里尔好，更重要的是，这里有整个莱茵和威斯特伐里亚地区唯一的一所大学——弗里德里希·威廉大学。不论在当时还是现在，这所大学对于这座城市来说都意义重大。从1826年起，这里的蒸汽轮船公司开辟了莱茵河中游浪漫之旅。从此，波恩的旅游业日渐兴旺，成为著名的旅游胜地。

1835年，马克思来到这里上大学。他的同学海因里希·罗斯巴赫（Heinrich Rosbach）寥寥数笔就勾勒出了17岁的马克思身穿制服的肖像。这是目前为止发现的最早的描绘马克思的画作，此前从来没有公开展览过。马克思在波恩大学攻读法律，同时也学习历史和哲学，与同学们一起听哲学家奥古斯特·威廉·冯·施莱格尔（August Wilhelmvon Schlegel）的讲座。学习之外，马克思也很享受生活，花钱很多。他的父亲在给他的信中曾经这样写道："我看到你非常需要钱，所以我给你寄了50塔勒，亲爱的卡尔，我对你再说一次，我很愿意这样做，但我不止有你一个孩子，你非常清楚，我并不富裕，如果不是对你的进步和幸福非常必要的话，我不会再这么做了。"[①]马克思在一个类似兄弟会的团体里消磨了很多闲暇时间，还因为夜间醉酒和在街上制造噪音而被关进大学的拘留室。

马克思在波恩待了大约一年后，转到了柏林大学去学习。1841年

---

① Beatrix Bouvier, Rainer Auts（Hg.）：Karl Marx 1818-1883 Leben. Werk. Zeit，S. 69.

他重返波恩，希望能在大学执教和从事学术研究，但没有如愿以偿，不久只能再次离开。

三、柏林

在帕若希阿街（Parochialstraße）上，新古典主义风格的房屋、鹅卵石街道及已开始使用的路灯惹人注目，几个男人在锯木头、劈柴火，一名妇女挎着满满的购物篮沿街走来，一只狗正忙着啃骨头。这是画家爱德华·加特纳（Eduard Gärtner）1831 年画作中所描绘的柏林老城区的状况。画家透过街景再现了柏林当时先进的一面，居民们为此而感到自豪，但也不是各方面都让人满意，从画面中也可以看到，污水被随意地倾倒在排水沟中，尤其是厕所得不到定时清洁，导致恶臭熏天，卫生条件十分恶劣。展览中还展出了画家卡尔·爱德华·毕尔曼（Carl Eduard Biermann）的水彩画，描绘的是波尔锡希机器制造厂矗立着两个烟囱的红砖瓦厂房，反映的是当时柏林市郊的实际情形。企业主纷纷在此开办工厂，促使人口快速增加。许多工人拖家带口搬来这里，白天在车间一直忙碌，晚上住在厂房四周逐渐形成的贫民窟里，而这里与柏林有钱人的豪宅相隔不远。

在马克思看来，与以往住过的地方相比，柏林是一座真正的"大城市"。柏林与波茨坦之间已经开通了普鲁士国土上第一条蒸汽铁路，使其成为欧洲最重要的交通枢纽。它不仅是许多工厂和普鲁士君主政府所在地，更是普鲁士王国的思想文化中心，这主要归功于柏林大学。这里有丰富的戏剧生活和众多的辩论俱乐部，成为学者们各抒己见、相互交流的地方。

从帕若希阿街步行不到半小时，就可以到达马克思求学的地方。与在波恩时放纵和懒散的状态不同，他全身心地沉浸在学习中，甚至一度还因学业繁重而损害了健康。他仍在法律系注册，但主要致力于哲学方向，最后甚至完全放弃了法学课程。马克思特别深入研究了黑格尔哲学，在"博士俱乐部"与激进的青年黑格尔派的主要人物定期见面，深受其影响。

就个人生活来说，马克思在柏林的时光里有欢乐，也有悲伤。1837年他与青梅竹马的燕妮正式订婚。一年后父亲病情恶化，母亲在信中这样写道："爸爸饱受痛风的折磨，医生认为咳嗽是痛风咳嗽。糟糕的是，他根本没有胃口吃东西，他已经卧床两个月了。病痛的折磨让他的脾气变得非常暴躁。"[①]这一年父亲去世了，失去父亲给马克思的内心世界和财务状况造成了双重创伤。

马克思在此生活了四年半。1841年，他在写完论文并获得哲学博士学位后毕业。

四、科隆

成千上万的人汇聚在科隆大教堂前，观看这一巨型建筑重新动工的奠基仪式。高扬的旗帜装饰着未完工的残缺的教堂，有的围观者站在基座上，以便看得更清楚。这座教堂的建筑工程已经搁置了近300年，1842年重新动工修建。画家乔治·奥斯特瓦尔德（Georg Osterwald）在其作品中再现了这一欢乐场面。"让众多科隆天主教徒倍感欣慰的同时，大教堂修建工程的重启也对民主主义者意义重大，因为它成为民主主义运动的象征。"[②]

就在大教堂奠基这一年，马克思搬到了科隆。以前他就为这里的《莱茵报》撰写过文章，搬来后他接任了《莱茵报》主编的职位。这份报刊与君主制为敌，反对专制君主滥用国家权力。除了新闻自由等政治话题

---

① Beatrix Bouvier, Rainer Auts（Hg.）：Karl Marx 1818-1883 Leben. Werk. Zeit, S. 73.

② Ibid. , S. 172.

之外，马克思还关心失业、饥饿、住房、教育机会缺乏和医疗保健不足等社会问题。"《莱茵报》的工作指引了马克思未来的人生方向。"①这期间他还结识了前来拜访的恩格斯。然而，马克思的主编生涯只持续了短短几个月，1843 年年初，《莱茵报》就被查封了。失业后的马克思与其新婚的妻子燕妮一起去了巴黎，两年后，他放弃了自己的普鲁士公民身份，从此成为没有国籍的人。

1848 年法国二月革命中国王路易·菲利普下台，这一消息像烟火般迅速传开，近到普鲁士各邦国，远到欧洲其他国家都纷纷动荡起来。马克思也时刻关注着法国局势的发展，觉得此刻祖国也有变革的机会。于是，在离开 5 年后，他和恩格斯一起重返科隆，创办了《新莱茵报》，希望通过这种方式，支持德国革命。诚如他在一篇文章中所做的分析和提出的主张："在这个时候我们应当做些什么呢？……王权不仅反对人民群众，而且也反对资产阶级。因此，要用资产阶级的方式来战胜它。怎样用资产阶级的方式来战胜王权呢？应当用饥饿来制服它。怎样用饥饿来制服它呢？应当拒绝纳税。"②

但革命失败了，旧统治者重新上台，《新莱茵报》再度被封杀。1849年，已经 4 年没有国籍的马克思作为不受欢迎的"外国人"被驱逐出普鲁士国境。马克思和家人一起又回到巴黎。

五、巴黎

一轮圆月高悬于大道上空，众多女士和先生们身着优雅的晚装，刚刚走下马车，准备在这里度过一个愉快的夜晚。其中几位还抽空瞄了几

---

① Beatrix Bouvier, Rainer Auts（Hg.）：Karl Marx 1818-1883 Leben. Werk. Zeit, S. 178.

② 马克思：《柏林的反革命》，《马克思恩格斯全集》第 6 卷，人民出版社 1961 年版，第 20 页。

眼画面左下角广告栏上的海报。这幅由画家欧仁·拉米（Eugène Lami）创作的版画完成于 1840 年。当时的巴黎以娱乐和狂欢闻名，商店、咖啡馆、餐厅、剧院、赌场、妓院和舞会等都为人们提供了花样繁多的消遣方式。当然，前提必须是口袋里有钱！

除了纵情享乐的人们，巴黎还特别吸引着学者的到来。1843 年，在德国看不到自己未来前途的马克思也选择来到巴黎，他和燕妮住在荣军院附近的一个中产阶级聚集区。燕妮对这座城市充满热情，她在给朋友的一封信中这样写道："巴黎是一个令人眼花缭乱的城市，我曾多少次梦想来这里。一旦我们在这里安定下来，你一定要来拜访我们，来看看这里有多迷人！"①

除了美好的一面，巴黎也藏有阴暗面，巴黎的居民存在巨大的贫富差距，社会底层的生活贫困交加。展览中陈列的几部长篇小说原作让我们回想起那个苦难的时代。雨果通过小说《悲惨世界》主人公冉·阿让的命运，有力抨击了当时法国的社会问题和道德弊病；反映同一主题的还有作家欧仁·苏的连载小说《巴黎的秘密》以及巴尔扎克的小说集"人间喜剧"系列。的确，到 19 世纪中叶，巴黎的社会问题也已经严重到不容忽视的地步，一方面上层社会的财富不断膨胀；另一方面，占了人口大多数的社会底层却陷入贫困和不堪的境地。当时的国王路易·菲利普是造成这种恶劣状况的原因之一，他 1830—1848 年在位执政时，遵循的是这样的信条："自己富起来吧！"这样一来，富人变得更富，穷人变得更穷，这位国王对他的臣民的困境却漠不关心。

马克思夫妇的情况与社会底层的水深火热虽然无法相比，但不久他们也陷入了经济困难。马克思打算与阿诺德·卢格创办《德法年鉴》，但这份杂志只出了第一期就以失败告终。从此，贫困开始伴随马克思的生活。尽管他还为在巴黎出版的德语报纸《前进报》撰写文章以赚取一点稿酬，但家庭的财务状况还是每况愈下。1844 年，马克思夫妇的第一个女

---

① Beatrix Bouvier, Rainer Auts（Hg.）: Karl Marx 1818-1883 Leben. Werk. Zeit, S. 153.

儿在巴黎出生。由于马克思在报纸上多次攻击普鲁士政府，法国政府在普鲁士的压力之下，决定将马克思驱逐出境，1845 年春天，全家人就被迫离开巴黎，开始了颠沛流离的生活。如上所述，1849 年他们还在此短暂停留过。

六、布鲁塞尔

画家詹姆斯·恩索尔（James Ensor）登高远眺布鲁塞尔，创作了一幅这座城市的风景画，市政厅的百米高塔直耸云端，像其他典型的印象派风格作品一样，画中突出表现了光影明暗对照的环境氛围。这幅画诞生的时候，以布鲁塞尔为首都的比利时作为独立的年轻国家只有 55 年历史。在 1830 年比利时革命爆发前，比利时是荷兰的一部分；独立以后，由于其他各地立法机构不够健全，布鲁塞尔市议会承担了比利时全国重要的政治决议的酝酿、起草和通过的功能。比利时宪法可以说是当时欧洲最进步和最自由的宪法之一，它力图保障教育、宗教、新闻和集会自由，因此，吸引了来自欧洲的各地反对派民主进步人士。

但宪法理念的先进并不意味着它能自然而然地在社会上得到切实的执行和体现，相反，穷人的命运在比利时不比其他国家好多少，隐藏在工业化发展和政治转型背后的是严重的社会不幸。展览中给人印象较深的有这样一个画面：一个风琴演奏者背对着我们，蜷缩着坐在白雪覆盖的地面上，斜靠着他的手风琴，一只瘦得只剩皮包骨头的小猴子躺在他面前，已经死去——他失去了最重要的伙伴和表演搭档，除了身边的三条狗之外，似乎没有什么人可以安慰他了。这是比利时艺术家约瑟夫·史蒂文斯（Joseph Stevens）的一幅油画，是用颜料在木头上绘制的。从 19 世纪 40 年代起，他创作了很多反映普通人命运的作品。当时，比利时是位列英国之后的世界第二大工业国，而在社会生活中，一部分人从经济繁荣中受益满满，另一部分人却在困境中苦苦挣扎。在城市中，外来人口的大量涌入，更是加剧了灾难。由于没有社会福利政策，城市发展缺少投资，所以穷人很难摆脱困境。

1845 年，马克思夫妇将家搬到了布鲁塞尔。他们获得居留许可是有条件的，那就是不允许马克思再评论现实的政治事件。一家人在这里生活了 3 年多。其间，马克思的第二个女儿劳拉和长子埃德加出生了。燕妮在给朋友的一封信中这样提到她的孩子："女儿们活泼又可爱，让我这个做妈妈的特别欣慰，小埃德加也比以前乖了，这个小家伙肯定成不了身材健美的阿多尼斯，奶糖般的肤色倒是有的，却一点也不好动。"[①]

薄薄的小册子《共产党宣言》于 1848 年在伦敦出版，这是马克思和恩格斯在布鲁塞尔完成的。从 1845 年起，两人开始密切的合作，共同撰写了很多著述，还一起参与了共产主义通讯委员会和布鲁塞尔德国工人协会的活动。1847 年他们加入了正义者同盟，几个月后这一组织更名为共产主义者同盟。同盟委托他们起草一个纲领性文件，这就是《共产党宣言》的由来。

1849 年，当初在巴黎遭遇的厄运再次降临。比利时政府由于担心法国二月革命可能会蔓延到比利时，所以决定驱逐所有外国共产党人，其中也包括马克思一家。

七、伦敦

19 世纪的伦敦是一个世界性的超级大都市，不仅拥有铁路和电车，还有世界上第一条地铁，同时还是最重要的国际金融中心。从 1841 年起，伦敦成为当时世界上最大的城市，拥有 170 万居民，吸引了来自本土和欧洲各国及其殖民地的人们，在短短的 20 年里，人口又几乎翻了一番。

---

① Beatrix Bouvier, Rainer Auts（Hg.）：Karl Marx 1818-1883 Leben. Werk. Zeit，S. 159.

从两幅绘画中可以了解当时这里"繁荣"的情形。

一幅是伦敦街景图：许多马车穿行在繁忙的街道上，两旁林立着高耸的住宅和商业建筑，一座铁路桥横跨在街道上方，桥上一列火车喷吐着白色蒸汽，正呼啸而过。画面背景中圣保罗大教堂的穹顶清晰可见，这是伦敦的地标之一。画家威廉·特鲁布纳（Wilhelm Trübner）来自德国海德堡，19世纪80年代中期，他在伦敦住了大约一年，并在那里完成了这幅画作。

另一幅是世界博览会版画：一座庞大的多层建筑几乎填满了整个画面，它比周围最高的树还要高出几米，而与此相比，周围广场的占地面积更是令人印象深刻。1851年第一届世界博览会在伦敦举办。查尔斯·伯顿（Charles Burton）创作的这幅彩色版画展示的就是博览会的中心建筑——钢铁和玻璃的构造使其得名"水晶宫"。这次世博会为英国这个老牌工业国家又竖起一块金字招牌。

但是，国家的强大和表面的"繁荣"同样掩盖不了底层的贫困，即使是发达的国家，也不能消除这一状况。画家卢克·菲尔德（Luke Fildes）经常在作品中描绘伦敦的贫穷和社会不公，他1869年创作的一幅木刻作品描绘了无家可归、饥寒交迫的男女老少在收容所前排成长龙，其中一个家庭有两个孩子，女孩在父亲的怀里睡着，脚上没有穿鞋。尽管地面上覆盖着积雪，像苦苦等候的其他人一样，这家人只能希望自己不被撵到街上过夜。5年后，画家参照它又创作了一幅大型油画。不只是卢克·菲尔德一个人在这样做，作家查尔斯·狄更斯（Charles Dickens）通过小说《雾都孤儿》、亨利·梅休（Henry Mayhew）通过新闻报道《伦敦劳工与伦敦贫户》也让读者了解到这个大都市穷人的悲惨的生活。当然，更不可缺少的是恩格斯那部著名的《英国工人阶级状况》，他通过自己的观察和思考对社会底层恶劣的生存条件进行了理性的描述和分析。这些马克思喜欢的作品，被一一陈列在展柜里。

1849年，连续被法国、比利时和自己的祖国驱逐之后，马克思只有一个国家可去，那就是英国。他当时30岁出头，本来计划在这里短暂居留，结果没有想到客居伦敦的流亡生活竟然持续了 30 多年！

贫困如影随形。由于没有稳定的谋生方式，马克思经常陷入经济困境，他有限的收入来自恩格斯数十年无私的资助和自己不定期给报刊撰稿所得的稿酬。另外，他和妻子燕妮都不擅长理财，家里财务状况一直不好，特别是刚到伦敦的时候。他们甚至好几次不能按时交出房租，以至于女房东扬言要把他们赶到大街上去。1852 年，燕妮给当时在曼彻斯特的马克思写了这样一封信："我早下过决心，不要总拿钱的事情来麻烦你，但我现在又在这么做。但真的，卡尔，我实在不知道该怎么办。上周我还省下 5 英镑，但现在又用光了。我病得很厉害，都快写不下去了，现在只能撑过 8 天，然后，我就会被扫地出门，忍饥挨饿。现在的情况已经糟糕透顶，我坐在这里止不住眼泪，哭也无济于事。"①后来，恩格斯来到伦敦，马克思和燕妮也继承了一些遗产，他们的生活境况才有所好转。

位于伦敦索霍区（Soho）的迪恩街（Dean Street）64 号可以说是马克思的伤心地。展览还以卢克·菲尔德描绘自己一岁儿子的死亡的一幅凹版照相作品来烘托这种悲凉氛围：小屋中小孩死气沉沉地躺在两把椅子拼成的床上，医生似乎也无能为力了，手托着下巴盯着孩子；画面背景中孩子的父亲盯着医生，焦虑万分，一只手抚着孩子母亲的肩头，而那位母亲已经痛苦地伏在了桌子上。同菲尔德一样，19 世纪的很多家庭遭受了痛失亲人的打击。当时儿童死亡率相当高，三分之一的儿童活不到 5 岁。马克思和燕妮也多次承受这种打击，他们的 7 个孩子当中，只有 3 个长大成人，最让这对夫妻痛苦的是长子埃德加的死亡，他死时只有 8 岁。燕妮在给一位远亲的信中这样写道："你可能已经听说了，我们这个幸福的、却少有快乐的家庭遭受了怎样的重击，承受着怎样的痛苦。收到路易斯令人宽慰的来信时，正是耶稣受难日。就在几个小时前，我们的小天使永远闭上了眼睛。这是我一生中最痛苦的一天。我觉

---

① Beatrix Bouvier, Rainer Auts（Hg.）：Karl Marx 1818-1883 Leben. Werk. Zeit, S. 226.

得，这样的伤心时刻在我这一生中总也少不了。当我知道我的小宝贝遭受着怎样的病痛折磨时，即便把我今生所有的伤病和悲哀都加在一起，也抵不上当时无法形容的痛苦。"①

马克思在伦敦的主要工作无疑是《资本论》的写作，地点除了居所，就是大英博物馆的圆形阅览室。展览中有一幅留存下来的当时阅览室的照片：透光的穹顶罩在高大宽敞的大厅上方，人们在排成一列的书桌前阅读或伏案写作；他们面前放着书，这些书都来自沿着墙壁耸立着的高高的书架上。那些读书的人中有一位可能就是马克思，他是这里的常客之一。从他在伦敦的几处住所到大英博物馆，走路需要十几分钟，最远不超过半小时。马克思是典型的学者，他 30 余年过着固定的书斋生活，居所—阅览室—居所—阅览室，每天常常工作 10 多个小时，周而复始，刻板的生活方式和节奏与他所探究的议题的复杂和深邃相映成趣，笔墨生涯构建的文字王国浸透了他炽热的情怀、博大的视野和变革世界的强烈愿望。

然而，这样一部呕心沥血之作直到马克思去世也没有整理完成，他生前只出版了其中的第一卷。妻子燕妮作为秘书之一，负责誊写过马克思的手稿。在马克思去世后，恩格斯承担了这部著作的后续整理工作，从未完成的手稿中整理出《资本论》第二卷和第三卷。

燕妮于 1881 年 12 月去世。15 个月之后，1883 年 3 月，马克思也与世长辞了，享年 65 岁。大半生在贫困、流亡和思考中度过，他的思想将撼动和影响整个世界。

我们看到，西蒙斯蒂福特市立博物馆的展览，同样体现了举办者尽力避免以马克思身后所产生的复杂影响和不同效应，来"逆推"其原貌的做法，将其还原为一个普通的、可以理解和接近的、活生生的人，又通过大量生活细节的铺陈和再现，让我们感受到他平凡中反映的独特，选择中凸显的伟大，坚守中铸就的卓越。

---

① Beatrix Bouvier, Rainer Auts（Hg.）：Karl Marx 1818-1883 Leben. Werk. Zeit, S. 228.

两个"特里尔之子"的"对话"

一、天主教会为什么也要纪念马克思？

2018 年是德国的"马克思年"，但纪念马克思诞辰 200 周年的筹备工作早在此前的 2015 年就展开了，中心地点自然在其故乡特里尔市。当州、市官方举办筹备活动启动仪式的时候，特里尔天主教管区也郑重宣布，他们届时同样会通过在教堂博物馆（Museum am Dom）举办主题展览的方式共襄盛事。由天主教会举办活动来纪念马克思？当马克思故居博物馆伊丽莎白·诺伊（Elisabenth Neu）馆长和特里尔大学梁镛教授告知这一情况时，正在那里访学的我还很纳闷。但后来看了主办方提出的以"劳动的生活价值"（Lebenswert Arbeit）为主题的设计方案，不仅心里释然了，更为自己对天主教丰富的教义及其顺应时代变迁所做出的努力了解得太少而深感惭愧。

特里尔教堂博物馆认为，纪念马克思最好的方式是沉思他毕生所探索的课题，即关乎"昨天和今天的社会问题和生活价值"，而这也是天主教所关注的重要问题。他们举办展览的目的是想凸显"劳动生活和人的尊严的（现实）状态"，认为"创造性的劳动是不同于作为资本主义经济体系中异化形式的雇佣劳动的实现自我最重要的方式"，在新的时代境遇下"劳动的生活价值"对于思考人类发展和经济变化具有重要意义，即使在纯粹的经济领域，这一理念也应当在诸如调整经济利益、均衡财富权限等方面得到体现和彰显。作为一种宗教派别，天主教并不拒斥作为唯物主义和无神论的马克思的学说，相反，在他们看来，尽管马克思评析过宗教现象，也说过"宗教是人民的鸦片"之类的话，但他并不是宗教的彻底否定者、排斥者，而是对话者、促进者。而"劳动与资本"无疑是构成天主教与马克思对话最合适的中介。

谈及20世纪以来天主教对"劳动与资本"问题的思考、探索和实践，绝对绕不开的一个重要人物，就是同样出生在特里尔、在当代西方宗教史上具有举足轻重地位的奥斯瓦尔德·冯·内尔-布劳宁（Oswald von Nell-Breuning）。教堂博物馆的展览不仅辟专栏介绍了他的生平履历和重要贡献，并将一间展厅布置成他的办公室，展览内容也基本上是围绕着对内尔-布劳宁思想的阐释及其当代表现和效应而设计的。遗憾的是，笔者回国后遍览北大图书馆所藏中文著述，没有发现对这样一位重要人物哪怕是极简单的评介，其1800余部著述更是没有一本中文译本。相形之下，在西方，谈及20世纪基督教和天主教思想的变化及学术研究、梵蒂冈教宗的更迭及其政策变迁、联邦德国经济复苏和工会运动的发展等，若撇开这个人物几乎是不可想象的！

二、两个"特里尔之子"生平、思想的关联

鉴于这种情况，在此我想先对内尔-布劳宁和马克思这两位"特里尔之子"的生平、思想，特别是他们对"劳动与资本"关系的思考和实践做点简单的比较，再简略介绍教堂博物馆的展览情况。

首先，两人都出生于当地比较富裕的家庭。众所周知，马克思的父

亲是一位律师，家里可以购置有 20 余个房间并带花园的三层巴洛克风格住房，虽然不属于富豪，但家境还是较为殷实的。在马克思去世 7 年后，1890 年 3 月 8 日，内尔-布劳宁出生了，其父亲是酿酒厂老板，特里尔的摩泽尔河畔的斜坡适宜种植葡萄，所以家里的生意一直不错，直到现在，其后代还在特里尔城北经营着这座酒庄。

其次，两人的教育背景、知识体系和生活方式颇为相似。他们都曾在故乡充满人文主义和启蒙意识的威廉中学就读，之后又接受过良好的大学教育和严格的学术训练，视野开阔，知识体系完备，一生主要的生活方式都是思考和写作。马克思在波恩、柏林完成大学学业，以哲学论文《德谟克利特的自然哲学和伊壁鸠鲁的自然哲学的差别》获得博士学位，毕生没有停止过著述，去世前留下了卷帙浩繁的手稿，精粹出版的全集（与恩格斯联名）也将达 114 卷。而内尔-布劳宁中学毕业后赴德国的基尔、慕尼黑、斯特拉斯堡和柏林等地听课，又在奥地利和荷兰学习神学和哲学。1928 年，尽管他已经是一名神父，但仍以哲学论文《道德交易的基本特征》获得博士学位，其最基本的身份和职业则是法兰克福大学神学和社会学教授，他一生也笔耕不辍，竟有 1800 余部出版物行世。此外，还需要提及的是，两人虽然毕生从事社会问题和社会科学的研究，但都对自然科学特别是数学有浓厚兴趣。马克思在撰写《资本论》初稿的紧张时期，最重要的调节的方式之一就是做微积分习题，而内尔-布劳宁则曾经花费几年时间专门学习数学。

再次，两人都走上了"反叛"父辈的道路，并且各以其重要的理论贡献和实践建树赢得世界声誉。马克思的父亲送其上大学学习法律，但大学期间他先是热衷于文学创作，随后又全身心投入哲学和历史的学习、研究当中，以至于放弃了法学学业，后来更致力于政治经济学研究，最终成为资本主义社会最深刻的批判者、科学的社会主义学说的创立者，并被尊为世界工人运动的领袖和无产阶级革命的导师；母亲希望他能谋取一份稳定的职业维持生计，但马克思却在颠沛流离的贫困中度过一生。内尔-布劳宁的双亲也希望他能子承父业，在当地继续经营家族生意，但他对此同样没有兴趣，而是立志早日做一名神父，后来更成为卓越的天主教神学家、耶稣会士、经济学家和社会哲学家，被誉为"天主教社会理论"领域的"内斯特"（Nestor，希腊神话中的英雄，在荷马《伊利亚特》中，他是德高望重、经验丰富和明智过人的领导者，还是阿基里斯与阿伽门农之间纠纷的调解人。参照神话中内斯特的作用，现代德国某一学术领域或学科的年老而杰出的代表或者特定方法的创始人被称为该领域的 Nestor），先后担任教皇庇护十一世、联邦德国经济委员会、德国工会联合会等重要人物、组织和机构的顾问。1991 年内尔-布劳宁以 101 岁高龄辞世，更被德国总统授予十字勋章。

最后，更为惊奇的是，两人身处不同的时代，世界观和宗教立场迥异，但毕生思考和探究的议题却是一致的，那就是"劳动和资本"的关系。当然，两人对此的解释、看法和思路又有比较大的差异，甚至存在"对抗"和矛盾，但其目标和理想又很相近，即试图"在资本与劳动之间确立了一个公正的社会秩序"。[①] 鉴于马克思的思想已经为我们所熟知，这里着重介绍内尔-布劳宁在这一方面的思想和实践。

三、一位致力于劳动与资本"和解"的天主教神学家

纵观内尔-布劳宁的一生，虽然他首先是天主教会的重要成员，但其思想和生活又处于传统教会与现代经济、劳动世界之间的"边界"之中。其思想基于古典自然法传统以及 19 世纪发展起来的天主教神学所倡导的人格培育、基本的团结和辅助性原则，这最终使他超越天主教边界而获得了社会学家和经济学家的声誉。他探究的问题包括：从天主教视角对资本社会的批评、主张劳动工资与资本的等价、促进财产的社会联系以及制定"新社会秩序"的策略和目标等。

[①] Oswald von Nell-Breuning, *Christliche Sozialpolitik oder Sozialismus*, Viktor Agartz und der Frankfurter DGB-Kongreß 1954，S. 180.

内尔-布劳宁的思想和思路对现代天主教的影响从教皇庇护十一世于 1931 年颁布的《重建社会秩序的通谕》中可以得到体现，因为他是这份重要文件的起草人之一，可以说起到了关键性的作用。《重建社会秩序的通谕》强调废止将利润作为经济活动的最高规律，而主张应以公共利益来取代；倡导建立职业制度以及国家和国际机构，使经济活动受到公共利益的制衡与约束；希望社会能提升工人福利，如提高工资，使工人能维持家中经济负担并改善其生活品质。这些意旨和主张都打上了内尔-布劳宁极强的个人烙印。

在 20 世纪初的欧洲，经济领域特别是资本金融的危机深重，各种拯救和摆脱危机的议论不绝于耳，到处充斥着大声喧嚣的"方案"与远不那么明确的措施。内尔-布劳宁对此做了深入的考察和思考，指出人们改变处境的迫切心情可以理解，但真正的解决之道在于从危机中吸取教训，真正学到些东西，以便将来变得更为谨慎。他认为，作为经济制度的守护者与塑造者，国家有责任燃起摆脱危机的希望，帮助大家从中总结教训，以便不再发生此种类型和规模的危机。他告诫人们，在危机中不要转移正题，而是直面危机，克服危机，提防过度的悲观/乐观主义的极端心态。内尔-布劳宁着重阐释了"社会市场经济"的优越性，指出"社会市场经济并没有在道德上向人们提出过高的要求，因为向人们提出过高要求的制度是无法运行的"。[①]

从 1924 年开始，内尔-布劳宁在其多部著述中致力于社会现实的讨论。在第二次世界大战前，他对资本主义财产和经济结构进行了认真的观察，探究了货币体系和资本市场的功能、公平的财政、股份公司法和垄断等理论和实践问题。第二次世界大战后，他重点关注德国的社会、经济和国家重建，还发表了关于基督教社会模式的文章，将这种模式置于资本主义和社会主义之外，涉及政治运行中的民主问题以及教会与政党之间的关系，经济方面他的讨论涉及通货膨胀、土地权保护、促进建

---

① Oswald von Nell-Breuning, *Christliche Sozialpolitik oder Sozialismus*，Viktor Agartz und der Frankfurter DGB-Kongreß 1954，S. 183.

筑、房屋所有权等领域，他也关注工人阶级减少劳动时间、增加财富和改善家庭住房等问题，认为养老金改革和国家法律体系的完善尤为重要。

20世纪50年代后，内尔-布劳宁的兴趣越来越集中在对具体的经济和社会政策的探索上。在三卷本的《经济与社会》(1956—1960年)中，他讨论了资本主义经济的重组问题。基于对资本主义社会管理结构的反思，他认为工人应该更多地融入资本社会，成为雇主的平等伙伴，而整个社会则应当负担均等、报酬公平，他特别提醒要注重解决住房短缺，完善财产政策和公司章程等问题。可以看出，内尔-布劳宁的目的在于缓解乃至取消"劳动和资本"之间的敌对和紧张关系，为此，他鼓励企业员工参与生产—经营活动，乃至根据其意向和能力提出投资设想。

内尔-布劳宁的探讨不仅停留于政策建议层面，更体现在实践活动中。他长年担任原联邦德国经济顾问委员会委员，跨部门介入这一机构各事务部门的具体工作，分别于1948—1965年、1950—1958年以及1959—1961年在其经济、城市规划和住房建设以及家庭和青年事务部担任职务。从20世纪60年代中期开始，内尔-布劳宁更加关注"劳动和资本"关系中"劳动者"角色的转型，认为工人作为"劳动力"应该从财富创造者转型为社会事务的参与者和建构者，他在许多文章中都指出这是关乎社会道德和义务的问题。内尔-布劳宁与工会关系密切。早在1959年，他就开始担任德国工会联合会(DGB)的顾问，并参与了这一组织的经济研究所的活动。他这样做一方面是试图保持宗教在工会中的影响力，另一方面也有阻止街头运动借助工会再度活跃起来的意味。所以他主张统一各工会组织，目的是既要保障其权利，也要对其给予限制；而在一些关键点上，他保持着对DGB的批评态度，比如反对带全薪补偿的"35小时工作周"。他还欢迎德国社会民主党的《哥德斯堡纲领》，认为它不仅意味着该党顺应时代变迁的策略调整，也可以将其视为"对天主教社会方案的简要修订"①。而在教会内部，"天主教工人运动"（KAB）在同属于德语区的德国、奥地利和瑞士都有活动。它不仅继承了 19 世纪天主教工会协会的传统，而且得到了美因茨主教威廉·科特雷尔的支持，内尔-布劳宁与其更保持着密切的联系。

内尔-布劳宁毕生的理论和实践表明，在资本主宰的西方社会发展进程中，神学家并没有缺席，他们不仅以各自不同的宗教立场表明其看法，甚至他们提出的问题在经济全球化时代有时还成为热点。作为一名学者，一位神学家，内尔-布劳宁始终具有世界眼光和历史意识，又对时代的政治问题和社会生活保持着热忱，但他从未让自己被现实特定的利益集团所吸引和左右。其思想及其政策设计由于直面现实境遇的客观、非意识形态的理性、超越政党政治的中立、严谨的学术分析等特点，获得了德国社会的普遍认同。当然，理念转化为现实需要一定的条件，而"'思想'一旦离开'利益'，就一定会使自己出丑"②，更何况，他不无琐屑的论述从总体上看并没有提供一份完整的、可以付诸实施的社会—经济秩序的建构方案。

必须指出，内尔-布劳宁倾注心力探究"劳动和资本"，在教会内部也不是没有争议和批评的。举凡他 1949 年投入的创建联邦天主教企业家联盟的工作，20 世纪 50 年代关于工会、60 年代关于经济政策特别是养老金改革的探索，特别是担任德国两个主要政党——社会民主党和基督教民主联盟的顾问，1971—1975 年在联邦德国教区维尔茨堡宗教会议上起草的《教会和工人》的文件等，都使其受到天主教内部一些保守人士的质疑和批评。就是在其生命历程最后十年里，他也一直处于争议之中，甚至被迫于去世前隐声，不再评论现实的经济和社会问题，而是把剩余的时间用于纯神学理论的研究。当然，他对反对意见并不以为意，因为他自信自己从来没有动摇过对教会的忠诚，更没有对教义有过怀疑。

---

① Oswald von Nell-Breuning：*Wie sozial ist die Kirche？*，Düsseldorf 1972，S. 95.

② 马克思、恩格斯：《神圣家族，或对批判的批判所做的批判》，《马克思恩格斯文集》第 1 卷，人民出版社 2009 年版，第 286 页。

四、要"真正战胜"马克思"这个伟大的对手"是困难的

接下来，我们谈谈内尔-布劳宁对马克思的理解。

尽管是天主教徒，但内尔-布劳宁早在20世纪初就对家里人说过一句语重心长的话："应该去读读马克思（的著作）。"①那时俄国还没有爆发十月革命，更没有形成世界上两个阵营的对峙。作为资本主义体系中的后起之秀，当时整个德国社会虽然都很重视海外资源与资本市场，但却无视对此做过认真探讨和深刻分析的马克思的理论和主张，而在知识分子阶层，马克思的著作广为流传，被视为了解经济运行、社会规律的经典。诚如后来内尔-布劳宁回忆时所言："那时候，如果要自认是个知识分子，就必须去了解马克思的思想。"②

1962年10月11日至1965年12月8日，罗马天主教会召开的第二次梵蒂冈大公会议（Second Vatican Council）具有深远的意义。在"发扬圣道、整顿教化、革新纪律"的意旨下，历来谴责共产主义的罗马天主教会第一次提出共产主义在实践上具有"积极因素"。已经声誉日隆的内尔-布劳宁是这一重大"转向"的积极推动者，在此之后，他更加关注马克思的思想。虽然他拒绝基于历史唯物主义对资本矛盾及其灾难性后果的分析，但马克思在社会结构系统中对工人处境的透析以及通过社会力量来解决贫困问题的思路，对他有很大的启示。他还将教会对现实社会事务和运动的参与视为宗教本身的分内之事，或者工作的一部分，批评以往回避和放弃宗教在经济和公共部门参与权的传统做法。正是在他的影响下，工人运动与教会发展开始关联起来。福利国家的发展模式中无疑也体现了他的发展、辅助、协作和共同决定等原则；而这与马克思的

①　张远等：《马克思的家乡与酒》，《光明日报》2018年4月21日，第8版。

②　Johannes Arnold（Hrsg.）：*Oswald von Nell-Breuning，Anekdoten-Erinnerungen-Originaltexte. Paulinus*，2.，Erweiterte Auflage，Trier 2010，S. 180.

思想和主张并不矛盾。

　　毋庸讳言，虽然同样来自特里尔，关注的问题又很类似，但内尔-布劳宁并不完全认同马克思的观点。他的一段话表明了二者的复杂关联："马克思用他的尖锐批评引起关注的那些有缺陷的东西，虽然并不需要那种肉体的阵痛和深刻的革命，但只有从根本上得到纠正和消除，我们才能真正战胜这个伟大的对手。"①这表明，内尔-布劳宁不明白在"劳动和资本"的关系上，没有"肉体的阵痛和深刻的革命"，要"纠正和消除""有缺陷的东西"是不可能的，现实中的小修小补和权宜之计无助于"从根本上"解决问题，而宗教的救赎一旦沦为道德训诫和观念规约，仍难免是一场虚妄。这样说来，要"真正战胜"马克思"这个伟大的对手"依然是困难的。

　　产生以上差异的原因可能在于，在对资本社会的分析上，内尔-布劳宁的理论建树逊色于马克思。他的著述虽然众多，但缺乏《资本论》那种系统的论证、严密的逻辑、鲜明的阶级立场和深刻的历史意识。致力于将天主教与马克思主义、社会主义嫁接和关联起来的不止内尔-布劳宁一人。阿尔都塞 1980 年 4 月在接受意大利广播电视台采访时，也说过这样的话："我是一个共产主义者，因为我是一个天主教徒。"②问题的关键在于，诚如有的论者所言："尽管天主教社会主义令人神往，但他们为什么缺乏可信度呢？全世界都在问。"③究其实，马克思所主张的作为共产主义的"联合体"中"每个人的自由发展"和"一切人的自由发展"与天主教所认为的教会中人与人之间的平等和尊重，自然有外在的相似性，但现实内涵很不相同。至于通往美好生活、未来理想的道路，马克思在资本与劳动的对立之中，站在劳动者的立场上，致力于对不公正的

---

　　① Oswald von Nell-Breuning, *Christliche Sozialpolitik oder Sozialismus*, Viktor Agartz und der Frankfurter DGB-Kongreß, 1954, S. 219.

　　② "An Interview with Louis Althusser: The Crisis of Marxism", http://crisiscritique. org/blog. html.

　　③ Burkhard Schäfers, "Was von der Katholischen Soziallehre geblieben ist?" https://www. deutschlandfunkkultur. de.

社会体系和所有制结构的深刻变革和彻底否定;而内尔-布劳宁试图超越阶级立场,站在资本与劳动之外,调解二者的紧张和对立,使矛盾缓和,但并不想彻底解决矛盾。作为一位神学家,他最终并不把依靠力量寄托在"现实的人"身上,因为在他的深层意识和理念中,存在着人之外的"救世主",它并不生活在人间,不处理世俗事务,而是超凡脱俗、高高在上的"上帝"。

正是基于以上两位"特里尔之子"的"对话",在特里尔教堂博物馆举办的展览就以"劳动的生活价值"为主题,艺术家拉斯·科勒(Laas Koehler)和保罗·舒马赫(Paul Schumacher)用艺术手法再现了关涉劳动的多种形式、场景及其所凸显的"人的价值和尊严"的不同境遇,促使我们思考这两位有巨大影响的历史人物的思想和现实效应。在"劳动场所"展区,不仅展示了传统的巨型工厂、肮脏的垃圾堆、广袤的菜地、狭小的医院产房,还有野蛮拆除的高楼、堆满各种餐具的厨房、远程遥控的手术室、复制产品的流水线、机器工作间和人去楼空的剧场、充斥仪器的实验室;"劳动的创造性"部分则展示了传统的机器流水线上的操作、炎炎烈日下的劳作、垃圾堆里的挑拣、卖艺人对猴子的挑逗、沿街乞讨者的吆喝和市政厅前的集会,甚至包括了写作、试验、讲课、辩论、思考、祈祷和冥想等,认为这些都是"有助于创造新价值的劳动(方式)";而"全球化"一栏集中体现了"国际网络化所显示的人的劳动力作为商品所起的作用"。[①]

"马克思与宗教"是一个亟待深化的研究课题。无论是清理马克思思想中的宗教因素,还是以马克思主义的视角客观看待宗教现象和全面理解宗教的功能,无论是从宗教世俗化的维度关注劳动的现代变迁和转型,还是基于终极关怀的立场反省资本的后果以及超越资本的途径,都有宽广的视域和探究的空间。这是特里尔教堂博物馆的这个展览给我的启示。

---

① https://www.lebenswert-arbeit.de.

"从特里尔到世界"：马克思的影响

位于德国特里尔市布吕肯大街(Brückenstraße)
10 号的马克思故居博物馆世人皆知。200 年前，
马克思在这座巴洛克风格的三层楼房里出生，一
年半后，马克思全家搬到特里尔城市标志黑门
(Porta Nigra)斜对面的西蒙大街居住。这座房子
被后来的屋主改建，直到 1904 年，才被社会民
主党人弗里德里希·施奈德(Friedrich Schneider)
发现。第一次世界大战后，它已经成为一种"政
治象征"，多个政党为获得所有权而争执不下。
1928 年，这座房子最终为德国社会民主党所拥
有。纳粹统治时期曾经被占用。第二次世界大战
后，社会民主党再次将其收回。1947 年在此举
办了首次展览并将其改建为博物馆。1868 年至
今，它一直由弗里德里希·艾尔伯特基金会负责
管理。2005 年揭幕的展览"卡尔·马克思(1818—
1883)，生活—著作—持续到当代的影响"在向公
众开放 10 年后，于 2015 年关闭。经过全新设计
后的展览，也与"马克思年"活动中的其他三个展
览一起于 2018 年 5 月 5 日重新揭幕。

新展览的主题调整为"从特里尔到世界：卡
尔·马克思，他的思想及其持续至今的影响"。
较之于 2005 年展览的版本，无论是形式还是内

容变化都非常大，甚至可以说是一种多少具有"后现代"意味的布展。墙上涂鸦式的不规则字体，人物照片和漫画掺杂，除后人赠送的马克思的座椅和一块怀表外，没有实物展出，原始文献和著述都以图片和视频呈现，而在内容上不再按照时间顺序平铺直叙马克思的生平，而是利用多种形式(包括多媒体)、以浓缩的方式集中描述，特别突出其事业、思想及其影响。也不再均衡利用空间，而是分为大小不一的 13 个栏目展开，计有"序幕：从特里尔到世界""故居""卡尔·马克思(1818—1883)——无国籍者""毕生事业""未竟之作""马克思怎样工作""马克思思想的全球影响""马克思虽然去世，但他的思想还在继续""马克思和工人运动的兴起""马克思在东西方之间""马克思主义——(无)定论""1945 年后马克思在全球的影响""历史无终点""留下了什么？"等。

我把以上的内容概括为两个问题："如何理解和评价马克思本人"和"如何看待马克思身后的影响"。给我留下深刻印象的是，解说词写得客观、平实而中肯，并不因为这里是马克思的故居和专题展览而施以溢美之词，也不因后来政治事件的消极影响而贬低和否定马克思的价值。

关于马克思本人，展览认为"他生活在一个经济、技术、社会和政治充满变革和动荡的世纪。在对这个时代的看法和主张上，刻着他鲜明的人生印记"[①]，同时也认同恩格斯的判断，将马克思致力于"世界方程式"的求解与达尔文研究进化论相提并论。对马克思来说，把握世界的方式是这样的：只有知晓了世界方程式的结构，才可以随之改变世界，并将人们从被束缚的社会关系中解放出来。因此，他潜心研究"社会内部究竟是怎样运转的"这个问题，并展开了一场场"混战式的批判"——批判当时的学术派别、市民阶层、资本主义和专制政治，他的激进时评和锐利解析让很多人兴奋不已。为了证明方程式的正确性，他不知疲倦地思考，直到生命的最后一刻。当然，展览也特别指出，尽管马克思"尝试为社会主义进行科学奠基，但他不是书写一份如何战胜资本主义

---

① Von Trier in die Welt, *Karl Marx, seine Ideen und ihre Wirkung bis heute*, 2018, 0200.(此为与故居博物馆各房间展览内容相对应的解说词的编号，下同)

的具体指南"①。在马克思的理论中，劳动能够让人们的自我实现成为可能，他本人也是如此。社会评论和资本批判是马克思人生的主题，著述是其最主要的生活内容。他一次又一次长时间地回归书房和图书馆，阅读大量书籍，做笔记、摘录并加以评论。留存下来的数千封书信也反映出他积极的思想交流，他的思想和著作就在这些交流之中产生。展览指出，马克思和恩格斯建立了一个全球书信网络的枢纽中心，在这个网络中，有志同道合者，有异见对手，还有各种各样的评论家们。

马克思并非天纵奇才，他最终没能独立完成巨著《资本论》。对完美的极致追求，使他在一些领域的研究中迷失过路途，而他的社会评论和资本批判在不少细节上也存在一些缺失，还有自相矛盾的地方。他去世后，其作品的每一次新版都提供了一次理解和评价马克思的机会，而《资本论》这部未完之作给后人更提供了充分的发挥空间，可以诠释和解说，也可以将其工具化。

"马克思虽然去世了，但他的思想还在继续。"自19世纪末开始，欧洲的社会主义和社会民主主义者根据他们对马克思的理解和阐释打造了"马克思主义"的概念。"马克思主义"以对资本主义的批判逐渐被人周知，许多欧洲工人党派的成员开始自称为"马克思主义者"。这个概念似乎表明，马克思在生前曾经给他的理论下过定论，但是展览认为，"节选的'马克思主义'"的施行及其效应显示，这个推断并不正确。恰恰相反，马克思留下的著作尽管已经陆续出版，但内容并不完整，在对资本主义的批判和剖析中存在着不够完善乃至自相矛盾的地方。同时，由于许多遗稿长期未能发表，各种各样的人物、党派和运动都试图来填补空白、垄断解释，这样就锻造出各式各样的"马克思主义"，它们有的在内容上大同小异，但也有的故意划定界限，力求独树一帜。那么，"马克思在这些主义中究竟还占几成？"，这是展览中提出的疑问。②

---

① Von Trier in die Welt，*Karl Marx*，*seine Ideen und ihre Wirkung bis heute*，2018，0300.

② Ibid.，1000.

马克思对 20 世纪的影响是整个展览中着墨最多的部分。每个时代的政治人物、知识分子乃至一般民众，还有形形色色的社会运动都运用或利用他的理论，促使他成为 20 世纪的"一代伟人"。

展览以如下的线索梳理马克思思想后来的命运：19 世纪以来，马克思思想在世界范围内普及，首先激励的是全球的解放运动。无论是个人，还是运动本身都在试图从马克思的著作中寻求理论基础。1917 年的俄国革命将马克思的思想推进到"列宁主义"阶段，并"变成了一个真实的庞然大物"，马克思的思想开始在东方和西方以两种不同的方式影响世界，一条是通过暴力革命与政治权威行使国家权力，建立完全摒弃资本主义的全新的社会制度，另一条是通过议会制的和平手段和渐进式的改良方式，建立与资本主义相融通的民主社会主义。俄国的布尔什维克党凭借列宁、斯大林对马克思著作及其思想的独特诠释，让暴力革命和无产阶级合法化和正义化。而西方的社会主义者和社会民主主义者，特别是身在德国的马克思的后人们，远观着这场巨变及其后果，思考他们日后的改制之路该如何走，最后发展出"福利社会"的发展新模式。当然，马克思思想的影响并不仅仅局限于这两个阵营，很多知识分子跨越理论的樊篱，在第二次世界大战后政治经济尚不稳定的环境中纵深探索马克思思想，将马克思的社会评论和资本主义批判发展得枝繁叶茂，倾向各异，在哲学、社会学、政治学、经济学、大众传播和艺术等领域都作出重要建树，使得马克思思想的影响不断扩展和延伸。在此期间，东西方"冷战"格局的形成、亚非殖民地解放运动，以及后来对作为资本主义超级大国的美国的不满，都以各种各样的方式与马克思发生瓜葛，进而通过他思想的启示推进了全球化进程。展览对此的总结是："人们用各自的这样或者那样的措辞写下'马克思'的字样，随之围绕马克思展开的研究和辩论甚至比表面呈现出的全球冲突更为多样化。无论是东方还是西方，阵营内部也都没能对马克思思想达成共识。"①

---

① Von Trier in die Welt，*Karl Marx，seine Ideen und ihre Wirkung bis heute*，2018，1100.

评价马克思思想当代性最重要的事件无疑是"苏联解体和东欧剧变"了。与西方曾经盛行的"历史终结""马克思主义失败"等论断不同，展览给出了另外的解释，认为这只是表明，"马克思列宁主义的影响已经终结，但卡尔·马克思却仍然具有现实意义"。① 做出这种判断的依据是，进入 21 世纪以来，资本如脱缰野马一般活跃在经济全球化的进程中，在世界各国生活水平不断提高的今天，仍有数千万人生活在极度贫困中，社会差距仍在增长。展览中展出了数张 2007 年美国华尔街的图片和多份影像资料。由于房地产泡沫出现，人们不能继续偿还贷款，进行国际投资的证券化房地产公司市值大跌，经济危机在国际银行业和金融系统爆发，而像美国雷曼兄弟那样的很多大银行又雪上加霜地将危机推向深渊，在欧洲，希腊等国家面临银行破产。尽管各国政府勉力救市，但危机还是很快蔓延到非金融领域。"这一记现实的重拳击碎了全球资本主义可驯服的乌托邦神话。"此外，世界上的局部战争、大国对人力资源的垄断和剥削、各国政治变革的艰难，以及数字化带来的负面影响，都在威胁着全球社会发展的成就。

"历史无终点"。在这样的情形下，马克思注定是个"不朽的经典人物"，即便外界条件已经发生变化，他仍然是学术研究和公众讨论的主题。19 世纪那些困惑着马克思、让他试图寻找答案的问题，今天依旧存在，并且被经济全球化时代资本主义的批判者关注。尽管在 20 世纪马克思的思想曾经被工具化，但进入 21 世纪后，他对贫富分化原因的追问、对世界变革的渴求，仍旧是现实的主题。"现在是彼此动员起来、去建造一个社会政治和经济相对公正的世界的时候了！"这样说来，有理由期待"如果《资本论》能够热销的话，会不会带来惊喜？"②

最后，我必须说，较之于这个新的展览，我自己更喜欢 2005—2015 年的那个"版本"。尽管后者是传统的布展方式，内容上则按照时间顺序

---

① Von Trier in die Welt, *Karl Marx, seine Ideen und ihre Wirkung bis heute*, 2018, 1200.

② Ibid., 1300.

平铺直叙，但众多原件的展示和系统的文献、事件梳理，能给人们提供较为完整的印象和事后独立判断的空间，而不像现在这样以密集的信息、纷杂的逻辑、炫目的形式和先入为主的观念一股脑地"倾泻"而出，"冲击"和"轰炸"参观者。当然，这只是我的一孔之见。鉴于2005—2015年"版本"的展览已经不复存在，这里想向大家推荐我的一本小书——《"到马克思的故乡去！"》（广东教育出版社2017年版），里面对那个持续展出10年的展览的内容介绍得比较详尽，同时也附有不少图片。

"马克思只有一个……"

　　至此，我完成了对"马克思年"活动中在特里尔举办的四个大型展览的主要内容的梳理和概述。需要说明的是，尽管以上所述篇幅已经比较长了，但仍是一个大致轮廓的介绍，仅州、市立博物馆展览的大型画册就有近 400 页，文字部分翻译成中文可能就有 30 余万字，尤其是展览中的大量原始画作，我只是挂一漏万地选取了很少部分做了简介，这是很大的遗憾。

　　时隔这么长时间，还在回味、咀嚼这些往事和情节，是一种"矫情"或"无聊"吗？我不这样看！作为一个专业的马克思研究者，我是带着相当认真和严肃的态度去参加"马克思年"活动的，不是例行公事，更不是走马观花式的旅游或蜻蜓点水式的浏览。所以我于 2015 年 3 月至 2016 年 2 月，在马克思故乡那座古老、静谧而美丽的小城安心地度过一年时光之后，又借此机会专程于 2018 年 10 月至 2019 年 1 月在欧洲待了三个月，"考察、凭吊、研读和思考，度过一段不算太短的时光，意欲使自己了解、感受和领悟到的东西比以往更为客观、准确和到位"[①]。就这次参加"马克思年"活动的感受来说，综合社会各方面复

---

① 《"到马克思的故乡去！"》，《读书》2016 年第 6 期。

杂状况完整地理解马克思所处的时代，根据其生命轨迹和著述的具体内容阐述其思想，借助拓展异质视域（宗教）以比较和融通诸如在"劳动与资本"等问题上不同的思路，不避锋芒地评估马克思之于 20 世纪和当代的意义，是这些展览和活动给我留下的最深刻的印象，也对我今后的研究提供了方向性启示。我猜测，有我这种特殊经历或专注于此事的研究者不会太多，而新闻媒体的即时报道不仅过于简短且毕竟不够专业，所以，留存一份带有个人观感的记录和概述就很重要了。

对马克思最好的纪念无疑是深化马克思主义研究。因此，无论是这次赴欧洲参加各种活动，还是回国后研读所带回来的资料以及写作以上札记，对展览和活动内容进行梳理，都引发了我更为广泛而深入的思考。

一方面，我感到，对马克思本人及其思想的理解和研究仍然任重而道远。

致力于马克思原始著述的整理、编辑和出版的国际上最权威的《马克思恩格斯全集》"历史考证版"（Marx-Engels Gesamtausgabe，以下简称 MEGA）刚完成其工作计划的一半多，尚未问世的部分，特别是从《资本论》第 1 卷出版至其去世近 16 年间，他所撰写的数量极为庞大的"摘录、笔记和（阅读过的书目页边上的）批注"（Exzerpte，Notizen und Marginalien）蕴含着大量新的信息和省思，这种"没有能够最终完成《资本论》的定稿工作"的情况也应成为我们理解和阐释其资本理论和思想体系复杂性的重要依据①。而对于那些已经出版的文献，即如规模达 15 卷的"《资本论》及其准备材料"，如何将文献考证的成果运用于对其思想的逻辑化、框架性的解释，依然是困扰研究者的难题。此外，长期以来，在人们的印象中，马克思只是资本主义生产方式的批判者，其实他还一直致力于对政治制度和国民性的剖析、对"真正的民主制"和人性的探索，这些方面的研究也有待加强。更为重要的，在文本个案实证研究基础之

---

① 参见聂锦芳：《马克思为什么没有完成〈资本论〉的定稿工作》，《中华读书报》2017 年 9 月 6 日，第 9-10 版。

上，回到西方文化传统和社会发展中，对马克思与古希腊—罗马思想源流、西方宗教传统、近代哲学、激进政治思潮和运动、古典经济学以及19世纪末至20世纪初的思潮之间关联的细节，还需要一一悉心梳理和辨析。过去的研究对此有所涉及，但系统而完整的体系性成果还没有出现。

另一方面，20世纪的国际共产主义运动、资本主义的变迁以及经济全球化态势与马克思思想之间的复杂关系亟须甄别和分析。

特里尔四个展览的内容涉及的这些问题，体现了举办者特定的立场和看法，我们未必完全认同。马克思—马克思主义—国际共产主义运动和实践当然有着紧密的内在关联，绝对的割裂和否定不符合实际。但是，苏联解体、东欧剧变也不意味着马克思思想的错误、马克思主义的失败和"历史的终结"。抛却更为复杂的时代背景和国际环境，这些情况表明，我们过去对马克思和马克思主义的理解是有偏差乃至误读的，在实践中也存在着不少问题。而20世纪以降，西方资本主义国家社会矛盾的变化和调整、社会的转型和发展更不是对致力于资本批判的马克思思想的否定。如果没有他入木三分的揭示和剖析，就不可能引发资本世界的变革，因此，真正说来，凯恩斯、哈耶克等人最好的"老师"是马克思！至于马克思思想所引发的西方哲学思潮、批判理论和文化观念的建构，更是他参与20世纪资本主义变迁的佐证。从实践层面看，20世纪八九十年代以来席卷世界的经济全球化态势，直接关乎对马克思思想当代价值的重估。在当今世界上，诸如雇佣劳动和"物奴役人"的现象、商品和资本拜物教等情况依然存在，但当代的经济全球化更多地表现为各个国家的经济主体在生产之外的贸易、投资、金融等领域的活动在世界范围内的急速展开，在层次和深度方面远远超出了19世纪的水准。就是说，当代的"资本"既与《资本论》中所批判的"资本"有内在关联，又呈现出差异和变化。这提醒我们，既要关注《资本论》的现实解释力，更要写出它新的时代篇章。

基于此，我感到，我们必须认真思考"马克思研究如何面对历史和当代"的问题，在马克思及其思想和实践的理解上强调理性化和共识性，特别是要克服情绪化态度、意识形态偏见、狭隘的历史算计和过分功利的现实考量。鉴于此，我不惮于在后现代话语霸权下被视为知识陈旧和观念落伍，也无意挑战"有一千个读者，就有一千个哈姆雷特"的解释学观念，这里只想强调一点——"马克思只有一个……"

特别需要解释的是，我的意思不是说"马克思只有一个，对马克思的解释和评价却可以多种多样"，而是想强调"马克思只有一个，我们对其思想的把握和理解应该大体一致和相通"——在现代德国及西方世界发挥了重要影响的马克思，与奠定了马克思主义中国化思想基础的马克思应该是同一个人，一方面，他以"必须推翻使人成为被侮辱、被奴役、被遗弃和被蔑视的东西的一切关系"①为其学说主旨，参与了德国宪法第一条"人之尊严不可侵犯"的建构（不管德国学界和社会是否明确承认），另一方面，他的资本批判与对人的解放之路的探索理应成为中国特色社会主义的指导原则和基本遵循。唯有这样，才能真正凸显和发挥这位思想巨匠在全球的现实影响力。

---

① 马克思：《〈黑格尔法哲学批判〉导言》，《马克思恩格斯文集》第 1 卷，人民出版社 2009 年版，第 11 页。

"向人类历史上伟大的思想家致敬"

　　2018 年是马克思诞辰 200 周年，世界各地的政界、学界乃至民间都举行了不同形式的活动，"向这位思想和行动的巨人致敬"；当然也有不同观点的评论，特别是在西方，对立观点的争锋还很激烈。而化解这些纷争的关键在于，客观、准确和完整地理解马克思的思想及其当代价值。

　　在当今世界，自觉地高举马克思主义旗帜、在理论方面展开广泛研究并在实践层面予以运用和推进的国家无疑首推中国。这里有世界上最庞大的从事马克思主义教学和研究的专业队伍，再加上报刊、出版、广播、电视等宣传系统的支持，思想阐发、理论普及和专业研讨等活动接连不断，一整年都沉浸在浓郁的纪念马克思的氛围当中。

　　2018 年 5 月 4 日，纪念马克思诞辰 200 周年大会在北京人民大会堂举行。中共中央总书记习近平在大会上发表了一个半小时的讲话，缅怀马克思的伟大人格和历史功绩，重温他的崇高精神和光辉思想，号召"共产党人要把读马克思主义经典、悟马克思主义原理当作一种生活习惯、当作一种精神追求"，并在实践中开辟"当代中国马克思主义、21 世纪马克思主义新境界"。①

在中国国家博物馆举办的"真理的力量——纪念马克思诞辰 200 周年主题展览"从"伟大革命导师马克思的壮丽人生""马克思主义中国化的光辉历程""新创作马克思主义题材美术作品"三个方面，全景式展示了马克思的生平、实践、理论贡献和精神境界，特别是突出了马克思主义在中国传播、运用和发展的历程。展期长达 3 个月，参观者甚众。

由北京大学主办的"第二届世界马克思主义大会"于 2018 年 5 月 5—6 日举行，来自 30 多个国家的 120 多位国外学者和 700 余位国内学者参会，以"马克思主义与人类命运共同体"为主题，围绕"纪念马克思诞辰200 周年""马克思主义著述编纂与研究""马克思主义与人类文明进程""马克思主义与当代全球合作和治理""中国改革开放 40 年与中国道路"等议题展开深入、广泛的研讨。

国内纪念马克思的活动还延伸到国外。由中国政府赠送的马克思雕像于 2018 年 5 月 5 日在其故乡——德国西南部城市特里尔揭幕。这座重约 2.3 吨、总高 5.5 米(与马克思的生日相契合，本体 4.6 米、基座0.9 米)的铜像展示了一个"行进中的马克思"的形象，手中的书和脚下的路喻指其一生永无止境的探索、其学说的开放状态以及对"人类依靠智慧和力量不断前进"的期待。

与中国的情形异曲同工，2018 年是德国真正的"马克思年"。5 月 4日晚上，在特里尔君士坦丁巴西利卡宫(Konstantin-Basilika)大厅举行了"卡尔·马克思，1818—1883 年生平、著作和时代"大型主题展览开幕式，1000 多人参加。时任欧盟理事会主席让-克洛德·容克(Jean-Claude Juncker)在讲话中盛赞"马克思是一位非常有远见、有特性的哲学家"，指出"我们要从那个时代的背景来理解马克思"，"那些后来者利用马克思的一些价值观和语句来作为压制他人的武器，不能把这些罪恶都写到马克思头上"。谈及目前的状况，容克指出，"欧盟大厦在摇晃，就因为

---

① 习近平：《在纪念马克思诞辰 200 周年大会上的讲话》，《人民日报》2018 年 5 月 5日，第 2 版。

在社会领域做得不够，我们必须改变"；而"抵制社会不公正现象，这不仅是马克思主义者的义务，也是任何崇尚民主的人的义务"。①

在此之前的 5 月 3 日，在首都柏林，德国总统弗兰克-瓦尔特·施泰因迈尔（Frank-Walter Steinmeier）邀请了 500 多人到总统府，就马克思的历史影响和现代意义进行座谈。在开场白中，他将马克思定位为"一位经济学家、历史学家、社会学家、哲学家；一位记者和主编；一位政治家、工人领袖和教育家；一位流亡者、政治受迫害者"，指出"无论他的理论有多少矛盾，产生了多少后果，有一点是肯定的：马克思是一位伟大的德国思想家。出现马克思离不开 19 世纪德国历史，德国历史也同样少不了马克思。在当时这样封建专制、全社会走向贫困的时代，他以人文主义激情呼吁新闻自由，呼吁人性的劳工环境，八小时工作制，工人及其子弟的基础教育，承认妇女的地位价值，直到对环境保护的抗争……"施泰因迈尔最后指出："我们身处 2018 年的德国人，既不要拔高马克思，也不要把他从我们的历史中驱除。我们既不用害怕谈马克思，也不用为马克思塑造一尊金像。就保留马克思作为一位有争议的历史人物的观念。"②

在当代，媒体的影响不容小觑。马克思诞辰日前后，德国本地的很多电视节目、报纸、杂志等主流媒体都争相做了很多专题栏目。早在 4 月 27 日，德法公共文化电视台 ARTE 就推出 53 分钟的纪录片《马克思与他的遗产》（*Karl Marx und seine Erben*）。同日，德国电视二台 ZDF 与德法公共文化电视台联合推出 52 分钟的专题片《偶像马克思》（*Fetisch Karl Marx*），参与的学者就马克思与当代社会的关系进行了讨论。5 月 2 日，德国电视二台又单独推出长达 88 分钟的大型文献片《卡尔·马克思：德意志先知》（*Karl Marx：Der deutsche Prophet*），称赞马克思是

① http://www.dw.com/en/karl-marx-statue-erected-in-trier-for-200th-birthday-celebrations.

② https://www.bundespraesident.de/SharedDocs/Reden/DE/Frank-Walter-Steinmeier/Reden/2018/05/180503-Karl-Marx-Geburtstag.html.

"最有影响力的德国思想家——而且直到现在"。而其他德国媒体介绍、讨论马克思的节目也不计其数。比如，著名的政治脱口秀主持人安娜·维尔（Anne Will）邀请德国联邦财政部长和副总理奥拉夫·舒尔茨（Olaf Scholz）、慕尼黑-弗赖辛总教区总主教及德国主教团主席赖因哈德·马克斯（Reinhard Marx）、企业家乔治·科夫勒（Georg Kofler）和德国左翼政治家、作家和政论家莎拉·瓦根克内希特（Sahra Wagenknecht）4 人做了一期题为《纪念马克思诞辰 200 周年：当今资本主义具有多大的社会性?》的节目，反响强烈。德国广播电视联合会（ARD）制作了特别节目，对著名学者克里斯蒂安·詹森（Christian Jansen）进行了专访。新闻周刊《焦点》（Focus）于 5 月 4 日进行了题为《卡尔·马克思的〈资本论〉——重要的论文和引文》的专题报道，回顾了马克思的生平并对马克思这一代表性论著中的主要论点进行了提炼。

除了这些严肃的带有学术意味的展览和活动外，特里尔还以多种形式纪念马克思。城内各处都有纪念品出售，从印有马克思头像的咖啡杯到瓷盘，还有供应"无产者早餐""马克思面包"和"马克思牛排"的饭摊。而在马克思出生的那栋房子的对面，一家酒店出售的一种白葡萄酒，取名为"资本论"，售价为 16.80 欧元。市场营销活动中最受青睐的是蓝紫色零欧元纪念纸币，售价 3 欧元，正面是满脸胡子的马克思，背面是作为特里尔城标志的黑门。该纪念纸币前后赶制了三版，共计 10 万张，到 10 月底销售一空。诚如"德国之声"以《马克思又回来了》为名的报道所描绘的盛况："在马克思诞辰 200 年之际，摩泽尔河畔的这座城市又重新找回了自己与这位共产主义思想先驱之间的认同感。"

特里尔之外，柏林也举办了多项活动，重要的包括：罗莎·卢森堡基金会于 5 月 2—6 日在弗兰茨·梅林广场举办的主题为"马克思的政治、理论与社会主义"大会；5 月 10—13 日，由德国左翼党（die Linke）资助、《21 世纪马克思》（Marx 21）杂志举办的"马克思是必需的"（Marx is Muss）的讨论会；5 月 24—27 日，以编纂《马克思主义历史考证大辞典》（Historisch-kritisches Wörterbuch des Marxismus）而闻名的柏林"批判理论研究中心"举办的以"和马克思一起解读当下，和当下一起解读马克思"为主题的年会。此外，柏林最有名的独立剧院 HAU（Hebbel am Ufer）也举办了纪念马克思的音乐会、演唱会、政治辩论等一系列活动。洪堡大学主楼刻着马克思的名言"哲学家们只是用不同的方式解释世界，而问题在于改变世界"，这也成为参观游览者必定要来的拍照留念之地。

科隆也举办了一系列纪念活动，包括追寻马克思在这里的足迹（诸如《新莱茵报》地址、科隆工人协会的成立地点和马克思故居等）、以"马克思与1848年革命""全世界无产阶级团结起来——数字化时代与工会""马克思理论视域下女权主义的批判与拓展"等主题设立分论坛进行研讨、举办研读马克思经典论著的工作坊等。

在法兰克福，《重建马克思主义》（*Zeitschrift Marxistische Erneuerung*）杂志编辑部于3月19—23日主办了"马克思200年：阶级理论与阶级运动"研讨会。

在东部城市开姆尼茨（Chemnitz，即两德分治时期民主德国的"卡尔·马克思市"），官方组织了"马克思在开姆尼茨"的摄影比赛，并在主要街头、车站和广告牌上贴满各种印有马克思名言的海报；开姆尼茨市还于5月5—12日在画廊 Galerie Weise 举办"博物馆之夜"，展出与马克思相关的各种雕像、徽章、奖牌及纪念品等。

此外，汉堡社会研究中心、埃尔福特大学、卡塞尔大学、弗莱堡大学等高校也单独或联合举办了纪念活动，从论坛到工作坊再到暑期学校，活动前后持续了3个月之久。

马克思无疑属于世界。中国和德国之外，在马克思长期流亡的英国，5月5日由马克思纪念图书馆主办、在伦敦大学东方与非洲研究学院召开了"马克思200周年"纪念大会；5月4日由爱尔兰国立梅努斯大学召开了"马克思的重生：在未来游荡"研讨会。大英图书馆从5月到8月初举办了"卡尔和爱琳娜·马克思珍藏展"，展出包括马克思与其家人、恩格斯的书信，还有一批珍稀的马克思著作，其中包括一部法文版《资本论》的首版，马克思亲笔在书中做了注释。被誉为"共产主义学说诞生地"的曼彻斯特则专门策划了"马克思主题漫步"活动，其口号是："全世界步行者，团结起来！"这也"产生了很大的反响"。

法国也举行了多种活动纪念马克思。3 月 15—16 日《思想》(La Pensée)杂志在巴黎举办了"马克思 1818—2018"研讨会；1—5 月，巴黎高等师范学校举办了 19 场关于马克思的系列讲座；从 2 月 27 日到 3 月 2 日，里昂高等师范学校举办了"马克思与戏剧"的国际研讨会。

在比利时，"纪念马克思诞辰 200 周年"活动于 2018 年 5 月 5 日晚在布鲁塞尔揭幕，工人党主席彼得·梅尔滕斯(Peter Mertens)和第一书记拉里·霍姆斯(Larry Holmes)分别以"转向一个无剥削社会的新范式"和"马克思关于劳工阶级的革命性观点：工人和受压迫者的团结"为题发表了演讲。

美国也是马克思主义研究的重要国家。由卡内基梅隆大学英语系凯西·M. 纽曼(Kathy M. Newman)和安德鲁·W. 梅隆(Andrew W. Mellon)基金会苏珊娜·斯拉维克(Susanne Slavick)组织，来自世界各地的 41 名艺术家在匹兹堡市中心的 SPACE 画廊举办了展览，"既思考马克思，也批判性地思考资本主义——它怎样运行和怎样失效"，以此"回应了世界范围内马克思的再次兴起"。而得克萨斯州大学历史研究协会主办了"卡尔·马克思 200 年"工作坊，反思马克思思想及其多样化遗产、马克思主义与全球其他社会运动之间的联系和张力，以及 21 世纪马克思或马克思主义的可能性指导意义。

而加拿大的蒙特利尔市别出心裁地通过举办"马克思主义冬令营"来参与这一盛事，参加人数达到历史最高纪录，约有 230 人，参加者既有来自本国的安大略、魁北克、亚伯达、不列颠哥伦比亚等省区，也有来自墨西哥、法国、英国和瑞士等地。

欧美之外，亚洲各国也举行了多项活动来纪念马克思。在印度，5 月 1 日，共产党(马列主义)举办了"马克思主义的关联性"(Relevance of Marxism)座谈会，N. 穆图·莫汉(N. Muthu Mohan)出版了 20 卷本泰米尔语版《马克思恩格斯作品选》，并举行了新书发布会。在巴基斯坦，

5 月 5 日，左翼政党人民工人党（Awami Workers Party）联合其他左翼组织一起庆祝马克思诞辰 200 周年，提出"我们如何理解、分析巴基斯坦的国情以及我们怎么去改变它，是当下最重要的事，基于我们的所见所闻，即便你已经忘了马克思，也不能无视经济全球化和资本化给我们带来的严重危机"。① 同日，在菲律宾大学，500 多人举行集会，来自工人、农民、妇女、教师和学生等各个阶层的民众用诗歌、短剧、歌曲和艺术品等形式庆祝了马克思诞辰 200 周年。

令人遗憾的是，曾经高举马克思主义旗帜、走了 70 年社会主义道路的俄罗斯，在马克思 200 周年诞辰这一天，当局却保持了沉默。据有关专家统计，直到现在，那里还有 1390 条街道以"马克思"命名，而在伏尔加河畔，还有一个叫"马克思"的小镇。但是，在俄罗斯，有四分之一的人在接受采访时竟然不知道马克思是谁，诚如有的学者所指出的，"这个国家正在彻底遗忘马克思"②。当然，尽管如此，一些大学和博物馆还是举办了零星的会议和展览，比如在圣彼得堡，俄罗斯博物馆举办了"永远的卡尔·马克思"艺术作品展；喀山联邦大学策划了"马克思节"，用演讲和说唱方式来纪念这位伟人。

总之，较之于以往纪念马克思的状况，2018 年的活动真可以说是蔚为大观，从官方到学界再到民间，如此丰富多彩的活动彰显出马克思在当代强大的影响力。当然，仔细地观察也会发现，这些活动在意旨、方式以及举办者对马克思的理解和评价等方面，相互之间存在着比较大的差异，本系列下一辑《评判马克思历史地位的三种态度》将呈现我们的梳理和分析。

---

① 参见 https://www.marxist.com/successful-congress-of-pakistan-marxists.
② 参见 https://themoscowtimes.com/articles/marx-at-soviet-union-godfather-all-but-forgotten-russia.

马克思生平、思想研究新进展及其思考

对立需要融通，争议方能获得共识。马克思身后复杂的资本主义和社会主义运动、对马克思思想的多元理解所导致的不同的实践效应以及经济全球化时代的世界格局和人的生存状态……均提醒我们，纪念马克思最好的方式，首先是客观、准确、全面地理解他的思想，然后，在此基础上清理历史原委、探究当代发展。正因为如此，有关马克思本人生平和思想的研究和普及性著述的出版，对于 2018 年这个特殊的年份来说，就显得必不可少，甚至构成了一道新的景观。

首先是有关马克思的传记。

虽然过去已经出版过很多，其中不乏史料翔实和见解独到的作品，但这是一个没有止境的探究领域，马克思诞辰 200 周年之际，这类著述也是最引人注目的。有的是以往名著的再版，更有新的论著出现。

法语世界再版了梅林的《马克思传》。梅林的这部名著时隔 100 年之后，终于有了第一个法文注释版本，两卷本合计 1600 页。这一版本由热拉尔·布洛赫（Gérard Bloch）翻译并且加入了大量的注释，根据译者的理解区分了马克思生平和思想的原貌与梅林原著对马克思的解读，特别是勾勒了从马克思到恩格斯再到梅林思想演变和发展的线索。瑞典哥德堡大学的思想史终身荣誉教授斯文-埃里克·利德曼(Sven-Eric Liedman)的力作《赢得的世界：卡尔·马克思的生平和著作》(*A World to Win*：*The Life and Works of Karl Marx*)也由维索(Verso)出版社翻译、出版。这部传记的特殊性在于为我们呈现了马克思是如何以其特殊的政治生活和理论贡献来理解和参与他所身处的时代和世界的。

较之于以上的旧著再版，德国著名马克思研究学者米歇尔·海因里希(Michael Heinrich)出版的《马克思与现代社会的诞生》是一部不折不扣的新作。这是他计划出版的三卷本马克思思想传记中的第一卷，叙述内容覆盖了马克思在特里尔的青年时期和在波恩、柏林的求学阶段，以及在《新莱茵报》—《德法年鉴》时期的经历。这本书不仅将马克思的生平及其作品如实地呈现出来，而且将当时马克思所遭逢的攻讦和思想争论也纳入考察范围，进而借此诠释马克思思想的发展逻辑。作者基于多年来对马克思著述权威版本(MEGA)的研究，在书中得出的洞见是，学界关于"青年马克思"向"成年马克思"思想过渡中两种主流的观点——"断裂说"和"延续说"——都是谬见；他认为，马克思的思想发展是在多重维度、多个方向上持续发展的，在这一进程中出现过多次"断裂"，而且从未存在一个业已完成的理论形态。这本传记即是对这一洞见的实践。第二卷和第三卷还在写作过程当中。

其次是研究马克思思想的著述。

博睿(Brill)出版社在 2018 年 5 月出版了由荷兰阿姆斯特丹国际社会史研究所(IISH)前所长马塞尔·范·德·林登(Marcel van der Linden)和国际马克思-恩格斯基金会(IMES)秘书长、MEGA 编辑部主任杰拉德·胡布曼(Gerald Hubmann)共同主编的《马克思的〈资本论〉：一个未完成的计划？》(*Marx's Capital*：*An Unfinishable Project*?)。这是一部论文集。由于 2012 年 MEGA^2 第二部分"《资本论》及其准备材料"全部出齐，马克思构思、撰写《资本论》的全部过程及其手稿以及恩格斯编辑《资本论》第二卷和第三卷的细节得以公之于世，这本文集荟萃了以

MEGA专家为主的有关文献考证材料，足以激发其他研究者重新解读马克思及其这部伟大著作的兴致。此外，博睿出版社在6月出版了保罗·马蒂克（Paul Mattick）的论文集《作为批判的理论：关于〈资本论〉的论文》（*Theory as Critique：Essays on Capital*），作者认为《资本论》的主要贡献在于完成了对既往经济理论的批判，至于其对政治经济学理论本身的贡献则不是重点；此外，该著作还检视了马克思理论的抽象性与社会现实的复杂性之间的鸿沟。加拿大约克大学社会学教授马塞罗·默斯托（Marcello Musto）推出其专著《另一个马克思：早期的国际手稿》（*Another Marx：Early Manuscripts to the International*）和《马克思〈资本论〉的形成》（*The Formation of Marx's "Capital"*），以马克思原著为依据，梳理和分析了马克思为人们所忽略或误解的诸多生活、思想细节，由此描绘了令人耳目一新的"另一个马克思"。伦敦大学历史学教授格雷戈里·克拉埃斯（Gregory Claeys）出版了《马克思与马克思主义》（*Marx and Marxism*），从19世纪俄国革命延伸到当今时代，凸显出"马克思和马克思主义对于今天的世界依然重要"。本书还以杰里米·科尔宾及其工党政策为例，分析了英国人特别是年轻人对马克思兴趣大增的现实原因。

此外，马克思主义文艺理论家特里·伊格尔顿（Terry Eagleton）的畅销书《马克思为什么是对的》（*Why Marx was Right*）和希腊前财政部长亚尼斯·瓦鲁法基斯（Yanis Varoufakis）作序的新版《共产党宣言》都得以重印。维索出版社也出版了由詹明信作序的斯塔西斯·库沃拉吉斯（Stathis Kouvelakis）的专著《哲学与革命：从康德到马克思》（*Philosophy and Revolution：From Kant to Marx*）的最新英译本，对德国1848年革命以前思想家的群像做了简单的勾勒。

再次是其他类型的出版物。

牛津大学历史学教授马克·马尔霍兰（Marc Mulholland）出版了小说《沃伦街谋杀案》（*The Murder of Warren Street*），描述了法国流亡者埃马纽埃尔·巴泰勒米（旧译巴特尔米）鉴于马克思太过"保守"，"既不想参加密谋也不想暴动"，于是串通德国激进分子试图通过侮辱马克思而引起双方决斗，以便借机"刺杀马克思"，但此事因马克思拒绝应战而最终无果。此外，由贾森·巴克(Jason Barker)撰写的《马克思归来》(*Marx Returns*)也于本年度上市，这本书号称"重新想象马克思的生活与时代"，混合了历史小说、心理悬疑、哲学思想和马恩全集的摘录。

由哲学教师鲁珀特·伍德芬(Rupert Woodfin)和漫画家奥斯卡·萨拉特(Oscar Zárate)合作完成的《马克思主义：图画指南》(*Marxism：A Graphic Guide*)在2018年1月推出了新版(首版于2009年)，图文并茂、浅显易懂，是颇受欢迎的面向马克思初学者的普及读本。奥伊伦斯皮格尔(Eulenspiegel)出版社在2018年3月再版了画册《卡通中的马克思》，总共收录了全世界大约450个插图画家的作品，汇集了超过600张马克思各种卡通形象的招贴画、宣传图。

最后重点介绍中国学者撰写的一套丛书及其对马克思思想的新诠释。

国家社会科学基金重大项目(16ZDA098)"重读马克思：文本及其思想(十二卷本)"在2018年完成，并由中国人民大学出版社隆重推出。这是我和受我影响的青年学者在多年追踪世界学术前沿、广泛搜集文献资料和悉心解读内容基础上推出的重要成果。这套丛书包括12本专著：第1卷《滥觞与勃兴——马克思思想起源探究》、第2卷《"苦恼的疑问"及其解决——〈莱茵报〉—〈德法年鉴〉时期马克思文献及思想再研究》、第3卷《思想的传承与决裂——以"犹太人问题"为中心的考察》、第4卷《异化的探寻及其扬弃——"巴黎手稿"再研究》、第5卷《思想的剥离与锻造——〈神圣家族〉文本释读》、第6卷《在批判中建构"新哲学"框架——〈德意志意识形态〉文本学研究》、第7卷《政治经济学的形而上学——〈哲学的贫困〉与〈贫困的哲学〉比较研究》、第8卷《"革命"的非模式化解读——1848—1852年马克思恩格斯政治文献研究》、第9卷《政治经济学批判的逻辑建构——"1857—1858年手稿"再研究》、第10卷《"资本一般"与政治经济学批判——"1861—1863年手稿"再研究》、第11卷

《资本社会的结构与逻辑——〈资本论〉议题再审视》和第 12 卷《求解资本主义的史前史——"人类学笔记"与"历史学笔记"的思想世界》。

这套丛书选取了马克思的一系列重要文本、文献及其思想展开深入研究，真正把版本考证、文本解读、思想阐释与现实意义重估紧密结合了起来，在困扰马克思思想研究的诸多难题上取得了新突破。

更为重要的是，在整套书的研究和写作过程中，我们逐渐摸索出一套具体的方法及其原则。诚如在该书完成后我在《中华读书报》上发表的文章中所总结的：

"在研究中，我感到最困难的，并不是权威而完整的第一手文献的搜集，而是对这些文献的把握、理解和解释；我们不仅要还原马克思当年写作的原始情境、文献状况及具体内容，而且必须找到一种合适的'框架'来统摄和清理大部分处于散乱状态的文献中的思想及其逻辑。很显然，这样的'框架'不能出自我们纯粹的杜撰，更忌讳用一种外在思路、观念和范式来强行套用。因此，鉴于马克思留存下来的文本及其表述方式的特殊性，一方面，我强调，精深的马克思思想研究必须走向文本、文献学，而不能将其全部让渡给马克思手稿的辨认者、著作的编辑者和翻译者，因为思想阐释是对文献编辑成果进行的检验和理解，从而可以进一步推动客观、准确和到位地概括和分析马克思的思想，所以我不允许学生离开文本、文献的原始状况和具体内容抽象地讨论马克思的思想；但另一方面，马克思很多叙述非常散乱，观点也不甚系统和明确，可是其中无疑又蕴藏着极大的思想容量和严密的论证逻辑，并且构成其思想发展前后相续而又不断推进的序列。所以，我们就必须在反复研读这些文献、切实把握其内容的基础上，提炼出一个解释'框架'来贯穿这些分散的材料，体悟、概括和分析其思想。很显然，这中间解读者主体性的发挥又是必不可少的。只有当我们的解释与马克思文本中的思想能够接通的时候，才算是真正理解了他——不仅仅限于他的观点，更包括他对观点的论证；不仅仅限于他定型、成熟的思想，更包括他'苦恼的疑问'、对自我的反省、理论的内在矛盾、开放的多元思路、多重的理论和实践效应。"①

如果把这套丛书放在马克思主义研究的历史序列中予以观照，其学术价值更会凸显出来。我们知道，在世界马克思主义研究园地，尽管苏联和民主德国学者使用过"19世纪的马克思主义哲学"（Марксистская Философия в ⅩⅨ веке）、"德国的马克思列宁主义哲学史"（Zur Geschichte der Marxistisch-Leninistischen Philosophie in Deutschland）等概念，但必须承认，是中国学者首次公开而明确地开辟了"马克思主义哲学史"这一学科方向。黄枏森、庄福龄等教授筚路蓝缕，他们主持编写的8卷本《马克思主义哲学史》奠定了这一领域研究的基础。但随着时代的变迁和学术的进展，8卷本在有关马克思的文献佐证、细节甄别、解释思路和框架设计等方面的缺陷逐渐显现出来。而《重读马克思：文本及其思想》是在20年积累和思考的基础上，通过对具体文本个案的解读完成了对马克思复杂的思想世界及其意义的重新探究，它讨论的虽然只是8卷本《马克思主义哲学史》前3卷的内容，但不仅以12卷本、600万字的总篇幅超过了8卷本的全部书，而且对马克思本人思想的梳理、分析和评论无疑都大大拓展和深化了。可以不折不扣地说，这是马克思主义哲学史研究最重要的进展。

该书出版之后，也受到德国学术界的关注。伊丽莎白·诺伊（Elisabenth Neu）、彼得·多纳斯基（Peter Donaiski）、埃亨弗里德·噶兰德（Ehrenfried Galander）、米歇尔·海因里希（Michael Heinrich）和阿德里安·克劳奇克（Adrian Krawczyk）等专家，在阅读了该丛书每卷详细目录和主要内容的英文翻译，并了解了全套书的研究方式、整体框架和重要观点后，对此均给予了高度评价，并为他们不能阅读中文版全书而"深感遗憾"②。这让我们想起20世纪三四十年代，以对柏拉图和亚里士多德著述的精深解读而享誉国际学界、被哈佛大学哈桑教授称为"当今

---

①　聂锦芳：《走进文本：探究马克思复杂的思想世界》，《中华读书报》2018年4月18日。
②　参见陈栋：《一部中国学者研究马克思的著作在德国的反响》，《中华读书报》2019年11月6日。

'亚里士多德学'世界第一权威"的陈康先生（1902—1992）曾经立下的一个宏愿：迟早有一天，要让西方的西方哲学研究者为不懂中文而感到遗憾！① 这套丛书在德国学界所引起的反响表明，我们的努力为国际马克思研究贡献出了"中国的智慧"，至少在马克思研究领域，陈康先生当年立下的凤愿在一定程度上变为了现实——这才是真正的"学术话语权"和"文化自信"！

热闹的"嘉年华"终将落幕，沉淀下来的思想才具有长久的价值。马克思生前并不是一个世俗生活和流行时尚的"弄潮儿"，相反，他在孤寂和单调的著述生涯中苦苦寻求对资本时代的理解和超越人的"异化"状态的途径，他去世后留存下来的大量手稿之中蕴含着他复杂的思想因素和论证逻辑。20 世纪马克思主义的广泛传播确实扩大了其思想的影响，然而，过分功利的现实动机、教条主义的理解、线性思维的作祟以及"以我们正在做的事情为中心"的考量，使我们对马克思思想的理解出现了不同程度简单化、庸俗化乃至误读和曲解的情形，而实践中的挫折与此密切关联。所以，"重新理解马克思"仍是现时代的重要任务。

---

① 参见［古希腊］柏拉图：《巴曼尼得斯篇》，陈康译，商务印书馆 2008 年版，第 10页。

被祖国哺育和放逐的人

　　我于 2018 年 10 月 17 日赶赴特里尔，参观在那里举办的纪念马克思诞辰 200 周年的四个大型展览，并在其中的三个展览撤展的当晚，应邀出席了在该市大剧院举办的"告别卡尔"晚会。这些活动结束后，我尚有 80 余天在欧洲逗留的时间，于是决定：从特里尔出发，到波恩—科隆、柏林、巴黎、布鲁塞尔、阿姆斯特丹，最后到伦敦和曼彻斯特，寻找和考察一下马克思一生生活和工作过的地方以及其手稿保存的机构。所幸的是，我这种"一网打尽"式的愿望最终完满实现了！这趟旅行真是愉快而充实，我还随走随写，记录下一些零星的见闻和感受，姑且算是"雪泥鸿爪"，谨辑录于此，分享给对此有兴趣的同道。

　　马克思自称是一个"世界公民"，但他是有祖国的！他在尚未统一的德意志最大的王国——普鲁士出生，接受中学和大学教育，培育和锻造出最初的思维方式、价值观念和人生志趣。但是，这些均与一个庸俗、蒙昧而专制的国家的理念和体制相冲突。"《莱茵报》时期"他的一系列大胆言论和做法，被视为"不爱国"的行为，他一度主持编务工作的报纸遭强行关闭，这让马克思失望至极，感到在自己的国家"我不可能再干什么事情。

在这里，人们自己作践自己"，于是毅然决定离开。马克思先后移居法国、比利时，但是，虽然在国外，他的活动仍处处受到来自国内的压力，普鲁士政府指控他参与编辑新杂志（《德法年鉴》）和参加有关组织的活动有"预谋叛乱与侮辱圣上"的嫌疑，要求所在国将其驱逐。出于保护自己以后的行动不再受到来自祖国的纠缠，1845 年 10 月，马克思提出给予他一张"侨居北美的政府许可证"的申请，普鲁士内务部认为可以利用这样的机会一劳永逸地"摆脱这个危险人物"，于是决定"以不再是普鲁士公民"为条件答应马克思的请求。这样一来，马克思就失去了国籍，开始了长期动荡的流亡生涯。此后，基于国内政策的变化，马克思曾于 1848 年 4 月和 1861 年 3 月两次提出恢复国籍和重新取得公民权的申请，但都被驳回了，普鲁士政府认为他"应当算作外国人"，这样，马克思 40 余年没有国籍，直至去世。

当然，这种曲折的经历也促成了马克思放眼世界、纵横历史、不囿于一国和一时思考问题的致思特征。置于世界格局和历史长河之中观察德国状况，批判和剖析德国"国民性"及其发展障碍，进一步探究祖国的变革方向和未来前景，也一直是他持续不断的工作和极为关注的事情。所以，离开故土、熟练掌握多种语言的马克思始终以母语写作为主（占到其全部著述的 85%），他最重要的作品也尽可能在德国出版。1848 年 4 月马克思曾回到科隆，创办"民主派的机关报"——《新莱茵报》，直到次年 5 月报纸又遭查封，马克思也再次被驱逐。1867 年 4 月，客居伦敦多年的马克思整理完毕凝聚其多年思考和研究心血的《资本论》第一卷，他坚持亲自将手稿送回祖国印刷、出版，这次他待了一个半月，在汉堡、汉诺威等地停留。重返故土，使他心情非常激动……

一、重返特里尔的"发现"

我曾于 2015—2016 年在这座美丽的小城工作过一年，这里给我留下了美好的印象。如今阔别两年多了，再次回来，倍感亲切。"黑门"依旧肃穆，摩泽尔河清澈见底，葡萄架如绿色军阵一般排列整齐……我再一次强烈地意识到，这里是马克思的故乡！他在这里出生、接受启蒙教育和恋爱，培育、酝酿和塑造了最初的思想和情怀，对其以后的理论发展和价值追求产生了持久的影响。

联想到把马克思主义当作招牌、口号和工具的人对致力于文本、文献及其思想的研究者的诸多非议中，有一句特别损人的话，叫"不接地气"。而当我漫步在城郊伊尔斯(Irsch)松软、逶迤的小径，看到周遭五彩缤纷的树木和满眼的绿草地；当我回到宿地，看到住着属于自己的三层楼房、靠养老金生活的普通退休工人库尔特·维罗尼卡(Kurt Veronika)夫妇在为我修整窗前的花坛和调试电视；当我向德国的同行和特里尔大学的老师们赠送两年前在这里写作完成的《滥觞与勃兴——马克思思想起源探究》、介绍我们献给马克思诞辰200周年的礼物——12卷本的《重读马克思：文本及其思想》时，我内心真实的感受是——"脚踏实地"。

现在特里尔与马克思直接有关的遗址有四处：一处位于布吕肯大街10号，这是马克思出生的地方，他在此住了一年半，现在是一座博物馆；另一处位于西蒙大街(Simeonstraße)8号，位于"黑门"斜对面，马克思在此居住了15年多；燕妮故居位于诺伊大街(Neustraße)83号；而马克思就读过的威廉中学位于耶稣会会士大街(Jesuitenstraße)13号，现在是一所神学院。另外，约翰尼斯大街(Johannisstraße)28号是已经关闭的著名的马克思故居研究中心的原址。这些建筑彼此之间距离都不远。

此外，在马克思故居周围有众多的古罗马时期的建筑和富丽堂皇的教堂。特里尔是德国最古老的城市，保存传统的意志十分强大，充满了浓郁的宗教氛围和人文情怀，马克思正是在这种环境的熏陶下成长的。

我这次来最大的收获之一是接触了另一位同样出生在特里尔、在当代西方宗教史上具有举足轻重地位的奥斯瓦尔德·冯·内尔-布劳宁

(Oswald von Nell-Breuning，1890—1991)的思想。他与马克思身处不同的时代，世界观和宗教立场迥异，但毕生思考和探究的议题却是一致的，那就是"劳动和资本"的关系，都致力于试图"在资本与劳动之间确立一个公正的社会秩序"。

"马克思与宗教"的确是需要重新甄别的重大课题。在传统的历史唯物主义体系中，宗教被置于上层建筑的框架内。基于经济基础的决定作用，宗教与法律、政治、道德、艺术和哲学等被视为观念或精神存在，在社会结构中处于被决定的地位。在宏观、总体和抽象的意义上这当然没有错，但在现实的社会运动和各民族的发展中，情况非常复杂。作为对西方历史变迁和现代资本社会有深度观察力和深刻洞察力的思想家，马克思不会无视乃至忽略宗教等因素在其中的影响和意义。过去我们站在"无神论"的角度，对宗教的理解和研究不够甚至有"妖魔化"的倾向，现在是需要改变和深思的时候了。

二、波恩—科隆之间的"平衡"

我和在柏林自由大学访学的学生陈栋在波恩和科隆游了数日，这两座城市之间已有地铁相通。让我感到多少有点奇怪的是，这两座城市之间奇妙的"平衡"和互补。波恩曾是联邦德国的首都，1945—1990年长达45年的时间，它没有被打造成一座"大"城市，人口始终只有30万，但以全城最宏大的建筑——"选帝侯宫"作为主楼的波恩大学，使其不同凡响，距此不远的贝多芬博物馆和郊外的舒曼故居更提升了它的品位。而科隆则是德国第四大城市，人口100万，大教堂举世闻名，但科隆大学却稍逊一筹。所以，我感觉这两座城市连在一起，相互补充，各有特点，没有等级分别和优劣差异。

我们将这两座城市中与马克思有关的地方都找到了，特别是在波恩大学看到与他有关的四件档案（选课表、被关禁闭的说明、学业评价和转学证明）的复制件，还找到了位于波恩斯托肯大街（Stockenstraße）上，马克思与"特里尔同乡会"的成员经常聚会喝酒并在此受了眼伤的酒馆，在科隆找到了位于干草广场（Heumarkt）65 号的《新莱茵报》编辑部原址。科隆市政厅塔楼正在维修，地面部分设置了护栏，使我们无法进入，高高的脚手架也阻挡了我们的视线，所以，塔身上马克思的雕像看得很不清晰。需要特别补充的是，为找《新莱茵报》编辑部原址，我们来来回回走了不少路，费了很大劲，偶遇一位在此工作多年的山西老乡，在他的帮助下才遂了心愿。他慨叹说："这年头谁还关注他呀！"

观察马克思在这些地方学习和工作的环境，使我更加明白，离开西方文化传统，就不会有他思想的产生。看了科隆大教堂，极感震撼。特里尔的展览显示，在马克思到达这里并居住的那一年，这个教堂在停工300 年之后开始大规模修复，可以说他几乎每天都面对这座巨型建筑的脚手架，这使得宗教不可能不对他的思想产生影响，即便是在 1848 年欧洲革命期间为寻找普鲁士国家出路的时候，也是如此。

马克思的宗教"鸦片说"影响巨大，但实际上，我们长期以来对此有相当程度的误解，而这与翻译有关。在中文语境中，"鸦片"是危害人生命的毒品，一旦染上就意味着死亡，但按照马克思原文的意思，它只是苦恼和困顿生活中的麻醉药和镇静剂，他认为其功效可以缓解一时，但最终并不解决人的实际问题，只有改变产生痛苦的世俗世界，消除权力和资本对人的操控，人才能获得解放和拯救。

三、"柏林墙"前的沉思

在欧洲旅行，我们外出时喜欢乘坐 Flixbus，不仅价格便宜、发车准时、室内干净整洁、设施齐全且乘客均有座位，更重要的是，虽然花费的时间比较长，但沿途可以纵情浏览风景。在如画的景致中穿行，真正有一种心旷神怡的感觉。不要说夏末的浓绿掩映和秋天的五彩缤纷，就是在冬天，遇冷不枯、如暗绿色地毯般铺开的草地，也十分养眼。

我在早上八点坐车从特里尔出发，从西南向东北大致要斜穿德国大部分领土。一路上都是熟悉的地名：凯撒斯劳滕、美因茨、法兰克福、爱森纳赫、哥达、埃尔福特、魏玛、耶拿、莱比锡、德累斯顿、波茨坦。这也是马克思去柏林求学时大致的路线，后来这些地名多数也在其著述和书信中出现过，它们更是德国近代一系列重大事件的发生地，串联起来可以展示德国社会转型的整个进程。大约下午六点四十五分，我到了柏林。

我坐车用了 10 多个小时，这段路程马克思当年花了 5 天，他是坐马车去的，时间是 1836 年 10 月。他在这座城市生活了近 5 年时间，一直待到 1841 年 5 月。马克思在柏林大学(今洪堡大学)法学院注册，但先是致力于文学创作，后来投入哲学和历史学习，最终完成的是哲学博士论文，重点阐释自由和自我意识"具有最高的神性"，以及"哲学的世界化"与"世界的哲学化"相统一的理念。

马克思在柏林多次搬家，几乎每个学期都更换住处。据考证，现在的柏林有七个地方马克思曾经住过，它们都在米特区（Mitte），分别是米特尔大街（Mittelstraße）61 号、莫伦大街（Mohrenstraße）17 号、老雅各布大街（Alte Jakobstraße）50 号、路易森大街（Luisenstraße）45 号、沙里泰大街（Charitéstraße）10 号、马克格拉芬大街（Markgrafenstraße）59 号、许岑大街（Schützenstraße）68 号。这七处住所距离当时的柏林大学都不远，步行不超过 15 分钟。但可惜的是其中只有路易森大街 45 号（现在改为 60 号）被保留下来了。此外，马克思 1837 年患过结核病，为了治疗，他在"施特拉劳"（Stralau）的一家旅馆度过了一个夏天。这家旅馆目前已经不存在了，附近有民主德国时期修建的一座马克思纪念馆及雕塑和展板。

作为一个研究马克思主义发展史的学者，来柏林除了考察马克思住过的上述地方，不能不看看著名的柏林墙。这座阻隔同一座城市、同一民族人员往来和交流、长达 160 余千米的屏障，1990 年随着德国的统一被拆除，现在仅有极少部分存留。我们参观了位于贝尔瑙尔大街（Bernauerstraße）北部的一段围墙和附属的纪念展厅。1945 年两德分治，到 1961 年二者之间的差异已经非常明显。为防止越来越多的人西逃，民主德国政府筑起了这座由瞭望塔、混凝土墙、开放地带以及壕沟组成的边防设施。看着展出的照片上围墙施工时联邦德国一侧小孩充满狐疑的眼神、几个民主德国年轻人明知翻越会被枪击也要相约同时强行攀爬的身影，真是感慨良多。

我们还去了纳粹官员为讨论"犹太人问题的最后解决办法"（Endlösung der Judenfrage）而召开的万湖会议（Wannseekonferenz）的那栋别墅参观。一楼以多种形式的资料展示了这场"有系统的大屠杀"的密谋经过和刽子手们的罪证，二楼则是与纳粹有关的大量图书文献和供研究者使用的小会议室。这个场所现在为一个基金会所有，免费供来自世界各地的学者和旅游者参观，他们以这样的方式来告诫人们，不要回避、忘记，更不能否定那段惨痛的历史，"只要制造过罪恶，就不会有赎罪结束的时刻"！

参不透"巴黎的秘密"

又一次来到巴黎……

这是马克思生命历程中的另一个重要驿站。1843 年 10 月—1845 年 1 月他在此居住，与卢格创办了只出版了一期的《德法年鉴》，开始了他的政治经济学研究，撰写了后来引起极大轰动的"巴黎手稿"，他的大女儿也在此出生。此后几年他还两度出入巴黎。他最终流亡伦敦实际上是无可奈何和被迫的选择，如果要问他和燕妮最想居住在世界上哪个地方，他们一定首选巴黎：这里的浪漫和激情特别契合马克思作为"革命者""斗士"的精神气质，而从莱茵兰州立博物馆展览中展出的燕妮初到巴黎时给朋友的一封信中，也可以看出她是多么喜欢这里："巴黎是一个令人眼花缭乱的城市，我曾多少次梦想来这里。一旦我们在这里安定下来，你一定要来拜访我们，来看看这里有多迷人！"

与原来属于同一阵营的青年黑格尔派成员试图在观念领域上以激进方式寻求社会变革的思路不同，当时马克思已经从对社会的"副本批判"转向了"原本批判"，即对"市民社会"的现实观照，但近代以来资本世界的变化，使此刻的他实际上并不知道该从何着手来理解复杂的社会进而寻找到出路。但与恩格斯那种进入工厂、通过实际了解"英国工人阶级状况"的途径不同，马克思选择的是"走进书房"、从研读古典经济学著述开始。

马克思的政治经济学研究和《资本论》手稿写作的时间长达40余年，旅居"巴黎时期"的著述是在这一漫长的思想之旅中竖立的第一块界碑。其中就包括了通常被称为《1844年经济学哲学手稿》的"三个笔记本"（以下简称"巴黎手稿"）。这是马克思著述中被议论最多的文本之一。不仅在马克思主义研究界，其他领域（包括哲学、政治学、经济学、文学、社会学甚至自然科学）的学者在讨论20世纪资本世界以及当代社会问题时也都会提及这本书。然而，绝大多数研究只是寻章摘句、断章取义式的理解和发挥，或者是在为自己的观点寻找佐证和说明。这就要求我们必须在甄别原始手稿的基础上，尽可能完整而客观地梳理和解读马克思的原始思想，进而评价其在思想史上的价值及其现实意义。

对"巴黎手稿"内容的准确把握是对解读者思维和概括能力极大的检视和挑战。理解它的困难和特殊性在于，这是一部未完成的残篇，一方面，其叙述方式多样，既有对斯密、李嘉图、穆勒等人著述的摘录和结构重组以及对官方材料的引用，更有对具体的社会现实的感性描摹和尖刻透析，还有如其所界定的作为"黑格尔哲学的诞生地和秘密"的《精神现象学》般的用极其晦涩的语言所进行的哲学表达。但是另一方面，在散乱的论述中，其立论的思路、逻辑却非常清晰、贯通和严密。"异化"既是马克思当时介入复杂现实的角度和方式，也构成他所理解的社会问题的症结和要义。按照我的理解，沿着"异化问题的引入"——"异化的表现"——"异化的变迁"——"异化的根源"——"异化的扬弃和出路"——"异化观的变革"的思路和逻辑，在这部表面未定稿的著述中，马克思为我们揭示了基于人性的复杂所导致的资本社会的矛盾，提供了理解现代社会的一种范型和框架以及走出困境的方向和途径。正因为如此，它是超越当时马克思所做的一系列摘录笔记的建构性文本，展示了马克思漫长的政治经济学研究和《资本论》写作生涯起始阶段的步态和身姿。

在西方，"巴黎手稿"中所阐发的马克思的异化观对其思想的后继者产生了深刻的影响。这一手稿中的"三个笔记本"自 1932 年发表以来引发了声势浩大的"西方马克思主义"运动，受到学者们普遍的关注，不论是赞同者还是质疑者都很重视这一文本。他们的看法或许已经超出了马克思当年的思想意旨和视域，但也不妨将其看作从另外的视角和方向显现出"巴黎手稿"的深远影响。

"异化"的重要性还在于，它不仅受制于社会所有制，还与"人性"相关。从这个意义上说，"巴黎手稿"的意义绝不仅仅是它在马克思思想发展史上所具有的基础性地位，也不限于它是 20 世纪资本批判最重要的思想资源，更为关键的是，它提出问题的方式、分析问题的思路以及解决问题的策略，对理解当代现实仍然具有参考价值，是透视当代社会发展不可忽视的维度和方式。距离马克思写作"巴黎手稿"的时代已经过去 170 多年，近年来，由世界金融资本动荡所引发的经济危机正困扰着世界，利益纷争、强权肆虐、危机转嫁导致个体生存和发展愈发艰难，信任缺失、价值颠倒和人性倒退等种种迹象，表明包括"巴黎手稿"在内的马克思思想对现代资本社会的批判依然有效，正如特里·伊格尔顿所说："整个世界重新认识、反思马克思主义的契机正在显现。"

这次来巴黎，除了浏览大多数游客通常要去的卢浮宫、凯旋门和埃菲尔铁塔，徜徉于塞纳河畔，欣赏美丽的"夜巴黎"景致外，我特别找到了位于巴黎七区瓦尼乌大街（Rue Vaneau）23 号、38 号的马克思故居，位于巴黎一区圣奥诺雷大街（Rue Saint Honoré）161 号和 167 号的他与恩格斯见面的摄政咖啡馆（Café de la Régence），埋着其大女儿、两个女婿的拉雪兹神父公墓（Cimetière du Père-Lachaise），以及位于巴黎十三区戈德弗鲁瓦大街（Rue Godefroy）15 号海王星旅店（Hôtel Neptune）中周恩来旅法三年住过的那间 10 平方米的房间。可惜的是，卢浮宫中有关法国大革命的展厅正在维修，没有能够看到那些画作所描绘的宏大场面；因时间紧迫，我在收藏着《德法年鉴》原件的法国国家图书馆只坐了半小时，而且因为没有特别证件，也无缘一睹真容。

巴黎实在是太过博大和复杂了，三天两夜的行程也只能算是浮光掠影。站在凯旋门下数数通往四周的大街，至少有十二条之多。而卢浮宫的展品实际上是看不完的，来自世界各地的一件件绘画、雕塑作品，不仅显现了卓绝的艺术水准，多数更包含了曲折的历史事件、生动的情感寄托和重大的精神价值。在摄政咖啡馆与在国内上大学的儿子视频通话时谈及这一点，他更指出："很多东西是他们抢来的……"确实如此，在表面辉煌的背后也掩藏着残酷的刀剑和淋漓的鲜血。

　　一路上陪我来的学生总在念叨这里涌现过的哲学家、科学家、作家、画家、导演、球星乃至舞蹈家，真是不胜枚举！在埋葬着亡魂的拉雪兹神父公墓，随处都可以见到为法国乃至世界创造过精神伟构的巨人的名字。巴黎街头见到最多的是咖啡馆，早上起来去转转，看到与很多店面的冷清相比，有一家人头攒动，过去一看牌匾，才知道是萨特和波伏娃谈情以及存在主义哲学家们聚会的"花神咖啡馆"①（Café de Flore）！一座青铜塑像矗立在巴黎第四大学对面，走近一看，是散文家蒙田，通体黝黑，只有脚趾被擦得锃亮，是被希望通过亲近这个散淡、恬静的心灵来换得幸运生活的读者摸的。而更有意思的是，爱尔兰那个唯美主义作家王尔德也来这个"墓满为患"的地方凑热闹来了，他的墓碑却被后人用玻璃罩了起来。知道是什么原因吗？原来前来参拜的女读者留下的吻印太多，很难擦拭，用高压水枪冲洗过几次，严重影响墓碑的石质，后人才不得不用玻璃来阻挡，但即便如此，仍没有改变读者的厚爱，我去时在玻璃罩外仍能看到朵朵唇印。

　　当然，巴黎的复杂不仅在于浪漫，也掺杂了古典。现在网上购书盛行，在国内，实体书店纷纷倒闭，但当我在夜幕中欣赏完高耸的巴黎圣

---

　　①　位于巴黎第六区圣日耳曼大道和圣伯努瓦街（Rue St. Benoit）拐角处的"花神咖啡馆"，过去曾经是巴黎思想文化名人热衷聚集的场所。据说，萨特的《存在与虚无》就是在此写作完成的，所以"存在主义"的大旗也从这里"打出"。他的名言是："花神之路我走了四年，那是一条自由之路。"

母院，跨过塞纳河桥时，却在对面发现了一家"莎士比亚书店"①。远看是三层，进入后发现它被分隔成大小不一、众多的不规则的房间，堆满了直抵顶层的各种版本的文学书籍，最新出版的很少，绝大多数是旧书，而且不大的空间内摆了各种座椅，读者来购书当然可以，如果不买，待上半天在此阅读，没有一点问题。快离开巴黎的时候，我们在街头又看到一座雕像，利用等绿灯的间隙跑过去一瞧，原来是启蒙运动的主将之一、哲学家狄德罗！于是赶紧拍照留念……

在马克思的时代，作家欧仁·苏描绘社会"众生相"的长篇小说《巴黎的秘密》连载刊印，曾轰动一时。时至今日，巴黎更是一本读不完、参不透的大书。早上起来就看到消息，在我们前天走过的香榭丽舍大街通往凯旋门的路上有五千多人参与骚乱，从照片上看，火光冲天，我们路过的一家奢侈品店也被砸了。面对这一切，我觉得自己现在还没有充分理解和消化它的能力。年初有本书《马克思，巴黎的激情》出版，在法国的马克思研究界反响强烈，对照一下，更感到自己的卑微：终了一生也就只能做一个马克思的阅读者、理解者、阐释者和评论者了，不要说变革的实践和行动，连"激情"的冲动也没有了。

法国政府为履行《巴黎气候协议》于2018年上调燃油税，导致油价暴涨，引发了民众强烈的不满，纷纷走上街头进行抗议。他们身着黄色背心——一种所有法国司机都会配备的交通服，因此这场抗议又被称为"黄背心"运动。抗议行动席卷整个法国，后又扩展到欧洲多数城市。

这样想来，我也坦然了。那么就离开这里，继续去探求马克思的踪迹吧。下一站——比利时首都布鲁塞尔。

---

① 从巴黎圣母院出来，跨过塞纳河桥，对面有一家"莎士比亚书店"。面积不大，古朴而高雅，处处显现出巴黎的品位。可惜的是，2019年4月15日下午，巴黎圣母院发生大火，整座建筑损毁严重，只有一河之隔的这家小小的书店，不知当时是否受到波及？

布鲁塞尔："谁的天堂"

在我关于马克思文本个案的研究中，下功夫最大的是马克思、恩格斯等人在布鲁塞尔写作的《德意志意识形态》，我仔细琢磨过这部著述所触及的几乎所有的问题及其论证细节，写了一本砖头般厚的书——《批判与建构》。但是，令我感到惭愧的是，这是我第三回来布鲁塞尔了，却是首次认真地寻找和考察马克思等人当年写作这部书的旧居及其周围环境。适逢纪念马克思诞辰 200 周年，新华社、《光明日报》《欧洲时报》驻布鲁塞尔记者零星的报道提供了一些线索，可惜信息彼此交错，且地址都未注出外文名称，作者们显然又不熟悉这个专业，所以难免存在不清楚乃至错讹之处。

我们从众所周知的大广场(La Grande Place)上的天鹅之家(La Maison du Cygne)开始逆向寻访。根据这家餐馆菜单上的介绍，它在 15 世纪就有了，当时只是一家小旅馆，被称作 Le Cygne。1695 年 8 月在法国军队的炮轰中被毁。1698 年由布鲁塞尔建筑雕塑师科内尔·范·内尔文(Corneille van Nerven)重建，归金融家皮埃尔·法里索(Pierre Fariseau)所有，后又几经转手和修缮。18 世纪改名为 De Swaene，此名沿用了很长时间，马克思当时看见的应当是这个名字。1940 年由建筑师阿道夫·萨姆恩（Adolphe Samyn）修缮，整个建筑的基本格局延续至今。不包括屋顶的阁楼，它是一座外墙镶金的四层建筑，正门装饰着一只振翅欲飞的白天鹅，现在饭店外墙悬挂的铭牌分别用法文和弗拉芒文写着："马克思 1845 年 2 月—1848 年 4 月住在布鲁塞尔。他曾跟'德意志工人协会'和'民主协会'一起在这里欢度 1847—1848 年新年之夜。"

在当年，这里是流亡比利时的德国工人组织领导人聚会的场所，马克思、恩格斯经常光顾，在此与他们见面，交流信息，畅谈出路。与外面游客熙熙攘攘的情形相比，饭店里面要安静得多，黄棕色的布局显得非常高雅，用餐的顾客很少，重要座位需要电话预约，即使空着也不能使用，要静等客人的到来。饭店里面中部左侧的墙上专门挂着马克思的画像。我们早上到大广场时，饭店尚未开门。晚上来时，马克思画像前的那个座位已经被预订出去了，我们只好在靠门的一个座位上坐下来用餐。与值班经理沟通，才获准在客人到来之前，我们可以去拍照、留影。

天鹅之家往南是一条商业街，来布鲁塞尔旅游的人一般都要在此购物，并参观那个著名的雕塑尿尿小童（Manneken Pis）。圣诞将至，它被穿上了漂亮的外套，显得更加可爱。此外，陈栋通过手机搜寻，知道与这座雕塑相对称，大广场的北侧还有一个尿尿女孩（Jeanneke Pis），这是一般旅游团不去的地方。经过找寻，我们在一个非常狭窄的胡同里发现了它。与尿尿小童外面有个较为开阔的池子相比，这尊女孩雕塑被砌在墙上一个面积很小的四方小洞里，外面用红色的铁栅栏封上，并挂上黄色大锁，防止人们伸手去触摸，弄得整座雕塑一点美感也没有了。

我们离开天鹅之家，沿着向北的路走出大广场，不远处就是圣于贝尔长廊（Galeries Royales Saint-Hubert）。这是马克思在多封书信中提及的地方。当时的比利时是排在英国之后的世界第二大工业国，它们最成熟的技术体现在钢铁和玻璃制造方面。于是，国王利奥波德二世决定采用这两项技术建造一项彰显比利时"面子"的工程。36 岁的建筑师格吕塞纳尔(Lucenard)设计了这座长达 213 米、当时欧洲最长的全封闭式长廊。长廊于 1846 年 5 月 6 日开工，由 750 名工人历时 15 个月建成。由国王廊(Galerie du Roi)、王后廊(Galerie de la Reine)、王子廊(Galerie des Princes)组成，上覆拱形钢架，镶嵌着玻璃，使整座建筑显得宽敞明亮，透出浓郁的古典主义风格和贵族气派。

马克思见证了整个长廊的建造过程。从他租住的几处房子到"天鹅之家"，这个浩大的工地都是必经之地，他目睹为了这个奢侈的工程，那些贫困的工人付出了怎样的艰辛和牺牲。而长廊落成之时，就是他们"滚蛋"之日，之后再也没有资格进入用自己的双手参与建造的这个富丽堂皇的建筑了。长廊投入使用后，门口开始设置警卫看守，禁止穷人入内。

与这里的景致相映成趣，大广场周边就是当时布鲁塞尔连片的贫民窟。垃圾遍地，污水横流，拥挤的人口与肮脏的生活环境显现出大多数普通人恶劣的生活状况。据资料披露，当时的"工人平均每周工作 6 天，日均工作 12～14 个小时，平均 70 人使用一间厕所，几代人拥挤在一两间住房内，人均寿命不超过 40 岁"。马克思在布鲁塞尔的 3 年多内，经常发生因劣质食品致病而造成穷人死亡的事件，一次霍乱大流行更使 3000 多人丧命。这种状况让以政治难民身份流亡比利时的马克思感到，这里是"天堂"与"地狱"同在，而"天堂"又是由生活在"地狱"中的人用双手建造的！

如今 170 多年过去了，大规模的贫困现象已经消除，布鲁塞尔成为世界上最发达的城市之一，贫民窟早已不见了踪影。现在的圣于贝尔长廊仍是豪华、奢侈之地，但大门洞开，任何人都可以自由出入。长廊两侧遍布着高档的服装店、巧克力店、古董店、咖啡厅和甜品店等，来此旅游的客人不管是否买得起都要来这条长廊逛逛。还有一家 1847 年建成的电影院，经过重新装修后成为布鲁塞尔三个皇家剧院之一。我们也未能免俗，顺着人流由南向北走了一趟，琳琅满目的奢侈品令人眼花缭乱。当然，太阳底下永远有阴影，再富裕的地方也不能使贫困绝迹。当我们被人流裹挟着走出长廊的时候，迎面就看到在马路对面大楼的墙根下，一个白发老人裹着被子，在寒风中缩成一团……

从长廊出来右拐，沿着鹅卵石道路前行，不到 50 米，视界开阔起来，东面一座高耸的教堂映入眼帘，这就是著名的圣米歇尔及圣古都勒大教堂（Cathédrale Saints-Michel-et-Gudule），它前面是一片树林。围绕着教堂向东北延伸的小路叫野树林街（Rue du Bois Sauvage Wildewoud Straat）。从马克思的书信中可以知道，他当年初来布鲁塞尔时就住在这条街上的 19 号。我们沿着小路认真查看房屋和门牌号码，发现有 15—18 号，而且房屋看起来都是很古老的民宅，南面的大教堂则是 20 号，就是没有 19 号，只在拐角处有一栋显得很现代的小楼，是一家私人银行的总部。于是我们猜想，这可能就是马克思当年的住处了，可惜的是，原来的房屋被拆除了。

拐角处地势稍高，站在这里回望西南方向，辉煌的教堂、静谧的树林和远处的长廊烘托出别样的氛围。我突然明白了《德意志意识形态》中《圣麦克斯》一章为什么要用"旧约：人"和"新约：我"来设置框架和布局谋篇。以前我把这解释为马克思从小在特里尔所受到的宗教情愫的影响和人文经典的熏陶给他带来的灵感，现在看来，这只是一种未必到位的猜测。遥想当年，马克思在此写作的时候，教堂的钟声每隔半小时就会敲响，而他又几乎每天要沿着这条路途经教堂、长廊，再到大广场的天鹅之家。在这样的氛围中，宗教救赎的正面价值与其所提倡的方式的虚妄，现实贫富悬殊的状况与处境改变的艰难……如许思绪萦绕于马克思的脑际，他进一步看出曾经作为其思想先驱的青年黑格尔派所提倡的"批判"在思路和方式上的困境和症结。

除了野树林街这一处，马克思在书信中还提及他与恩格斯在布鲁塞尔的另一处住地是同盟大街（Rue de L'Alliance-Verbond-Straat）的 5 号和 7 号，居住的时间是 1845 年 5 月—1846 年 5 月。这是他们酝酿和撰写《德意志意识形态》最关键的时期。为了找到这个地方，我们辗转多处，很多当地人都不清楚，最后还是请教了一家餐馆里懂法语但不知道马克思为何人的服务生，才在距离野树林街三条马路的地方找到了门牌号。同样可惜的是，街道尚在，但原来的住处也已经荡然无存了，该处现在是比利时职业病基金会总部所在地，对面则是欧盟的一个办事机构。

马克思在布鲁塞尔的生活十分窘迫。以上几处住所位于城市的中心地带，房租价格自然比较高，所以马克思后来不得不搬到距离很远、比较偏僻、当时属于纳缪尔（Namur）郊区的奥尔良路（Rue Orleans）42号。他在这里构思并写作了《哲学的贫困》和《共产党宣言》，特别是继续展开他从巴黎开始的政治经济学研究。这是他在布鲁塞尔居住时间最长的一处住所，也是目前保存最完整的一座故居，只是地名现在改为让·达登街（Rue Jean d'Ardenne）50号。据介绍，"当时这里是一座小房子，内部装饰十分简单，甚至可以说是很寒酸"，这座房子于1911年重建，如今是一座普通的五层楼房，一层是一个印度人开的瑜伽馆，其他层是民宅。这条街道现在属于伊克塞尔（Ixelles）区，在楼房外墙上有区历史学会挂上去的一块小牌子，上面写着："1846—1848年卡尔·马克思在这里居住。"

在这条僻静的小巷驻足观瞻，遥想马克思当年的思考和创作情形，似乎可以感触到《德意志意识形态》所描绘的1842—1845年复杂的理论氛围以及他纷乱的心绪、跳动的脉搏和澎湃的激情；也念及自己作为一个文化背景完全不同、来自遥远的东方的学者，在众多的马克思主义理论研究和实践中选择了这条致力于从文本、文献视角探索其原始思想及其效应的寂寞的治学之路，其中所经历的艰辛、困难、欣慰和误解一时涌上心头，真是感慨良多！

如今的伊克塞尔远不是偏僻的郊区了，毋宁说它是布鲁塞尔最繁华的商业区之一。我们在参观了位于法律大街（Rue de la Loi）200号的欧盟总部后坐地铁来到这里，走出站口就看到周围到处是豪华的酒店、繁华的商场和拥挤的人流，让·达登街的僻静只是闹市中的一个例外。有趣的是，在拐进小街之前，我们看到大马路上一家卖高档皮衣的商店前人头攒动，待我们参观完马克思故居出来再次路过皮衣店时，就见十几个学生模样的年轻人举着牌子、喊着口号在抗议，称"这里展示的不是时尚，而是残酷的掠杀!""人类无限膨胀的自私会毁灭世界"，结果把商店前的顾客都搅散了——老板这一天的生意恐怕也就泡汤了吧。

流亡布鲁塞尔3年，马克思的住所更换了八九处，如今有迹可循的就只有这3处了。岁月流逝，世事沧桑，值得思考的是：哪些方面变化了？哪些方面到现在还一直延续着？

"假如这对表弟兄可以坐在一起喝杯咖啡……"

——荷兰旅次追忆

荷兰实际算不上马克思生命历程中的一个驿站。当时，它曾经作为世界海上强国的辉煌已经过去，工业革命、世界贸易和殖民统治把英国推上了世界霸权的舞台，法国也开始了充满激情但艰难的政治革命的历程，连比利时也成为较为先进的工业强国，而尚未统一的德国则扮演着观念和精神世界创造者的角色，新兴的美国和属于东方的俄国又显现出值得关注的"另类"迹象。所以，马克思不会特别关注荷兰，他只是偶尔几次路过并在此做非常短暂的停留。

那么，我的这趟"追寻马克思"之旅为什么还要把荷兰列在内呢？概言之，基于马克思与这里两项重要的瓜葛和渊源：一是他与后来名满全球的飞利浦（Philips）家族的关系；二是其三分之二的原始手稿保存于阿姆斯特丹国际社会史研究所。

马克思的母亲罕丽达·普勒斯堡（Henriette Presburg）是荷兰人，她身上承袭着"几个世纪的犹太拉比（Rabbi）家族"血统。和马克思父亲的家族情况很类似，她的先辈中也有几位是受过正规宗教教育、熟悉《圣经》并为犹太教（Judaism）经典做注解和阐释的学者。她嫁到马克思一家后，仍经常往返于荷兰与普鲁士之间，与娘家人保持着密切的联系。其妹妹，即马克思的姨妈苏菲（Sophie）一家住在荷兰小镇扎尔特博默尔（Zaltbommel）。

西蒙斯蒂福特市立博物馆在纪念马克思200周年的展览中展出了画家阿伦·埃林霍夫（Areng Egbrinhoff）于1822年创作的一幅作品，用细腻的笔触勾画出这样的场景：扎尔特博默尔集市广场上，七座楼房紧挨着排列在一起，每座都有三四层，右方稍高一点的两栋房屋前的人行道上，站着一对夫妇。这两栋房子属于在当地比较富裕的飞利浦家族，右边那栋用作商业经营，左边那栋则是住宅。马克思的姨妈苏菲就住在这里，她嫁给了莱昂·飞利浦（Lion Philips）。这家人经营有方，生意红火。莱昂·飞利浦的父亲不仅与人合办工厂，还经营着大宗商品批发业务。作为长子的莱昂后来接手了全部家族生意。这是一幅实景画，据说这几栋房子直到今天都属于这个家族。

1838年马克思的父亲去世后，母亲看到儿子为"不着边际"的理想奔波，到处流亡，不能过安稳的世俗生活，非常生气，生怕没有稳定生活收入来源的马克思很快将其父留下来的不多的遗产挥霍掉，所以没有将其直接交给儿子，而是委托其姨夫莱昂作为遗嘱监管人代为保存，暗嘱莱昂要在马克思实在走投无路向其求助时再提供给他，而且不能一次性给予。"这使马克思感到很恼火。"

定居伦敦后的马克思生活非常拮据，恩格斯的资助不能定时到来时，微薄的稿酬甚至不能保障他和燕妮按时缴纳房租，所以1860年后的几年间，他不得不多次被迫前往扎尔特博默尔，向姨夫要钱。燕妮在一封信中描述了当时的处境："发生的这一切让卡尔决定贸然去一趟荷兰。这地方不但出产烟草、奶酪，还出产'父亲'！看看能否说动姨夫拿出一些钱，当然这事不能操之过急，据理力争的同时还得掌握技巧，拿捏分寸。"1864年，马克思最后一次前去拜访姨妈一家，这次他拿走了可继承的遗产的最后剩余部分。

与马克思的情况完全不同，姨妈一家是另外一种人生选择，他们致力于发家致富——创办产业和经商，过着"钟鸣鼎食"的生活。他们的儿子，即马克思的表弟弗雷德里克·飞利浦（Frederik Philips）后来在父辈的基础上创立了飞利浦电子公司，从而使这个家族闻名天下，一直延续至今。

这次在荷兰，我们专程去了趟位于阿姆斯特丹市阿姆斯特尔广场（Amstelplein）2号的飞利浦总部。正逢早晨上班期间，穿着整齐西装制服的员工陆续进入大厅。快到圣诞节了，大厅中布置了高大的圣诞树，10位身穿圣诞服装、戴着红色帽子的少女在台阶上唱着歌曲迎接大家。员工们点头致意，互相打着招呼，然后打卡通过门禁上楼到不同部门去工作。一楼大厅巨大的电子屏幕上不停地转换着画面，除了反映集团在世界各地分公司的状况及其众多产品的图片，一幅由三人头像组成的巨型黑白照片格外醒目。向值班人员打听，才知道他们正是公司创始人——马克思的表弟弗雷德里克及其两个侄儿赫拉德和安东，父亲居中，儿子分立两侧。由于没有事先预约，我们未能获准进入二楼展示公司发展历程的展览室参观，但从官方网站提供的材料中可以知道，飞利浦的发展也并非一帆风顺，创业时的艰难就不必说了，它在20世纪与欧洲乃至世界的政治动荡、经济危机相伴随，历经坎坷，几次甚至濒临破产，但顽强的飞利浦人硬是挺了过来，而这些与创始人当初奠定的企业理念、品格和文化紧密相关。

无论是在特里尔参观展览，还是在飞利浦总部逗留，都引起我对马克思与其表弟命运的思考。他们出生于富裕程度差不多的家庭、接受过大致相同的教育，但走了完全不同的道路。弗雷德里克父子艰辛创业，开辟电子跨国家族企业的庞大王国；马克思则致力于社会变革和资本批判，个人在穷困中度日，却心忧天下苍生。那么，资本的批判者与资本家个人之间会是单纯的敌人或对手吗？马克思资本分析的思路对于解释像飞利浦这样的巨型资本企业是有效的、失效的还是无效的？马克思的批判是触及本质的透视还是置身事外的指责？再联想到另一位马克思主义的创始人——恩格斯，应该说他比马克思的表弟更早地进入了相同的角色——企业家，但他很快就反叛了。从俗人的视角看，恩格斯是一个不争气的儿子，因为他没有实现同样是资本家的父亲想把故乡伍珀塔尔建成"德国的曼彻斯特"的愿望，进而壮大家族产业和扩大资本规模，相反，他却转过头去质疑和反抗这种个人乃至家族的致富之路，与马克思一道致力于"推翻"资本主义生产方式和社会结构。这确实是他们的伟大之处，也是艰难之点。

思虑至此，我多次冒出这样的念头和生发出一种肤浅的设想：假如马克思和其表弟有机会能够坐在一起好好谈谈，彼此多深入了解一下各自的生活状态和理想志趣，会不会使他们各自对资本、资本家、资本主义的固执的理解和追求有所调整、变化乃至融通呢？

我们知道，毕生致力于剖析和超越资本的马克思并没有在著述中明确、完整而系统地表达出其全部见解。由于问题的复杂性和局势的变化，他不断开拓研究领域，补充、修正和完善自己的看法，致使他生前正式出版的作品很少，不到其全部著述的三分之一，去世时却留下了庞大的手稿、笔记、书信和藏书。后者是理解马克思复杂的思想世界和论证逻辑的重要文献。

马克思手稿的保存、转移和收藏几经坎坷，过程甚至有点传奇色彩，这里我不拟赘述。只想提及，1935年阿姆斯特丹国际社会史研究所成立，三年之后，在特殊的情况下，该所以7.2万荷兰盾的价格从德国社会民主党领导人手中永久地购买了这批无法估价的精神财富，这些精神财富真正成为其"镇所之宝"。目前，阿姆斯特丹国际社会史研究所收藏着一页一页铺展开超过50千米的大量有关国际工人实践、社会运动的文件和马克思、恩格斯、罗莎·卢森堡、巴枯宁等人的原始手稿。除个人手稿之外，还保存着很多政党和机构的原始文献。研究所明确以建构"社会主义学"（Socialistica，20世纪80年代，西方一些学术刊物上开始使用这个新创的拉丁词）为己任，起初只是一个单纯的"抢救文件的机构"，后来逐渐演变为"科学研究的机构"。

位于阿姆斯特丹东码头区的国际社会史研究所办公大楼像一个巨型仓库，新装修的外形呈乳白色，有 13,000 平方米的规模。办公楼的地下保存原始手稿、文件及其复制件，地上是当代图书文献和供研究者使用的阅览室。在这里，珍贵的原始手稿和历史文献不仅得以完整地整理和归档，而且利用发达的扫描技术全部清晰地拷贝出来，以方便研究者调阅和复印。

我们在调档处做了登记后，先在电脑上完整地浏览了马克思、恩格斯文献的目录，然后先后调出"中学文献"、《1844 年经济学哲学手稿》、《德意志意识形态》、《伦敦笔记》、《1857—1858 年手稿》、《资本论》第 2 卷手稿、晚年书信等，并对一些与我们现在的研究课题相关的文件进行了拍照和复印。这里的服务人员热情、周到，调阅和复印非常方便。室内环境整洁，来自世界各地不多的研究者各自埋首于手头的文献，神情极为专注，室外则是旖旎的河流和湛蓝的天空。阿姆斯特丹也算是世界大都市了，但闹市中的这里却一片静谧。

翻阅这些文献，让我内心燥热，汗水涔涔，真是感慨万端！今年(2018)我 52 岁了，学习马克思主义已经 33 年，勉强算是一名专业的研究者，却是第一次如此近距离、大规模地直面马克思的原始手稿。只觉得自己来得太晚了！是什么阻碍了我的步伐？是个人学识、能力因素还是学科要求乃至社会引导的缘故？为什么长期以来学习和研究马克思主义可以不遵循专业训练的必要步骤、可以不恪守学术研究的通常规范？为什么不读马克思的书（更不要说研读原始手稿了）也可以混迹于马克思主义这一行当和领域？不以权威而完整的原始文本、文献为基础和意旨的思想阐释会走向哪里？很清楚，把马克思主义当作手段和工具，一方面错位地付出了巨大的社会成本，浪费了多少人宝贵的时间，另一方面又耽误乃至偏离了专业训练和理性思维的培育，才落得如今这样理论和实践双重尴尬的局面。

此外，在马克思的多部著述中，经常提及向东方进行殖民掠夺和垄断性贸易的"东印度公司"。在人们的印象中，他论述的一般都是"不列颠东印度公司"（又叫"英国东印度公司"，British East India Company），其实他还多次追溯到同一时期的荷兰东印度公司（Vereenig de Oost-Indische Compagnie）的状况和影响。后者于 1602 年成立，随着荷兰的衰落，1799 年即告解散，但在现在的阿姆斯特丹还有多处遗址，我们参观的是目前作为阿姆斯特丹大学教学设施的原荷兰东印度公司总部（Oost-Indisch Huis）。棕、白相间的砖砌墙体和三面高耸的大楼，烘托着浓重的历史氛围，过滤掉血腥、欺骗、蛮横和残酷，剩下的是对文明、创造、平等和自由的珍视。

来阿姆斯特丹，怎么可以不去被誉为"整个城市最有活力的地方"的水坝广场（Dam Square）？怎么可以不去看展示一个孤独而敏感的灵魂的梵高博物馆（Van Gogh Museum）？"他生下来，他画画。/他死去，麦田里一片金黄，/一群乌鸦惊叫着飞过天空"和为躲避屠杀藏在密室长达 25 个月、用日记记录了这一特殊处境中的生活和情感历程的犹太女孩安妮住过的小屋（Anne Frank Huis），乃至更为久远的既以 600 多幅油画、300 多幅蚀刻版画和 2000 多幅素描包括 100 多幅自画像名世、又在家乡首开专业工作室、靠经营绘画生意赚得盆满钵满的伦勃朗·哈尔曼松·凡·莱因（Rembrandt Harmenszoon van Rijn）的画室呢？遗憾的是，尽管参观这些地方带给我内心的冲击和震撼甚至不亚于飞利浦总部和国际社会史研究所，但由于它们之中除了伦勃朗的名字在马克思的著述中偶尔出现过外，其他都与马克思没有直接的关联，所以在这里我只能将其作为宽泛意义上的欧洲文化的符号和现实命运的表征，就不具体叙述参观的细节和思考了。

在《资本论》诞生的地方

　　非要把马克思的生命历程和思想发展做阶段性的理解和阐释，更到位的划分应该是"前伦敦时期"和"伦敦时期"，这不仅符合时间上大体居中的实际，也更能凸显他客居这里30多年工作的意义。

　　在伦敦，马克思最重要的工作无疑是《资本论》的写作。英国是资本主义起源和发展最完整、最典型的国家，而伦敦、曼彻斯特具备探究这一社会形态得天独厚的条件——"圈地运动"和工业革命的发祥地、资本主义大工业和现代金融业中心、大英博物馆圆形阅览室极为丰富的文献、来自世界各国的流亡者纷纷在此聚集。

　　来到伦敦后，为了便于写作《资本论》时查阅资料，马克思选择了距离大英博物馆不远、位于索霍区（Soho）的迪恩街（Dean Street）住了下来。根据现在可考的资料，大约1850年5—12月他居住在这条大街的64号，后来因承担不起房子租金而搬走。在这里发生的最令他伤心的事是其小儿子于1850年11月夭折。现在这所房子已经被拆除了。之后，马克思一家又搬到了同一大街的28号。这是一所四层联排楼房，马克思一家住在三层，包括一间很小的卧室和稍微大一点的前厅。马克思在这里一直住到 1856 年。这所房子现在还保存着,一层是一家意大利餐馆,其余各层是民宅。三层外墙上有伦敦市政厅 1970 年挂上的一块蓝底白字的圆形牌匾,上书:"卡尔·马克思,1818—1883,1851—1856 年曾在这里居住。"

从马克思在迪恩街的住处出来往北走,第二个路口右拐是牛津街(Oxford Street),向西走到十字路口,过马路向北,沿着托特纳姆法院路(Tottenham Court Road)走到第一个路口右拐是大罗素街(Great Russell Street),一直向东走到罗素广场(Russell Square),就看到大英博物馆(British Museum)了。这就是马克思当年每天要走的路线。现在街道上的店铺与当年完全不同了,但格局如旧。我来回走了两趟,虽然牛津街往南的道路在整修,但所花费的时间也如马克思当年在书信中所叙述的一样不到 15 分钟。

在数年的时间内,马克思几乎保持着雷打不动的生活规程和工作节奏:早上去博物馆的圆形阅览室,伏案一白天后,傍晚回家,继续写作至深夜,在短暂的睡眠之后,第二天凌晨再去博物馆……周而复始。从中也可以知道,《资本论》不是战斗檄文,不是救世宣言,不是戎马倥偬中的急就章,也不是妙手偶得的灵感之作,而是一个思想家经年累月地皓首穷经、悉心爬梳、积累和思索的记录,旨在接续文明、深究历史、考察现实、反省自我、寻求超越和创新,所以《资本论》必然有深刻的历史感、严密的论证逻辑、宽广的视野与开放的结论,它所表达和呈现的既有马克思的经济运行理论、社会结构学说,也包含了他的人性思想。

1856 年,燕妮获得了来自苏格兰的伯父的一笔资助,不久其母去世,她又继承了一笔遗产。于是马克思一家人搬到伦敦北部的汉普斯特德(Hampstead)一带,即现在的地铁乔克农场站(Chalk Farm)附近。最初他们住在格拉夫顿·特勒斯大街(Grafton Terrace)46 号(最初门牌是 9 号,后来由于大街延长,门牌号也顺延,由最初的 9 号变成 38 号,最后变成沿用至今的 46 号),这所房子保留至今,且外观无太大改变。

1863—1864 年,马克思在继承了由姨夫保管的母亲的遗产并获得曼彻斯特的老朋友威廉·沃尔夫的资助后，一家人租住了一座独立的住宅，离格拉夫顿·特勒斯大街不远，位于莫德纳别墅（Modena Villas）大街1号。遗憾的是，这所住宅现在已经不复存在了。

从格拉夫顿·特勒斯大街往南拐，有一条小路叫作梅特兰公园路（Maitland Park Road），进入小路到达41号，即为马克思去世时的故居。1875年马克思搬到这里，这是他在伦敦的最后一个住所，总共居住了8年。这座房子在第二次世界大战中被炸，后被拆毁。20世纪50年代末，地基被重新清理，现在是由伦敦市政厅建造的一排砖结构的四层公寓楼，属于政府廉租房。房子上有一块棕底白字的圆形牌匾，上书："卡尔·马克思，1818—1883，哲学家，1875—1883在此居住并去世。"

马克思可能还在附近其他地方居住过，但时过境迁，现在已经面目全非，不可能查找到了。不过，在海格特路（Highgate Road）北面有一块绿地，那是马克思和家人星期天喜欢去休闲、散步的汉普斯特德荒野公园（Hampstead Heath），现在风景依旧。

从梅特兰公园路路口往南，走到梅特兰公园别墅（Maitland Park Villas）街，在岔路口往南是哈佛斯托克山街（Havardstock Hill），沿着这条街往东南方向走不远，看到摄政公园大街（Regent's Park Road）后右拐，走过一道缓坡，之后途经一座古老的铁桥，再走到122号，这是恩格斯在伦敦的故居。1870年恩格斯搬到这里居住，直至去世前不久搬离。这是一栋联排四层别墅，一层墙体和各层门窗被涂成白色，显得洁净而高雅，122号门口挂着蓝底白字的圆形牌匾，上书："弗里德里希·恩格斯，1820—1895，政治哲学家，1870—1894年在此居住。"从这里斜穿过一条小路就是美丽的樱花草山（Primrose Hill）公园，地处高地，可俯瞰伦敦大部分美景。

伦敦之外，马克思间或也去曼彻斯特。那里是英国棉纺织业的基地，恩格斯父亲的工厂就设在那里。他在那里与恩格斯会面、在著名的切塔姆图书馆（Chetham's Library）读书，并写下了后来构成马克思经济学研究和思想发展进程中一个重要环节的"曼彻斯特笔记"。这家图书馆建于 1653 年，是"英语世界最古老的公共图书馆"，藏书量为 10 万册，其中 6 万册为 1851 年之前的书籍，此外还收藏着众多珍贵的画作。据称，马克思、恩格斯当年在此读书和讨论问题时曾使用过一张长方形的橡木书桌，现在它作为"镇馆之宝"之一仍存放在阅览室里，上面还堆放着"曼彻斯特笔记"中涉及的多本原始文献。恩格斯在曼彻斯特工作、生活 20 多年，在他当年的一处住所、现在曼彻斯特大学宿舍区的墙上有市政厅于 1976 年悬挂的蓝底白字的圆形标识牌匾；在繁华的第一大街（First Street）上的托尼·威尔逊广场（Tony Wilson Place）矗立着一座恩格斯雕像，这是 2017 年由英国艺术家菲尔·柯林斯（Phil Collins）从乌克兰运抵的，上面用俄语写着恩格斯的名字。

1883 年 3 月 14 日马克思去世。3 天后他被安葬于距离住所不远的北伦敦海格特公墓（Highgate Cemetery）。公墓分为东西两处，马克思的墓地在东面。进入园门后，沿主路步行不到 60 米，在第一个岔道口左转，继续走 100 米，就可以看到很醒目的马克思的墓地。这是家族墓，安葬在这里的包括马克思、燕妮、小女儿艾琳娜、外孙哈里以及女仆海伦·穆特。墓碑顶端是由英国皇家版画学会（Royal Society of Engraving）前会长劳伦斯·布拉德肖（Lawrence Bradshaw）创作的马克思头像，左右两边各镶着一枚类似戒指的青铜饰物，正面从上往下，先是《共产党宣言》中的名句"全世界无产者，联合起来"，然后是金色的马克思的名字，在名字下面嵌进一个白色花岗岩石块，上面按照去世先后顺序列出墓中人的名字和生卒日期，最端是《关于费尔巴哈的提纲》中的最后一句话"哲学家只是用不同的方式解释世界，而问题在于改变世界"。这块闻名世界的墓碑是 1956 年由英国共产党组织设计的。从这里往回走一段路，就看到一条长满绿草的小径，往里走十几米，在众多杂乱的墓碑中可以看到一块躺着的浅黄色的面积很小的长方形墓碑，那才是马克思当初下葬的地方。

我在英国逗留了 10 天，一边寻找，一边沉思。走过马克思初到伦敦的住地到大英博物馆圆形阅览室的街道，再从他辗转几处住所的位置到休闲时爱逛的荒野公园，徜徉于他去世前住过的地方与恩格斯度过20多年旧居之间的小巷，再到埋葬着他们一家人的海格特公墓，以及于夜幕中探访曼彻斯特的切塔姆图书馆和恩格斯雕像，能感受到马克思在英国生活的窘迫、苦恼、焦虑以及精神上的执着、充实和超越。30多年光阴，脱离不开世俗生活，却看淡乃至放弃了普通人的价值追求，花费最大的精力去深度考察、介入和思考社会历史运行的机制、逻辑和结构以及人类未来的命运，这是他的尴尬，更是他的伟大；让人感叹，也更令人尊敬。

不只沉浸在历史中，我也观察现实。作为最早的工业革命园地和资本时代初期典型代表的英国，已经彻底完成了社会的现代转型，伦敦和曼彻斯特决然看不到任何产业污染和大规模的贫困，显现出马克思当时所描述和剖析的资本方式、形态及其后果已经发生了根本性转化，证明资本操控的生产方式和私有制度当然应该受到审视、批判乃至纠偏和深刻的变革，但不能否定作为文明形态的资本主义，它也没有衰败和没落。这是马克思与当代之间的关联，也是二者的错位。马克思无言，看着我们这些后人怎样去思考和建构。

在与马克思相关的地方外，我还游览了多处名胜。与规模宏伟、富丽堂皇、不遗余力地炫耀权力和财富的白金汉宫、温莎城堡、丘吉尔庄园相比，我更喜欢约克小城、莎翁故里、"休谟之路"、曼联主场老特拉福德、彼得兔的诞生地和绵延不绝的绿草地。我更有幸短暂地停留在剑桥和牛津。

如烟信息纷至沓来，我得回去沉淀一段时间，进行整理、消化和思考，而且对其中有的部分肯定还理解不了，总体上该如何把握和分析我也没有特别明确的思路。好在这次英国使馆给我的签证期限有两年，所以如果有机会，我会随时再来。

尚未终结的寻访，言说不尽的思想

再见了，特里尔！总嫌时间仓促，再过几天我就将启程返国了。

这次在欧逗留 87 天，除了出席"马克思年"活动、参观在这里举办的四个大型展览，还花主要的心思和精力凭吊、考察了马克思一生生活和工作过的地方，还有迄今为止留存下来的故居、遗址及周遭环境。尽管比较难找，而且如果不是专业的研究者，当地人也不大清楚，但我和在柏林自由大学做交换的学生陈栋还是每隔一段时间就背起行囊，踏上寻访之路。所幸的是，我们最终都一一找到了。此外，我们还去了保存着马克思大部分原始手稿的阿姆斯特丹和恩格斯故乡伍珀塔尔。100 多年逝去，物是人非，但自己感觉马克思的精魂和文脉犹在，这对于我们进一步领悟他的思想与西方文化传统的关系、理解那些重要著述的写作动机和过程以及文中大量出现的隐喻的现实出处、思考当时的社会状况与当代之间的复杂关联等，都有很大的帮助。

每到一座城市，我们也格外留意街景面貌、文化设施、经济状况，尤其是普通人的生活状态。尽管这些显现的是各地现在的情形，但决然不能说，它们与马克思无关。一次又一次流连于摩泽尔河、莱茵河畔，看到河水洁净而清澈，岸上优美风景无限；刚来时值夏末，浓绿掩映，到秋天则五彩缤纷，就是在冬天，遇冷不枯、如墨绿色地毯般铺开的草地也十分养眼。保留了传统风格的建筑厚重而奇绝，虽然各不相同，但搭配在一起却十分妥帖与和谐。天气晴好的下午，总会看到户外阳台、街面上的餐厅和临街咖啡馆里，到处是悠闲地用餐、喝酒和聊天的人们，哪有一丝马克思当年忧虑的"贫困"的影子啊！至少从表面上看不到因权力和资本的支配所产生的焦虑和异化，于是便意识到，在某种程度上可以说，马克思的一些价值追求和理想在其故地已经实现了。

然而，进一步深入、仔细地观察又会发现，当年那些复杂的问题还没有得到彻底的解决。前一天我们还在香榭丽舍大街和协和广场漫步，第二天就爆发了后来愈演愈烈的"黄背心"事件；穿过 1847 年完工、曾经对马克思产生了很深的"刺激"的圣于贝尔长廊的奢侈品店，迎面就看到对面大楼一角在棉被下面蜷成一团的白发老人；在马克思表弟及其两个侄儿创办的飞利浦集团高耸的总部大楼外，两个歌手在寒风中弹着吉他，吟唱着乞讨；巴黎漂亮而高大的立交桥下则可以看到在捡来的帐篷中过冬的难民，尤其每到夜间，很多城市中都有醉醺醺在街上晃荡的青年，让人心生恐惧……面对这一切，我总感到，假如马克思在世，他肯定有话要说，即便是他当年的分析也可为透视这些现象提供一种独特的维度和视角。

印象深刻的还有在马克思生活过的每个地方遍布各处的教堂，这些富丽堂皇的建筑不仅是卓绝的实体艺术作品，更是世俗生活中的人们心灵停泊和精神安顿的场所，于是再一次意识到，以"人的解放"为归旨的马克思学说与宗教之间的关系绝不简单。我想象不出，离开或者剔除掉宗教，能有所谓的现代欧洲社会和文明！而对于马克思来说，立志为人类的发展寻找出路的他只是看到宗教救赎方式的虚妄，还是连带也要完全拒斥宗教的价值情愫和终极关怀？

这样的理解也获得了实地感性的佐证。走出位于干草广场 65 号的

《新莱茵报》编辑部，抬头就是著名的科隆大教堂。浑厚的钟声定时敲响，马克思当年就是在这样的氛围中参与到轰轰烈烈的革命当中的。激情澎湃之时，他异常清晰地意识到社会运动的系统性和德国变革的艰难性，而在其众多的思想来源和资源背景中，他选择把斗争的矛头对准当时的制度和体制，其他方面则成了他进行这种批判的有机因素。在后来解释马克思思想时所流行的"不成熟—成熟论"和"断裂说"中，论者把《新莱茵报》与《莱茵报》决然地割裂开来了，认为后者所极力主张的"去政治"的"真正的民主制"的"革命民主主义"只是其思想不成熟、不科学的体现，而实现了哲学立场的"转变"、奠基于"历史唯物主义"之上的"科学社会主义"则不再纠缠乃至舍弃了政治批判，而主要针对的是资本的生产方式。那么，就请大家去实地考察一下，再认真翻阅马克思、恩格斯撰写的上百篇评论吧，这有助于我们进一步弄清楚他们特别把《新莱茵报》称为"民主派的机关报"的真实蕴含和现实所指，而马克思的社会主义学说是否可以容纳包括宗教在内的个人信仰和情愫、是否不再坚持民主和自由的价值等问题，也可以获得解答。

当然，在 3 个月的游历过程中我也注意到，遥远的祖国正在热烈庆祝改革开放 40 周年。那么，从马克思的思路，如何看待我们这个古老的东方大国的现代转型和这一还显得短暂的现实进程？纵观历史和放眼全球，又该如何客观评价我们所取得的巨大成就及面临的多重挑战和困境？我们所谓"中国特色社会主义"与马克思的思想之间究竟该是一种什么样的关系？这些是我作为一个来自中国的研究者，在马克思的故地始终萦绕脑际、力图有所深究的问题。

总之，越来越强烈的感受是，深刻的马克思研究是对知识、素养、能力的一种极高的挑战；融文本与思想、历史与现实、理论与实践于一体展开思考，是进行这种研究的内在要求，也是我们面临的困难。客观地说，这次重走欧洲，我获得了很多启示和感悟，也增添了不少困惑和疑虑。带着这些思绪回去，我将在原来的基础上正式启动新的研究。

最后还想提及的是，马克思的名字是与恩格斯紧密联系在一起的。

再过两年，即 2020 年 11 月 28 日将是恩格斯诞辰 200 周年纪念日。这位在人生自白中将"放轻松"作为其信条的人，其实一生过得并不轻松。为了马克思，他付出了很多，特别是在其生命历程的最后 12 年，他以近乎双目失明的代价为挚友整理书稿、解析原理、完善体系、维护形象、扩大影响。他成为马克思与西方民主社会主义思潮和运动的中介，相当程度上也影响和启发了 20 世纪东方社会对马克思主义的理解和国际共产主义运动的实践。自古圣贤多寂寞，他去世后骨灰撒入大海，现在于世间找不到一块可以凭吊的墓地。在他的故乡，除了以他的名字命名的一条大街、正在修缮的故居和用一间不大的活动板房权充的展览室外，甚至在城中偌大的书店竟然找不到一本他的著述。然而，在我看来，时至今日，恩格斯的思想可以讨论(包括他对马克思思想的解释)、地位也可以重估，但其人格、道德绝对无双。既然如此，从一个普通研究者的视角感念先贤的作为和品德，两年之后我将重返这里，为他献上一束鲜花，也与这次活动相衔接，继续我的寻访、考察和感悟……

理解恩格斯：七十五载人生，
八个"生活驿站"

2020 年 11 月 28 日是恩格斯诞辰 200 周年纪念日。恩格斯的名字是与马克思、马克思主义紧密联系在一起的。虽然有关马克思主义的学术研究和社会运动一直在进行，但毋庸讳言，随着时光的流逝，很多人对恩格斯的生平和业绩已经越来越不了解，而在学术界，关于他本人的思想以及他与马克思主义的关系的解释和评价又一直存在着争议。有鉴于此，在今年这个特殊的年份，沿着恩格斯生命历程的轨迹，"重返"其重要的人生"驿站"，清点他所做过的具体工作和取得的业绩，就成为对他最好的纪念。

一、伍珀塔尔之子

欧洲著名的莱茵河在德国西部有一条支流，绵延 16 千米(在 19 世纪初，行船"大约 3 个小时行程")，沿河两岸有两座小城——巴门和埃尔伯费尔德。1930 年，它们连同周围几个乡镇合并成统一的伍珀塔尔市(Wuppertal，Wupper 为河流名称，Tal 是"河谷"之意)。这就是恩格斯的故乡。

恩格斯于1820年11月28日出生于巴门一个富商之家。从18世纪开始，其家族就开始从事纺织加工业，后来又扩展到丝绸大宗交易。历经曾祖父、祖父两代，创办了在伍珀塔尔地区数一数二的产业。恩格斯的父亲更是一个雄心勃勃的人，他不仅在巴门独立创办公司，后又去英国拓展生意，最终又与人联手在曼彻斯特和科隆附近的基兴合资设厂。"父亲的规划对于年轻的恩格斯来说，其影响是决定性的。"作为长子，他必须延续家族产业，替代逐渐老去的父亲承担起作为公司代表的责任。

然而，在接触家族企业之前，恩格斯的视域却要宽广得多。钟鸣鼎食的家境使他从小受到了良好的教育。在巴门市立学校和埃尔伯费尔德文科中学学习期间，恩格斯大量阅读恺撒、西塞罗、希罗多德、柏拉图等人的作品，受到源远流长的古希腊和罗马文明的滋养；从歌德、席勒、孟德斯鸠、伏尔泰等人的鸿篇巨制中，他更接受了近代以来启蒙精神和人学思潮的洗礼；而代数、几何、力学乃至矿物学、植物学的学习，则培养了他的理性思维能力和对自然科学的兴趣；至于多种古典语言的训练，不仅为恩格斯以后的理论研究打下了坚实的基础，更显现出他在这一方面特殊的天分。虽然恩格斯没有实现完成高中学业并进大学深造的愿望，而是屈从于父亲的意愿去学习经商，但青少年时期的学习为他打开了更为博大的世界视野，培育了他观察问题的历史眼光和超越现实的坚强决心。

不仅如此，幼小的恩格斯不同于父辈之处还在于他对家族财富的积累和产业的壮大无所挂心，却细致地观察和思考了故乡整体的社会状况。给他印象最深刻的是，虽然生活在同一片土地上，但不同社会阶层的生活处境却极为悬殊。一方面，包括自己家人在内的资产者心安理得地过着舒适而富裕的生活，而这样的人只占社会群体的极少数；另一方面，绝大多数"下层等级……普遍处于可怕的贫困境地"，工人们"在低矮的房子里劳动，吸进的煤烟和灰尘多于氧气，而且大部分人从6岁起就在这样的环境中生活，这就剥夺了他们的全部精力和生活乐趣"。人本主义教育和普遍之爱的情怀，使他对现实产生了疑问、怀疑，觉得这样的社会是不公正的。

当然，恩格斯也从家人那里学到了很多东西。曾祖父是"最早把纺织机械引入德国的人"，这使恩格斯自幼对先进技术对于生产力发展的促进作用抱有很深的印象。而作为资本家的祖父不仅扩充了家族企业工人的居住区，并且为工人的孩子专门创设了一所学校，还引导家族投入社会事务，慷慨救助贫困的人，这让恩格斯感到资产者与无产者之间矛盾的化解不仅是可能的，而且是有多种途径的。父亲对恩格斯寄予厚望，尽管他最终没有按照其意愿壮大家族产业、把伍珀塔尔办成"德国的曼彻斯特"，但父亲"经济动荡时要有世界性的眼光，并且有勇气承担风险"的教诲对他有很大的影响。此外，不属于资产者阶层而对他产生过深刻启示的，还有从小给他讲述古希腊和德国的神话及民间故事、"每当事情不顺利，总给我们指点帮忙"的外祖父，以及在埃尔伯费尔德文科中学学习期间遇到的能用拉丁文创作诗歌和散文的代理校长汉契克、精通历史和文学的克劳森等老师。

二、不来梅初试锋芒

1838 年 8 月，恩格斯来到不来梅。在父亲的安排下，他在一家批发商行学习商业基础知识，主要是出口贸易和外汇交易。不来梅是"汉萨同盟"重要的城市和港口，商品贸易非常发达，恩格斯每天都要处理许多来自世界各国、使用多种文字的商业信函，接触操不同语言的商人和水手，浏览多种语言出版的商业报刊，所以，他不仅掌握了一般商业和贸易操作的规则、步骤和流程，也充分利用便利的条件更加努力地学习外语，他一生程度不同地掌握了 24 门语言，有些语种的基础是在这一阶段奠定的。

不来梅也是当时德意志邦联四个自治城市国家（Stadtstaat）之一，和汉堡、巴伐利亚和萨克森一起享有自由权和自决权。这是一座思想高度开放的城市，不实行书报检查制度，自由和民主思想可以通过多种方式获得广泛的传播。书店里出售反映各种思潮的书籍及报刊，从中人们可以接触到那些时尚乃至激进的理论，阅读最新的时事评论。在这个"自由和民主思潮澎湃"的地方工作和生活，让恩格斯大开眼界，特别是"青年黑格尔派"成员尖锐的观点和"年轻德意志"作家们前卫的作品，对他触动很大，于是他也开始通过写作来表达自己对社会问题的看法。恩格斯"白天和数字打交道，晚上则变成了文字"。他以"不来梅通讯员"的身份给多家报纸、杂志写文章，特别是为《德国电讯》撰写的"伍珀塔尔的来信"系列引起了很大的轰动，显示出较为深刻的批判能力和清晰明了的叙述逻辑，诚如有评论家所指出的，"他的笔具有一种威力"。此外，在不来梅，恩格斯在思想上的一个很大变化是对宗教的理解。受传统和家庭教育的影响，他也曾经是宗教的信奉者，但当他目睹了现实中宗教虔诚主义的非理性和虚伪，最终转变为以理性主义的方式来观察和认识世界的无神论者。恩格斯当时频繁进出的办公楼就坐落在不来梅马提尼教堂的对面，悠悠的钟声定期敲响，在他心目中，宗教的功能就只体现为西方文化的一种载体、生命个体终极关怀和信仰的象征了。

除了学习经商和撰写文章之外，这一时期恩格斯的生活也多姿多彩。工作之余，他到歌咏团唱歌、上歌剧院听音乐，他还是不来梅击剑俱乐部的活跃分子，夏天能在威悉河中连续横渡四个来回，冬天则顺着结冰的河面滑行到很远的地方。他还善于绘画，尤其擅长漫画，他把不来梅的风光、河边的船夫、街上的马车夫，还有剑手、传教士等，都以素描和漫画的方式画在信中，以便让收信人从中看到这座城市的风土人情。

1841 年 3 月底，恩格斯离开不来梅。在这里度过的 3 年岁月成为他人生和思想发展的重要阶段，按照恩格斯纪念馆展览解说词的说法，这是"他成名和政治生涯的开始"。

三、柏林"志愿兵"的哲学沉思

从不来梅回到故乡巴门做短暂停留后，1841年9月底，恩格斯乘坐邮车，一路颠簸前往柏林，他要在这个普鲁士王国的首都履行其"公民义务"，参加为期一年的军事训练。在著名的菩提树大街上做一名"近卫军"，"并不是一拍脑门的主意"。恩格斯自幼爱好军事，后来还写了很多关于军队和战争的评论，都与这段经历密切相关。而更为重要的是，那里靠近著名的柏林大学，他在军训之余可以去旁听课程，一扫"无机会进入大学"的遗憾。

恩格斯很幸运。恰逢德国古典哲学大师谢林应普鲁士国王弗里德里希·威廉四世邀请接替黑格尔去世后空出来的教席，从1841年秋开始在柏林大学讲学。在当时这是轰动德国思想界的重要"事件"，两位哲学巨匠观点上的"交锋"，体现了理解、把握世界的两种方式的差异。恩格斯不仅认真聆听了谢林讲座及其开设的"启示哲学"等课程，更不计身份、不畏权威，以"凡是真的东西，都经得住火的考验；一切假的东西，我们甘愿与它们一刀两断"的信念，向这位学术泰斗发起了挑战，写出一篇专题论文和两本小册子，并且很快得以发表。通过这些著述，恩格斯不仅以专业眼光从多个方面洞悉了谢林与黑格尔的思想差异，同时也大大提升了自己的哲学思维水准。他的思想开始突破"不来梅时期"观照社会和时代问题时的感性态度，进入了理性沉思阶段；特别是他强烈地意识到，需要"按照辩证法这一强有力的、永不静止的思想推动力"的要义在现实与思想张力之间重构一种"新世界观"。

此外，恩格斯还撰写了一些札记，表达他对当时柏林学界的看法，现在读来不仅没有过时，相反仍有切中时弊、发人深省之效。比如，他把"只埋头学术的麻木不仁的气氛"看作"德国学术界的不幸"，相形之下，认为柏林大学承担着"当代思想运动的中心"和"思想斗争的舞台"的使命，教师中各种派别的存在造成的"活跃的辩论气氛"，"使学生们轻而易举就对当代各种倾向有清楚的了解"。同时，他很忧虑当时的哲学界摒弃理性传统，缺少"平心静气地……科学探讨，而是采取激怒、仇视、忌妒，总而言之采取狂热的态度，只要有人认为有了神秘学说和幻想就足以把哲学思想从它的宝座上推下来"，致使人们重蹈"自己的虚荣心""满口诺言和高谈阔论"，成为"总是夸耀自己的吹牛大王"，为此他赞赏"洞察整个思维领域和理解生活现象的那种宽阔自由的眼光"。恩格斯关注着自己祖国的"前进"和"发展"，坚信"制度是完全建立在最新的……科学基础上的""普鲁士的福气就在于理论、科学、精神的发展""而历史给我们安排的使命就是创造整个理论的繁荣"。他担心的是，如果放弃了"精神和它的自由"，将来有一天——用《旧约》中的话说——会出现这样的情况："你被放在秤上称了，称出你分量不够"①！

四、巴黎"涌出的生命之流"

现在位于巴黎一区圣奥诺雷大街（Rue Saint Honoré）167 号的摄政咖啡馆（Café de la Régence），在距离富丽堂皇的卢浮宫不远处的一片僻静之地。与巴黎街头众多的咖啡馆相比，它显得很普通，但屋内伏尔泰的白色雕像和以法国大革命为题材的绘画标志着它非凡的过往。176 年前，两位来自德国的流亡青年在此"进行了历史性的会面"，在 10 天时间里，他们一起喝咖啡、抽雪茄，就那个时代的重大问题展开深入探讨，交流各自的看法，"在一切理论领域取得完全一致"，决定开始毕生"共同的工作"。他们就是当时激情澎湃的 26 岁的马克思和 24 岁的恩格斯。他们合作的第一本书是《神圣家族》。在书中，马克思和恩格斯表达了在诸如法国大革命、"犹太人问题"、唯物主义史、当时流行的长篇小

① 恩格斯：《一个旁听生的日记》，《马克思恩格斯全集》第 2 卷，人民出版社 2005 年版，第 430 页。

说《巴黎的秘密》所描绘的社会众生相等问题上与"思辨哲学"不同的见解，"涌出生命之流的许多清新的源泉"，开启了他们与青年黑格尔派进行剥离的思想之旅，初步建构了"以现实、历史和实践视角观照和把握世界"的"新哲学"，标志着人类历史上一种新的世界观正在酝酿成熟。

但历史有时并不公正。《神圣家族》作为恩格斯与马克思首次合作、介于《1844年经济学哲学手稿》与《关于费尔巴哈的提纲》《德意志意识形态》之间的一部过渡性的作品，长期遭受了冷遇。更不应该的是，由于该书的绝大部分章节由马克思执笔，章节编排、最终定稿和出版也由马克思来完成，所以很多论者在论及《神圣家族》时忽略了恩格斯在其中的贡献和作用。但是，如果还原历史、关注到以下细节，恩格斯的意义就会凸显出来。首先是署名情况。这部著作出版时，恩格斯是第一作者，也就是说，他的名字是位于马克思之前的。其次是写作过程和状况。1844年8月底，恩格斯与马克思在巴黎会面时共同讨论并拟定了全书的大纲，合写了《序言》；恩格斯在很短的时间内起草了自己承担的部分，他离开时把这些留给了马克思，然后由马克思在此基础上进行写作、统稿并最后出版。最后是关于文本结构及其思想内涵。从全书的章节安排来说，马克思特意将恩格斯执笔的内容单列三章，并且放到整部书的最前面，因为在这三章中，恩格斯分别就青年黑格尔派成员关于工人的贫困、"英国的迫切问题"以及当时柏林大学的思想和言论状况等方面的观点展开分析，表明了他对具体社会历史问题和事件的立场和观点，以及他分析和思考这些问题的方法。这意味着，恩格斯对青年黑格尔派成员的批判奠定了整部书的主旨、基调和思路。令人遗憾的是，恩格斯所写的这三章内容很少被研究者关注。

五、布鲁塞尔"同盟大街"上的"合作模式"

1845年2月，马克思被法国政府驱逐，带领家人来到了布鲁塞尔。

当时他手里的钱所剩无几了，在与恩格斯的通信中叙述了自己生活的艰辛。恩格斯很快就寄来两笔款项，缓解了马克思一家的生活压力，这也开始了这两位思想上的同道在个人生活方面的相处模式——恩格斯成为马克思以后一生物质生活的资助者。

当然，恩格斯更清楚的是，马克思来布鲁塞尔并不仅仅是为了避难，更重要的是要继续进行理论探索并展开实践活动，所以 1845 年 4 月他也来到这里，在马克思租住的房子附近住了下来——两人分别住在同盟大街(Rue de L'Alliance-Verbond-Straat)的 5 号和 7 号。较之在巴黎短暂的会晤，这次两人几乎每天都在一起探讨问题，切磋思路，再加上有其他流亡者如赫斯等人的加入，他们马上开始了密切的合作，其成果便是《德意志意识形态》。通过这部著述，他们彻底剥离了与曾经作为他们思想背景的青年黑格尔派以及形形色色的社会主义派别的关系，取得了世界观上的重大突破，初步叙述了他们的"新哲学"体系的基本思路和观点。幽默、讥讽、比喻等多种语言风格的采用，给他们寂寞的探索和艰辛的创作增添了乐趣。直到在马克思逝世后不久的 1883 年 6 月 2 日，恩格斯在给马克思女儿的信中还回忆起当初合作的情景，说他和马克思写到得意时常大笑不止，"闹得你们难以入眠"。由于多种复杂的状况发生，这部著述在当时并没有最终完成和出版，但就他们的思想发展来说，是一部具有里程碑意义的作品。

理论之花结出实践硕果。1848 年 2 月，恩格斯和马克思最终奉献出他们合作的巅峰之作《共产党宣言》。这是作为政治组织的"共产主义者同盟"的纲领。"共产主义者同盟"的前身是"正义者同盟"，而"正义者同盟"的前身则是德国"流亡者同盟"。这些政治组织之所以发生前后相续的嬗变，一个很重要的原因是其纲领一再流产，其成员对其活动的目标、步骤等一直没有形成一个明确而统一的意见。1847 年 8 月，恩格斯和马克思在布鲁塞尔建立德意志工人协会，目的是对侨居比利时的德国工人进行教育并向他们宣传其思想主张。从此，位于布鲁塞尔大广场(La Grande Place)上的天鹅之家(La Maison du Cygne)成了德意志工人协会的主要活动场所。恩格斯和马克思定期去那里发表演讲。1847年1月底，恩格斯和马克思在确信"正义者同盟"领导人愿意改组同盟并接受其理论之后，同意加入同盟。6月初，恩格斯出席了"共产主义者同盟"第一次代表大会，受委托为同盟起草了纲领草案第一稿《共产主义信条草案》。10月底至11月初，恩格斯在此基础上修改成第二稿《共产主义原理》。11月29日—12月8日，恩格斯和马克思出席了"共产主义者同盟"第二次代表大会。大会委托他们在恩格斯前两稿的基础上，正式起草一个"准备公布的理论和实践的纲领"。1847年12月9日—1848年1月底，两人合作并最终拿出了定稿《共产党宣言》。此后他们还为此撰写过7个《序言》，其中有两个是马克思、恩格斯联合署名的，其余5个都是恩格斯写的。这些《序言》连同三个稿本一起组成了《共产党宣言》"文献群"，展示了两位共产主义者精诚合作和不断思考的详细过程。

六、在科隆高擎"民主派"的灯塔

在马克思、恩格斯漫长的理论和实践生涯中，1848年欧洲革命是一个非常值得注意的节点。1848年6月1日—1849年5月19日他们在科隆创办的《新莱茵报》是一座"灯塔"。

1848年春，先是巴黎发生了二月革命，紧接着柏林发生了三月革命。为了推进革命形势的发展，马克思和恩格斯先后返回祖国，来到"共产主义者同盟"力量较强的科隆。通过商讨，他们决定创办一份大型政治性日报。为了继承传统、强调这份报纸同1842年《莱茵报》的联系，名称定为《新莱茵报》，副标题是"民主派的机关报"。编辑部由8人组成，马克思为主编，包括恩格斯在内还有7名编辑。马克思担任总的领导和组织工作（特别是在报纸创办的最初几个月），而大部分社论则由恩格斯执笔，他还负责对柏林和法兰克福两地议会情况、欧洲其他民族解放战争的报道和评论。在不到一年的时间里，他和马克思在《新莱茵报》

上共发表了 400 多篇文章，仅关于匈牙利的通讯恩格斯就写了 100 多篇。

这是他们战斗的舞台。诚如恩格斯所说，《新莱茵报》"完全得到了出版工作中一般所能有的两个最有利条件：第一，绝对的出版自由，第二，深信你的听众正是你想要同他们说话的人"。报纸彰显出鲜明的政治倾向，就是要"建立统一的、不可分割的、民主的德意志共和国和对俄国进行一场包括恢复波兰的战争"。前者是民主革命在德国的首要目标；后者则是民主革命在欧洲的目标（当时的俄国是欧洲所有反动势力最强大的背景）。为了把德国和欧洲其他地方最重要的事件迅速报道出去，他们常常在一天中出报两次，材料多时再出增刊，有重大消息时，立即出版号外。由于建立了广泛的通讯员网，报纸消息灵通，内容丰富。1848 年 6 月巴黎工人运动遭到镇压时，《新莱茵报》"是高高举起被击溃了的无产阶级的旗帜的唯一报纸"。1849 年春季德国爆发护宪起义时，"报纸的语调就变得一期比一期更猛烈和热情"。作为《新莱茵报》的代表，恩格斯甚至于当年 5 月 10 日—15 日参加了这次起义，担任维利希军团的副官，并成功地率领一支小分队突袭了敌人的一个军备仓库。

革命不会一帆风顺。1948 年 9 月 26 日，科隆当局宣布戒严，《新莱茵报》被强行停刊 17 天，10 月 12 日才得以复刊，继续"以坚忍不拔的精神维护全体人民的民主利益"。这期间恩格斯受到通缉，被迫离开祖国，先到巴黎，后从巴黎步行流亡到瑞士伯尔尼，行程 700 多千米，历时一个月。1849 年年初，由于当局撤销了通缉令，恩格斯等编辑部成员才返回工作岗位。但好景不长，《新莱茵报》还是激怒了当局，普鲁士政府以各种借口企图用法律手段制裁报纸。在报纸存在不到一年的时间里，先后被起诉 23 次之多。马克思 7 次受到庭审，恩格斯则 2 次站到被告席上。最终，政府在找不到查封《新莱茵报》的借口的情况下，把马克思当作"外国人"驱逐出境，以此迫使《新莱茵报》最终停刊。5 月 19 日，这份已经拥有 6000 订户的德国第三大报纸出版了最后一期，用红色油墨印行的告别辞写得豪迈动人："别了，但不是永别，/他们消灭不了我们的精神，弟兄们！/当钟声一响，生命复临，/我们将立即披甲返程！"①

七、曼彻斯特二十年："分裂的生活方式"

英国是资本时代的"典型"，曼彻斯特是一个充满矛盾的城市，在那里有"社会灾难最尖锐、最露骨的表现"。早在1844年，恩格斯就"用了21个月的时间，通过亲身观察和亲自交往来直接了解英国的无产阶级，了解他们的愿望、他们的痛苦和欢乐，同时又以必要的可靠的材料补充自己的观察"，进而写成其早期名著《英国工人阶级状况》。这部作品对英国工人阶级的生活状况从"身体、智力和道德"诸方面做了极为细致的描述，诸如：在恶劣的环境下苟且偷生，为了生活，从事"强制性的劳动"，"在大多数劳动部门，工人的活动都局限在琐碎的纯机械性的操作上，一分钟又一分钟地重复着，年年如此"②，尽管如此，连最必需的生活资料都不能保障，"衰弱的身体无力抵抗疾病，因而随时都会病倒。所以他们老得快，死得早"③。恩格斯更是从精神层面揭示了无产者的境遇。诸如：没有一个地方真正实行义务教育，工人阶层中只有少数子弟才勉强有机会上学就读，但即便如此，也只能去质量最差的学校，绝大多数儿童则只能在工厂或家里做工。这种"生活状况的不稳定、挣一天吃一天"的状态，引发了社会严重的"堕落"现象，酗酒、纵欲、暴力，蔑视社会正常秩序，最明显、最极端的表现就是犯罪。"资本"超越封建时代的专制统治方式而成为"塑造"世界最重要的力量，这本来意味着人类文明的进步。然而，它却造就了占人类群体大多数的无产者阶层，使"工人阶级处境悲惨"，"使文明社会越来越分裂"。恩格斯通过亲身观察

---

① Neue Rheinische Zeitung, No. 301，Köln, 19 Mai, 1849.

② 恩格斯：《英国工人阶级状况》，《马克思恩格斯文集》第1卷，人民出版社2009年版，第432页。

③ 同上书，第418页。

并且付诸笔墨，给资本时代画像，写下这样"漂亮的罪孽录"。

1850 年 11 月，恩格斯再次来到曼彻斯特，在父亲和他人合伙经营的纺织厂工作。这时的马克思已经到了伦敦，开始深入研究资本的逻辑及其运动，而恩格斯则用在父亲工厂工作的收入资助马克思。"对恩格斯而言，这如同漫长的走钢丝表演"。因为在这里，他的身份、职业与其志趣、感受是矛盾的。他本身属于资本家阶层，代表着自己企业的利益；但他的人生定位却是"社会主义者"，所以他又要竭力为无产者争取权利。这种双重身份意味着"不仅是分裂的生活方式，而且也是迥异的生活内涵"。在给德国社会民主党内一位同志的信中，他把这称为"一个股票经纪人同时也可以是一个社会主义者"现象，并自我剖析说，自己作为一个工厂的合伙人，属于理应遭到谴责、憎恶、藐视的经纪人阶层，面对工人的贫困状况应该感到抱歉；但"假如我确信明早能在股票交易所里挣到 100 万，然后它们能够为我们的党派在欧洲和美洲的工作提供有力的资金支持时，我就毫不犹豫地去交易所"[1]。由此可以知道，赚钱不过是恩格斯为工人党和民众服务的手段，在最终的立场上，他是坚定地站在劳工大众一边的。知人论世，他的这种选择真是难能可贵！

在曼彻斯特的 20 年中，除了"该死的生意"，恩格斯还进行了广泛的学术研究。除传统的经济学、哲学、政治学、历史学之外，在军事学、语言学乃至自然科学诸领域，他都展开了对前沿问题的追踪和探讨，写出了很多具有重要价值的论著。而同一时期也是马克思的政治经济学研究和《资本论》写作最紧张的时期，恩格斯成了无可替代的帮手、顾问和参与者。1867 年 8 月 16 日，这部划时代的作品的第一卷最后一个印张校对完毕，马克思迫不及待地给恩格斯写信，激动地说："这本书能够完成，完全要归功于你！没有你为我作的牺牲，我是不可能完成

---

[1] Engels 2020 Friedrich Engels Sonderausstellung: Ein Gespenst geht um in Europa, https://www.friedrich-engels-haus.de.

这三卷书的繁重工作的。我满怀感激的心情拥抱你！"①

八、伦敦岁月：工人运动、理论创造和体系完善

1870 年 9 月，恩格斯脱离"棉花企业主"的身份，离开曼彻斯特搬到了伦敦，实现了与马克思真正的团聚，两人终于可以长期在一起从事理论著述和展开实践活动。他在给母亲的信中写道："我重新获得了自由。从昨天起，我焕然新生，仿佛一下年轻了 10 岁。"

恩格斯花费了很多时间从事工人运动。1870 年 10 月，经马克思提名，恩格斯当选为国际工人协会总委员会委员，并先后担任负责比利时、意大利、西班牙、葡萄牙和丹麦的通讯书记。1871 年，具有世界历史意义的"巴黎公社"事件爆发，恩格斯致信国际工人协会各支部，呼吁举行集会给予声援；起义失败后，又展开对公社流亡者的救济和援助，为其寻找工作。他特别警惕国际工人运动中出现破坏团结的迹象和机会主义倾向，并主持国际工人协会代表大会挫败了"危险的"分裂阴谋，批评在"反社会党人法"实施以后德国社会中出现的投机行为。实践活动之外，恩格斯还通过著述来指导工人运动，他曾把马克思的《法兰西内战》译成德文，撰写过国际工人协会内部通告《所谓国际内部的分裂》《社会主义民主同盟和国际工人协会》等文献，通过大量通信对德国党内"爱森纳赫派"同"拉萨尔派"合并的纲领草案和活动作出评论和指导。

在伦敦，恩格斯更有大量的时间可以进行自己作品的创作，《论权威》《自然辩证法》《反杜林论》《社会主义从空想到科学的发展》《家庭、私有制和国家的起源》《路德维希·费尔巴哈和德国古典哲学的终结》《法德农民问题》一大批著述相继问世，坐实了他作为当时世界上最深刻的思

---

① 马克思：《马克思致恩格斯（1867 年 8 月 16 日）》，《马克思恩格斯文集》第 5 卷，人民出版社 2009 年版，第 4 页。

想家和理论家之一的位置。

1883 年 3 月 14 日，马克思去世。17 日，在伦敦海格特公墓举行的葬礼上，恩格斯发表了对其一生盖棺论定的著名讲话。鉴于马克思遗留下占其著述总量三分之二的手稿，恩格斯毅然放下自己的研究和著述工作，把余生的主要精力献给了马克思遗稿的整理工作，以几乎双目失明的代价出版了《资本论》第二、第三卷等著述。

然而，诚如文献专家所感叹的："恩格斯在编辑马克思的手稿时面临的是多么令人沮丧的任务！"①《资本论》第二卷和第三卷清晰的思路、翔实的内容和完整的体系框架，在马克思手稿中根本不是显性存在着的，相反，"留下的文稿很多，多半带有片段性质"，即使其中存在一些经过校订的文稿，大多数也变得陈旧了。有的理论部分做了详细的论述，但是在文字上没有经过推敲，而另一些同样重要的部分则只是做了一些提示。马克思搜集了用作例解的事实材料，但几乎没有分类，更谈不上系统地加工整理了。还有很多离开论题罗列出的、在研究过程中冒出来、其最终位置则需要以后安排的枝节问题。很多表述是按照思想形成时的原始状况写作的，并不是从原理上进行阐发的。此外，马克思笔迹的难以辨别是众所周知的，甚至有"连作者自己有时也辨认不出的字体"。

面对马克思手稿如此的状况，恩格斯披沙拣金，首先将马克思大量的手稿围绕《资本论》第二、第三卷的内容和主题进行归类、编号，其次对所选手稿进行字迹辨认和誊抄，最后进入艰难的编辑程序——MEGA 编辑曾将恩格斯所做的工作总结成 6 大类 19 项，包括："改变原文的编排"（划分章节、调整位置、把插入部分编入正文、把脚注变为正文、修改关于结构计划的表述）；"扩展原文"（内容上的补充、增补新出现的材料）；"删除一些段落""处理重复的地方""润色原文"（分段、合并段落或增加铺垫语、取消着重号）；"订正"（订正内容、统一概念术语、修辞改

---

① ［美］弗雷德·莫斯利、曹浩瀚等：《马克思〈1864—1865 年经济学手稿〉英文版导言》，《政治经济学报》第 11 卷，格致出版社、上海人民出版社 2018 年版，第 5 页。

动、核准计算数字、复核、补充和翻译引文）。当然，最重要的还是对马克思有关思想的理解问题。多数文献编辑和思想研究者经过检视，中肯的结论是，马克思的资本理论"忠实而准确地呈现在恩格斯编辑的"第二卷和第三卷中，"恩格斯编辑的……应当被看作马克思的"。①《资本论》这部巨著最终由恩格斯整理完成，这是资本批判史上划时代的重大事件！第三卷于1894年问世，第二年8月5日恩格斯溘然长逝。

在75年的生命历程中，恩格斯亲身感受资本时代的"疾苦和病症"，悉心清理资本形成的历史过程和现实运动，并通过整理《资本论》手稿完成了对资本逻辑和结构的体系化建构，更借助工人运动有效地探索了超越资本的实践方式。可以看出，这位在人生自白中将"放轻松"作为其信条的人，一生其实过得并不轻松。对于马克思主义的理论发展和社会实践来说，恩格斯不仅仅是马克思之后的"接棒人"和"延续者"，更是马克思毕生探索的"参与者"和"同路人"，乃至是马克思重要思想和研究领域的"启迪者"和"完善者"。他把生命中的大部分时光奉献给了马克思，特别在其生命历程的最后12年，他不遗余力地为挚友整理书稿、解析原理、完善体系、维护形象、扩大影响。这使得恩格斯成为马克思与西方民主社会主义思潮和运动的中介，相当程度上也影响和启发了20世纪东方社会对马克思主义的理解和国际共产主义运动的实践。

自古圣贤多寂寞，恩格斯去世后骨灰撒入大海，现在于世间找不到一块可以凭吊他的墓地。然而，在我看来，时至今日，恩格斯的思想可以讨论、地位也可以重估，但其人格、道德举世无双。在他诞辰200周年之际，由于客观原因，我们无法踏上其生活和工作过的地方为他献上一束鲜花，但感念先贤的作为和品德，面对经济全球化时代越加复杂而难解的现实困境，重新回顾和清理他的生命历程、伟大业绩，以便从中请益，寻找前行的方向、能量和参照，这是非常重要和必要的。

---

① ［美］弗雷德·莫斯利、曹浩瀚等：《马克思〈1864—1865年经济学手稿〉英文版导言》，《政治经济学报》第11卷，格致出版社、上海人民出版社2018年版，第40页。

作别"恩格斯年"

　　2020 年 11 月 28 日是恩格斯诞辰 200 周年纪念日。恩格斯的名字是与马克思、马克思主义紧密联系在一起的。由于客观因素的影响，世界范围内原本策划好的很多相关的生平展览、学术会议及其他活动不得不缩小规模甚至被取消，与两年前纪念马克思的盛况相比形成很大的落差。然而，身处依然深受权力和资本肆虐的当代，面对更为复杂而难解的困境和难题，只有专业研究者知道，我们是多么需要向这位毕生致力于资本批判和对人的解放之路进行探究的"当代社会主义最杰出的代表"（马克思语）请教；和马克思一样，恩格斯是一位多么值得我们深刻铭记和隆重纪念的伟人！

　　恩格斯 1820 年出生于当时尚未统一的德意志最大的王国——普鲁士著名的工业城市巴门（现德国伍珀塔尔市），中学尚未毕业就去父亲在当地的公司见习，后来又被派往不来梅学习做生意，还作为志愿兵在柏林服役，在科隆、巴黎、布鲁塞尔等地短暂停留，而其最重要的经历则是在英国曼彻斯特长达 20 余年的经商活动和生命历程中的最后 25 年定居伦敦从事理论著述和工人运动，直至 1895 年去世。

在 75 年的生命历程中，恩格斯在每一座"生活驿站"都倾注了最大的心力细致地观察社会的具体状况，切身体验和感受时代的"疾苦和病症"。"资本"超越封建时代的专制统治方式而成为"塑造"世界的最重要力量，这本来意味着人类文明的进步，然而，它却造就了占人类群体大多数的无产者阶层，使"工人阶级处境悲惨"，"使文明社会越来越分裂"。恩格斯通过亲身观察并且付诸笔墨，给资本时代画像，写下了"漂亮的罪孽录"。

必须指出的是，恩格斯对资本本性的体验和理解与其身份、职业是矛盾的。他本身属于资本家阶层，代表着自己企业的利益；但他的人生定位却是"社会主义者"，所以他又要竭力为无产者争取权利。这种双重身份，"不仅是分裂的生活方式，而且也是迥异的生活内涵"。在给德国社会民主党内一位同志的信中，他把这称为"一个股票经纪人同时也可以是一个社会主义者"现象，是"一个不属于劳工阶层的人却想方设法要改变劳工阶层的命运"。知人论世，恩格斯的这种选择真是难能可贵！

资本批判的复杂性在于，不仅要厘清其形成的历史过程和现实机制，更需要从理论上勾画和建构起资本作为一种独特的社会力量"布展"的逻辑及其"抽象—具体"体系。这是最为艰难的思想创造。也正因为如此，《资本论》的写作成为马克思毕生最重要的工作。遗憾的是，尽管完成了《资本论》大部分初稿，并于 1867 年出版了第一卷，但直到 1883 年去世，马克思也没有完成第二、第三卷的定稿工作，这也就意味着他对资本逻辑和体系结构的揭示并未完整地呈现出来，而这一工作是由恩格斯来完成的。

我们知道，在资本的整个运动中，流通过程与生产过程是统一的，生产过程必须由流通过程来补充和完成。因此，在《资本论》第一卷对生产过程进行阐释后，第二卷紧接着研究的就是资本的流通和剩余价值的实现过程。而第三卷作为《资本论》理论部分的终篇，则主要揭示和阐明的是资本主义生产总过程的各种具体形式及其相关问题。然而，《资本论》第二卷和第三卷如此清晰的思路、翔实的内容和完整的体系框架，在马克思去世时留下的庞大的手稿中根本不是显性存在着的，相反，诚如文献专家所感叹的："恩格斯在编辑马克思的手稿时面临的是多么令人沮丧的任务！"①

当然，最重要的还是对马克思有关思想的理解问题。MEGA 第 2 部分第 12 卷"学术资料卷"提供了"构成比较""出处一览"和"出入一览"三个对照表，罗列和对比了恩格斯刊印稿与马克思原始手稿之间 5000 余处存在差异的地方。那么，怎么看待这些"改动"和"修改"的性质呢？恩格斯有"曲解"乃至"篡改"马克思原意的地方吗？篇幅所限，这里不能对此深入讨论，仅举两个被认为是"重大的修正"的例子简略说明。《资本论》第三卷马克思原稿的标题是"总过程的各种形态"（Die Gestaltungen des Gesammtprozesses），恩格斯的刊印稿改为"资本主义生产的总过程"（Gesammtprozess der kapitalistischen Produktion）。按照我的理解，这里之所以加修辞词"资本主义生产的"，一方面是由于马克思的初稿是简略的表述，将其遗漏了，另一方面是恩格斯综合第一卷"资本的生产过程"和第二卷"资本的流通过程"而将这种生产方式定型化为"资本主义的"，这充分体现了第三卷所具有的总结的性质。还有，第三卷第 15 章《规律的内部矛盾的展开》中"Ⅰ. 概论"最后一句话"如果没有相反的趋势总是在向心力之旁又起离心作用，这个过程很快就会使资本主义生产崩溃"②。在马克思的原稿中"崩溃"一词用的是 Klappen，恩格斯将其改为 Zusammenbruch 了。③ 有的论者认为，前者的意义弱于后者，马克思表达的是尚未达到"崩溃"程度的"动摇"，而恩格斯的改动使其含义强化了。而实际上，就连德国人对这个短语的理解也不相同，除了认为二者在强弱程度上有所差异外，也有很多人认为两个短语的意义完全一致。但不论怎样，以上事例都不足以支撑将二人的关系由"马克思和恩格斯"

① ［美］弗雷德·莫斯利、曹浩瀚等：《马克思〈1864—1865 年经济学手稿〉英文版导言》，《政治经济学报》第 11 卷，格致出版社、上海人民出版社 2018 年版，第 5 页。

② 马克思：《资本论》第 3 卷，《马克思恩格斯文集》第 7 卷，人民出版社 2009 年版，第 275 页。

③ Karl Marx. Das Kapital Kritik der politischhen Ökonomie dritten Band Hamburg 1894. (Text)，im：*Marx-Engels Gesamtausgabe* Ⅱ/15，Akademik Verlag 2004. S. 243.

修正为"恩格斯对马克思"，进而得出"对立论"的判断。

《资本论》这部巨著最终由恩格斯整理完成，这是资本批判史上划时代的重大事件！第二、第三卷分别于 1885 年、1894 年正式出版时，虽然仍单独署着马克思的名字，但就实际情形看，恩格斯并不只是一个单纯的原始手稿笔迹的辨认者和成型章节的编排者，即解决的"只是技术性的"问题；更公允和客观的说法应该是，他也是这两卷所关涉的思想内容和理论体系的阐释者和建构者。恩格斯以毕生无私的付出，资助马克思的生活，配合和协助马克思的工作，晚年又以近乎双目失明的代价整理亡友的手稿。诚如列宁所说："他们的关系超过了古人关于人类友谊的一切最动人的传说。"①

当然，资本批判并不是纯粹的理论建构，更需要将其转化为变革资本社会的实践。但超越资本并非轻而易举，相反，它充满艰难和坎坷。为此，恩格斯特别重视无产阶级革命实践的方式和途径问题。他与马克思超越一般人道主义和自由主义的深刻之处在于，基于对无产阶级改变自身命运、变革资本社会历史经验的总结，认为这种人的解放不是生命个体的短期行为，而是一场漫长的社会运动。在这一过程中，理论与实践之间、目标与手段之间、总体与局部之间、长远与短期之间并不是直接对应的，而是犬牙交错，充满了矛盾，致使革命之路远不平坦。为此，恩格斯晚年特别注意到，"在抽象的意义上是正确的"理论，如果直接引入实践之中，"在大多数情况下是无益的，甚至是有害的"②。为此，他强调无产阶级自身素质的提高和革命策略的调整。1894 年 1 月，为了与"伟大的佛罗伦萨诗人"但丁所说的"一些人统治，另一些人受苦难"的"旧纪元"相对照，他用 1848 年《共产党宣言》中那段著名的话来"概括未来新时代的精神"："代替那存在着阶级和阶级对立的资产阶级

---

① 列宁：《弗里德里希·恩格斯》，《列宁全集》第 2 卷，人民出版社 1984 年版，第 10 页。

② 恩格斯：《〈英国工人阶级状况〉1892 德文第二版序言》，《马克思恩格斯文集》第 1 卷，人民出版社 2009 年版，第 370 页。

旧社会的，将是这样一个联合体，在那里，每个人的自由发展是一切人的自由发展的条件。"①这是对恩格斯毕生所进行的资本批判和对共产主义理想目标不懈追求的意旨最好的阐释。

恩格斯去世后，资本主义在 20 世纪发生了很多变化。诸如过去单纯的私人占有出现了社会化趋向，分配方式上普遍施行社会保障制度，提高中下层收入者的生活水平，缩小贫富差距。那么，怎么看待这些"积极"的变化与恩格斯所进行的资本批判之间的关系呢？是对其思想的否定或者证明他的观点已经过时了吗？在我看来，恰恰相反！在某种意义上，这些状况可以被看作恩格斯的理论批判和实践活动所产生的深远的后续效应。假如没有他给资本时代恶劣的生存状况、悬殊的贫富差距写下"漂亮的罪孽录"，资本本身"恶"的一面就得不到扼制和矫正，而其"伟大的文明面"也无法得以彰显和呈现；假如没有他对资本历史发展轨迹或运行逻辑的揭示、对资本社会化扩大的趋势的预见，人类的发展就不可能在一定程度上摆脱自发状态，通过多方面的举措和手段对资本进行调控和规范。而 20 世纪后期以来"消费社会""数字资本主义"的来临，不过是资本所带动的"历史向'世界历史'转变"趋势的最新体现。在此意义上，恩格斯的资本批判在当代依然是不可超越的。

而在实践层面，国际共产主义运动在经历了 20 世纪的发展和波折之后，中国特色的社会主义异军突起，展示了勃勃生机和长远的发展前景，不仅解决了中华民族长期贫困和落后的问题，实现了千百年来中国人民对美好生活的向往，而且更以对"人类命运共同体"的关注秉承了马克思、恩格斯关于"自由人的联合体"的思想和意旨，显现出当代中国的马克思主义、21 世纪的马克思主义将对世界文明产生巨大的影响。

1883 年马克思去世之后，恩格斯发表了著名的"墓前讲话"，以"他的英名和事业将永垂不朽！"作结；如今，在纪念恩格斯诞辰 200 周年之际，我们也将这句话用在恩格斯身上，因为他与马克思是紧密关联在一

---

① 马克思、恩格斯：《共产党宣言》，《马克思恩格斯选集》第 1 卷，人民出版社 2012年版，第 422 页。

起的，他当之无愧！

2020 年还有一天就将过去了。今天是星期三，一个很平常的日子。午后太阳很快就西斜了，远远望去有苍白的光传射过来，但并不刺眼。这几天北京降温幅度比较大，凛冽的户外人很少了。清冷、寂寥之中，蓦然想到，今年是"恩格斯年"。由于客观原因国内外为纪念其诞辰 200 周年而策划的很多展览、会议及其他活动都被取消或者缩小了规模。国内在他诞辰日（11 月 28 日）前后开过一些没有多少学术含量的会议，前天和昨天电视台播放了两集文献纪录片，算是这个年度落幕前的花絮，至此就将归于沉寂了。

这一年中，我在几次相关会议的发言中都表达了这样的看法：纪念恩格斯不应该是"例行公事"般的规划设计或活动安排，也不是只属于同行间的"沙龙雅聚"和"项目研讨"，而是身处依然深受权力支配和资本肆虐的当代，面对更为复杂而难解的困境，我们需要向这位与马克思一起毕生致力于资本批判和对人的解放之路探究的思想家请益，在他们当年展开的思考中寻找理解和解答当代问题的参照。从这个意义上说，纪念恩格斯的活动就不应该到明天为止，而是一个长期学习、研究、思考和超越的过程……

按照 2019 年年初离开德国时与友人和我在特里尔 Irsch 的老房东的约定，我今年本该重返那里为两位伟人献花的，遗憾的是由于客观原因我只能等到以后方便的时候才有可能赴约了。据说，今年在距离伍珀塔尔恩格斯故居不远的"青年之家"举办的特别展览，大半年来总共才有 4000 人参观，但展出的内容却非同一般，不仅有恩格斯的原始手稿和著作初版，而且举办者还找到了他童年受洗时穿的礼服（现在恩格斯家族的孩子们还在使用），更从保存下来的他母亲的手镯盒里发现了恩格斯和他妹妹的头发……极端重视原始物品和文件的德国人的认真、细致劲儿由此可见一斑。通过视频看着这些画面，自然想起以前去那里参访时的场景，回味起来，如身临其境。

永远的马克思！永远的恩格斯！

二、甄别与辨析

马克思后人今安在

在信息膨胀的年代，话题混杂、回流的情形会经常出现。几年前一个财经杂志的访谈录《看过马克思全部手稿的复旦大学特聘教授：马克思并不是从一而终的马克思主义者》这两天又在微信圈里流传了，引得远在马克思故乡特里尔的钟老师也来短信询问："聂老师认识史傅德吗？"我不认识此人，但知道他在复旦大学历史系任教的经历。我告诉钟老师，这篇访谈是旧文了，观点可以聊备一格，但论证多有漏洞，里面很多材料是不准确的。"马克思的著述编辑和对材料的把握还是以柏林科学院最为权威。"

我顺便询问了钟老师特里尔现在的情况。钟老师说他们夫妇现在是假期，孩子马上就要读博士了，还是在她以前就读的巴黎高等师范学院。我自然知道那是一所非常好的大学，特别是经济学教授托马斯·皮凯蒂（Thomas Piketty）可以说在中国是太有名了，轰动一时的《21世纪资本论》之后又推出篇幅更大的《资本与意识形态》。钟老师说她的孩子就听过几次皮凯蒂教授的课。

钟老师还告诉我，马克思家的一个后人叫尼克拉斯·龙格·马克思的也在那儿读过书，比她的孩子高两级，现已毕业去美国读博了，专业是经济学。

众所周知，马克思毕生的主要精力是研究政治经济学和写作《资本论》，而他的后代现在也在读经济学，这引起了我的一点好奇。今天上午通过谷歌查了查，知其名字的西文表述是 Nicolas Longuet Marx，同时我很方便地找到关于他的一则数行字的英文介绍和几张照片。知其现在是哥伦比亚大学可持续发展专业的二年级的博士生。主要研究兴趣在环境经济学、不平等经济现象以及气候变化、环境政策和收入分配问题之间的各种关系等领域。在入哥大之前，他在巴黎先后获得过循环经济学和社会科学的学士学位、公共政策和发展方向的硕士学位，还曾在公立机构法国开发署（AFD）有关乌兹别克斯坦能源和基础设施项目组实习过。

这个尼克拉斯现在所修的专业属于微观经济学、部分经济学和经济政策、措施等，这是当代经济学的主流，显然与他的先辈终其一生所探究的政治经济学、关于资本运动及其后果以及超越资本的社会革命，在意旨、层次、范围、内容、构架等方面已经有了巨大的变迁。我也知道，在西方，人们普遍不会像我们东方人这样注重家族传统、家学渊源，但马克思仅仅是他名义上的一位先辈吗？在学习过程中，他是否修过经济思想史方面的课程、是否认真阅读过《资本论》及其手稿、是否注意到 20 世纪西方经济学家对其先辈思想众说纷纭的评论、如何看待经济全球化时代马克思主义的命运？经济学方面的学习和研究只是他基于谋取职业的选择，还是或多或少地承续了其先贤宏伟志趣和理想的事业追求？这些是我的兴趣。

我注意到，网上有他 2018 年 5 月 5 日随其母亲、马克思的玄外孙女弗雷德丽克·龙格·马克思参加特里尔马克思故居博物馆永久性主题展览"从特里尔走到世界：卡尔·马克思及其思想的影响持续至今"时的照片。他的母亲当时发表谈话说："我们现在还经常讨论关于马克思的话题。马克思不仅是改变世界的伟大哲学家，对于我们家来说，他还是一个活生生的存在。"不知道当时和如今他从马克思身上吸取了哪些因素？他如何理解马克思的思想在当代经济学进而扩展到社会发展总体层面的价值和意义？特别是他有将这些方面充分阐释出来的想法和计划吗？

恩格斯论"时代的倒退征兆"

近年来，一种做法愈益盛行起来，以致在各行各业都形成了惯例——借周年纪念"折腾"历史。我们古老的民族历经漫长的岁月，再加上激荡人心的近代，能够进入史册的事件、人物和文献层出不穷、次第涌现。几乎每年都会成为这些重大事件爆发和结束、著名人物诞辰和忌日、重要文献刊发和传布等遇五逢十的周年，利用这样的节点精心筹划、准备和举办各种活动，几乎成为很多行业和单位最重要的工作内容之一。

就以马克思主义研究界为例，今年是恩格斯诞辰 200 周年、列宁诞辰 150 周年……作为一个专业研究者，我并不笼统地反对和一概拒斥利用这样的机会举办相关活动、推出一批学术成果。但是，往往一到这样的年份或节日，大家就如"嘉年华"般的热闹、"一窝蜂"地"起哄"和喧哗，而时间一过，什么也不会留存下来，更不要说有深刻的对照、反思和剖析了。因此，以过往为鉴，我觉得，值此重要时刻，我们应该思考：究竟该怎样纪念？

马克思文献及其思想研究是我的专业，而恩格斯与马克思是紧密联系在一起的。这两天一直在翻译和整理从德国伍珀塔尔恩格斯纪念馆带回来的资料，想着手写点关于恩格斯的东西。作为马克思主义的创始人，恩格斯与马克思共同的难能可贵之处，正如该馆展览解说词所指出的——"一个不属于劳工阶层的人却想方设法要改变劳工阶层的命运"。在对资本社会的剖析、对工人阶级处境的揭示方面，他们的主旨、方向、观点基本上是一致的或者相近的；但出于生活经历、知识背景、性格特点和工作分工等方面的原因，他们之间也表现出各自的特殊性和彼此之间的差异。可以说，他们以不同的方式共同完成了马克思主义的建构。

马克思主义是以对现代社会的分析和批判见长的，恩格斯自然也是如此。我研究文本时并不把全部精力放在对那些"代表作"的阐释上，而是更重视探究通达其思想"制高点"的源头、铺垫、过程和后续效应。所以，以往研究者很少关注，乃至被视为"幼稚""不成熟"或者"衰落""缺乏新的创造"的作品，我也会用心研读；我也不习惯抽象地讨论思想、宏观地做出概括，而是喜欢从具体的文本细节出发对其加以分析、进行推断和解释。

今天，我阅读的是恩格斯早期的一篇评论《时代的倒退征兆》。这是他19岁时写下的文字，发表于1840年2月出版的《德意志电讯》杂志第26、27和28期上。那时他正屈从于父亲的意愿，离开故乡伍珀塔尔前往"汉萨同盟"的重要城市不来梅，在一家公司学习商业基础知识，包括出口贸易和外汇交易等。但他"真正的兴趣却在不来梅书店里的那些新文学上"，他被"年轻德意志"的作家吸引，自己也开始写作——"白天和数字打交道，晚上则变成了文字"。

老实说，这篇"不见经传"的短评依然给我很大的震动。对此，我打算在论文中对其进行详细的解读和分析，这里摘录几段，让我们领略一下青年恩格斯思想的冲击力吧——

真理与伪真理充斥世界。人类社会的困境在于，真理可贵，但却命运多舛，"它们必须奋斗，必须忍耐，它们受到残酷折磨，被活活埋葬，而且每一个人都随心所欲地将它们捏来揉去。"①比较而言，伪真理则往往更为走运，它"有过辉煌的历程，经众口相传胜利地游遍全球，历经数百年，仍然不时为人津津乐道，仿佛刚刚问世"。②

《旧约全书》中有一句话依然流行于当代——"普天下没有什么新东西！"对此，恩格斯激愤地说："不，新东西多的是，然而，它们如果不属于那种圆通的伪真理就要受到压制；而伪真理总是备有'这就是说，云云'之类一本正经的附带说明，并且像突然闪现的北极光一样，很快又让位于黑夜。但是，一旦新的真正的真理像曙光一样在地平线上升起，黑夜之子就会清楚地知道他们的王国正受到灭亡的威胁，就会拿起武器。要知道，北极光总是在晴空中闪耀，而曙光通常是在乌云满天时出现的，曙光应当驱散天空的黑暗，或者用自己的火焰把黑暗照亮。"③

针对"有人试图把历史的进程比作一条线"，认为"不是上升和下降，不是同心圆或螺线，而是一种时而合拢、时而分开的史诗式的平行线"，恩格斯说："我宁愿把历史比作信手画成的螺线，它的螺纹绝不是很精确的。历史从一个看不见的点徐徐开始自己的行程，围绕着这个点缓慢盘旋移动；但是，它的圈子越转越大，旋转越来越迅速、越来越灵活，最后，简直像明亮的彗星一样，从一个星球飞向另一个星球，时而擦过，时而穿插过它的旧轨道。而且，每转一圈就更加接近于无限。"④

恩格斯把"自以为是的鼠目寸光的人""难以理解的裹足不前的英雄好汉们""开倒车的达官显贵们"称为"笼罩着我们时代曙光的那些乌云"，他们"企图把整整 300 年当作闯入禁区的涉险旅行、当作发热病时的梦呓从世界编年史中一笔勾销，——他们看不到，历史只是沿着最短的路程奔向新的灿烂的思想星座，这一星座不久就会以其耀眼的光辉使他们

① 恩格斯：《时代的倒退征兆》，《马克思恩格斯全集》第 2 卷，人民出版社 2005 年版，第 106 页。
② 同上书，第 106 页。
③ 同上书，第 106 页。
④ 同上书，第 107 页。

呆滞的眼睛昏花迷乱"。①

谈及当时普鲁士的思想境况，恩格斯这样来描述："我们现在就处在历史的这样一个点上。自查理大帝以来登台亮相的各种思想，500年间不断相互排斥的各种风尚，都企图把自己的消亡了的权利再次强加于现代。中世纪的封建主义和路易十四的专制制度、罗马的教阶制度和上一世纪的虔诚主义，相互争夺消灭自由思想的荣誉！"②

现象体现本质。恩格斯说："根本不需要到远处去，就可以碰到这类现象。你只要拜访一下陈设时髦的沙龙，就会看到，你周围那些陈设的式样是谁的精神产物。极端专制时代的各种洛可可式的丑陋形象重新被抬出来，为的是把那些使'朕即国家'这样的制度感到舒适自在的式样强加于我们的时代精神。我们的沙龙用文艺复兴时期风格的椅子、桌子、橱柜和沙发装饰起来了，要使文艺复兴时期全面恢复，就只差给海涅戴上假发、给蓓蒂娜穿上钟式裙了。"③

剖析时代的症状并不容易。最后，恩格斯感叹道："说实在的，当我打算把这许多个别现象归纳到一起的时候，感到十分困难；必须承认，我失去了把它们同滚滚向前的时代洪流联系起来的线索。也许，它们还没有成熟到可以进行准确概述的地步，在规模和数量上还在继续增加。不管怎样，值得注意的是：这一反动无论在生活中还是在文学艺术中都有表现；内阁报纸的抱怨的弦外之音似乎仍然是'朕即国家'；在有些最新的德国诗歌中充斥着愚昧和无知，这是同另一部分现代蒙昧主义者的大喊大叫相呼应的。"④

梳理至此，我觉得自己大致找到了这篇日记开头所提出的那个问题的答案。纪念恩格斯，最重要的，首先需认真阅读其著述，忠实地、完

---

① 恩格斯：《时代的倒退征兆》，《马克思恩格斯全集》第2卷，人民出版社2005年版，第106—107页。
② 同上书，第107页。
③ 同上书，第108页。
④ 同上书，第112页。

整地掌握其思想和逻辑，评价要在了解和理解的基础上做出，不论他的观点在今天看来是切中肯綮、振聋发聩，还是耳熟能详、沦为常识，抑或悖逆时代、不合时宜等，都不要人为地挑拣、遮蔽和凸显。其次要进一步深究这些问题在历史和当代的表征以及恩格斯当年的思考所具有的现实意义。就以《时代的倒退征兆》这篇短文来说，它给我的启示是：历史不是线性发展、向上运动的，人类常常不长记性——恩格斯"先知般"入木三分的剖析，难道只是针对那个时代和普鲁士的吗？

他年轻时也曾被指"抹黑"家乡、"颠覆"信仰

——围绕《伍珀河谷来信》引发的一场争论

　　无聊时看手机，经常会发现朋友圈中对立的两派，往往会针对同一个问题（如如何看待西方、怎样面对传统、对苏联和当代中国持什么样的态度等）"横眉冷对""唇枪舌剑"，表面上争得酣畅淋漓，结果却莫衷一是。这种情况下，我总是站在第三方的立场上，"观棋不语"，当然也不意味着内心没有看法。审视争论双方的辩驳方式、证据选择和观点坚守，有时会令人"忍俊不禁"——每天在那儿争着捍卫什么"事实""真理"和"道义"，其实，互相视为对手的双方体现出的不过是相同的思维水准和致思路向，根本上就属于同"一类货色"。这时我会想，浪费时间和精力，甚至还会消耗社会成本，演出的竟然是这样一幕幕"滑稽剧"，究竟值得不值得？

　　同时，结合自己研究的马克思主义发展史，我也会慨叹历史何以总会出现"惊人相似的一幕"。当代中国与19世纪三四十年代的普鲁士，时间跨度180余年，文化传统可以说有天壤之别，但这里我想提及一件事情，大家听后可能会觉得，东西无桥自通，人类长进有限，而像马克

思、恩格斯那样"据理力争"和"理性分析"的人迄今为止依然鲜见。

我说的是 1839 年 1—3 月，身处不来梅的恩格斯撰写了回忆和描述他故乡现实状况的《伍珀河谷来信》，揭露那里严重的环境污染、"下层等级"恶劣的生存条件和"普遍处于可怕的贫困境地"，以及人们"浸没在虔诚主义和伪善主义的海洋里"蒙昧的精神生活。① 该文连载于汉堡出版的《德意志电讯》，很快就传到他的家乡伍珀塔尔，引起了很大的震动。"延伸在大约 3 小时行程的伍珀河谷沿岸"当时有两座城市，即巴门和埃尔伯费尔德，恩格斯出生在巴门，求学在埃尔伯费尔德文科中学，属于正宗的"伍珀河谷之子"，但他竟然炮制出这样一篇"抹黑"桑梓、颠覆"信仰"的"宏文"！在家乡人看来，就有点"大逆不道"了。当地保守派报刊率先做出反应，《埃尔伯费尔德日报》于 1839 年 4 月 12 日刊出马丁·伦克尔博士的文章，对恩格斯及其《伍珀河谷来信》予以"激烈的攻击"。恩格斯从友人处了解了这篇文章的观点，于是写了一封公开信。

我们来看看恩格斯怎么答复的。

马丁·伦克尔的文章大概可以归结为几条，即指责恩格斯"蓄意歪曲事实""不了解（伍珀塔尔的）情况""进行人身攻击甚至撒谎"等。对此，恩格斯一一做出分析。他指出：很多人"可以指责任何一个作者蓄意歪曲事实"，但这通常不是与真实的现实状况进行对比而做出的判断，而"是当作者的叙述不符合读者的偏见时的习惯做法"。至于认为由于他身处不来梅并不了解当地的情况，在恩格斯看来，"这样的套话已经成为了通用的言之无物的空话"，因为实际上，"我在伍珀河谷度过的时间大概比您多一倍；我在埃尔伯费尔德和巴门住过，并且有十分有利的条件去仔细观察各阶层的生活"。"一个人置身在这样的环境中却不了解情况"，"那么他肯定是个不一般的蠢才"。②

在对立观点的争论中，无端进行"人身攻击"是最不适当、最容易遭

---

① 恩格斯：《伍珀河谷来信》，《马克思恩格斯全集》第 2 卷，人民出版社 2005 年版，第 44、65 页。

② 恩格斯：《致埃尔伯费尔德的伦克尔博士先生》，《马克思恩格斯全集》第 2 卷，人民出版社 2005 年版，第 73—74 页。

人诟病的方式。《伍珀河谷来信》中提及的人数不少，限于篇幅，我们举一个例子。"一位名叫尤尔根斯的美国牧师"，实际是个投机者。一方面他通过讲道，"使善男信女泪流满面"，让大家相信，他"至少是个半预言者"，目的是要"建立一个新的耶路撒冷"；另一方面利用这样的机会他又接受了大量丰厚的礼物，自己过着优裕惬意的世俗生活。他以前在美国就靠此谋生，被揭穿后遭到驱赶。逃到欧洲又故伎重演，真相大白之后，被关了起来。他在宗教法庭作了忏悔，因而被放出来，不料他又在埃尔伯费尔德重演这套把戏，于是，看穿他面目的"人们就群起而攻之，谁也不想再理睬他……都唾弃他"。当时宗教虔诚派中像尤尔根斯这样的人不在少数，对于这种善于蛊惑和操控普通人观念的伪善之人，无情而真实地揭露其劣迹，谈得上什么"人身攻击"呢？此外，像该地宗教协会的 4 位牧师，来自不来梅的传教士哥特弗里德·丹尼尔·克鲁马赫尔，巴门市立学校校长威廉·韦策尔及教师约翰·雅科布·艾维希、菲利普·希弗林等人，恩格斯描述了他们在那样一个特殊的年代，为了生存、荣誉和"上帝"所做出的种种努力和抗争，其间所表现出的伪善和真诚、刻板和变通、执着和苟且等情形，都据实写来，怎么能说是"无端"呢？

特别值得注意的是，作为《埃尔伯费尔德日报》的编辑，马丁·伦克尔最不能原谅的，是恩格斯在《伍珀河谷来信》中"一点儿也没有指出该地光明的一面"，用现在的话说，这种不念桑梓之情的做法，属于忘恩负义的"暴露派""抹黑党"。对此，恩格斯坦然"接受"，明确说：这种指认"是对的"。那他为什么要这样做呢？他解释说，就局部和细节而言，他承认故乡"在各方面都有好的地方"。但是，他又不得不尖锐地指出："在总的方面，我没有找到一件纯粹光明的事物"[1]！像环境这样的问题，由于河谷两岸"烟雾弥漫的工厂厂房和堆满棉纱的漂白工厂"多年来使用土耳其颜料已经将碧绿的河水污染成红色，现在不能为了表达对故土的爱就违心地说，"伍珀河在巴门附近又变得清澈了"。因为"这毕竟

---

① 恩格斯：《致埃尔伯费尔德的伦克尔博士先生》，《马克思恩格斯全集》第 2 卷，人民出版社 2005 年版，第 74 页。

是无稽之谈，难道伍珀河往山上流吗?"(河谷沿岸有"并不太高的山峦，有的重岩积秀，有的峭危峻险，个个披着翠绿的衣装")这表明，尽管这里谈的是生养自己的家乡，但恩格斯还是一个独立的思考者和写作者，所以他才说，如此"光明"的报道，"只能期待"马丁·伦克尔这样的编辑来"描述"了。

最后，恩格斯提醒马丁·伦克尔，对于包括什么是游子之于故乡真正的情感这样的问题，"在读完《伍珀河谷来信》全文以后再作判断"。的确，掩盖事实真相的一味称颂与正视症结和困境以探究变革之法相比，哪一种做法更值得称道和珍视? 更属于炙热而深沉的"爱"呢? 马丁·伦克尔在文章中还引用了但丁《神曲·地狱》中的一句话:"这里是走进无穷的痛苦的入口"(qui si entra nell'eterno dolore)，恩格斯校正他说，"今后要逐字引用但丁的话，否则就根本不要引用"①，因为但丁的原话是:"通过我走进无穷的痛苦。"(per me si va nello eterno dolre)——两句话的差别在于，前者所述的"痛苦"与"我"无关，那是要走进"入口"之后才会发生的事情，而后者的"痛苦"是"通过我"而生发出的，是"我"切身的经历和感受，与"我"紧密关联——这才是恩格斯自己对于家乡的真实的态度和真正的情感。

热爱自己的故乡和祖国，本属于人伦常识、天然情愫，但重要的不是言辞，不是"观点"，而是思考，是行动，是最终效应。研读马克思、恩格斯的著述，我们发现，他们很少说自己家乡、祖国的"好话"，相反，不遗余力地解剖德国的国民性，痛斥在普鲁士威权政治的淫威下普通民众苟且生存、缺乏独立思维，到处是自谓"爱国者"的"可怜虫"。然而，他们一生从世界视野和历史大势中揭示现代社会的病根，寻找人类文明的拯救之路，最终也参与了德国的社会发展和现代化进程——他们才是真正的"德意志之子"!

所幸的是这场争论有个令人感到欣慰的结局。恩格斯的信写于1839

---

① 恩格斯:《致埃尔伯费尔德的伦克尔博士先生》,《马克思恩格斯全集》第 2 卷，人民出版社 2005 年版，第 74 页。

年 4 月 30 日—5 月 4 日，写完之后他就以"《伍珀河谷来信》作者"的名义直接寄给《埃尔伯费尔德日报》。5 月 8 日，该报编辑部收到信件之后，尽管对该信"没有说出（作者）自己的姓名"感到遗憾，但还是立即决定于次日"予以全文发表"。他们这种"愿意持不偏不倚的态度"无疑是令人赞赏的；也正是历经长时间的、由这种小事培育起来的理性精神，使这个因非理性主义和意志论扩张而被马克思喻为"庸人船"的国家避免了招致翻船、沉没的命运，支撑着德意志民族多次从灾难中走了过来，最终不仅以"德国古典哲学"和马克思主义的建构奠定了近代西方哲学的基石，而且以人文科学、自然科学的卓越成就，展示了人类思维和精神创造所能达及的视野、高度和深度。

这对于当代中国来说是有借鉴意义的。这里引用前一段时间我在一次讲座中的话作为这篇随笔的结论——

我们纪念恩格斯诞辰 200 周年，不是"例行公事"般的活动安排或规划设计，不是只属于同行间的"沙龙雅聚"和"课题研讨"，而是面对日益复杂的局势和难题，向先贤请益、寻找参照的一种努力。我注意到，近年来世界范围内经济衰退和社会危机的出现，而国内学界经常引入和转发西方"左翼"学者的极端评论，给人造成的印象是，如果马克思、恩格斯在世，那就是他们对当今问题的分析视角和看法。而一定程度上国内不在少数的民众身上也弥漫着迷茫情绪。请对照复杂而难解的现实困境，看看被视为落后和保守甚至已经"过时"的理性思维、整体方法、系统性原则较之于非理性情绪、个体中心、国家至上等，哪个更为有效、更值得珍视和弘扬？如果听任后者肆意泛滥，会造成怎样的后果？这就是作为马克思主义重要思想资源的德国古典哲学的现实意义，也是我们从纪念恩格斯诞辰 200 周年中应获得的启示。

对马克思思想研究中
一种流行的解释思路的反思

清理和反思中国马克思主义哲学教学、研究的历史，给人最为深刻的印象之一，是众多《马克思主义哲学原理》教科书基本上大同小异；而与此相关，数量相对要少一些的《马克思主义哲学史》，陈陈相因的情形亦复如此。如果仔细检视马克思主义哲学史方面的研究论著和教材，就会发现它们基本上是按照一个统一的思路和线索来解释马克思思想发展演变的，即认为它早期经历了一个"从革命民主主义向共产主义、从唯心主义向唯物主义的转变"过程，这是一个从"不成熟"走向"成熟"的过渡。

这无疑仍然是长期以来流行的哲学"党性原则"和过去苏联日丹诺夫式的哲学史解读模式的贯彻和体现。

我们知道，改革开放之前，不仅仅在马克思主义发展史的研究中，几乎所有的哲学史、思想史论著充斥着的都是这一观点，它把不同时代、不同著述中极为丰富、复杂的哲学思想统统抽象、归结为唯物主义或唯心主义、形而上学或辩证法，认为漫长的哲学史、思想史演绎着的就是这些派别之间此长彼消、交错斑驳的斗争史。现在看得很清楚了，这对于哲学史、思想史来说是一种多么大的误读和曲解！可以说是简单化的极致。

近40年来，在中国传统哲学与西方哲学史的研究中，这种不深入思想内部认真分析、动辄简单划线和定性的诠释框架与批判模式已经被彻底解构，呈现出多元化的解释思路。但在马克思主义哲学史研究领域，在这一问题上却未见有认真的反思和省察。是不是马克思主义的发展史只能有这样一种解释？或者说，这种解读模式是不是唯一适合于对马克思主义发展史的解释？事实告诉我们，随着对马克思原始思想研究的深入，特别是一大批早期文稿及其相关文献被发现和刊布，其思想发展的曲折过程和理论的复杂内涵更加完整地呈现出来；在这种情形下，我们不得不意识到，即便是对于马克思主义发展史的研究而言，这种解释在一定程度上也遇到了很大的困难，至多只能说，它仅仅是对马克思早期思想发展的一种解释，而不是唯一的解释。

这一思路所存在的解释困难体现在：

其一，它断言马克思早期政治立场上实现了由革命民主主义向共产主义的转变，而且很多论著指称是在"《德法年鉴》时期"（1843—1844年年初）"完成"这种转变的，因为这一时期的著述"首次阐明了无产阶级的历史使命"，"正如列宁所说，马克思刚刚成为科学社会主义的创始人"①。姑且不论把《〈黑格尔法哲学批判〉导言》这一旨在从哲学层面上更加深入地探究"国家、法与市民社会"之间的复杂关系，进而获得对"社会之谜"和"历史之谜"的深刻理解的文献做了如上浅层次的思想梳理和政治策略抽象是否合适，就是对于"共产主义"本身的解释、描绘和论证实际上到写作《〈黑格尔法哲学批判〉导言》《论犹太人问题》的时候，马克思的思想仍然是不明确的，在以后的思想发展历程中，他的认识又几经修正、补充和变化，特别是在《1844年经济学哲学手稿》《神圣家族》《德意志意识形态》《共产党宣言》《哥达纲领批判》等著述中，对于"共产

---

① 《马克思恩格斯文集·第一卷说明》，人民出版社2009年版，第1—2页。

主义"的理解和阐释较之《〈黑格尔法哲学批判〉导言》都有很大的差别。可以看出，在马克思不同的著述中，"共产主义"是在多重意义上使用的，诸如对"异化"世界的颠倒和扬弃、对理想的社会状态的向往和描摹、对具体制度模式的设计和构建、对革命理论的表述和实际社会运动的推进等，都是它不同的所指，再加上它与"社会主义"概念之间复杂的关系嬗变，我们很难抽象地断定《〈黑格尔法哲学批判〉导言》所"完成"的转变是在哪一个层次或意义上进行的，难道能说是整体思想的转型吗？

其二，我们都深切感受过把一种非常丰富的思想用极为简单化的哲学术语给予定位和概括会与原始思想之间形成多么大的差池和错位。对于马克思这样并不在严格而明确的意义上自称自己的哲学是"新哲学""现代唯物主义""新唯物主义"的思想家，判别其思想的深刻内涵和价值其实主要应该聚焦于他在超越旧唯物主义和唯心主义之上的"新"的、"现代"的方面，而不是看他著述中有多少思想与一般唯物主义契合或是向一般唯物主义的回归。就马克思的文本看，他对一般唯物主义的批判一点也不比对唯心主义的责难少。把马克思哲学立场的变化单纯概括为"从唯心主义向唯物主义的转变"所造成的后果有两点，第一，对马克思哲学思想转变过程中费尔巴哈的作用估计过大了。很多论者把恩格斯所言"我们一时都成为费尔巴哈派了"[①]的影响估计得过大。马克思确实表达过对费尔巴哈哲学的赞赏之词，但很难说他是完全的费尔巴哈派的信徒。事实上，就在恩格斯说出上述那句话之后，他还指出，即便当时马克思"热烈地欢迎"费尔巴哈的"新观点"，他"还有种种批判性的保留意见"[②]。就对其思想的深刻影响而言，黑格尔始终是第一位的。第二，没有指明马克思哲学变革的实质所在，即没有体现其"新哲学""新唯物主义"之"新"和"现代唯物主义"之"现代"的真实含义，而把它混同于一般的唯物主义了。

---

① 恩格斯：《路德维希·费尔巴哈和德国古典哲学的终结》，《马克思恩格斯文集》第4卷，人民出版社2009年版，第275页。
② 同上。

究其实，马克思哲学是对德国古典哲学的继承和发展，而不是简单回到费尔巴哈所实现的"颠倒"了的——其实是 18 世纪法国唯物主义的——水准。马克思继承的是德国古典哲学的最高成果，而博大深邃的德国古典哲学的最高成果显然不是费尔巴哈的唯物主义。曾几何时，对德国古典哲学的研究是我国哲学史研究中的"显学"，学者们设计了这一哲学形态演进的逻辑进程，认为始自康德，中经费希特、谢林，最后到黑格尔、费尔巴哈，德国古典哲学走过了一条"提出问题——探索思路——形成结论"的发展路径，最后，由于在自身框架内不能解决其内在的理论困境而走向了衰落。现在看得很清楚了，这是研究者主观构造的一条逻辑。而当把德国古典哲学的这些代表人物的思想置于传统哲学向现代哲学转换的进程中予以观照的时候，我们会发现，作为德国古典哲学开创者的康德所实现的哲学的"哥白尼式的变革"更具有不可超越的意义和深远的影响力；相反，"几乎二十世纪的每一种重要的哲学运动都是以攻击那位思想庞杂而声名赫赫的十九世纪的德国教授的观点开始的"。① 因此，仅就思想的意义、深度以及对现代哲学的影响而言，决然不能说黑格尔哲学超越了康德哲学；至于费尔巴哈哲学的"颠倒"之功，诚如马克思也已经指出过的，只是"恢复了唯物主义的王位"，而在哲学高度上，它处于与 18 世纪法国唯物主义相同的水准，并没有实现唯物主义的现代转换，达到唯物主义的巅峰。马克思哲学充分吸取了德国古典哲学的优秀成果，特别是其主体性思想，不同之处在于，马克思是在"实践"这一特殊的基点和意义上——它不是孤立的点、不是僵死的实体，而是一种活动、过程和中介——解决思维与存在、精神与物质、主体与客体等复杂关系的，他的哲学是对唯心主义和旧唯物主义的双重超越，而不是简单地由唯心主义转向唯物主义，它的"现代唯物主义""新哲学"与"纯粹的唯物主义"和"直观的唯物主义"，与"客观的唯心主义"和"主观的唯心主义"是不同质的哲学。

---

① ［美］M. 怀特编著：《分析的时代：二十世纪的哲学家》，杜任之主译，商务印书馆 1981 年版，第 7 页。

其三，"两个转变"之间是什么关系？两个转变的说法很明显来自哲学的"党性原则"，即认为如果哲学立场上是唯物主义的，那么在政治立场上必然是共产主义的；如果哲学立场上是唯心主义的，那么在政治立场上必然是非共产主义甚至是反共产主义的；反之亦然。实践已经证明，这种"必然性"的说法和推断其实未必"必然"，有时甚至大相径庭。认定在生活态度与价值指向、思维习惯与行为方式、自我情形与社会评价、哲学理念与政治立场之间，构成一一对应、彼此融通的关系，并以此来观照人生，把握世界，其结果要么是低估了人性的多重结构和社会的复杂程度，从而沉浸在理想化境界，而在现实面前显现的只是天真和虚幻；要么只不过是在寻找一种对于特定事件和局部现象的合理性说明和合法性依据，却被后来者将此误为普遍性的概括或具有恒久性意义。

退一步说，假如例外可以成为通常，按照上述逻辑，哲学立场与政治立场的转变也应当是同时完成的。但实际上，传统的马克思主义论著对此的解释与实际情况之间是有很大的错位的。例如，科尔纽在《马克思恩格斯传》中认为，马克思、恩格斯"向共产主义的转变，是同抛弃唯心主义和开始形成辩证唯物主义与历史唯物主义同时发生的"①。上文提到过的《马克思恩格斯文集》编者也持此种看法，并且《〈黑格尔法哲学批判〉导言》《论犹太人问题》和《国民经济学批判大纲》三篇文章"标志着马克思和恩格斯完成了从唯心主义向唯物主义、从革命民主主义向共产主义的转变"②。但是只要我们看看已经被认为是完成了政治立场转变的马克思在这一文本中一再诉诸"德国唯一实际可能的解放是以宣布人是人的最高本质这个理论为立足点的解放"③，这是唯心主义的还是唯物主义的？其后，马克思在《1844 年经济学哲学手稿》中所论述的"人的本质""异化劳动"和"异化的扬弃和向真正的人的复归"等论断，是唯

---

① ［法］奥古斯特·科尔纽：《马克思恩格斯传》第 1 卷，刘丕坤等译，生活·读书·新知三联书店 1963 年版，第 4 页。

② 《马克思恩格斯文集》第 1 卷，人民出版社 2009 年版，第 1 页。

③ 马克思：《〈黑格尔法哲学批判〉导言》，《马克思恩格斯文集》第 1 卷，人民出版社 2009 年版，第 18 页。

物主义的还是唯心主义的？这些不意味着马克思思想本身的逻辑混乱、新旧杂糅和前后矛盾，而表征的是用单纯的唯物主义、唯心主义这样简单的哲学术语概括他的思想必然会发生错位和差池。

事实上，马克思在与青年黑格尔派进行思想剥离的时候，既超越了唯心主义，也超越了唯物主义。因为无论是唯物主义还是唯心主义，在以所谓"哲学的方式"观照世界时，都对形形色色的现象作了孤立的极度抽象，抽象的结果是一致的，即认为世界万物可以归结为两类：一类是物质，一类是意识；在此基础上它们又做了二度抽象，或者把物质还原为意识，认为意识产生了物质（唯心主义），或者把意识还原为物质，认为物质产生了意识（旧唯物主义）。其实这二度抽象本身是一种缺乏科学依据的臆想。马克思认识到在他所处的时代，迄今为止哲学史上所流行的这样一种观照世界的方式已经过时。他特别从"类型"的角度对旧哲学进行了剖析："纯粹"唯物主义"敌视人"，坚持"客体至上"原则，而"直观"唯物主义又把"抽象的人"引为哲学研究对象，坚持的是"自然至上"原则；而属于唯心主义的客观唯心论者以形形色色的名目譬如"自在之物""绝对同一""绝对理念"等推崇"理性"，主观唯心主义者则膨胀"自我"：都不可能达到对现实世界正确而科学的理解。而马克思的"新哲学"则把"人与世界的关系""实践的人和人的实践"作为研究中心与关注重点，避免了片面性与极端性。这里暗含的意味在于，对马克思哲学来说，纯粹自然界的优先地位仍保存着，但它认定"被抽象地理解的，自为的，被确定为与人分隔开来的自然界，对人来说也是无"①；但它也不能认同脱离客观现实的"理性原则"与不受客观制约的"自我意识"。只有在"实践"这个关节点上，以上谜团才能得以解开。没有实践，就没有认识，也就不可能有科学的观照世界的方式；而实践本质是以人与世界的关系展开的活动，因此，实践唯物主义坚决排除把一切与社会实践无关、超人类的哲学家的自由构想作为自己哲学的对象与内容。这既使它

① 马克思：《1844 年经济学哲学手稿》，《马克思恩格斯全集》第 3 卷，人民出版社2002 年版，第 335 页。

与完全靠思辨建立体系的旧哲学区别开来，又为其以后进一步发展与创新提供了丰厚土壤与根基，这样，哲学思维方式就由僵持于本原问题上两极抽象对立的还原论实现了向以实践关系为基础的辩证解决的转变。

最后需要指出的是，任何抽象都是一种界定，都有其特定的界域，而例外的情形和现象则意味着解释力的失效。这里并不是彻底否定"两个转变说"的局部解释功能和合理性意义，但我认为，相对于"两个转变"的解释思路，马克思围绕"人的自由及其解放"而展开的对"观照和把握复杂社会的方式、方法""社会有机体结构系统的理论建构""历史向'世界历史'的转变""现实的个人与共同体关系"等问题的独特思考，是他探索中更为重要的主题。很显然，这也是哲学史、思想史永恒的议题，马克思不是抛开这些议题另辟蹊径，而是在自己的时代提供了不同以往的理解、阐释和实际推进。

这是我对马克思哲学变革的理解。

究竟该怎样理解马克思的"宗教鸦片说"

马克思的"宗教鸦片说"影响巨大。它的完整表述来自《〈黑格尔法哲学批判〉导言》中的一段话：

> 宗教里的苦难既是现实的苦难的表现，又是对这种现实苦难的抗议。宗教是被压迫生灵的叹息，是无情世界的情感，正像它是无精神活力的制度的精神一样。宗教是人民的鸦片。①

马克思的德文表述是：

> Das religiöse Elend ist in einem der Ausdruck des wirklichen Elendes und in einem die Protestation gegen das wirkliche Elend. Die Religion ist der Seufzer der bedrängten Kreatur, das Gemüt einer herzlosen Welt，wie sie der Geist geistloser Zustände ist. Sie ist das Opium des Volks. ②

---

① 马克思：《〈黑格尔法哲学批判〉导言》，《马克思恩格斯文集》第 1 卷，人民出版社 2009 年版，第 4 页。

② *Marx Engels Werke*，Band 1，Berlin：Dietz Verlag 1981，S. 378.

很显然，从内容上看，马克思是从宗教产生的现实根源、表征及其对人们的影响和作用等方面来立论的，一方面宗教的存在反映了人们身处苦难的现实境况，另一方面它又是人们摆脱和反抗这种苦难的途径和方式。但马克思认为，这种反抗太无力和无效了，它不可能真正改变现实，毋宁说只是处于苦难之中的人们微弱的慨叹，是在无情的世界中对情感的向往，就像面对冰冷和僵死的体制呼唤、渴求温情和活力一样虚妄。

这里的关键是如何理解"Opium"的含义。从德文与汉语概念的对比分析看，将"Opium des Volks"中的"Opium"翻译为"鸦片"，容易将一种起麻醉或镇静作用的药品等同于、理解为彻底危害人生命的毒品。在我们的语境中，人一旦吸食上鸦片，就意味着生命的毁灭甚至死亡。但按照马克思原文的意思，它只是苦恼和困顿生活中的缓解剂，虽然并不能真正解决人的现实问题，但可以在短时间内起到慰藉内心之效。当然，人最终要通过改变痛苦产生的世俗世界，消除权力和资本对人的操控，从而获得解放和拯救。这也就是说，马克思用"Opium"来比喻宗教，是就宗教的功能而言的，并不意味着宗教本质上是一种毒品。此外，鉴于"人民"一词的内涵极其复杂，我觉得不如把其中的"Volks"翻译为"大众"，就像"Volkswagen"一般都译成"大众汽车"而不是"人民汽车"一样。

为了验证对马克思宗教观的上述解读，我特别请教过特里尔大学汉学系创始人、用德语撰写多部汉语教材和词典的主编乔伟教授。他出国60多年，在西方的文化语境中长期从事现代汉语方面的教学和研究，也是一位天主教徒。他告诉我，在马克思的时代，大麻或鸦片并不是毒品，而是做手术时用的麻醉剂和治疗狂躁症的镇静药，止痛解忧，起的是正面的、有效的作用。

此外，在欧洲"追寻马克思的足迹"，给我最深刻的印象之一，是在马克思毕生生活过的每个地方都有教堂。他在故乡特里尔浓郁的天主教氛围中接受教育和长大的情形不必说了，即便完成了思想"转变"、首次阐述唯物史观核心观点和大致构架的《德意志意识形态》的撰写也与宗教相关。这部著述是马克思、恩格斯和赫斯等人在位于布鲁塞尔市中心野树林大街(Rue du Bois Sauvage Wildewoud Straat)19号、距此隔三条马路的同盟大街(Rue de L'Alliance-Verbond-Straat)的5号和7号等住所酝酿、写作的，而野树林大街20号就是著名的圣米歇尔及圣古都勒大教堂(Cathédrale Saints-Michel-et-Gudule)。如今，物是人非；只有到那里做实地考察，感受其特有的环境氛围，我才真正理解了马克思用"《旧约》""《新约》"作为《圣麦克斯》一章框架的深刻用意——那绝不是用单纯的"嘲讽""贬斥"就能概括的！那些富丽堂皇的建筑不仅是卓绝的实体艺术作品，更是世俗生活中的人们心灵停泊和精神安顿的场所，于是我再一次意识到，以"人的解放"为归旨的马克思学说与宗教之间的关系绝不简单。我想象不出，离开或者剔除掉宗教，能有所谓的现代欧洲社会和文明！对于马克思来说，立志为人类的发展寻找出路的他确实看到了宗教救赎方式的虚妄，但并不因此完全拒斥宗教的价值情愫和终极关怀。

我认为，以这种视角来理解马克思的"宗教鸦片说"，可以在作为无神论的马克思主义宗教观与当代宗教教义、教派甚至普通人的宗教情感和终极关怀之间建立起理解、沟通的桥梁，矫正长期以来将二者看成水火不容、彼此对立或隔绝的理解世界的方式和价值观念的偏见，既可以凸显马克思主义宗教观的科学性和包容性，更有助于消除有神论宗教和普通民众对马克思主义的误解乃至敌对。

实际上，在当代，有神论宗教与马克思主义之间进行对话、交融和建构，普通人以其生命体验和生活感受接近乃至理解马克思的宗教观，不仅是可能的，而且已经成为事实。这里我举两个例子。

2018年我参加"马克思年"活动重返特里尔最大的收获之一，是接触到了另一位同样出生在那里、在当代西方宗教史和第二次世界大战后联邦德国社会发展中占据举足轻重地位的奥斯瓦尔德·冯·内尔-布劳宁(Oswald von Nell-Breuning)的思想。他与马克思身处不同的时代，世界观和宗教立场迥异，但毕生思考和探究的议题却是一致的，那就是"劳动和资本"的关系，都致力于"在资本与劳动之间确立一个公正的社会秩序"。正是基于这两位"特里尔之子"的"对话"，特里尔教堂博物馆为纪念马克思诞辰 200 周年举办的展览就以"劳动的生活价值"（Lebenswert der Arbeit）为主题，用艺术手法再现了关涉劳动的多种形式、场景及其所凸显的"人的价值和尊严"的不同境遇，促使我们思考这两位有着巨大影响的历史人物的思想路向和现实效应。

深长思之，必须承认，马克思作为一个无神论者和反宗教斗士的形象在"马克思之后的马克思主义"的发展历程中被无限地夸大了。我们通常在很狭隘的意义上理解宗教及其影响，把它等同于某些特定的"颠倒了的"观念形态、人生选择和行为方式，甚至与迷信、愚昧和反科学相关联，而实际上宗教更是作为普通人的一种情感、意识、终极关怀而存在的。对于欧洲人来说，宗教是其源远流长的文化背景和思想传统，马克思的情形并不例外。他一生关于宗教发表过大量的论述，就否定性意见而言，他抨击和反对的只是特定的宗教教义及其思想流弊，研究和透视的是宗教产生的世俗基础及其未来命运；但作为西方文明孕育的一代思想巨匠，很难说他与普遍意义上的宗教情结、宗教心理和终极关怀能完全隔离。正是基于这一点，我们需要回到西方的文化背景和思想传统中理解马克思的"宗教鸦片说"，进而结合社会发展的实际和具体的国情，探究马克思主义宗教观的当代化与中国化，而不能再人为地强化马克思主义与宗教之间的隔绝和对立了。

马克思对德国"观念论"的
"批判"及其意义

在马克思早期的思想演变过程中，青年黑格尔派是一个非常重要的思想背景和参照系。从深受其影响、融入其间到发生歧见、反叛出来，直至与其进行思想剥离，马克思逐渐形成了其"新哲学"的主旨和架构。在这一思想解构和创造过程中，马克思对作为青年黑格尔派哲学基础的"观念论"的批判是一条中心线索。那么，究竟该怎么理解这种批判的性质？他的"新哲学"与"观念论"之间到底是什么关系？二者是完全异质、彼此对立的思想体系吗？过去对这些问题的理解存在简单化、绝对化的倾向，因此需要紧密结合文本细节重新加以辨析。

一、"观念论"在对精神世界的
探究中何以失足？

自古以来就有一种从观念出发理解、诠释和构建世界的致思路向，即"人们总是为自己造出关于自己本身、关于自己是何物或应当成为何物的种种虚假观念"，"按照自己关于神、关于标准人等等观念来建立自己的关系"①。青年黑格尔派即是如此，他们认为现实世界是观念世界的产物，从而在他们的思维中，观念、想法、概念一直统治和决定着现实的人和世界。就现实的人来说，生命历程或短或长，在他们看来，这一过程的目的和意义就在于精神的追求和自我的建构。这种追求和建构是一个非常复杂、艰难的过程，诸如从贫乏达至丰富、从不完善臻于完善、从形体升为精灵、从现实趋向理想等。所以，人的一生不可避免地就成为前者向后者嬗变、转换的历史，任何世俗存在都没有力量驾驭精神，相反精神才是世界的最强的力量和崇高的目标。

对于青年黑格尔派关于人的发展及其精神历程的这种煞费苦心的追求，马克思以挖苦的口吻称之为在耍"思维的绝技"和种种"花招"。在他看来，这种观念论的错误在于，把对世界的探索聚焦于纯精神的领域，而离开了与现实世界的关联。恰如马克思所说，他们"没有经过考虑和清点"，他们不知道或不承认精神离不开它之外的现实，不仅是根源上离不开，过程和归宿上都离不开，它们是一体两翼，共存于一个世界系统，相互规定，相互表征，相互否定，相互提升。

那么能不能据此说青年黑格尔派的探索就完全没有必要和价值了呢？马克思并没有下决然的断语。我们知道，精神、观念、思想诚然有现实的根基或依据，但同时它们的奥妙、奇异、诡谲确实又是超现实的、非逻辑的和非常规的。正因为如此，它们才值得人们去苦苦追索和反复探究。如果用一种外在于精神、观念、思想的规则、尺度、标准来衡量和探究精神、观念、思想，确实可以看到这一世界的荒诞和离奇，但据此而舍弃了对纯粹精神、观念、思想的研究，也将是极大的错失和遗漏。质言之，青年黑格尔派对精神世界探索的价值不是体现在本体论意义上的(这方面他们的观点和推论确实有荒谬之处)，但他们以自己特有的方式和思路推进了人们对精神世界无穷奥妙的理解，这是不能一笔抹杀的。

---

① 马克思、恩格斯：《德意志意识形态》，《马克思恩格斯文集》第1卷，人民出版社2009年版，第509页。

二、"观念论"的层次差异及其最高成就

观念论不只是青年黑格尔派独有的哲学基础，即便不追溯它源远流长的古希腊传统，仅就德国古典哲学来说，从康德到费希特再到谢林，特别是作为青年黑格尔派思想先驱的黑格尔哲学都带有这样的思维特征。而马克思特别关注的是，不同形态的观念论在层次上存在着差别——学生并没有达到老师的水准。

我们来看马克思一段特别的表述："黑格尔完成了实证唯心主义。在他看来，不仅整个物质世界变成了思想世界，而且整个历史变成了思想的历史。他并不满足于记述思想中的东西，他还试图描绘它们的生产活动。"①

"实证唯心主义"是什么意思？为什么说黑格尔"完成了"这一主义？我们可以联系马克思思想的发展做出分析。通过《神圣家族》《关于费尔巴哈的提纲》的思想历练，到写作《德意志意识形态》时，马克思对以往的哲学派别的类型、特点和实质已经有了全面而深刻的体味、理解。如观念论，它并不是单一的哲学，而是存在各种各样具体的形态，不同的形态之间也有精致与粗陋之分，有接近和远离真理程度上的差别。在马克思看来，观念论到黑格尔那里，达到了一种前所未有的高度，进入了一个新的阶段。尽管"按照黑格尔体系，观念、思想、概念产生、规定和支配人们的现实生活、他们的物质世界、他们的现实关系"，就是说，黑格尔也是以观念来思考和构建世界的，但其思考和构建世界的原则、步骤、框架却不是靠猜测，不是虚构，不是幻觉，而是有现实内容、实证依据的；或者说，他预先提出了一套世界模式论和图景论，但又非常注重把它们返回到现实中去演绎、求证和充实，从而使其得到检视和修

---

① 马克思、恩格斯：《德意志意识形态》，《马克思恩格斯文集》第1卷，人民出版社2009年版，第510页。

正。表面看来，他构建了一个庞大的绝对观念创造世界的体系，然而这种观念的内容、展开、原则都有现实的因素和历史的佐证，在"纯思"外表中囊括了自然、社会和思维等复杂的内容及其历史形态的演进。"整个物质世界变成了思想世界，而且整个历史变成了思想的历史"，这是黑格尔哲学的观念论特征，但"他并不满足于记述思想中的东西，他还试图描绘它们的生产活动"，即用现实检验和论证其思想构架，这是它实证的地方；综合起来，马克思说黑格尔完成了"实证唯心主义"，就是这个意思。

三、"告别""观念论"后的马克思走向哪里？

鉴于马克思对观念论进行过深刻的批判，长期以来，在对马克思早期思想的解释中，"转变论"的影响很大，即把其"新哲学"理解为一种与观念论完全对立的思想体系，把精神、思维、观念看作是物质世界的直接反映和自然演绎，而且非常方便地从《德意志意识形态》"费尔巴哈章"的标题上寻找到佐证。那么，这种指认是准确的吗？

近年来对《德意志意识形态》所做的文献学考证表明，在这一章的手稿中，原来的标题只是"Ⅰ. 费尔巴哈"，马克思去世后，恩格斯在整理其遗稿遗作并翻阅到《德意志意识形态》手稿时，在其页边空白处加了这样的"附注"："Ⅰ. 费尔巴哈。唯物主义观点和唯心主义观点的对立"。以后在这一章的多种版本中，尽管编排方案有差异，但都把恩格斯的"附注"作为此章的正式标题，特别是影响深远的"阿多拉茨基版"。这样，恩格斯所加的"唯物主义观点和唯心主义观点的对立"一语，对人们把握全章的主旨思想进而把握马克思主义哲学的实质就起到了一种提示和引导作用。而在实际的理解中，恩格斯的这一提示和引导给人们造成的普遍印象是：马克思主义哲学只是一种唯物主义形态，是与唯心主义完全对立、异质、不相容的哲学。我们认为，把马克思主义哲学归为唯物主义谱系，在特定意义上说没错，但是，不够，特别是把它混同于以往的一般唯物主义就错了。

举凡《德意志意识形态》之前马克思的著述，《黑格尔法哲学批判》及其《导言》对"市民社会"与国家关系的颠倒、对政治解放与人的解放关系的阐发，意旨不在于表明这一问题上的唯物主义立场，而在于索解"《莱茵报》时期"使他感到困惑的"社会结构之谜"和人的解放之路。《神圣家族》中对唯物主义史的梳理，也不是要回归唯物主义的哲学传统，而是这时的马克思已经意识到，他将要建构的"新哲学"体系，即使在特定的意义上可以归属唯物主义谱系，但它是唯物主义的"现代"形态，是一种"新唯物主义"，因此梳理和总结恰恰是为了超越。《关于费尔巴哈的提纲》第一条再清楚不过地表明，既往哲学形态中的"纯粹唯物主义""直观唯物主义"与客观唯心主义、主观唯心主义一样，都是人类思维发展中一个重要的环节，就是说，都有或曾经有过合理的价值和意义，但从更高的角度看又都存在各自不可克服的局限和症结。

如果按照马克思等人大致的写作顺序和逻辑层次（"圣布鲁诺"—"圣麦克斯"—"费尔巴哈"—"真正的社会主义"）来认真研读《德意志意识形态》，我们会发现，仅仅把马克思主义哲学理解为一种唯物主义，尤其是把其意义和内容限定于以还原论方式"唯物"地处理世界本原问题，即使在历史观上达到唯物主义的水准，实际上也并没有把握马克思主义哲学区别于其他哲学的特征和它在思想史上所实现的革命性变革的实质，相反大大收缩了马克思主义哲学展宽的现实视域和深邃的历史厚度，极容易造成对它的简单化、教条化和庸俗化的理解。就马克思主义哲学与唯心主义哲学的关系而言，其实二者不仅仅是对立关系，更是扬弃和超越的关系。的确，一方面，马克思对观念论进行了淋漓尽致的挖苦、讽刺甚至痛斥，但这些只是对其哲学前提的荒谬性的揭示和批判，而另一方面，必须看到，马克思在新的基点上也注意到了唯心主义哲学对人的主体性思想的重视、探索和发挥（而过去的唯物主义哲学在这方面的研究却乏善可陈或成果有限），因此他的哲学思想中实际上也保留或继承了这一方面的有益因素或成分，特别是德国古典哲学中的主体性思想（当然是经过改造的），是这一哲学形态的进一步发展和更高阶段的超越。

最后，需要说明的是，"Idealismus"一词可以翻译为唯心主义、理想主义、理念论、观念论等。比如，在马克思为其博士论文撰写的"献词"中有一句话："Idealismus 不是幻想，而是真理"（Der Idealismus ist keine Einbildung, sondern eine Wahrheit）。其中的"Idealismus"，贺麟和《马克思恩格斯全集》中文第 1 版译为"理想主义"①，《马克思恩格斯全集》中文第 2 版则改为"唯心主义"②。尽管在中文语境中这两个概念的意思有很大的差别，但在德文中其含义确实是相通或者一致的。过去我们对"唯心主义"的解释加入了十分复杂的考量，乃至于将其作为一个贬义词来使用，甚至与政治上的落后和反动相联系，实际上，在马克思那里，它与"唯物主义"一样，只是思考世界的不同思维方式。

---

① 《贺麟全集》第 9 卷，上海人民出版社 2012 年版，第 14 页；马克思：《德谟克利特的自然哲学和伊壁鸠鲁的自然哲学的一般差别》，《马克思恩格斯全集》第 40 卷，人民出版社 1982 年版，第 187 页。

② 马克思：《德谟克利特的自然哲学和伊壁鸠鲁的自然哲学的一般差别》，《马克思恩格斯全集》第 1 卷，人民出版社 1995 年版，第 9 页。

"普遍的个人的解放"
还是"全人类的解放"

  长期以来，我们习惯于把马克思关于"人的解放"的思想解释为、等同于"人类解放"，而在国际共产主义运动和中国革命实践中，"解放全世界""解放全人类"也是我们耳熟能详的口号和梦想。然而，殊不知这恰恰是马克思曾经竭力探究、撇清的一个观点和思路，我们有必要重新甄别一下。

  马克思主要是在发表于《德法年鉴》上的《论犹太人问题》《〈黑格尔法哲学批判〉导言》两篇文章中讨论以上思想的。他认为，曾经作为其思想先驱的布鲁诺·鲍威尔在犹太人问题上的错误就在于，他无视犹太教徒与基督徒的差异，试图用"人(类)的解放"的信念来消弭其分歧；马克思认为这样的思路和做法"太抽象"了。相反，他不仅用世俗关系替代鲍威尔的宗教信念作为观察犹太人问题的视角，用政治解放、社会解放化解鲍威尔所提出的借助"类"的解放以解决犹太人问题的出路的"抽象性"，而且更深刻地注意到，政治解放、社会解放其实也只是一个"中介"，较之真正的"人(个体)的解放"，它们也是"抽象的"。

  马克思认为，政治解放在迄今为止的世界制度内当然是一大进步，但它还"不是彻头彻尾、没有矛盾的人的解放方式"，还不是"普遍的人的解放"的最后形式。政治解放的限度一开始就表现在：即使人还没有真正摆脱某种限制，国家也可以摆脱这种限制，即使人还不是自由人，国家也可以成为自由国家（德文原文是"Freistaat"，原意为"共和国"，也含有"自由国家"的意思）。由此可以得出结论，一方面，人通过国家这个中介得到解放，在政治上从某种限制中解放出来，就是在与自身的矛盾中超越这种限制，当然只是以抽象的、有限的、局部的方式超越的。另一方面，在政治上得到解放的人仍然只是用间接的方法承认自己，仅仅是通过一个中介（尽管是一个必不可少的中介）而使自己得到解放，由此看来，国家只是人和"人的自由"之间的中介者。正像基督是中介者，人把自己的全部神性、自己的全部宗教束缚都加在他身上一样，国家也是中介者，人把自己的全部非神性、自己的全部人的自由寄托在它身上，仍然不能真正摆脱束缚。

我们知道，人的自由、发展和解放也是作为青年黑格尔派主将的布鲁诺·鲍威尔的旗帜和方向。而在现代社会中，所谓的人权概念、意识和观念更是大行其道，然而只要"看看所谓人权，确切地说，看看人权的真实形式"，就会发现其中大有诡谲和奥妙。

马克思仔细甄别了所谓的"人权"。概而言之，它有两方面的内涵及不同的现实意义：一部分是政治权利，即 droits du citoyen，它是与他人共同行使的权利，其内容就是参加共同体，确切地说，就是参加政治共同体、参加国家，它属于政治自由的范畴，属于公民权利的范畴；而另一部分是个人权利，即 droits de l'homme。与 citoyen 不同的这个 homme 究竟是什么人呢？不是别人，就是市民社会的成员。不同于 droits du citoyen 的 droits de l'homme，无非是市民社会的成员的权利，就是说，是利己的人的权利、同其他人并同共同体分离开来的个人的权利。

马克思引用了那部被他称为"最激进的宪法"，即 1793 年《人权和公民宣言》中的论述，指出 droits de l'homme 是人的自然的和不可剥夺的权利，具体而言指的是平等、自由、安全和财产等。他特别强调："这里所说的是人作为孤立的、自我封闭的单子的自由。"①就是说，自由这一人权不是建立在人与人相结合的基础上，而是建立在人与人相分隔的基础上。这一权利就是这种分隔的权利，是狭隘的、局限于自身的个人的权利。可见，任何一种所谓的人权都没有超出利己的人，没有超出作为市民社会成员的人，即没有超出封闭于自身、封闭于私人利益和私人任意行为、脱离共同体的个体。在这些权利中，人绝对不是类存在物，相反，类生活本身，即社会，显现为诸个体的外部框架，显现为他们原有的独立性的限制。把他们连接起来的唯一纽带是自然的必然性，是需要和私人利益，是对他们的财产和他们的利己的人身的保护。人，正像他是市民社会的成员一样，被认为是本来意义上的人，与 citoyen 不同的 homme，因为他是具有感性的、单个的、直接存在的人，而政治人只是抽象的、人为的人，寓意的人，法人。现实的人只有以利己的个体形式出现才可予以承认，真正的人只有以抽象的 citoyen 形式出现才可予以承认。

据此，马克思明确地阐明他关于"人的解放"的思想，指出："任何解放都是使人的世界即各种关系回归于人自身。"②政治解放具有两方面的后果，一方面把人归结为市民社会的成员，归结为利己的、独立的个体，另一方面又把人归结为公民，归结为法人。而只有当"现实的个人"把抽象的公民复归于自身，并且作为个人，在自己的经验生活、自己的个体劳动、自己的个体关系中间，成为类存在物的时候，只有当人认识到自身"固有的力量"是社会力量，并把这种力量组织起来因而不再把社会力量以政治力量的形式同自身分离的时候，只有到了那个时候，"人的解放"才能完成。

导致马克思这样煞费苦心的思考没有被忠实理解的原因，一方面与过去中文译本的翻译不无关系。最典型的例子，如：

Nicht die radikale Revolution ist utopischer Traum für Deutschland,

---

① 马克思：《论犹太人问题》，《马克思恩格斯文集》第 1 卷，人民出版社 2009 年版，第 40 页。

② 同上书，第 46 页。

nicht die allgemein menschliche Emanzipation, sondern vielmehr die teil-
weise, die nur politische Revolution, die Revolution, welche die Pfeiler
des Hauses stehenläßt. ①

　　翻译为中文应该是："对德国来说，彻底的革命、普遍的人的解放，
不是乌托邦式的梦想，相反，局部的纯政治的革命，毫不触犯大厦支柱
的革命，才是乌托邦式的梦想。"但过去的翻译却是："对德国来说，彻
底的革命、全人类的解放……"1956 年、2002 年出版的《马克思恩格斯
全集》(第 1 卷第 463 页、第 3 卷第 210 页)和 1972 年、1995 年出版的
《马克思恩格斯选集》(第 1 卷第 11 页、第 12 页)均是如此，直到 2009 年
出版的《马克思恩格斯文集》(第 1 卷第 14 页)和 2012 年出版的《马克思
恩格斯选集》(第 1 卷第 12 页)中才得到纠正，但是并未引起学界的注
意。另一方面，这也表明不在少数的论者在研读马克思著述时"不求甚
解"，并没有深入到马克思的语境、思路和论证逻辑中理解其思想，结
果马克思煞费苦心、苦心孤诣的努力就被我们漠视乃至曲解了。

　　需要指出的是，尽管后来马克思的思想发生过变化，但这一观点始
终是一直坚持着的，他不遗余力地予以强调、深化和推进，诸如：《德
意志意识形态》对"现实的个人"与"共同体"关系的思考；《哲学的贫困》
前"得出一个结论：人们的社会历史始终只是他们的个体发展的历史"②
和在该书中更明确提出把人"既当成他们本身的历史剧的剧作者又当成
剧中人物"③的论断；而《共产党宣言》中的名言已经为我们所熟知："代
替那存在着阶级和阶级对立的资产阶级旧社会的，将是这样一个联合
体，在那里，每个人的自由发展是一切人的自由发展的条件"④；在《资

---

　　① *Marx Engels Werke*，Band 1，Berlin：Dietz Verlag，1981，S. 388.
　　② 马克思：《马克思致帕维尔·瓦西里耶维奇·安年科夫(1846 年 12 月 28 日)》，
《马克思恩格斯文集》第 10 卷，人民出版社 2009 年版，第 42—43 页。
　　③ 马克思：《哲学的贫困》，《马克思恩格斯文集》第 1 卷，人民出版社 2009 年版，
第 608 页。
　　④ 马克思、恩格斯：《共产党宣言》，《马克思恩格斯文集》第 2 卷，人民出版社 2009
年版，第 53 页。

本论》中，马克思又反复"设想有一个自由人联合体"，那时人们"用公共的生产资料进行劳动，并且自觉地把他们许多个人劳动力当作一个社会劳动力来使用"，认为"这个联合体的总产品是社会产品"①。可以说，这是贯穿马克思思想发展始终的中心线索之一。

从理论探讨的角度看，在马克思思想研究中有一个非常重要的课题，就是与其基本属于同一时代开始兴起和流行的欧洲非理性主义观念论，与马克思主义之间复杂关系的比较。举凡克尔凯郭尔、叔本华、尼采等人的思想，对于马克思主义体系而言，它们可能是"另类"和"异数"，但二者之间又有可以融通和对话之处。在对社会异化、资本操控、人性沦丧等方面的观察、揭露和批判上，马克思主义与这些非理性主义哲学之间的关系，借助"人的解放"的议题和终极关怀完全可以进行深入讨论，在比较之中凸显马克思主义的超越性和真理性。

而就现实实践来说，将"解放"的内涵仅仅限定于阶级的觉醒和统治、制度的变革和完善、民族的自决和崛起、国家的独立和强盛等方面，可以说是近代以来普遍流行的思想观念及其所支配的社会运动的目标和方向。考虑到20世纪复杂的世界格局和各个国家的特殊情形，这种理解和行动自然有其合理性和必然性，也取得了相应的重大后果和显著效应。然而，在这一过程中，出现了诸多曲折、坎坷乃至悲剧和困境，也是不可否认的事实，其中的经验、教训相当深刻。究其实，发生这种状况的原因就在于，我们把漫长的"人的解放"之路上的基础、提前、中介和手段混同于、提升为目标和归旨了；然而，诚如马克思所说，它们是必要的，但却是"不够的""不合格的"——"每个人的自由发展"，即"普遍的个人的解放"才是他所主张的共产主义的要义，也理应成为我们奋斗的真正目标。

---

① 马克思：《资本论》第1卷，《马克思恩格斯文集》第5卷，人民出版社2009年版，第96页。

究竟该怎样理解唯物史观
对社会历史的解释

　　"唯物史观"或"历史唯物主义"已经成为当代思想界讨论最多、分歧最大，甚至可以说是说法最混乱的议题之一，在相当多的论者那里，它已经脱离了其创立者——马克思、恩格斯和其阐释载体——那些蕴含深邃但非常散乱的文本，独立成为可以随意掺杂、剔除任何内容的"大口袋"或"大熔炉"，或者成为一种抽象而简单的认识方法和理论教条。鉴于此，我认为，回到马克思的文本中追溯其特殊语境下的具体阐发和论证，是比纯粹原理性的讨论更为"鲜活"的思想史佐证、评判依据和发展基础；而且在对文本细节的甄别中也可发现"唯物史观"或"历史唯物主义"的思维主线、思考重点、擅长领域和诠释界域，而这也为我们提供了透视其之后坎坷命运的内在理论根由。

一、《德意志意识形态》是怎样阐释和论证唯物史观的？

　　众所周知，《德意志意识形态》中的《费尔巴哈》章是马克思、恩格斯阐述其唯物史观最重要的文本之一。与青年黑格尔派把握社会和历史的方式不同，马克思、恩格斯所理解的社会既不是充满神秘色彩无可把握的存在，也不是可以任意幻想和虚构的王国。"我们开始要谈的前提不是任意提出的，不是教条，而是一些只有在臆想中才能撇开的现实前提。这是一些现实的个人，是他们的活动和他们的物质生活条件，包括他们已有的和由他们自己的活动创造出来的物质生活条件。因此，这些前提可以用纯粹经验的方法来确认。"①

　　社会的情况是这样的，那么由不同形态的社会更替而构成的历史呢？在马克思、恩格斯看来，历史也是可以确证和理解的，它也是有前提、有过程、有结局的，可以为后来者所把握。对历史的分解可以看出，它的构成要素是："全部人类历史的第一个前提无疑是有生命的个人的存在。因此，第一个需要确认的事实就是这些个人的肉体组织以及由此产生的个人与其他自然的关系"。这里既包括人们自身的生理特性，也包括人们生存所依赖的各种自然条件，诸如地质条件、山岳水文条件、气候条件以及其他条件。"任何历史记载都应当从这些自然基础以及它们在历史进程中由于人们的活动而发生的变更出发"②。

　　马克思、恩格斯不仅阐明了唯物史观的基本要点，还对此进行了详细的论证。"历史向'世界历史'的转变"就是他们最重要的论据之一。他们根据自己所掌握的史料，悉心勾勒出由城乡分离→行会制度的建立→商人作为一个特殊阶层的出现→工场手工业的产生→人口跨国度的迁徙和"流浪"→"商业和工场手工业集中于一个国家的现象"→大工业的发展与垄断等各个环节次第过渡的历史进程。在这一进程中，物质需求、物质生产、物质交往和劳动分工之间的矛盾及其解决构成了根本的推动力量，这就使历史本身的运动呈现出一种线性发展、向上发展和自在发展的轨迹，表现为一种不为观念、精神所把握、引导乃至操控的必然性，

────────────

　　① 　马克思、恩格斯：《德意志意识形态》，《马克思恩格斯选集》第1卷，人民出版社2012年版，第146页。

　　② 　同上书，第147页。

使我们对人类社会的理解和解释在某种程度上具备了类似于自然界变迁、运动般的确定性、规律性。正是基于这一点，恩格斯在《在马克思墓前的讲话》中指出，马克思一生中最重要的"两个发现"之一就是发现了"人类历史的发展规律"。① 在这里，"唯物史观"或"历史唯物主义"的思维主线、思考倾向非常明确；纷繁复杂的历史线索曾经被花样翻新的社会现象和历史事件所遮蔽，或者被形形色色的主体性哲学家解释为"上帝"创设、"绝对理念"显现和"自我意识"超越，而在马克思、恩格斯这里都被排除、解构了，据此世界思想史、哲学史上一条独特的致思取向和解释方式被确立起来。

二、不能把"唯物史观"做简单化、极端化的理解

现在的问题是，"唯物史观"或"历史唯物主义"能不能反过来被视为一种抽象的社会认识方法乃至理论原则呢？或者说，它对历史的解释，其思考重点、擅长领域诚然是非常独特的，但这种解释有没有界域和边际？提出这样的问题，绝不是要质疑其科学价值，更不是动摇其历史地位，而是鉴于人类社会的复杂性、历史变迁的复杂性和人自身的复杂性，要求我们从更广阔的视域、更多样的思路和更深的层次上综合观察人类的思维方式，进而比较鉴别，以便能博采众长、传承创新。

而对上述问题的讨论还需回到前文所论述的"历史向'世界历史'的转变"过程和环节之中。

一是马克思、恩格斯为我们勾勒出一条受物质生产支配的历史发展路径，而就真实的历史而言，这里有没有遗漏？

比如说，在马克思、恩格斯所描述的欧洲社会历史发展中，宗教改革其实是非常重要的一个因素和环节，在那些很少和风细雨、潜移默化

---

① 恩格斯：《在马克思墓前的讲话》，《马克思恩格斯选集》第3卷，人民出版社2012年版，第1002页。

而更多的是充满激烈、残酷、血腥和曲折的斗争中，宗教一直扮演着举足轻重的角色。而我们知道，宗教所关乎的主要是精神观念和信仰问题，其距离物质需求和生产不能说没有关系，但实际上很远或者不很直接。即如马克思、恩格斯所指出过的人口跨国度的迁徙和"流浪时期"，迫于生计和贸易缘由的其实较之基于精神信仰的要少。仅举一例，持续时间长达 30 余年、在法国天主教徒与胡格诺派教徒之间展开的"胡格诺战争"中，胡格诺派教徒本来只需说一句改信天主教的话，就可以在其从小生存的故乡——法兰西继续生活下去，但他们就是闭住嘴，不说这句话，这样，大批胡格诺派教徒(约有 25 万人)不得不走上了离乡背井、前途未卜的道路，流落到德意志新教诸邦、英国和荷兰，远的则抵达南非的好望角或北美。这样的例子在宗教改革和战争中非常普遍，这至少说明，《德意志意识形态》提供了解释历史发展至为重要的线索，但这种线索的范围和诠释内容仍有补充的空间和余地。

二是当社会的结构要素、发展动力和具体机制被明确地揭示出来，从而在历史发展的规律被发现的情形下，历史发展中的主体性该如何体现？

马克思、恩格斯到写作《德意志意识形态》时，较其以前的《黑格尔法哲学批判》《1844 年经济学哲学手稿》《神圣家族》和《关于费尔巴哈的提纲》等文本，他们在关于社会历史的现实前提及运动、"原初的历史关系"的因素和意识发展的阶段、唯物主义历史观的社会结构理论和方法等方面都有了比较固定而成熟的看法，并做了相对完整而系统的表述。这是他们解决曾经一直困扰他们、使他们"感到苦恼"的"社会之谜"和"历史之谜"的最重要的阶段性成果。自认为找到了复杂的社会构成因素及其相互关系，并把它们揭示、概括出来，并且以为掌握了这些关系和原理，就把握了社会、历史的规律，这确实使社会、历史变得可理解了，不再是纠缠百结的乱麻或者变幻莫测的云团了；但这里也潜伏着一种可能或者危险，就是这种意义上的社会、历史会脱离具体的个人而成为与自然一样的存在，不管个人有怎样的主体性，社会、历史都走着自己的路，向着既定的目标迈进，人的主体性至多只体现在促进、阻碍或延缓这一进程，而永远不会改变历史发展的方向。这种情况下，"异化"的情形就出现了：人变得可有可无，他们不再是社会发展的主体，他们决定不了人类的命运。

我们看到，上述观念和思路在以后确实变为现实，在 20 世纪马克思主义的发展历程中，不在少数的人曾经信奉社会发展的规律已经被马克思主义揭示出来，我们的任务就是学习马克思主义原理，把握这一规律，按照这一规律办事，那么共产主义就会到来。现在想一想，在社会主义实践中这种对社会历史的理解是更深邃了还是十分肤浅呢？国际共产主义运动在 20 世纪末遭受挫折，原因当然是复杂的，但就理论的内在根源看，是不是与上述思路有关呢？

三、《资本论》及其手稿对唯物史观的深化和发展

所幸的是，马克思、恩格斯本人并没有把自己的理论和方法向简单化、极端化的方向推进。就近地说，在《德意志意识形态》"未誊清稿"中，他们以零散的思考再度检视了自己所做出的判断和论述的完善性和可靠性，范围涉及诸如：革命何以是必要的、从个体孤立到群体联合的进程、个人隶属于阶级意味着什么、个性为什么只有在共同体中才能显现和发展、交往形式本身的生产与更替、战争为什么在过去能成为一种通常的交往形式、私有制与劳动的关系、自主活动及其实现的条件、市民社会再界定、国家和法同所有制的关系、自然科学与历史的关系以及为什么思想家使一切本末倒置，等等。

再往后看，更重要的是，无论是对社会、历史、人自身的深入理解，还是对"唯物史观"或"历史唯物主义"的进一步建构，马克思、恩格斯的思考绝没有到《德意志意识形态》时就终结了！甚至毋宁说，在其之后漫长的理论探索和实践活动中，通过对资本本质及其逻辑的批判和政治经济学研究，他们的思想又跃迁到更高的层次和阶段，在《资本论》及

其手稿中对此有比《德意志意识形态》更有深度、更全面、更完整的阐释和论述。

《资本论》从对当时市场上随处可见、大量堆积的"商品"的探讨开始，研究了它生产、流通、消费和分配等各种过程和形式，揭示了资本运作的内在机制、逻辑及其本质，描绘了不同阶层的人悬殊的生活境况和历史命运，再现了各种社会现象之间更为复杂的内在联系，从而透视出社会生活发展、变化的原因、途径、趋向。这些都深化了《德意志意识形态》中对社会、历史的看法。同时，在"《资本论》及其手稿"的写作中，马克思尝试并最终概括、提炼出可以上升到"历史哲学"高度的诸多社会认识方式、方法，诸如"普照光方法""从后思索方法""人体解剖方法""抽象—具体方法"等，这些大大超越了《德意志意识形态》时期的认识和见解。

更为重要的是，《资本论》对人类社会形态演变的划分不是一种尺度、一个标准，而是多层次、多角度的，诸如"人的依赖性"的社会→"物的依赖性"的社会→"人的全面发展"的社会；自然经济→产品经济→商品经济；原始公有制→私有制→共产主义公有制；渔猎社会→农业社会→工业社会；野蛮社会→文明社会；部落所有制→古代公社所有制和国家所有制→封建或等级的所有制，等等。这是不是对"唯物史观"或"历史唯物主义"思维主线、思考倾向的改变呢？不是，这是从更深的内涵和更广的视野对其进一步的阐释和说明！

最后，需要指出的是，马克思生前早就对将其理论和方法做简单化、极端化理解的倾向保持警觉并做过批判。1877 年，他在《给〈祖国纪事〉杂志编辑部的信》中，谴责了米海洛夫斯基把他"关于西欧资本主义起源的历史概述彻底变成一般发展道路的历史哲学理论"，认为"他这样做，会给我过多的荣誉，同时也会给我过多的侮辱"。① 接着就举了《资本论》中的几处论述来详加分析。这些文献及其思想对于我们理解和思考"唯物史观"或"历史唯物主义"的当代发展弥足珍贵！

---

① 马克思：《给〈祖国纪事〉杂志编辑部的信》，《马克思恩格斯选集》第 3 卷，人民出版社 2012 年版，第 730 页。

马克思为什么没有完成
《资本论》的定稿工作
——1867—1883 年的活动、思想及其意义溯源

  《资本论》是马克思的代表作，但严格说来，它并不是一本业已完成了的书，而是一个庞大的手稿群。非常值得深思的是，在初稿已经大致写出的情况下，马克思直到去世也没有完成这一著述的整理和定稿工作！这种情况该怎么解释呢？是因为时间太短过于仓促而来不及做完吗？实际情况并非如此：在 1865 年前，《资本论》三卷四册的大部分初稿基本完成了写作，1865—1867年，马克思从中整理出第一卷，而从 1867 年 9月第一卷德文第一版出版到他 1883 年 3 月去世，时间跨度几近 16 年！是马克思的健康状况不佳耽误了工作吗？确实有这方面的因素，特别是在其生命历程的最后几年，更是多种疾病缠身，但是即便如此，我们却又看到另一种相反的现象：这一时期马克思的写作量非常庞大，举凡著作手稿、摘录笔记、工人组织的文件、大量书信等，真可以说是卷帙浩繁，而且视界极为宽广，涉及乃至开拓了很多他以前很少触及的领域和议题。此外，其他方面的说法，诸如梅林认为是因为马克思晚年生命处于"慢性死亡状态"而导致其思维

能力下降、近来网上有文章议论是"马克思低估了自己习惯性的严重的拖延症"等，都是解释不通的无证之论。

这样，我们就只能到 1867—1883 年马克思的理论、实践活动乃至生活状态中去寻求答案了。留存下来大量的文献表明，这一阶段他的工作和思想发展呈现出一个非常复杂的状态，至少有四条线索交错进行。

一、围绕《资本论》而展开的工作

这包括第一卷多种版本的修订，第二、第三卷断断续续的写作和新的文献的发掘、补充，以及鉴于 19 世纪 70 年代以后资本世界出现的新变化引发的思考所导致的整理工作停顿。

1867 年 9 月，着重研究"资本的生产过程"的《资本论》第一卷德文第一版出版后，马克思就不让重印这一版本了，而是立即开始了修改工作。1872 年 7 月，马克思推出了该卷的德文第二版第一分册，并于次年 5 月在出版商的催促下，以一卷本的方式完整推出该版本。此前他还与《资本论》的第一个外文译本——俄文版的数个翻译者进行了多年通信和交流，应约补写了大量注释和重写了部分章节，并发表了很多重要意见。马克思更是花比较大的精力加工、改写并参与翻译了法文版，使其于 1872—1875 年以 9 辑 44 个分册的形式陆续出版。需要强调的是，马克思的这些修改不仅限于字词和段落，更涉及该卷布局谋篇的调整（如恩格斯、库格曼等在审阅德文第一版校样后提出的章节、标题划分和"外部结构"等问题）、表述方式的重新处理（如阐发"价值形式"部分的过分"黑格尔化"特征）和新的内容的补充，更有对"资本的生产过程"所涉及的其他方面的反复探究和对既有论断的审慎态度。用马克思评论法文版的话说，这些不同的版本都具有"独立的科学价值"。仅就章节安排和结构、内容上的差别而言，迄今为止，绝大多数语种的翻译和研究者的阐释都是以马克思逝世后恩格斯于 1890 年整理、出版的德文第四版为底本，但实际上德文第一版只有 6 章，而德文第二版修正为 7 篇 25 章，法文版扩展为 8 篇 33 章，而恩格斯修订的德文第四版则确定为 7 篇 25 章。

按照马克思此前业已确定的框架，《资本论》第二卷探讨的是"资本的流通过程"。从 1863 年下半年开始到 1883 年 3 月马克思逝世，在长达 20 年的时间里，马克思先后为第二卷写过 8 个手稿，其中两个涉及全书的完整内容，6 个是个别章节或片段的修改稿，此外还有许多较短的计划稿和零星观点的札记也属于第二卷的内容。8 个手稿中只有第 1 个手稿写于 1864 年下半年至 1865 年春天，是其制定"资本流通理论"并进行完整的叙述的尝试，而其他 7 个手稿都写于 1867 年之后，最后 1 个手稿写于 1880—1881 年，是把第二卷第 1 篇整理付印的誊清稿。此外，在现在俄罗斯现代史文献档案馆中还藏有恩格斯整理第二卷时没有利用过的另外 5 个手稿，写于 1868—1877 年①。这些文稿"在文字上没有经过推敲……有些部分作了详细的论述，而另一些同样重要的部分只是作了一些提示。用做例解的事实材料搜集了，可是几乎没有分类，更谈不上加工整理了。"②——这些为后人的整理增添了很多困难。

《资本论》第三卷是马克思为这部巨著撰写的"理论部分的终结"，具体探讨的是资本生产的"总过程和各种形式"。对这部分内容的思考和写作也贯穿了马克思撰写政治经济学著述的大部分历程，"1857—1858 年手稿"《资本章》的第 3 篇《资本是结果实的东西》、"1861—1863 年手稿"中的《Ⅲ、资本和利润》都属于该卷的内容，只是大约从 1864 年夏末到 1865 年年底马克思才把主要精力集中在这一卷的写作上，完成了涉及该卷重要内容的一个初稿。根据《马克思恩格斯全集》"历史考证版"（MAGA²）已经出版的部分提供的材料，第一卷出版后，马克思为第三

---

① 参见聂锦芳：《清理与超越：重读马克思文本的意旨、基础和方法》，北京大学出版社 2005 年版，第 163—166 页。
② 恩格斯：《〈资本论〉第二卷序言》，《马克思恩格斯文集》第 6 卷，人民出版社 2009 年版，第 3 页。

卷做了如下工作：1867 年 6、9、10 月和 1868 年春撰写了第 1 章的四个
草稿；1867 年 4—5 月、10—11 月、1868 年秋冬、1871 年 2—3 月、
1873 年年底至 1874 年年初、1875 年 10—11 月、1877 年 3 月至 1882 年
年底撰写了一系列关于"剩余价值率和利润率"的札记；1868 年春夏、
1876 年 2 月撰写了关于"级差地租"的札记；1875 年 5—8 月尝试"用数
学方法来说明"第三卷的内容；1878 年撰写了关于"利润率""资本周转"
"利息"和"折扣"的札记。这些涉及第三卷内容的手稿更具有明显的"草
稿"的性质，有的"不但没有现成的草稿，甚至没有一个可以按照其轮廓
来加以充实的纲要，只不过是开了一个头，不少地方只是一堆未经整理
的笔记、评述和摘录的资料"①，这使恩格斯整理起来更费踌躇。

在对《资本论》三卷手稿进行修改的同时，马克思开始深入对《资本
论》理论结构的再反思。我们知道，到 1867 年，马克思关于《资本论》的
框架已经成为一个确定的构想，即"三卷四册"结构。这是他从 1843 年
开始殚精竭虑探索的结果，经过了由两卷本著作——三本书计划——五
个分篇——六册计划——九项内容——两大部分直至三卷四册结构的曲
折变迁②，后来，马克思和恩格斯又将其修正为四卷内容（"理论部分"
与"理论史部分"并列，前者三卷，后者一卷）。但认真梳理这种序列变
化及其每一环节所关涉的内容就可以看出，就对"资产阶级经济制度"的
"考察"来说，"六册计划"涉及的内容是最完备的、逻辑上（"顺序"）也是
最顺畅的，即包括了"资本、土地所有制、雇佣劳动、国家、对外贸易、
世界市场"。后来，鉴于《资本论》内容的纷杂和叙述上的困难，马克思
决定按照"1861—1863 年手稿"所确定的以"资本一般"的视角和方法着重
探讨"六册计划"中的第一个内容——"资本"，即以"生产""流通"及"总
过程和各种形式"来勾勒资本运行的逻辑，这确实使讨论更为集中而深

① 恩格斯：《〈资本论〉第三卷序言》，《马克思恩格斯文集》第 7 卷，人民出版社 2009
年版，第 8 页。
② 参见聂锦芳：《〈资本论〉再研究：文献、思想与当代性》，《中国高校社会科学》
2013 年第 3 期。

入，但很显然这样处理也大大缩减了对象和论域。所以，我认为，即使在框架已然确定的情况下，善于自我反省的马克思对此也不是没有困扰的：具体说来，虽然可以改变乃至放弃"六册计划"的写作，但它所涉及的具体内容却是不可能放弃和回避的，那么这些内容究竟该如何处理？是在现有框架所涉及的议题讨论、写作完成之后再专门进行探讨，还是要把它们插入三卷的论述和分析之中？

大量文献表明，1867 年之后的马克思显然对其他各册内容也是非常关注的，他花费很多时间研究各国的土地关系和所有制形式的变迁，翻阅大量官方"蓝皮书""征税委员会报告""省农民事务厅意见汇编"等关于经济发展的文献，研究金融市场和银行业的发展、财政状况和财政政策、价格波动、货币、信贷学说和货币流通史等。特别需要说明的是，马克思这一时期的"摘录、笔记和（阅读过的书目页边上的）批注"数量极为庞大，专门刊登这些文献的 MEGA² 在 20 世纪 70 年代重新启动时，原计划总规模为 163 卷，其中，这部分内容接近 70 卷，1991 年后调整了出版计划，全书最终缩减为 114 卷，而剔除的部分主要就是这一类文献。在 2017 年 5 月马克思 1857—1858 年"危机笔记"出版后，剩余的部分绝大部分都是这一阶段的笔记，当它们全部刊出的时候，我们将从中领略到马克思关于"六册计划"所关涉的内容更多的思考和处理。

如果说以上涉及的还只是理论思考和写作的问题，那么更为重要的一点，造成马克思某种程度上的"忧虑"的问题是 19 世纪 70 年代之后资本世界出现的新变化超出了《资本论》第一卷中的某些判断和第二、第三卷内容的原有设计。诚如 1879 年 4 月他在致函丹尼尔逊解释延期出版第二卷的理由时所言，虽然承认这种情况是"现行的制度"的"严厉"所致，"并没有使我感到惊奇"和"气愤"，但最重要的在于，"在英国目前的工业危机还没有达到顶峰之前，我决不出版第二卷"①，因为"这一次的现象十分特殊，在很多方面都和以往不同，……在英国的危机发生以

---

① 马克思：《马克思致尼古拉·弗兰策维奇·丹尼尔逊(1879 年 4 月 10 日)》，《马克思恩格斯文集》第 10 卷，人民出版社 2009 年版，第 431 页。

前，在美国、南美洲、德国和奥地利等地就出现如此严重的、至今几乎已经持续五年之久的危机，这还是从来没有过的事"①。鉴于以往《资本论》内容的设计是以英国为典型进行资料收集、逻辑分析和理论判断的，因此，马克思感到"必须注意目前事件的进展，直到它们完全成熟，然后才能把它们'消费到生产上'，我的意思是'理论上'"来，特别在长期关注的西欧之外，"我不仅从俄国而且也从美国等地得到了大批资料，这些资料使我幸运地得到一个能够继续进行我的研究的'借口'，而不是最后结束这项研究以便发表"②。

以上的梳理表明，鉴于马克思晚年没有整理、出版《资本论》定稿而断言他最终放弃了这一著述写作的结论是站不住脚的；但可以认为，围绕《资本论》持续不断的努力以及伴随其间对理论和现实状况的进一步思考，确实延缓了马克思写作的进程和成果的完整呈现。

二、西欧工人运动的参与及波折

1867 年后，马克思很重要的一项活动是参与和思考西欧工人运动，这包括受托起草国际工人协会的文件、发表对"巴黎公社"事件的评论以及与德国社会民主党之间复杂关系的变迁。

国际工人协会（International Workingmen's Association，后称"第一国际"）是于 1864 年建立的世界性工人组织，马克思并不是其具体操持者和领导人，但他受托起草了《成立宣言》《临时章程》《总委员会总结和关于继承权的报告》《关于普法战争的宣言》和《社会主义民主同盟和国际工人协会》等重要文件，并在 1865—1869 年召开的多次代表大会上被选为总委员会委员。正因为如此，恩格斯将这段经历视为马克思"最杰出

---

① 马克思：《马克思致尼古拉·弗兰策维奇·丹尼尔逊（1879 年 4 月 10 日）》，《马克思恩格斯文集》第 10 卷，人民出版社 2009 年版，第 431 页。

② 同上书，第 431—433 页。

的成就"，甚至做过这样的比喻——"摩尔的一生，要是没有国际，便成为挖去了钻石的钻石戒指"。但认真梳理这段历史，再看一下他详尽的年谱，就会发现马克思与国际工人协会的关系并不像后来列宁之于俄国十月革命、毛泽东之于中国的革命，1867年后他参与国际工人协会的工作是与《资本论》及其他著述的写作、其他领域的探索交错进行的，即是说，这一组织的工作并不是他的"全职"，甚至毋宁说他始终处于一种"业余"状态。同一时期，他还担负着多项其他工作和繁重的写作任务；即便在这一方面，很多情况下马克思也只是指导者、建议者、预见者、评判者和反思者，而不是实施者、执行者、决策者、行动者和总结者。做出这样的判断绝不会降低马克思在国际工人协会中的地位和作用，而是呈现一种事实，同时更是为了客观地估量这一工作与他当时更挂心的《资本论》写作之间的关系。

研读这一时期马克思起草的文献，我们也可以看出，他在理论意旨与实际行动之间、战略目标与具体策略之间、历史发展的大趋势与现实条件和可能性之间所做出的权衡、坚守和变通，其中不乏矛盾、困惑和错位。国际工人协会是鉴于资产阶级国际联合的趋势和各个国家出现的不同程度民主化浪潮而成立的，旨在通过建立更为强大的无产阶级的世界联合来反抗资产阶级。马克思一方面看到"史无前例的""工业的发展和贸易的扩大"形成的"不容争辩的事实"是"工人群众的贫困"并"没有减轻"；但另一方面他不得不考虑到不同国家工人队伍的发展条件极不相同，必然会造成世界范围内合作的复杂性，于是马克思采用了"实质上坚决，形式上温和"的方式，要求尽可能"使一切党派都满意"，而"不致把英国工联派，法国、比利时、意大利和西班牙的蒲鲁东派以及德国的拉萨尔派拒之于门外"。他主张，"工人阶级的解放应该由工人阶级自己去争取"，在追求共同目标即追求工人阶级的保护、发展和彻底解放的前提和条件下，应该允许一切团体参加，使国际工人协会成为逐步溶解和吸收除无政府主义者以外的各个比较小的宗派的工具，希望各国工人通过一致行动和交换经验，能够逐步接受科学社会主义而抛弃各种宗派观点。此外，马克思特别看重工人阶级的"精神发展"，指望将来通过各国各派工人的思想交流和讨论，形成一个可以被共同接受的理论纲领。这说明，马克思在实践与理论、原则与策略之间的思考和处理上态度是审慎的，而不是极端化的。

较之于国际工人协会成员的"纯粹性"，1871 年发生的巴黎公社事件则要复杂得多。就实际进程看，它不是源于国际联合，而是基于法国与普鲁士之间的战争；其中显现的并不只是无产阶级对抗资产阶级的斗争，而是混杂着皇权帝国(拿破仑三世)与共和体制(第三共和国)、资产阶级与市民阶层(特别是工人阶级和下层中产阶级)、国家统一与地方自治等之间的矛盾、冲突和较量，掺和着激进主义、改良主义、"左翼"社会主义和无政府主义等不同的方向和因素。马克思对这一事件给予了极大的关注，并做了客观的估量和精深的分析。很显然，历时两个月的巴黎公社，并不是有计划行动的产物，也非得力于个人或具有明确纲领的组织的领导，不过是"在例外条件下的一个城市的起义，公社中的大多数人也根本不是社会主义者，而且也不可能是社会主义者"①。但同时马克思也看到，公社所采取的一些特殊措施确实"表明通过人民自己实现的人民管理制的发展方向"，即作为一种地方自治的组织形式，摆脱帝国的直接统治，在地方层面采用直接民主的组织原则，以体现现代共和制的精神；作为国家政权组织原则的代议民主制，不再是由专业化的官员来治理公共事务的原来意义上的国家；而作为旧制度的超越形式，打碎高度集权的国家政权，确立现代共和制的基本原则：普选制和"向下负责"制。所以马克思指出，绝不应把公社看作教条主义的模式或未来革命政府的方案，它是"高度灵活的政治形式"。

如果说，国际工人协会的成立是出于各国无产阶级的国际联合的考虑，那么，在巴黎公社之后出现的新的历史境遇表明，工人运动面临的直接任务是在民族国家的基础上建立各自的工人政党，这样，国际的组

---

① 马克思：《马克思致费迪南德·多梅拉·纽文胡斯(1881 年 2 月 22 日)》，《马克思恩格斯文集》第 10 卷，人民出版社 2009 年版，第 459 页。

织形式已经过时，相反，它的继续存在会成为工人运动发展的一种桎梏，所以必须让其退到后台而过渡到新的组织形式。马克思看到了这一趋势，在他的建议下，国际工人协会于1876年正式宣布解散。

这期间更复杂而耐人寻味的，还有马克思与德国社会民主党之间的关系。

早在1863年，拉萨尔就在莱比锡创立了全德工人联合会，次年其决斗身亡后，这一派别的活动更趋活跃。1869年由李卜克内西和倍倍尔在爱森纳赫成立了德国社会民主工党，该党成为德国工人运动中另一个重要政党，两派之间既并驾齐驱又相互较劲。1871年普法战争结束后，德国成为统一的民族国家，两个政党也开始谋求合并。李卜克内西主持起草了合并纲领，并于1875年2月在哥达召开的代表大会上获得通过，史称"哥达纲领"。对此，马克思的态度是，一方面认为通过合并改变德国工人运动的分裂状态是必要的，对工人阶级有利，但另一方面，他又指出合并要有原则，而目前的纲领草案是一个"极其糟糕、会使党精神堕落的纲领"，主要是其中拉萨尔主义的东西太多了。为此马克思于1875年4月底至5月初写了《德国社会民主党纲领批注》，逐条辨析了一系列观点，后来被通称为《哥达纲领批判》。必须指出的是，其中有些观点与《资本论》是密切相关的。诸如，认为"劳动不是一切财富的源泉"，自然界如土地、矿山等也是财富源泉，劳动只有在具备了相应的对象和工具的条件下进行，才能创造出财富；"公平"是有阶级性的，在阶级社会中不存在各阶级都认可的"公平的"分配，在资本主义社会里，资本家将利润、工资看作是"公平的"分配，而这些对工人阶级来说都是不公平的分配，因为资本家占有的利润是工人创造的剩余价值的转化形式，既然"公平的分配"是不存在的，那么"平等的权利"也就难以得到维护；劳动力在使用过程中能创造出比他自身的价值更大的价值来，资本家付给工人的工资是劳动力的价值，而那个超过工资的更大的剩余价值，被资本家无偿占有了；提出共产主义社会发展的两个阶段的原理，在共产主义第一阶段，生产力迅速发展但发展还不够充分，只能实行按劳分配；在共产主义高级阶段，生产力高度发展，社会财富的源泉充分涌流，三大差别最终消除，社会实行"各尽所能，按需分配"。

马克思的分析确实击中了要害，为了达成合并的目的，爱森纳赫派的让步和妥协使《哥达纲领批判》某种程度上就成了一个"理论拼盘"。但现在看来，作为马克思、恩格斯的学生，德国社会民主党领导人与马克思之间的分歧其实只在于其出发点和策略上的不同，前者的目标是政治上的统一，以适应当时德国的政治环境和工人运动现实发展的要求，而马克思则追求理论上的纯洁性。而且可以看出，马克思对这种差别的界域也是了然于胸的，以至于他的态度和行为并不完全一致：他决绝地表达了批评意见，但却不肯公开发表这份文献。不管怎样，马克思的思想最终在修订后的《哥达纲领批判》中得到了体现，当然，拉萨尔的思想依然留下了深刻的烙印。也许可以这么认为，这种不同观点的表达，恰恰是德国社会民主党宽容性和多元化的历史传统的一种体现。

特里尔马克思故居博物馆提供的资料表明，由于他与德国社会民主党之间的这种复杂关系，"马克思生命历程的最后十年，不再专注于政治活动和工人运动，而是致力于历史和人类学的研究"①。我深信，马克思花费了时间、精力甚至情感所投入的这段经历，对于他没有完成《资本论》肯定是有影响的。

三、资本主义"史前史"的求解

现在，我们已经很难用单一的学科门类和表述方式来界定《资本论》的所属，它既是经济学作品，也是哲学和社会学论著；既着重于对原理的阐发，也处处显示出对历史的铺陈和论证。在原来"六册计划"的构想中，"土地所有制"是排在"资本"之后紧接着要探究的内容，在按照"资

---

① Museum Karl-Marx-Haus Trier，Karl Marx（1818-1883）：Leben-Werk-Wirkung bis zur Gegenwart Ausstellung im Geburtshaus in Trier，2013，S. 69-70.

本一般"形成新的写作结构之后，马克思实际上并未忘却这样的安排。19 世纪 70 年代中叶以后，他开始集中关注土地所有制问题，与其保持频繁的学术交往的马克西姆·马克西莫维奇·科瓦列夫斯基于 1879 年出版了《公社土地占有制，其解体的原因、进程和结果》，马克思立即对该书进行了详细的摘录和评论；之后，在科瓦列夫斯基的引介下，马克思又接触到路易斯·亨利·摩尔根于 1877 年发表的《古代社会》一书，并对书中的重要观点进行了摘录，共写下 98 页摘录、106 条批注，其中既有马克思自己的概括，也有对摩尔根主要观点的进一步阐述，马克思还批评并修正了摩尔根的部分观点、调整并改造了全书的结构；接着，马克思又运用改造过的摩尔根学说摘录并批评了约翰·巴德·菲尔的《印度和锡兰的雅利安人村社》、亨利·萨姆纳·梅恩的《古代法制史讲演录》和约翰·拉伯克的《文明的起源和人的原始状态》等著作。这些内容后来被称为"人类学笔记"。其实，它们只是劳伦斯·克拉德于 1972 年从马克思晚年留下来的约 30 000 页八开笔记本中选择了 208 页而编成的，就是说，只占马克思摘录、笔记中很小的部分。

在此前后，马克思还利用施洛塞尔 18 卷本的《世界史》、博塔的《意大利人民史》、科贝特的《英国和爱尔兰的新教改革史》、休谟的《英国史》、马基雅维利的《佛罗伦萨史》、卡拉姆津的《俄罗斯国家史》、塞居尔的《俄国和彼得大帝史》、格林的《英国人民史》等材料，按照编年顺序摘录了从公元前 91 年到 1648 年世界各地特别是欧洲各国的政治历史事件，写下了篇幅巨大的"历史学笔记"，主要涉及罗马帝国初期奴隶制渐次衰落到西欧封建制度的形成、城市势力的增长和商品经济的发展对封建制度的动摇、西欧近百年的发展史以及在资本主义萌芽过程中重大的历史事件和矛盾冲突、"三十年战争"(1618—1648 年，又称"宗教战争")对欧洲近代民族国家的形成的影响等主题。

在《资本论》的整理、写作颇为紧张和困难，晚年身体状况严重恶化的情况下，马克思拓展这样新的领域和撰写如此大容量的笔记，意欲何为呢？我们看到，两部笔记，特别是"历史学笔记"多是史料摘录和事件罗列，马克思本人的用意和思想并没有充分而明确地表达出来。但不难看出，在对现代社会错综复杂的结构和境况分析遇阻的情况下，马克思试图通过对资本主义史前史的溯源和探究，尝试从欧洲历史上的重大事件和不同国家的具体发展过程中索解现代社会的形成过程、结构要素及其逻辑关系。

我们知道，马克思提出的历史唯物主义非常重视经济因素在历史发展中的首要作用和在社会结构中的基础地位，《资本论》第一卷基本上就是以此为准则借助英国的典型案例来阐释和分析资产阶级社会形成及其本质特征的。但随着晚年视野的拓展，马克思注意到，即使仅从英国的情况来看，15世纪以前资本的原始积累也并不单纯是经济活动，绝对王权、重商主义、圈地运动等历史事件已经折射出资本主义背后复杂的政治因素。

马克思晚年在经济因素方面的突破还在于，他注意到英国之外的更多国家在走向资本主义道路过程中例外的情形。"历史学笔记"第一册中，马克思对罗马帝国、意大利历史的详细梳理表明，罗马的城市繁荣和商业发展没有催生资本主义，被剥夺了小块土地的自由农民没有变成雇佣工人，意大利农奴制瓦解之后产生的资本主义萌芽没有确立资产阶级所有制的统治地位。这促使马克思进一步反思：商业和货币流通的发展为什么不能产生资本积累？劳动者与土地的分离为什么没有产生自由劳动力？兴起的资本主义萌芽为什么会再度被小农生产方式吞噬？等等。此外，马克思在"历史学笔记"第三册中特别考察了新航路开辟、殖民掠夺、世界市场形成等历史事件，这对于从经济层面讨论资本主义的产生及其在全球范围内的布局是一项重大的视域拓展。

对于西欧现代社会的形成和发展来说，宗教始终是不可或缺的因素。过去由于脱离具体文本语境而对"宗教是人民的鸦片"所做的抽象阐释及其流行，使马克思作为一个无神论者和反宗教斗士的形象被无限地夸大了。实际上，他的思想与宗教之间的关系极为复杂，这种关系在其晚年笔记中表现得也非常明显。宗教问题是贯穿"历史学笔记"四册内容的一大重点，第一册笔记中的 8 次十字军东征，第二册笔记中的比萨宗教会议、康斯坦茨宗教会议、巴塞尔宗教会议、胡斯战争，第三册笔记中的路德宗教改革、闵采尔农民战争，第四册笔记中围绕宗教分歧展开的欧洲三十年战争等都是基督教史和欧洲历史上的重大事件。从这些摘录可以看出，马克思认为宗教是塑造欧洲历史，进而是理解资本主义起源的重要视角。宗教在欧洲历史进程中形成了思想统一性，而它的现代转换促成了欧洲社会观念的整体变迁——一种以物质财富或资本为核心的生活方式和社会原则快速而有力地击碎了传统社会，从而开启了欧洲的现代化历程。

我们看到，马克思晚年笔记中对那些复杂材料的梳理不是把历史发展看成某种抽象的"历史哲学"的基本原则和公式的运用，不是对以往成型的重要观点和"经典表述"的再度重申和举例验证，而是以大量实证材料探究了各个国家在资本主义起源、演变过程中"经济—政治—宗教"具体状况所导致的复杂性和多样性，这促成了马克思对历史唯物主义框架的重新思考和突破，在某种程度上也是对作为《资本论》这部"政治经济学批判"著述的形而上学(哲学)基础的反省、深化和重构。

四、对俄国社会未来走向的设想

在求解资本主义史前史的同时，马克思在 1867—1883 年还把视野扩展到西欧之外的东方，特别是俄国。他既论述了俄国农村公社的历史命运，也思考了俄国资本主义发展的未来前景。以往，他对社会主义的思考主要以欧美先进的资本主义国家为背景，他所表述的社会主义目标和特征也无不以资本主义高度发展和资产阶级的存在及其对它的否定为前提，现在，一个村社制度刚刚解体、资本主义根本没有充分发展的东方大国向何处去的问题，摆在了他的面前。

前文说过，《资本论》第一个外文译本是俄文版，1872 年 4 月俄文版出版之后在俄国知识分子中"极受欢迎",为俄国革命者和有识之士思考土地问题、农村公社的状况及其前景等"在俄国是多么为人注意""特别是为我们社会主义党所注意"的问题,提供了重要的参考价值。1881 年 2 月 16 日,俄国早期社会主义运动女活动家查苏利奇写信给马克思,介绍了这方面的情况,指出:"最近我们经常可以听到这样的见解,认为农村公社是一种古老的形式,历史、科学社会主义——总之,一切不容争辩的东西,——使它注定要灭亡。鼓吹这一点的人都自称是你的真正的学生,'马克思主义者'"①。为此,查苏利奇提出:"假如你能说明你对我国农村公社可能的命运的看法和对世界各国由于历史的必然性都应经过资本主义生产各阶段的理论的看法,给我们的帮助会是多么大。"②她期待马克思写出一篇较长的文章,或者一本小册子,实在不行也可以写一封信来回答她提出的问题。

我们知道,马克思是一个社会规律论者,历史唯物主义揭示出基于生产力与生产关系、经济基础与上层建筑之间的矛盾运动,历史发展呈现出一个不同形态——"建构——更迭——再建构——再更迭……"渐次上升的运动过程,这就是社会发展的必然性、统一性。然而,马克思之规律论又是一个"弱"规律论,而不是"强"规律论,因为深谙辩证法精髓的马克思很早就注意到,社会形态是一个复杂的"有机体系统"、社会发展中"现实的人"的主体作用、必然性通过偶然性得以显现、社会规律具有"似"("相似"而"不是")自然规律的特征。我理解,"查苏利奇之问"的核心要义就在于触及了社会发展中的"跨越"与"不可跨越"的难题。

在撰写给查苏利奇的回信时,马克思详细研究了俄国农村公社的历史、现状和特点,分析了俄国农村公社的二重性和两种可能的前途:或者是它所包含的私有制因素战胜集体因素,或者是后者战胜前者,这一切都取决于它所处的历史环境。很明显,与西欧相比,俄国是一个庞大

---

① ［俄］维·伊·查苏利奇:《致卡尔·马克思信(1881 年 2 月 16 日)》,转引自《马克思恩格斯全集》第 19 卷,人民出版社 1963 年版,第 637 页。

② 同上书,第 637 页。

而又落后的东方帝国，也是世界上唯一较为完整地保留了村社和土地公有制的国家。1861 年废除农奴制的改革和 1877 年爆发的俄土战争使俄国的国内外各种社会冲突空前激化。在这种形势下，马克思认为，俄国的农村公社"目前处在这样的历史环境中：它和资本主义生产的同时存在为它提供了集体劳动的一切条件。它有可能不通过资本主义制度的卡夫丁峡谷，而占有资本主义制度所创造的一切积极的成果"①。"要挽救俄国公社，就必须有俄国革命"②。"如果革命在适当的时刻发生，如果它能把自己的一切力量集中起来以保证农村公社的自由发展，那么，农村公社就会很快地变为俄国社会新生的因素，变为优于其他还处在资本主义制度奴役下的国家的因素。"③这也意味着在社会运动中"跨越"发展是可能的。

但是，关键之点还在于，为了将俄国的村社土地公有制提高到共产主义所有制的水平，还需要有一系列具体条件：其一，必须吸收资本主义的优秀成就。在社会制度上跨越资本主义的同时，必须在生产上吸取同时代资本主义的先进成果，以充实共产主义的物质基础。其二，必须采取一切可能的措施帮助公社复兴。特别是在俄国公社面临巨大的灾难，处于极不正常的状态，且受到日益发展起来的资本主义关系明显威胁时，"首先必须排除从各方面向它袭来的破坏性影响，然后保证它具备自然发展的正常条件"。其三，必须有俄国内部自我改革和革命，否则就只能听凭它无可挽救地死亡下去。其四，必须有欧洲革命的引发和支持。光指望俄国内部条件，革命难以发生，而没有革命，跨越资本主义就不可能实现。在这种情况下，马克思把希望寄托于欧洲革命和俄国革命的相互引发和推动。很明显，不具备这些条件甚至这些条件不充分，社会发展中的"跨越"或者不可能实现，或者会削弱其成果，这些条

---

① 马克思：《给维·伊·查苏利奇的复信(初稿)》，《马克思恩格斯选集》第 3 卷，人民出版社 2012 年版，第 828—829 页。
② 同上书，第 829 页。
③ 同上书，第 832 页。

件是"不可跨越"的。

必须指出的是，马克思的上述思考还只是一些原则和构想，并不是很成熟的看法和明确的意见。他接到查苏利奇的回信后，很是踌躇，先后写了四个草稿，前三个草稿都很长，而正式发出的复信却非常之短。他反省说，以往"在《资本论》中所作的分析，既没有提供肯定俄国农村公社有生命力的论据，也没有提供否定农村公社有生命力的论据，但是，我根据自己找到的原始材料对此进行的专门研究使我深信：这种农村公社是俄国社会新生的支点；可是要使它能发挥这种作用，首先必须排除从各方面向它袭来的破坏性影响，然后保证它具备自然发展的正常条件"①。这些话真实地透露出他的纠结。这也表明，马克思晚年并不存在研究重点由西方向东方的转移，更不可能形成一个与《资本论》所建构的西方发展道路不同的"东方社会理论"。虽然从 19 世纪 70 年代开始，他大量接触俄国文献、与俄国学者和革命家交往，还自学了俄语并且编写过《我藏书中的俄文书目》，但他的主要目的还是研究土地制度和资本主义的起源，他对俄国社会的了解和分析仍不能与对西方情况的熟悉相提并论，更谈不上关注同样作为东方大国的印度和中国了。

所以，我们必须客观而审慎地看待马克思在 1867—1883 年关于东方社会的思考，并将这一思想、活动与 20 世纪社会主义的理论、实践进行合理的比较与勾连。

1867—1883 年马克思众多的社会活动和驳杂的思想图景，透露了身患多种疾病，并且被视为"处于慢性死亡状态"的他反而较以往具有更为展宽的研究视野、清醒的自我反省和深入的现实考量。从思想史研究角度看，这一时期，马克思的理论和实践探索在继承早年思想逻辑（特别是《资本论》对现代社会理解）的基础上，更加凸显了他与 20 世纪东西方社会历史（特别是资本主义与社会主义关系运演）具有多元、复杂而深刻的关联。长期以来，由于不注重对这一阶段文献的整体把握和具体文本

---

① 马克思：《给维·伊·查苏利奇的复信》，《马克思恩格斯选集》第 3 卷，人民出版社 2012 年版，第 840 页。

细节的解读，造成了对包括《资本论》在内的马克思思想的理解存在不同程度的偏差乃至误读。回到马克思的原始著述中探寻《资本论》没有定稿的原因，不仅有助于理解马克思思想的复杂性、丰富性，也有助于总结20世纪马克思主义的命运和探索它在21世纪的发展。

版本考证对于理解马克思的
思想具有特殊的意义

非常高兴参加"马克思主义传播史学术研讨会暨《马克思主义经典文献传播通考》(100 卷)丛书编辑出版工作推进会"！我认真阅读了杨金海教授所撰写的长篇"总序"、听取了艾四林院长的介绍，也跟李惠斌老师有过交流，我把这套丛书看作 21 世纪以来在国内马克思主义文本研究带动和影响下所取得的成果的一种展示。

版本考证对于深入把握马克思主义的丰富内涵，特别是对于准确理解马克思本人的思想具有特殊的意义。马克思是一个特殊的思考者和写作者。他一生注重其学说的实践性，也参与过 1848 年欧洲革命和国际工人协会("第一国际")的活动、关注世界工人运动，特别是德国社会民主党的发展，但就其基本的职业和身份来说，他始终是一个学者、思想家和理论家，一生中绝大部分时光是在书房中度过的，阅读、思考和写作是他常态的生活方式。他享年 65 岁，写作生涯却长达 50 余年，现在留存下来最早的作品是他 15 岁时写下的。但马克思的写作不受限于"体制"的因素或其他特定的功利目的，而是为了探究现实问题和进行理论创造而展开的，所以，虽然他的写作量惊人，著述卷帙浩繁，但成型和定稿的东西却比较少，生前正式发表的作品不到其全部著述的三分之一，绝大部分是手稿。此外，马克思一生的思想也处于不断地探索、反思和发展之中，他对很多问题的看法前后多有变化乃至显现出差异。诸如刚才赵家祥老师发言中所指出的，通常我们认为"逻辑和历史相一致"是马克思思考和叙述的基本方法，但在《资本论》中他却阐明，经济范畴并不是按照它们在历史上起决定作用的先后次序安排的。在我看来，这是19世纪60年代之后，面对资本社会出现的复杂状况与理论体系建构的非对称性特征，他在"逻辑和历史相一致"问题上所做出的"变通"。事实上，在此之前，比如在《哲学的贫困》中，他是非常强调经济范畴的"罗列"和体系建构与社会历史进程的一致性的，并以此来批判蒲鲁东式的政治经济学研究中的唯心主义倾向和主观随意性特征。那么，怎么解释马克思前后观点上的这种变化和差异呢？它们之间是一种相互否定吗？在我看来，它们与其说是矛盾、对立的，还不如说是后者对前者的丰富、补充和深化。就是说，在"逻辑与历史"关系问题上，他所谓的"一致"不是机械的、完全同一的、一一对应的关系，而是概括多种复杂现实和思想情况之后体现出的大致趋势和总体特征。这就如同马克思一方面坚持社会发展的"规律论"，但另一方面他也明白，社会的规律并不等同于自然界变化所体现的"铁的必然性"，二者只是"类似"，即"好像""仿佛"，但"不是"。按照我的理解，他的所谓的社会"规律"只是一种"弱规律"，而不是"强规律"，因为马克思同时充分考虑到"现实的人"在社会发展中作为"人类历史的第一个前提"，进而作为社会的主体力量所扮演的角色、应发挥的积极作用和重要影响。与此相应，所谓"逻辑和历史相一致"也不意味着二者是完全同一的，而是在一致之中有多重差异，乃至包括了矛盾的情形。

马克思上述复杂的思想基本上是在留存下来的提纲、初稿、札记、笔记等手稿中表述的，而这些不同形式的著述后来经过文献专家的辨认、编辑和翻译，很多已经问世，有的还经过多次修订和再版。所以，如果不对这些版本进行考证、比较和鉴别，就无法理解马克思思想变化的逻辑和复杂内涵。也就是说，文本解读、思想阐释、思想史价值和现实意义重估等只有奠基于扎实的文献甄别和版本考证之上，才是有可能的、可靠的。

就马克思主义经典著作的中文版本来说，我们有中央编译局的译本，特别是通过 2009 年版的《马克思恩格斯文集》和 2012 年版《马克思恩格斯选集》的修订工作，对马克思恩格斯著述的翻译达到了很高的水准。那么，在这种情况下，为什么还要关注 1949 年之前众多马克思恩格斯著述的中文翻译版本呢？

我是这样理解的。一方面，我认为，综观目前中国人文、社会科学领域国外经典著作的翻译，中央编译局的水准可以说是相当高的，它基本上不出常识性的错误，而这与中央编译局的体制及其翻译方式、操作流程有关。其他著作的翻译，大多数是由一两个外语比较好的专家来做，如果作品数量庞大，本人忙不过来，还要再找人或者组织队伍。每部著作在由译者翻译出来之后，找一个或几个人进行校对，最后由出版社再审读和定稿，即可出版，这样，参与每部作品翻译工作的人绝大多数不会超过 5 个。但中央编译局对马克思主义经典著作的翻译是由一个专业而权威的单位来展开的。其翻译的著述，如果之前已经有了译本，要在此基础上，集体讨论，重新做出修订；如果是没有翻译过的新文献，在交给一个或几个人首译后，每一稿会再经过马列部十几次讨论和研究，再由长期从事马克思著作翻译的资深翻译家定稿，这样就避免了翻译上出现常识性错误或大的纰漏。中央编译局的译本哺育了我们几代马克思主义研究者，为此，我们必须向这些严谨的翻译家致敬！

但是，我感到还存在另一方面的情况，即由于马克思恩格斯的著述不是自然科学的作品，所以其表述及思想很难做到在不同语汇之间，特别是在作为东方语言的汉语中找到一一对应的转换，而且对于那些深邃、复杂的思想也不应该只有一种唯一的理解和标准的表达，而中央编译局的翻译可能由于比较强调基于多数人的"共识"和稳妥起见，也会出现把理解中的个性化的东西去掉的状况。这种情况下，对比每一部著作从最初传入中国一直到后来，每一代翻译家在特定的情况下，根据特殊语种及其对马克思思想的特殊理解而用中文进行的独特的表述，可以把"用汉语讲马克思"的多个层面和宽泛理解充分展示出来，这既有利于甄别东、西方不同语言在表述马克思思想方面的融通和差异，也有助于从比较文化和思维的层面展示马克思思想的丰富性和包容性。而我们这套丛书所做的正是上述基础性的工作。

除了充分凸显版本考证对于理解马克思思想的独特意义，这套丛书还有另一个亮点，就是一批 20 世纪七八十年代出生的青年学者参与了这项工作。我们必须承认，尽管马克思主义研究在中国有这么长的历史，特别是 1949 年以来花费了巨大的社会成本来推进这项事业，但实际上在马克思主义教学和研究人才的培养方面，我们并没有形成一整套系统而有效的学术规范和操作机制，具体说来，对于如何学习和研究马克思原始著述，我们缺乏与国际相接轨的、符合严格标准和程序的学术训练。改革开放以来，特别是在文本研究成为国内马克思主义研究总体图景中的一种特殊的领域和路向之后，这种状况才有所改观。一大批外语基础比较好、受过扎实的基础训练、有较为全面的知识结构和国际学术视野的青年学者成长起来，他们有自觉的专业素养和学科意识，注重原始文献的搜集和研读。这是马克思主义专业研究水准提升的希望所在。我们这套丛书的主编大胆信任、起用这些年轻人，对他们来说，也是很好的锻炼和提高的机会。谈到这里，我也想对各位青年学者提出希望，就是这项工作不能仅仅限于对国内版本的一般性梳理和介绍，一定也要熟悉同一著述国外研究的历史状况、紧密跟踪国际学术前沿动态，因为即便是对中文版本所进行的考察、对核心范畴中文翻译的准确性的鉴别，也必须以最新的国外文献为参照，来展开辨析和比较，进而做出自己独立的判断。在这一方面，我们的工作还任重而道远。

最后，我想就这套丛书的"世界通考编"谈点看法。我现在还没有完整掌握这一编的设计思路和具体选目，只是李惠斌老师在中共中央党校开会时跟我提到过这个项目，今天从《会议手册》上看到首批拟出书目的名单，据说规模也是 100 卷。我这里主要谈谈《资本论》的版本。2012 年《马克思恩格斯全集》"历史考证版"第二版（MEGA²）第二部分"《资本论》及其准备材料"全部出版，以其所刊布的 15 卷 23 册的庞大的文献集群，给世界上专门致力于《资本论》研究的学者提出了新的挑战，给他们形成了比较大的压力，即如何切实地把文献专家编辑过程中所形成的考证成果有效地运用于对马克思思想的解释之中。从现在刊布的文献情况看（因为第三部分"书信卷"、第四部分"摘录、笔记卷"相当部分涉及与《资本论》相关的文献还在编辑之中，尚未出版），《资本论》第一卷的德文第一、第二、第三、第四版、马克思参与翻译和定稿的法文版、解答过译者疑惑的俄文版、恩格斯校订的英文版等都是具有重要参考价值乃至"独立的科学价值的版本"。而第二、第三卷的马克思原稿、恩格斯整理稿和刊印稿，透露了马克思 1867—1883 年对以往"三卷四册"结构和论断的审慎反思、对 19 世纪 70 年代后世界范围内资本发展状况的高度关注以及对人类未来命运和走向的多元探索，从中我们既能够看到马克思对资本问题的思考所取得的新成就，也能够看到他在何处遭遇瓶颈，还有哪些问题未找到解决方案，而与此对照起来，恩格斯整理稿和刊印稿所进行的工作显然不是"限制在单纯选择各种文稿方面"，而是要把《资本论》视为一部作为"艺术整体"、业已完成、逻辑严密、体系完整的作品呈现在人们面前，这样，恩格斯就把马克思处于研究形成过程中、尚处于探索状态乃至存在疑惑的地方都用原理化的方式重新做了表述。恩格斯对马克思这部政治经济学研究巨著体系完整性的维护值得赞赏，他以近乎双目失明的代价竭尽全力整理亡友遗著的行为更令人敬佩，但他的整理稿、刊印稿与马克思原稿的差异依然值得我们注意。因为这不仅关乎对马克思后期思想的深度理解和把握，更有助于清理和解释 20 世纪东西方社会发展中马克思思想的实际效应和影响。

以上多种版本的原始文献现在在国外都已经出齐了，特别是在 MEGA 中，每一卷与"文本"相对应的、篇幅更大的"学术资料"部分有极为详尽的考证成果，对此"世界通考编"的作者必须充分掌握，并在此基础上撰写出自己承担的部分，应该说，难度是比较大的。最近，上海一家出版社在影印推出《马克思恩格斯全集》"历史考证版"第一版 12 卷 13 册之后，决定出版《〈资本论〉早期文献集成》（分为"版本编"和"译本编"），他们与我联系，希望我撰写一篇文章，介绍《资本论》的创作过程、主要版本的具体状况以及版本研究对于理解马克思的资本理论的意义，以便将来作为他们这套书的"序言"。这样的工作与我们这套丛书"世界通考编"的性质有点类似。马克思主义研究是我们共同的事业，让我们互相支持，我也愿意尽己所能，参与到"世界通考编"中来或者提供一些意见和建议！

思想研究与文献考证：
可以有所侧重，但不能偏废和脱节

  过去很长时间，马克思著述的编辑、翻译与思想研究之间不同程度地存在分离或脱节的情况，不仅在中国是如此，国外也一样。文献专家的主要工作聚焦于原始文献的收集、辨认、考证、编辑和翻译等方面，相形之下，对思想关注不够或用力较少，即便有所涉及，也是为编辑、翻译工作服务的，而把对文本内容的解读、阐释更不要说思想史地位和现实价值的评估交给思想研究者。至于思想研究者，则较少涉足文献考证、核心概念的辨析和翻译成果的检视，相当多的人都是直接从文献专家编辑、翻译的现成的文本出发展开研究的。具体工作各有侧重可以理解，但随着大量原始文献的涌现和马克思思想研究的深化，这种自然形成的隔阂和疏离的弊端愈加显露出来，中外学者都强烈意识到这样下去是不行的，对各自的工作及所能达致的成就都有极大的负面影响，于是相互靠近、交流、融通乃至融合越来越成为趋势。虽然现在看来，交融的程度还很有限，但无疑是一种可喜的现象。

  中央党史和文献研究院的张红山是国内马克思著述编译界的新生代，他完成了很重要的考证论文《消失在 MEGA² 中的〈资本论〉第二册第 Ⅲ 稿——兼及马克思 1867—1870 年围绕〈资本论〉创作情况的批判性重构》，希望我提点意见。有感于上述情况的变化，我看后给他写了如下的回复：

　　非常高兴地看到你在《资本论》编、研、译诸方面所取得的进展！这篇考辨文章非常重要。我的了解有限，感到过去编译局在相关文献的翻译和编辑中基本上以权威版本和国外文献专家的考证成果为准，像你这样在严格梳理和深入探究的基础上，质疑 MEGA 编者关于第二册第 Ⅲ 稿的理解和处理方案的例子似乎很少，显现出编译局新生代紧紧依据史实和思想逻辑而大胆推进和超越的风貌，真为你高兴！我很赞同你的观点，中国人没有参与 MEGA 的实际编辑，但我们的翻译也不是亦步亦趋的文字转换，而是必须先对其考证成果、编辑方案进行检视。我在以前发表的文章中也指出过，完全撇开思想逻辑而执拗于"时间顺序编排"的处理方式事实上是有问题的，特别是对于那些已经残缺或者最终无法确定具体写作时间的手稿，思想研究对于文献编辑和翻译不可或缺。

　　你对第 Ⅲ 稿的存在所表达的与 MEGA 编者不同的见解，持论中肯，而据此也恰当地解释了两个文件夹的命名及其复杂的具体收文情况。特别是对于解释马克思由想急迫地整理出版第二、第三册而又转向更进一步地斟酌、反思，具有重要意义。如果未来中文版以此来表述第 Ⅲ 稿的情况并进行编辑处理，既为读者做了一定程度的引示，但也不影响其进一步深究。如果方便，你也可以将此理解和处理方案告知德国专家，听一听他们的意见和建议。

　　非常欣喜的是，这也恰好是我最近几年研究的课题。当然，与编研工作紧密相连，你只就这几份手稿本身的议题和内容予以说明，而我讨论的基础则更宽泛一些——尽可能搜罗马克思那几年全面的著述和实践活动的材料，来复原和推断其思路转变和最终没有完成《资本论》的缘由。你副标题中"批判性重构"的说法非常重要，我的想法也是力图将 1867—1883 年马克思在探究资本问题上所取得的新进展和真实状况尽可能完整地概括出来，以便为重新讨论马克思与 20 世纪的复杂关系奠定基础。无疑，对于恩格斯的"整理稿"和"刊印稿"，MEGA编者的考证提供了一种参照和一些线索，但还不能替代我们对马克思晚期思想的把握、理解，特别是体系化阐释。而要完成这种"重构"工作，除了回到马克思的原始手稿、恩格斯的整理稿和刊印稿，还必须借助日记、笔记等材料，以及19世纪70年代之后世界局势、资本主义的发展和同时代理论的变化，综合起来做出判断。

由此看来，咱们的工作性质和分工有些差异，但同属马克思文本、文献及其思想的研究者，所以经常进行交流和讨论是非常重要和必要的。我也还在研究和思考中，论述框架尚未确定，也不知道什么时候才可以完成，让我们一起努力吧。

文本解读必须自觉抑制主体性的肆意发挥

文本、文献研究中最困难的不是原始资料的搜集，以及据此对作者写作情境、过程的梳理和还原，而是如何对文本内容做出准确、客观而到位的解读和阐释。虽然不可能排除解读者主体性的影响和作用，但怎样恰当地运用这种主体性、自觉地抑制其肆意发挥，也是一个非常关键的问题。就是说，作为研究者，我们应当尽可能做到既不遮蔽和忽略作者及其文本中固有的东西，又不能将自己的主观臆测和主张附加到作者及其文本身上。这个"度"的把握是很讲究的，费人心思，耐人寻味。至于解读者所谓"独立""创新""建构"云云，在文本内容解读时还不能排上议事日程，相反，只有前面的前提性工作做扎实了，它们才能自然演绎、引申出来，并得到强有力的逻辑论证，这样的"独立""创新""建构"才具有真正的价值和意义。

从"后现代""诠释学"等视角看，这可能是一种过时、落后、保守的研究理念和策略。然而，观察学界的状况，让我越来越感到，要想使人文社会科学研究保有一点"科学性"，要使不同研究者之间能够有效地进行对话和沟通，相关的学术成果之间真正形成一种衔接、传承、累积和超越，强调这一点是非常必要的。否则，所谓"学术繁荣"不过是研究者的自说自话、各说各话，科学研究著作成了作家的随笔，缺少史实考辨、逻辑论证和合理阐释的思想表述就沦为自我炫耀、情绪宣泄式的"真理宣言"或"心灵鸡汤"了。

我因从事马克思著述及其思想的解读和研究有年，这方面也算积累了一点经验，当然也有很多教训。"文章千古事，得失寸心知"，每过一段时间，我会重读和检视自己此前写的东西，经常感到对其中的"度"把握得并不好，少有自己满意的作品。我有时也会收到一些同行和学生的来信，就马克思、恩格斯著述中某一段话如何理解与我讨论，询问我的看法。这里举两个例子。

大家知道，现在留存的《德意志意识形态》"费尔巴哈"章的原始手稿的第17—18页，在恩格斯的誊清稿的下端和另一面的空白处，马克思特别加了一段著名的话，其中称"在共产主义社会里，任何人都没有特殊的活动范围，而是都可以在任何部门内发展，社会调节着整个生产，因而使我有可能随自己的兴趣今天干这事，明天干那事，上午打猎，下午捕鱼，傍晚从事畜牧，晚饭后从事批判，这样就不会使我老是一个猎人、渔夫、牧人或者批判者"①。前几天上海一位年轻的同行发短信给我，说她看到有外文材料对此做出分析，认为这句话中的"晚饭后从事批判"指的是马克思"在晚饭后要对恩格斯的论述进行批判"。这位同行问我是否知道这种解释并认同这种判断。

我以前没有听说过这种分析，当然也不认同其结论。按照我的理解，马克思这里的"批判"指的是像青年黑格尔派成员那种致力于理论思辨的活动，因为他们把自己的思想成果称为对现实的"批判"，或者叫"纯批判""批判的批判"。马克思的附言意在表明，在未来的共产主义社会，分工对人的制约和限制将消除，人们不再会拘泥、局限于一种职业，进而形成"单一的思维"、成为"单向度的人"。同时，马克思在这里

---

① 马克思、恩格斯：《德意志意识形态》，《马克思恩格斯选集》第1卷，人民出版社2012年版，第165页。

对青年黑格尔派的唯心主义致思方式也带有嘲讽的意味。至于这句话中的"我"并不是实指，即指的不是马克思本人，他也不会那样评价恩格斯的理论活动及其所誊抄的正文稿。

我把我的解读发给这位同行，并请她告诉我那份外文材料的出处和作者。她随后发来了BBC关于马克思的纪录片中的一段截屏。我一看，才知是那位在中国很有名的英国教授卡弗在接受采访时所言。而据我了解，对于这位在诸多观点上有点武断、为人方面也很自负的"大咖"，欧美学界认可者并不很多。

还有，恩格斯在《家庭、私有制和国家的起源》中有这样一段话："妻子和普通娼妓的不同之处，只在于她不是像雇佣女工做计件工作那样出租自己的身体，而是把身体一次永远出卖为奴隶。所以，傅立叶的一句话，可适用于一切权衡利害的婚姻，他说：'正如在文法上两个否定构成一个肯定一样，在婚姻道德上两个卖淫则算做一种美德。'"①年初，也有一位同行问我，傅立叶所说的"两个卖淫则构成一种美德"该怎样理解。

我的解读是，如果说"普通娼妓""计件""出租自己的身体"是对"做计件工作"的"雇佣女工"的"否定"，那么，"妻子""一次永远出卖"又是对"计件""出租自己的身体"的"普通娼妓"的"否定"。"否定"之"否定"（两个"否定"）构成"肯定"，表面上"在今日的资产阶级中间"成全了"当事人"的"体面"——仿佛"构成一种（现代婚姻的）美德"，但在这种"适用于一切权衡利害的婚姻"中，"妻子"实质上仍是"雇佣女工"！这是恩格斯对现代社会制度卜资本对家庭关系的影响、塑造和支配的实质的揭示，真是入木三分！

类似的例子还很多。只是这样"死抠"字眼的做学问方式，在国内马克思主义研究界越来越不受待见了，不在少数的人对此说了很多不屑和挖苦的话。相反，越来越热闹的学界盛行的是对不断更新的热点话语追

---

① 恩格斯：《家庭、私有制和国家的起源》，《马克思恩格斯选集》第4卷，人民出版社2012年版，第82页。

逐，对重大问题大而无当的讨论。还有很多所谓"烧脑"的"学术"著作喜欢故弄玄虚，作者们自以为通过追新逐异、生造概念、晦涩表述，就可以推进"学术"，但实际上这是一种"奢望"。

感念与超越

——马克思主义政治经济学研究方式的转换

很高兴利用参加中国马克思主义哲学史学会2021年年会的机会来到厦门大学！我为大会提供的《遭逢危机之际向马克思请益——重读〈资本论〉》一文收入了会议论文集，且已在最新一期的《北京大学学报》上发表。由于只有10分钟的发言时间，就不谈这篇论文了。我想结合自己最近的研究工作表达一下参会的感受。

虽然是第一次来到厦门大学，但就个人的研究来说，我对这里一直存有一份感念之情，这就是对《资本论》三卷"通行本"首次中文全译者郭大力和王亚南先生的敬佩。这里是王先生的"地盘"，他不仅长期在此执教和从事学术研究，而且多年担任校长一职，奠定了厦门大学马克思主义政治经济学的基础和风格；而郭先生早年也曾短暂地在此任教。

在我看来，在中国《资本论》编译史上占有重要地位的"郭、王译本"有两个特点。

其一，较为准确地把握了从古典经济学到《资本论》的逻辑发展，统一了政治经济学的核心范畴。

大家知道，两位先生在确立了翻译《资本论》

的宏伟志向之后，并没有直接将精力倾注在这部巨著的文本上，而是决定从研读古典经济学名著着手，先后用数年时间陆续翻译出版了亚当·斯密的《国富论》、李嘉图的《政治经济学和赋税原理》、马尔萨斯的《人口论》、约翰·穆勒的《政治经济学原理》、杰文斯的《经济学理论》、伊利的《经济学纲要》、洛贝尔图斯的《生产过剩与恐慌》等著述。在完成了这些扎实的基础性工作之后，他们才开始正式翻译《资本论》的文本。这样一种把马克思的政治经济学与古典经济学紧密联系起来、明晰前者对后者继承与超越的思路，迄今为止仍是理解和研究《资本论》最到位的方式。

在当今世界，资本仍然是社会发展中最重要的支配力量，所以《资本论》到现在也仍然是学术研究的热点。但可惜的是，对照两位先生的思路，我们发现，近年来的很多讨论不是很到位。譬如，在国内马克思主义哲学研究中，学者们基于结构主义视角提出所谓"资本逻辑"与"生产逻辑"的对立、借助"空间理论"解释资本社会的运行、依据当代政治哲学的框架分析"分配正义"、按照本体论的思路挖掘《资本论》中的"存在论"或"生存论"、利用"水循环"设喻、类比第二卷中涉及的资本流通，等等。虽然不能说这些探究与马克思完全没有关联，但必须说，它们与《资本论》及其手稿的内容在相当程度上是隔膜的、外在的。更有一些论者，喜欢生造和搬弄一些自己也不明就里的概念与词汇，又不做或做不出详细的阐发和论证，真是有点"为赋'新意'强说词"了。在我看来，按照这些思路也可以撰写和发表很多论文和专著，但对《资本论》本身的研究来说，实质性的推进实在很有限。正如不深入理解西方思想传统，特别是德国古典哲学，就无法理解马克思"新哲学"的变革一样，不深入探究古典经济学、不进入各个经济学家及其著述中具体的问题、思路和体系，也就无法理解马克思的政治经济学。

再联系20世纪的状况来看，应该说，较之于马克思的时代，资本社会出现了很多新的变化，经济学也取得了长足的进展。但我们注意到，在思想纷呈、复杂嬗变的理论图景中，除了大致归属于"马克思主义政治经济学"者，其他派别基本上都对"劳动价值论"持否定的态度和看法。在过去的理解和解释中，马克思的政治经济学确实是与"劳动价值论"直接同一乃至可以相互替换的，而且对"劳动""价值"等概念内涵的理解也偏狭而简单。这就使得对马克思的政治经济学当代意义的阐释变得非常艰难。如果只是停留于、局限于对资本和资本家的谴责、为劳动和劳动者的辩护，而不进入资本主义经济运动的具体过程和机制之中，那么，马克思的政治经济学无法与在20世纪大行其道的微观经济学、部门经济学进行对话，进而也无法彰显出它将现象透视、过程把握与本质揭示相结合，以及从资本中寻找拯救资本弊端、超越资本文明的现实途径和方式的特征。而悉心研读马克思《资本论》及其手稿，我们发现，他所坚持的"劳动价值论"的立场是与他对资本社会的"内部联系"及资本运行的过程和环节的深入探究密切关联的，甚至是融为一体的，而在马克思漫长的思想探索中，古典经济学家们对资本社会具体机制的描述和分析无疑给了他很大的启示。从这个意义上讲，郭、王两位先生从翻译古典经济学名著渐次达致《资本论》的做法与马克思的思路是极为吻合的。

其二，在不断修改中淬炼《资本论》内容更准确的中文表达。

《资本论》是一部思想复杂、难以理解的作品，即便是德国人读起来也并不顺畅。马克思本人在1863—1865年起草了三卷初稿，并从中整理出第一卷，于1867年出版后，就开始了持续的修改工作。现在流传下来的《资本论》同一卷次的不同版本、庞大的过程稿和修改稿、马克思自用本的批注及笔记本中所详细罗列的修改提要等文献，记录了他深刻的自我反省、严谨的治学态度和不断深化的思想轨迹，为后来《资本论》的研究者、翻译者树立了楷模。郭、王两位先生虽然并不十分了解上述文献学信息，但即便仅仅是对"通行本"的研读和对不同语种表述思想的差异的体会，也让他们深得《资本论》写作之"三昧"。他们最初是依据英文版进行翻译的，历经艰辛，三卷全译本首次于1938年推出，并且很快就在中国思想界产生了"轰动效应"。但他们并没有"大功告成"之感，觉得可以偃旗息鼓。相反，他们马上就开始了逐句校订甚至重译的工作。尽管当时恶劣的条件不允许依据新的改动再版全书，但他们还是很快编订并出版了《〈资本论〉补遗勘误》。

1949年后，包括《资本论》在内的马克思著述的编译条件大大改善，两位先生又根据俄文版《资本论》把译文做全面修订，于1964年、1965年和1968年推出新的版本，并翻译出版了作为《资本论》"理论史部分"、篇幅与三卷"理论部分"大致相当的《剩余价值学说史》。"翻译无止境"，作为纯真而严谨的学者，郭先生意识到这也并非完善的译本，因为只有对照德文进行校订甚至直接翻译才是最可靠的。因此，他一直有再次修改译本的计划。可惜王先生和郭先生先后于1969年和1976年去世了。他们的译本成为中央编译局编译《资本论》不可缺少的重要参考。一直到现在，商务印书馆新刊《国富论》《政治经济学和赋税原理》《人口论》《政治经济学原理》等著述，仍使用的是郭、王两位先生当年的译本，而《配第经济著作选集》则将王先生于1962年1月发表在《光明日报》上的长文《威廉·配第〈赋税论〉出版三百年》作为导言。

基于以上两点，作为晚学，我对郭、王两位先生充满感谢和敬意。当然，学术需要不断推进，学者必须实现代际更替。每一代学者都有自己不同的使命、职责、视野乃至理念和方法。对先贤最好的纪念是传承他们的学风，在他们奠定的基础上，把学术研究提升到新的层次和水准，进而超越他们的工作。站在今天理论和实践发展的新高度审视两位先生当年的工作，我想到以下几个方面：

第一，必须站在世界学术研究的前沿领域，以权威、完整和准确的文献资料、版本作为重新研究《资本论》的基础。

郭、王两位先生最初翻译《资本论》依据的是"通行本"三卷本定稿。在20世纪30年代那样的条件和环境下，他们掌握的文献学信息非常有限，所以并不了解这部巨著复杂的创作过程以及庞大的手稿内容及其意义。甚至我们检视王先生20世纪五六十年代撰写的30多篇关于《资本论》的论文，以及在此基础上由其学生于1973年整理、出版的著作《〈资本论〉研究》，会发现他们还是囿于"三卷本"的视野及其对《资本论》思想的传统理解，而对《资本论》结构演变、主要版本、"叙述方法"等"版本学"内容的叙述有诸多漏洞，所使用的文献资料也基本过时了。

随着超越苏联编辑的俄文版马克思恩格斯著作集，"按原始文稿刊出全部著述"，特别着眼于定稿以外的准备稿、过程稿、修正稿和补充稿等"历史考证版"第二版的出版，才真正揭开人类思想史上这部极为重要的著述的"庐山真面目"——严格说来，《资本论》并不是一部业已完成了的著作，而是一个庞大的手稿群。2012 年"历史考证版"的第二部分全部出版，以 15 卷 23 册的巨大篇幅展示了"《资本论》及其手稿"的完整文本。这些文献再加上"历史考证版"第三部分"书信卷"中第 8～35 卷大量涉及《资本论》的通信，第四部分"摘录、笔记卷"中第 2～9 卷所刊布的作为《资本论》准备材料的四部笔记，以及目前正在编辑的晚年著述等资料，马克思准备、写作、修改和整理这一著述的曲折过程将被完整地再现出来。这些关于《资本论》文献的公布，颠覆了人们印象中它几乎是一部已经完成了的著作的传统看法，表明《资本论》"实际上仍然处于一种日益发展的进程中，处于一种没有完成的、开放的，并且是具有疑惑和困境的发展过程中"①的实际状况。在当代新的境遇下，如果不将这些文献纳入《资本论》研究当中，怎么能不受到极大的局限、又怎么能准确而全面地把握马克思的原始思想呢？

第二，对待资本的态度由单一走向全面，重新理解资本在人类发展和当代世界的功能、作用及其效应。

在当时特定的时代背景和社会境遇中，包括王先生在内，国人对《资本论》及其思想的理解和阐发都较为简单。那时特别强调的是：《资本论》对"资本""从头到脚，每个毛孔都滴着血和肮脏的东西"②之本性

---

① Carl-Erich Vollgraf：Unsere nicht alltägliche Editionskonstellation bei den Materialien zum zweiten und dritten Buch des Kapitals. in：*MEGA-Studien*，2001，S. 45.
② 马克思：《资本论》第 1 卷，《马克思恩格斯文集》第 5 卷，人民出版社 2009 年版，第 871 页。

的揭露和资本主义残酷的剥削制度的批判；它作为"工人阶级的圣经"①对国际共产主义运动和革命的指导作用；将辩证法、认识论、逻辑学融为一体而形成的"《资本论》的逻辑"；对生产力与生产关系、经济基础与上层建筑及其辩证关系的原理的论证；矛盾分析方法、阶级分析方法和"逻辑与历史相统一"的辩证方法的运用；对人类社会发展"五形态"理论的阐发；等等。然而，如果回到《资本论》及其手稿，我们还会看到这样重要的内容和主张：资本本性的二重性、劳动与资本关系的调整和变化、"资本的逻辑"的展开及其双重社会效应、对国家与市场关系和"虚拟资本"的新思考、"社会有机体"结构学说和以"人的全面发展"为尺度的"三形态"社会发展理论等。

我有一个可能比较极端的看法，即认为1978年之前的中国人是不能完全读得懂《资本论》的。比如说，北京大学的陈岱孙教授，他原来在美国威斯康辛大学和哈佛大学学习西方经济学，回国后在清华大学和西南联大任教，新中国成立之后在北京大学改用主要精力学习和研究马克思主义政治经济学，还组织研究小组对《资本论》三卷做过注释。而他关于《资本论》的研究及发表的为数很少的成果，与他之前的学术背景、擅长的领域及其形成的观点和思想要么完全绝缘，要么根本对立。我是基于什么做出包括王亚南、陈岱孙这样的学术大家也不完全理解《资本论》这样的判断呢？这绝不是盲目地"蔑视"前辈和权威，而是考虑到在当时特殊的境遇下，人们只是站在资本之外看待资本，进而谴责资本。受这种观念的影响，人们阅读《资本论》时，只关注它对资本罪恶的揭露，而根本无视资本所具有的"伟大的文明面"，进而认为必须彻底批判和否定资本，推翻资本主义制度，另起炉灶，重新建立一个全新的共产主义社会。这样这些学术前辈们所把握的《资本论》的思想和意旨必然是片面性的、简单化的。

---

① 马克思：《资本论》第1卷，《马克思恩格斯文集》第5卷，人民出版社2009年版，第34页。

我们看到，经过改革开放 40 多年的实践，资本以多种方式、多个层面介入社会生活，促进了中国有史以来最巨大的变革和最快速的发展。当然，与此同时，也出现并面临着数不清的问题、矛盾和困难。只有身处这样的时代，我们才能对资本本身产生新的认识，切实体会它的作用、功能和效应，也才能深入理解《资本论》思想的复杂性和丰富性。

第三，反思"站在中国人的立场上来研究经济"的局限性，置于"历史向世界历史"演变的大趋势和全球化的大视野中探究政治经济学的当代发展。

王亚南先生在经济研究方法上极力倡导"应站在中国人的立场上来研究经济"，主张面对中国实际，建立"中国经济学"。这一份雄心壮志可以理解，并应该受到赞誉。他在 1945 年写作并于次年刊印的《中国经济学原论》确实有很大的气魄和野心，其目标就是要创作一部"中国的《资本论》"。该书运用《资本论》的概念、结构、范畴、体系，对中国经济生活中的商品、商品价值形态、货币、资本形态、利息、利润形态、工资形态和地租形态等要素所做的考察和分析，与以往对中国社会的研究相比确实"别开生面"，有论者据此认为该著作具有"中国的、实践的、批判的三大特色"也有一定的道理。然而，现在看来，此书所引入的框架、原则和一系列先验范畴与所研究的对象之间的"异质性"是比较明显的，所以二者结合得并不十分完美和成功。

更为关键的是，与其形成鲜明对照的马克思及其《资本论》思考世界的方式，从根本上超越了局限于一国之内的狭隘视域。当分散的、相互隔绝的国家、民族进入"世界历史"之后，"资本主义"的或者"资产阶级"的生产方式一统天下，人类历史由此进入"现代"形态。无论哪个国家和民族的发展都必须经由这条道路，都绕不开这一阶段，西方和东方概无例外。就是说，这是"既不能跳过也不能用法令取消自然的发展阶段"[①]。质言之，"问题本身并不在于资本主义生产的自然规律所引起的

---

① 马克思：《资本论》第 1 卷，《马克思恩格斯文集》第 5 卷，人民出版社 2009 年版，第 10 页。

社会对抗的发展程度的高低。问题在于这些规律本身，在于这些以铁的必然性发生作用并且正在实现的趋势"①。为此，马克思发出这样沉痛的呼吁："决不要在这上面欺骗自己"②了！顺应社会发展的大趋势，借助历史潮流以改变现状是唯一的选择。这不仅是必要的，而且是必需的，也是可行的。马克思的结论是，在对世界上存在的问题、追求的目标越来越具有类似性乃至共同性的趋势下，"一个国家应该而且可以向其他国家学习"③。

上述观照和理解世界的方式和思路昭示出，我们不可能写出"国别的《资本论》"，更不可能建构起完全与资本主义绝缘、脱节、"纯而又纯"的社会主义政治经济学体系。

---

① 马克思：《资本论》第1卷，《马克思恩格斯文集》第5卷，人民出版社2009年版，第8页。
② 同上书，第9页。
③ 同上书，第9页。

"哲学的科学化"的理论意涵与当代价值

　　2021 年是黄枬森先生 100 周年诞辰。黄先生毕生从事马克思主义研究，在这一领域的哲学史和基础理论方面均取得卓越的成就。不仅如此，他更由此升华为对哲学的元问题和体系构建系统而深入的思考，阐发了很多重要的思想。这些思想中，让我感受最深的是他晚年不遗余力地捍卫"哲学的科学化"，并提出"更完整严密构建马克思主义哲学体系"的设想。坦率地说，学界对这一理念和主张是有不同看法的，特别在所谓"后现代"的氛围中，甚至会被视为思维方式"过时"和"落伍"的表现。然而，处于经济全球化时代，对照思想史的演变和当代社会发展的实践，"哲学的科学化"的深意越加凸显。它不仅有丰富的理论内涵，更有重要的现实价值。在本文中，我拟对此作出申说，以寄托对黄先生的缅怀之情。

一

　　黄先生形成"哲学的科学化"的理念源于他早年在西南联大、北京大学所受的严格的自然科学（物理学）和哲学（德国古典哲学）训练。新中国成立后，黄先生转向马克思主义哲学研究，并将其作为一生的事业追求，最终成为我国马克思主义哲学史和人学等学科的开创者。其中的关键之点就在于，他把坚定的信仰、科学的精神和方法带入了专业研究领域，促进了我国马克思主义研究的"科学化"。在晚年的一篇"自述"中，黄先生把自己长达 70 年的哲学生涯"用一句话来概括：探寻哲学的科学之路"。他将这条道路细划为三个阶段：新中国成立前的 10 年——"在哲学迷宫中上下求索"；改革开放前的 30 年——"在哲学的科学之路上徐徐前进"；改革开放后的 30 年——"在哲学的科学大道上勇往直前"。诚如这篇"自述"的题目所标示的，黄先生的一生可以说是真正地"走在哲学的科学大道上"。①

众所周知，黄先生的学术观点鲜明而一贯。他是国内马克思主义哲学界著名的"辩证唯物主义派"，而这种主张就是基于"哲学的科学化"的内涵和逻辑延伸而来的。黄先生曾将其要点做了七个方面层层递进的概括：1. 哲学是一门学科；2. 人类认识发展的过程中，任何学科迟早都将发展成为一门科学，哲学不会例外；3. 哲学学科建设的任务就是将哲学建设成为一门科学或推进哲学的科学性；4. 各门科学都各自有其特异性，但它们作为科学的根本属性是相同的，那就是真实性、完整性、严密性、发展性，即科学性；5. 四性以思想体系为载体，通过思想体系表现出来；6. 科学的思想体系有几个条件，它们是：明确的对象、适当的组成部分、真实的内容、合理的原理的顺序、与时代精神的精华相一致；7. 以这些条件来衡量马克思主义哲学的体系"辩证唯物主义和历史唯物主义"，它基本上是符合这些条件的，但有不符合之处，必须在继承其科学性的基础上，按照构建学科的科学体系的要求来构建当代马克思主义哲学学科的科学体系。② 如果没有对这一理念的高度自觉和始终不渝的坚守，这样条分缕析的提炼是做不出来的。

黄先生一生具体的研究工作及其成果就是这种"哲学的科学化"意旨

① 黄枬森：《走在哲学的科学大道上》，《毛泽东邓小平理论研究》2011 年第 2 期。
② 参见《黄枬森文集》第 9 卷，中央编译出版社 2016 年版，第 258 页。

的践行和体现。这在文本研究和体系构建两方面展现得尤为明显。除了中央编译局的翻译家外，黄先生可以说是我国最早展开对马克思主义文本、文献精深研究的专家之一。他从 20 世纪六七十年代开始就对列宁的《哲学笔记》等著作文本展开个案研究，其中对这一笔记的写作过程和编排方案进行的甄别、对其复杂的思想内容的悉心解读、将其与黑格尔《逻辑学》进行的比较，以及对《哲学笔记》的思想史地位和现实价值的评价，从今天的角度来看，这就是典型的"文本学研究"。而"哲学的科学化"最终必然与体系构建联系起来，为此，改革开放之后，黄先生先后主持编写了《马克思主义哲学史》（八卷本）、《人学理论与历史》（三卷本）以及《马克思主义哲学创新研究》（四卷本）等大部头巨著，这是马克思主义哲学"科学化"方面标志性的重大成就。为了强调这种努力的意旨和思路，黄先生还特别将其两部自选集命名为《哲学的科学之路》（北京师范大学出版社 2005 年版）和《哲学的科学化》（首都师范大学出版社 2008 年版）。

二

哲学既是理论体系，更是思维方式。因此，"哲学的科学化"也意味着是思维方式的理性化。这一观点的根源就是马克思当年在实现哲学的"革命性变革"之后观照和把握世界的"新唯物主义"态度。在此意义上，可以说黄先生是马克思精神的真正传人。他的"哲学的科学化"的主张体现了马克思主义哲学变革的真正实质和"科学化"精髓。

马克思处在资本主义的发展呈现出与以往完全不同的状况和态势的时代，迫切要求实现观照、把握和理解世界的哲学思维方式的变革。但是，一方面盛行于 18 世纪的一般唯物主义哲学已经不能充分解释诸如资本、生产、观念等领域出现的复杂情形，而另一方面，当时流行的以德国古典哲学为代表的唯心主义哲学对世界的客观把握出现了极大的偏差，以主体性代替客观性、真实性，导致思维方式上的"观念至上"和"唯我论"倾向。面对社会发展和理论思维的双重矛盾，马克思在继承、反思、批判既往哲学思维方式的基础上，提出"实践的唯物主义"的致思方向和理论框架，避免和突破了一般唯物主义和唯心主义哲学思维的局限，致力于在时代变迁和实践发展基础上实现哲学观的变革和超越。

马克思把这种哲学观上的变革、"科学化"的态度贯彻到实际的研究工作中，特别是《资本论》的撰写中。《资本论》是马克思耗费 40 余年时光、几乎倾尽全部心力撰写的一部著述，而且在其生前没有全部完成并定稿。之所以如此，一方面是鉴于观察和把握资本时代的社会状况及其变迁、探索超越资本的未来出路等工作具有极大的难度，甚至对于人的思维能力来说，构成一种巨大的挑战；另一方面则是因为马克思还必须建构一个既与资本社会相关、但又不能机械复制和简单描摹，而是与其复杂性相对照、相匹配，同时又具有独立、自洽的框架和逻辑的理论大厦，进而完成对资本本质的揭示和命运的透析。较之于前者，这是更为艰难的思想创造。在马克思漫长的政治经济学研究和《资本论》及其手稿撰写过程中，他在后一方面所花费的时间和精力一点也不比前者少。马克思极其周全地考量了理论建构中的各种问题和细节，逐步形成和完善关于资本的"叙述方法"。从 1844 年开始研究政治经济学，直至 1867 年《资本论》第一卷定稿，马克思一直在进行探索。写作的构思先后经历了两卷本著作——三本书内容——五个分篇——六册计划——九项内容——两大部分——三卷四册的架构嬗变。这种结构的曲折变迁和反复调整，不是主观随意所为，而是与对象和问题之间逻辑关系的展开是否顺利、对研究对象进行宏观和总体上的统摄是否有效紧密相关，因为总框架的设计是否合理是著述成功与否最关键的因素。诚如马克思所指出的，像《资本论》这样的著作"细节上的缺点是难免的。但是结构，即整个的内部联系是德国科学的辉煌成就"。①

————————

① 马克思：《马克思致恩格斯(1866 年 2 月 20 日)》，《马克思恩格斯文集》第 10 卷，人民出版社 2009 年版，第 236 页。

"结构，即整个的内部联系"和"科学的辉煌成就"，换成黄先生的语言，就是"哲学的科学化"。由黄先生主编的《人学理论与历史》分为三卷，即《西方人学观念史》《中国人学思想史》和《人学原理》。这样的设计力图"把人学的理论和中西人学的历史结合起来作为一个整体来研究"，因为在黄先生看来，"人学原理与人学史是密不可分的，人学原理是人学史长期发展的产物"。这与马克思最终以"'理论部分''理论史部分'或'历史批判部分'"来设计《资本论》结构的思路非常类似。按照同样的思路，黄先生晚年主持了篇幅更大的"马克思主义哲学创新研究"丛书，共分为四卷五册，前三卷研究哲学创新的时代前提，分别是《时代精神与马克思主义哲学创新》《现代科学技术与马克思主义哲学创新》和《中西哲学的当代研究与马克思主义哲学创新》，第四卷是《马克思主义哲学体系的当代构建》(分为上、下两册)。而这个体系，除了"概论"论述马克思主义哲学作为一门科学的基本问题而外，其他部分包括"一个主体"和"五个部门哲学"：主体是辩证唯物主义世界观，部门哲学为历史观、人学、认识论、价值论和方法论。黄先生为编撰这套丛书，特别是《马克思主义哲学体系的当代构建》这一卷，真可以说是殚精竭虑。我作为课题组成员和这一卷有关章节的执笔人，对此有很深刻的感受。

三

"哲学的科学化"的理念和主张更具有现实价值。特别是对于经济全球化时代的学术研究和创新(包括哲学)、思维方式的矫正和培育来说，它能促使我们进行更深层次的反思和批判。

黄先生是中国共产党的同龄人。我们看到，100多年来，在党的领导下，特别是经过新中国成立70余年、改革开放40多年以来的艰苦努力，中国特色社会主义呈现出勃勃生机。然而，遗憾的是，与迅速发展的实践相比，我们目前的学术研究和理论研究的状况并不能令人满意。

就哲学研究的现状看，在队伍构成、研究视域和理论倾向等方面，总体格局基本上是由中国传统哲学、西方哲学和马克思主义哲学三个学科的研究组合而成的。三者之间有融通、会合的意向，但融通、会合的程度却极为有限。更重要的问题是，三派之中不在少数的学者囿于各自的学科领域、特殊的研究对象，形成画地为牢的单一性思维和价值观念。比如，有的传统文化研究者把中国的未来发展片面化为文化问题，而文化的建构又被其看作只是传统文化的复兴问题，认为一种在漫长的农业文明时代成长、发育起来的文化不经过现代性转化，就可以成为中国未来文化甚至世界文化的主流或主宰。还比如，伴随着改革开放进程的深入和不同知识结构的学者的代际更替，西方哲学，特别是现当代西方哲学的研究取得重要进展，但是在欣喜之余也不能忽略诸多隐忧：我们产生了许多关于某些流派、人物研究的专家，但鲜有能站在比研究对象更大的范围和更高条件下对其进行透视，从而有效地把握西方哲学和思潮发展大势的论者。更需引起注意的是，一些论者放弃批判立场，无原则地服膺和接受，借口"前卫""新潮""现代"，唯"新"是从，唯"洋"为上，成为一部分研究者的心态。而在马克思主义哲学研究中，有不少文章和著作不遵循学术研究的一般原则、路径和规范，其成果经不起时间和学理的检视。大而无当的探讨既无助于学术本身的积累，也谈不上对现实问题有深刻的见解。这些都影响着中国马克思主义哲学研究的学术声誉。前述马克思、黄先生的研究表明，体系建构是个复杂而艰难的过程。但现在不在少数的论者，根本无视这种复杂性和艰难性，有的人甚至在一篇文章中写道"基于学理化阐释、学术化表达、体系化构建的理论旨趣和学术动因"，就可以随意勾勒和炮制"理论模型和理论体系"。总之，在目前的哲学研究中，我们少有既与时代的巨变相匹配、又具有超前性和超越性的重大成果，在"科学化"方面退化了。

学界的上述情形无疑受到社会风气的影响和熏染。放眼全球，中国特色社会主义的发展只是一个特殊的现象和景观。就世界总体来说，人类的发展是日益复杂而艰难的。国家与国家之间的利益纷争、权力与资本之间的合谋和分离、危机处理与从长计议的矛盾、个体主观意愿与社会总体协调之间的掣肘、动机与效果之间的错位、理论与行动之间的冲突、理性与非理性之间的对立等问题混杂在一起，盘根错节。尤其令人担忧的现象是，不在少数的人在态度、言论和做法等方面表现得非常极端，常常把基于个人生活阅历和遭际而产生的情绪带入对社会问题的评论中，不分青红皂白、不区分对象层次，一味吹捧或者痛斥社会，无原则地赞美或诋毁现实，非理性地固守单一的价值观，乃至极端幼稚而不负责任地为问题的解决指方向、开药方。这种极端论思维的泛滥、非理性情绪的发泄，甚至成为一种"公害"。这不仅完全于事无补，相反常常会混淆视听、扰乱秩序、延缓甚至妨碍问题的解决。

过滤掉时代的风尘，面对严峻的现实，真理的光芒、理性的思维和逻辑的力量越加凸显出来。黄先生"哲学的科学化"的理念和主张启示我们，必须弘扬辩证方法、理性态度、科学精神和总体性思维。

马克思能为思考当代中国的
发展提供怎样的启示

　　我所理解的"马克思主义哲学中国化"是马克思创立的"新哲学"与中国传统文化两种思维方式的碰撞、融合和重新建构的过程。在当代中国特殊的境况下，马克思主义中国化确实是社会发展的内在要求，更具有现实的紧迫性。但同时也必须指出，这种"化"的过程将是极为复杂而艰难的，因为两种思维方式之间存在着差异。在我看来，作为毕生致力于资本批判和对现代文明社会进行探索的思想家，马克思、恩格斯所建构的"新哲学"体现的是一种具有现代意识和水准的思维方式。而中国传统文化尽管在世界文明中是一种独特的形态，具有自己理解世界的特殊理念和方式，像钱穆、余英时等人还认为中西之异未必意味着古今之别，但是，成长、成熟于农业文明时代的中国哲学需要直面的一个重大难题，就是它必须应对资本所开辟的"世界历史"对传统价值观念和思维方式的艰巨挑战，也就是说，它必须实现现代性转化。如果不完成这一艰难的工作，就很难谈得上现实化或当代化。

　　当两种异质的思维方式发生关联的时候，碰撞和辩驳是必然的。那么，假设马克思"面对"中国传统文化和当代社会的发展，他的思维方式能够提供什么样的启示呢？我想到以下三点：

第一，观照世界的"新理性主义""新唯物主义"态度。

马克思是由源远流长的西方文化哺育成长起来的思想家，在他历史唯物主义哲学的理念和体系中无疑体现和贯穿着近代启蒙主义、科学理性特别是"新唯物主义"精神。研究者对马克思、恩格斯经过德国古典哲学浸染特别是观念论熏陶后毅然"走向"唯物主义持有多种评论。但我认为，如果放在德国哲学及其社会发展自身演变的进程中透视马克思思想的这种"变革"，其意味和价值更会得到彰显。假如撇开马克思的哲学思考和创建来看德国哲学的发展进程，我们会发现，当黑格尔把理性主义推向极致的时候，声势浩大的非理性主义思潮在德国立马崛起，包括在黑格尔去世之后谢林去柏林讲授的"天启哲学"、青年黑格尔派推崇的"自我意识"，特别是再之后叔本华的"唯意志论"和尼采的"超人哲学"等。也就是说，没有马克思的"新哲学"，作为思维方式的理性主义与非理性主义之间是缺乏过渡、缓冲和超越的。事实也正是如此，马克思后来被迫流亡英伦，非理性主义主宰了德国的社会思潮和哲学发展，并引发了深刻的社会运动，最终延伸至 20 世纪，导致巨大的国家灾难。而马克思、恩格斯当年强调理解世界的唯物主义原则、社会发展的规律性等，目的就在于校正唯意志论、观念论等思维方式的弊端。

反观当下处于变革和转型时期的中国，我们看到，极端论思维的泛滥、非理性情绪的发泄，在某种程度上和特定范围内已然成为一种"公害"。这不仅完全于事无补，反而常常会混淆视听、扰乱秩序、延缓甚至妨碍问题的解决。譬如，爱国本来是人一种朴素的情愫，没有一个人不爱生养自己的土地，但假如这种"爱"到了不辨是非、蒙昧而糊涂、偏狭而执拗的非理性程度，尤其是非得以对他国的"恨"为前提条件，就沦为马克思所贬斥的"可怜的爱国虫"了。当代社会亟需像马克思那样超越个人功利得失、深究历史真相、理性评估现实、热忱探索未来的思想巨匠。

第二，"不崇拜任何东西"本质上是"批判的和革命的"辩证法。

马克思的"新理性主义""新唯物主义"不是一种仅仅认同现实和现状的哲学，而是彻底的"批判性思维"。马克思对资本社会入木三分的剖析为大家所熟知，这里不再赘述。我只简单介绍一下我最近重新清理马克思与古典经济学之间复杂关系所获得的认识。马克思可以说是世界上最早、最全面、最系统地展开经济学学说史研究并留下完整著述的思想家，《资本论》及其手稿的长时段写作既是卓绝的元理论建构过程，也是他思考、清理和超越古典经济学过程的记录，二者具有极强的内在关联。关于"古典经济学"的阶段划分，在20世纪有几种影响比较大的界定，但无论是主张从亚当·斯密到凯恩斯经济学理论演变的"凯恩斯说"，还是涵盖1790—1879年经济学发展的"熊彼特说"，乃至具体指陈"以斯密《国民财富的性质和原因的研究》出版始，到马歇尔《经济学原理》出版止"的"当代西方经济学"流行的理解，都有一个共同点，即把斯密作为"古典经济学"的开端。但是，与20世纪的这些界定不同，马克思关注的视野更为宽广，他将古典经济学的起点追溯到斯密之前100年，认为"在英国是从威廉·配第开始"的。在西方经济学研究史上，这是独树一帜的见解。那么，马克思是基于什么做出这一判定的？换言之，配第是在什么意义上成为"现代政治经济学的创始人"的？主要原因在于配第创立了"政治算术"的概念，首次尝试用算术方法探究社会经济问题。在马克思看来，这是"政治经济学作为一门独立的科学分离出来的最初形式"，也就是说，是统计学而不是后来发展出来的劳动价值论和剩余价值学说造就了"政治经济学"，而配第是"统计学的创始人"。这种理论上的创建所运用的正是辩证法的原则。

同时，马克思的批判更体现在深刻的自我反思中，这突出表现在他对《资本论》结构的反复斟酌和修正。作为《资本论》的研究者，有一个问题是始终绕不开的，即马克思为什么最终没有整理出《资本论》第二、第三卷？梳理1867—1883年马克思的著述，我们发现，从《资本论》第一卷出版到他去世，面对世界范围内出现的各种复杂状况，马克思在原来的基础上，重新思考了资本的性质、运动、逻辑及其后果，在身体状况很不好的情况下，做了极其繁杂的工作，写作量大大超过了《资本论》的初稿。换句话说，"没有按照以往的设计完成第二、三卷的定稿工作"这一状况，成为理解马克思晚年资本理论的关键因素。尽管他并没有明确表达、概括出这些思考，但其中无疑蕴含着新的创建，也铺筑了走向19世纪末20世纪初资本运动及其理论分析的通道。可以说，自我批判最终促成了自我超越。

在社会变革、理论风云和思想激荡中寻找创造和突破，也正是马克思给予当代中国最深刻的启示。

第三，顺应历史发展"铁的必然性"和"正在实现的趋势"，从世界总体格局中看待国家、民族的发展。

在19世纪欧洲社会生产力的发展中，德国曾长期处于落后状态。也正因为如此，德国工人在资本主义生产方式统治下所处的悲惨境况还没有像英国那样充分暴露和展示出来。也就是说，从表面上看，当时德国社会中阶级对立的状况"远不是那样坏"。面对这种情形，不在少数的德国观察家和经济学家总是囿于狭隘的视界，站在本国的角度暗自庆幸，或"伪善地耸耸肩膀"，或"乐观地自我安慰"。对此，马克思援引古罗马诗人贺拉斯在《讽刺诗集》中的一句话不客气地送给这些人："这正是说的阁下的事情！"

资本打破了国家和民族的界域，将世界推进到经济全球化时代。这既是必然的，也是充满矛盾的过程，一体化程度加剧的同时始终伴随着分离和等级。经济全球化这把"双刃剑"甩出来，既为世界带来发展，同时也埋下了"苦果"，而且这"苦果"在危机爆发之际会成长、成熟，使世界性的政治、经济、社会问题更加凸显。这种情况催生、聚集了质疑、抵制经济全球化的声音，并形成反经济全球化的浪潮。个别国家更是设置多种壁垒，推行国家优先战略，试图通过"逆全球化"来摆脱危机。然而，马克思的分析表明，经济全球化是世界历史发展的"铁的必然性"，是不可逆转的趋势。自觉顺应、积极融入，在此基础上构建开放、包容的国家间的关系，不仅有利于世界总体发展，也必然惠及国家和民族的进步。

马克思当年以落后的德国为例，特别批评了德国历史学派经济学的思路，并深刻地指出，从其先驱弗里德里希·李斯特到创始人威廉·罗雪尔，再到发展者布鲁诺·希尔德布兰德和卡尔·古斯塔夫·阿道夫·克尼斯等人，他们的学说反映了德国在经济上面临着的复杂任务，体现了思想上的矛盾心态和双重主张。强调国家统一和发展的历史境遇、民族特性不无道理，但借口传统、国情、特色而拒绝向先进和真理学习，拒绝开放、变革和转型，就是"庸俗"的或"落伍"的了。

以我自己阅读马克思著述的体会，深切感到，尽管它们写作于19世纪，即便不论其重大的思想史价值，就是对照当代世界变化的情势和社会发展的状况，其中表达和蕴含的观点及其论证也具有深刻的现实意义和重要的启示。因此，准确理解马克思观照世界的思维方式，是推进"马克思主义哲学中国化"的一项基础性工作和迫切任务。

三、忆往与留痕

马列主义发展史研究所的学术传统

　　马克思主义研究在当代中国面临着较为尴尬的处境，一方面，作为建党立国的思想理论基础，仍然处于意识形态的主导地位，另一方面，在普通民众的日常生活和学术研究的总体图景中却被边缘化了。作为专业的马克思主义研究者，虽然知道导致这种处境的原因很复杂，有些社会因素仅靠学者自身的努力还无法根本改变；但退而求其次，针对我们自己的情况进行深刻的反思，也会得到某些启示，即这种状态与我们没有取得与研究对象相匹配的学术成就绝对有关。

　　客观地说，当代中国马克思主义专业研究界也意识到了这一点，但大家基本上把重点倾注在指责研究者关注现实、介入实践不够。虽然不能说毫无道理，但统统归结于此，是否就找到了症结了呢？对此我是怀疑的。我认为，中国马克思主义研究的症结仍在于学术性不够，学术态度、学术积累、学术规则、学术创新诸方面较之于其他学科、其他部门、其他领域和行业都有一定的差距。在一定程度上，甚至可以说，这是我们这一专业"永久的痛"！所谓"现实问题研究""比较研究""文本研究"的分野，根本就不是问题的关键，既然前面有"马克思主义研究"这样一个定语，那么无论是什么类型和方向的研究，能够没有文本的基础、没有原始思想的支撑吗？离开对马克思著述版本、过程、细节的详尽考证和分析，对其思想能有一种客观而公正的理解和把握吗？我们的马克思主义研究中经常出现忽左忽右、可左可右的滑稽情形，经典作家的话语不能说没有引证过，但大多是离开这些话语产生的具体文本环境，或者把不同文本、不同阶段中的论述不加区别地撷取出来，直接套用，这样的研究方式还能继续下去吗？而我们坚持的中国特色的社会主义为什么竟会被称为"没有马克思的马克思主义"？

需要说明的是，能做出这样的反省，并不表明我有什么先见之明，也不意味着我完全无视以往的马克思主义研究史。历史从来是复杂的、多面的，即使在并不理想的长河中，总会有经得起检验的闪光之点。在这里我也不拟再抽象地谈论，适逢培养我的中国人民大学马列主义发展史研究所（以下简称"人大马列所"）成立50周年，我在认真思考这样的问题：在新中国成立的众多的马克思主义教学与研究机构中，人大马列所有无特殊的地位？在庞大的马克思主义教学和研究队伍中，人大马列所的研究人员有没有独特的作为？如果有，那么它们就构成人大马列所弥足珍贵的传统。

以我之见，它所存在过的或者我期待的主要是以下三点：

一是自觉的学科意识和严谨的学术态度。不管当初成立人大马列所是出于什么样的现实考量和国家的整体布局、在多年科研活动的开展和课题的选择中它承担过什么样的临时任务，但在漫长而坎坷的岁月中，事实上人大马列所是把马克思主义作为一个学术对象来研究的，所以在它正常而稳定的发展时期，其研究路径和做法是非常符合学术研究的规范的。比如，在对马克思主义经典作家思想的阐释中，人大马列所相当自觉地把文献的搜集、翻译与研究紧密结合起来，这是除中央编译局外，国内众多研究机构中很少有的。如果说马克思主义研究的整体结构是由(1)文本、文献；(2)历史(包括思想发展史与社会运动史)；(3)原理；(4)中国化四个部分组成的，那么可以看出，长期以来我们把很大的精力放在了后两个方面，一直到现在学界仍然存在用原理、以现实去选择、裁剪、评判、阐释文本和历史的现象，而实际上这是不符合学术研究的正常路径和次序的，没有扎实的文本、文献基础和深刻的历史清理、反思所概括出来的原理和对现实的观照只能是虚妄的和浅层次的。从这个意义上说，人大马列所的前辈在当时的条件下，对马克思主义研究的学术性奠基永远值得我们景仰和尊敬。

二是研究格局的合理设置和专业人才的代际培养。正是有了前一方面的办所思路，我们看到，当年人大马列所的人员有的从事翻译，有的着重研究，而所属领域中哲学、政治经济学与社会主义理论既相对区分又统一观照，文本个案解读、通史性写作与原理阐发相互支撑，理论研究与实践探讨交互映衬、提升。这里我要特别提到人大马列所的翻译家群体，就人员结构看，经过多年的努力，在20世纪八九十年代，人大马列所俄、德、英、日、法等重要语种翻译人才齐全，对国外马克思主义文献及其研究动态的掌握也很及时，尤其是李光谟教授等人翻译的阿姆斯特丹国际社会史研究所珍藏的《马克思手稿和笔记目录》、余长彬教授翻译的《通往〈资本论〉的道路》等文献，弥补了中央编译局因专事经典作家著作翻译而无暇他顾的缺憾和不足。今天我们才知道，这些"辅助性"的文献对于大量以手稿和笔记形式存在的马克思作品复杂思想的把握和理解，绝对是重要的和不可或缺的！还需要提及的是人大马列所在人才培养方面的代际考量，大致以10年为限。每一代都涌现了数量极为可观的学术群体，而每一代又自觉地培养和带动着下一代人才的成长，代代接续，既保证了学术传统的继承，又显现出新的视野、方法乃至观点上的超越和创造，呈现了良性发展的态势。

三是规划格局中个人研究与共同体合作的配合和交融。人大马列所所完成的那些在本研究领域筚路蓝缕、有开拓性贡献的多卷本的通史性著述，诸如《马克思主义史》《马克思恩格斯思想史》《列宁思想史》《中国马克思主义哲学传播史》《毛泽东哲学思想史》等都是所里的研究项目，往往由一位或者几位学界公认的前辈主持，按照统一的思路和方式，由对各个部分有专门研究的学者写出初稿，主编召集专家共同审阅、讨论，经过多次修订才得以完成，这样最终呈现出来的就不仅是一部大部头的属于共同体的作品，更是一种人才培养的模式和过程，就是说，通过这种方式，后辈学者不仅受到严格的学术训练，个人得以成长起来，也为共同体赢得了荣誉。一个研究机构，处理好个人与共同体之间的关系极为重要，个人的个性与共同体的公共性有矛盾性，但二者未必总是矛盾的，处理得好相互促进、相得益彰，否则只能是两败俱伤。

更为重要的是，人大马列所还把自己的这一传统延伸到全国，这就不能不提到它与中国马克思主义哲学史学会的关系。改革开放之初，人大马列所在自身工作走上正轨的同时，其中从事马克思主义哲学史研究的学者也开始筹划全国性的专业学会，意在团结国内同行共同促进中国马克思主义研究水准的提升，这样，中国马克思主义哲学史学会就应运而生了。庄福龄教授先是与北京大学的黄枬森教授、中国社会科学院的林利教授共同担任会长，后来又单独担任会长，在其年事已高后，由梁树发教授继任，现在又由郝立新教授担任，为学会具体工作的开展做了大量工作。而八卷本的《马克思主义哲学史》就是中国马克思主义哲学史学会同仁团结合作的结晶，其中自然也包含了人大马列所研究人员的辛劳。随着时代的发展、学术的推进，特别是一大批马克思主义文献的刊印、解释思路和方式的转换，修订乃至新撰这套丛书，已经成为当代中国马克思主义研究者义不容辞的任务。

历史与传统是一种客观存在，对它们的理解和评论却可能因人而异。我对培养自己的人大马列所学术传统的以上阐释可能带有相当程度的个人角度和见解，但我认为长期以来马克思主义研究中存在一个学术传统却是没有疑义的。现在有一种看法，认为在马克思主义研究中突出学术性诉求、强调文本和历史的基础性意义，会导致马克思主义研究的"学院化""形式主义化"，疏离现实生活和规避政治路线，至少是"格局太小了"。坦率地说，我不能同意这样一种观点。实际说来，与"学术性"对立的不是"现实性""政治性"，而是"非学术性"。哲学研究，特别是中国的马克思主义哲学研究的确应当关注现实、关注政治、关注现代化建设的实践。但同样是关注，在研究方式上有学术性与非学术性的分野，学术性的关注是把对现实的诠解、反思和引导联系起来进行的深邃思考，而不是流于对政策和流行观念的单纯辩护和庸俗图解。马克思主义哲学在中国一百余年的历程，仰赖特殊境遇和外力作用，除了政治领袖的作为和社会发展外，在学术上成果有限、教训深刻，现在是总结经验、潜心研讨、注重积累、多元探索和强化建树的时候了。在这种情况下，需要的是宽容和鼓励，而不是动辄颐指气使地指责，好像别人陷入了"误区"，唯我路线"正宗"。自嘲地说，如果中国的马克思主义哲学研究老是停留在"外围指点"和"宏观展望"上，仍旧缺乏对具体问题、文本、思想等长期而持续的悉心研究和纵深探讨，以致产生不了黄钟大吕式的巨著及思想家，既不能推进现实实践，也改变不了在当代学术格局中的尴尬处境，那才是愧对时代、愧对历史，是真正的悲哀吧！

学术性是提升马克思主义研究水准的内在要求，博大精深而影响巨大的马克思主义绝不拒斥学术性。

置身韩国，思考经济全球化时代的
文化与哲学

2003 年 9 月至 2004 年 8 月，我应邀去韩国成均馆大学展开为期一年的学术访问。那次与我同期赴韩的学者比较多，我们分散在各个大学或研究机构，但可以经常在一起活动。大家专业各不相同，但交流起来很顺畅，关系融洽而和谐。借此机会，我们对韩国的历史和现状有了比较深入的了解，接触过的韩国人也给我们留下美好的印象。

回国之后一直到现在，我没有再去过韩国，但与那段时期结识的韩国教授诸如宋荣培、高在旭等保持了很多年的交往。特别是我回国后的最初几年，他们几乎每年都要来中国（甚至一年之中来两三趟），如果他们到北京，我都会专门安排时间见面招待他们。

宋荣培教授任教于首尔大学哲学系。他生于 1942 年，于 20 世纪七八十年代留学德国，时间长达十多年。最终他在法兰克福大学获得博士学位，用德文撰写的论文为《中国社会思想史——儒家思想、儒家社会与马克思主义的中国化》。回韩国后，他将其翻译成韩文，于 1986 年出版，此后印行了 16 版，并于 2003 年 11 月由中国社会科学出版社出版了中文版。他多次邀请我去他的办公室和家里做客，并希望我向中国学界介绍一下这本书。为此，在韩期间，我撰写了《不断书写的中国思想史》一文，发表于《哲学动态》2004 年第 9 期，对这本书在中国的传播起了一点作用，中国社会科学出版社的版权期限一过，河南的大象出版社又及时推出了此书新的修订版。2015 年 3 月至 2016 年 2 月我在德国访学，其间，宋教授通过电子邮件告诉我，他的另一本书《利玛窦的西学及其效应》中文版已经翻译、编辑完成，即将出版，并且将全部书稿发来，看我能否援旧例再写篇书评。为此，我写了《从利玛窦出发思索东西方哲学的融合》的评论，发表于《中华读书报》2016 年 2 月 17 日第 16 版。近年来，因为身体原因，宋教授不能来中国了，所以我们之间的交流也中断了。据说他退休后离开首尔，到一个山清水秀之地的别墅中享受美好时光了，在此谨祝他健康长寿！

高在旭教授任教于江原大学。他生于 1950 年，曾经在中国台湾留过学。在韩期间，他曾经专门邀请我们几位从事哲学研究的学者访问他所在的大学，而他每次来首尔，只要双方方便也会与我们见面或者一起吃饭。我们回国后，他还作为客座教授来北京大学外语学院韩语系工作过一年。当时北大校方安排他住在离学校比较远的万柳公寓，因交通不便，他有课或者开会时才来燕园。他知道我那时几乎每天都在北大静园四院的马克思主义文献中心看书和写东西，所以每次来校园上课时也不提前预约，先到我那里坐坐，聊一会儿天后再去上课，或者课后一起去吃饭。近年来高教授也退休了，来中国次数日益减少，所以我们有几年没有见面了。没有想到的是，2019 年我重返德国参加"马克思年"活动期间，在马克思的故乡特里尔遇到了一位韩国人，经沟通后才知道，他竟然是高教授的学生兼同事！于是，我们不由得慨叹，世界真是太小了！

我们同期访韩的中国学者回国后各自奔忙，当然，尽管到如今十五六年过去了，美好而和谐的印象依然记忆犹新，特别是去年大家又建立了微信圈"新林 gou 洞"（我们那一期的大部分人租住的是首尔大学附近的私人住宅，这是他们对那一地段的谑称），我与同在北京的洪军、钱雪梅、鄯爱红、宋彪、宋健几位都保持着联系。我们相约协调好时间一起重返韩国，平时也一直关注着处于复杂的东亚格局中韩国的状况。

在我的电脑中，有个命名为"旧稿"的文件夹。今天搜索材料时无意中打开，看到里面有很多访韩时的文稿，打开其中一篇，是名为《经济全球化时代的文化创新与哲学重构》的文章，那是我到韩八个月时，在成均馆校园外居住的公寓中写的。今天重读十六年前的旧文，勾起了回忆，也引发了感慨。谨原样刊发于此，回味和怀恋一段过去了的时光……

2020 年 12 月 6 日星期日

经济全球化时代的文化创新与哲学重构

让我先从来韩访学的感受谈起。

我是受邀请来韩国作为期一年的学术访问的。来韩国 8 个多月来，除了进行课题的研究，我与韩国学术界进行了较为广泛的交流，应邀在首尔大学、延世大学、成均馆大学、建国大学、江原大学、教育大学、光云大学等作过学术讲演。当然，由于专业的范围和性质，我接触最多的是从事哲学、历史和文学方面的教授。通过与他们的交往，我对韩国哲学社会科学的研究范式，特别是哲学研究的总体概况有了一个初步的了解。由此生发出两点感触，一是我深切地体味到"东亚的价值"这一词语的意义。在我看来，价值的核心是文化和哲学，相同的文化、哲学及其所表征的思维方式使中韩两国学者更容易沟通、理解。另一点感触是，现代化进程推进到当代，无论是韩国还是中国都面临着一个"要发展成一个什么样的国家"的尖锐问题，这样，文化创新和哲学重构的任务就越显突出和紧迫了。必须强调的是，这里我所指的文化绝不是近年风行中国的那些展示虚幻道德和浪漫爱情的所谓"韩流"，和同样风行韩国的那些"戏说"帝王将相情史权术的所谓"汉风"，而是反映两国近代以来沧桑变迁和坎坷命运的史诗性的作品的创作和体现经济全球化时代精神特质、具有民族风格和气派的思维方式的重构。

从世界的现代化进程看，中韩两国都属于"后发外生"的类型，即较之于发达国家，我们的现代化起步较晚、"现代性"因素不是产生于内部，而是源自外力，当"早发内生型"的国家已经完成了工业化、现代化的使命，处于从现代化向"后现代化"转换的过程的时候，我们还在现代化的路程中前行。特别是中国，目前还处在"现代化中（Modernizing）"和"现代化过程本身（Modernization）"之中"尚未现代化（Unmodernized）"，并且发生过"现代化中断（Breakdown of Modernization）"，现在又掺杂有"前现代化（Premodernization）""后现代化（Postmodernization）"等不同的因子和成分。这样，虽然我们处在经济全球化的时代，但经济全球化的导引者不是我们，而是西方发达国家，如果我们不注重自己的发展战略，就永远不能赶上"先发内生"的现代化国家，更不用奢谈超越了。

现在看得很清楚了，在社会有机体系统中，如果说经济是基础，是骨架和躯干，那么文化和哲学就是血肉和灵魂。由于政治自由、经济富庶和军事霸权等原因，最近几十年来，中韩两国把关注的焦点都集中在美国身上，现在应该有更为宽广的视野。比如，能不能在其他民族与国度，寻找可以利用、学习的经验。我个人就特别倾心欧洲文明，特别是德国的哲学与法国的艺术。也许大家对哲学并没有特别的兴趣，但我非常想向大家推荐黑格尔的《哲学史讲演录》的《导言》。作为一个非常理性的哲学家，在这篇《导言》中，黑格尔带着深厚感情感谢前来听他讲课的学生，在物质至上、世俗盛行的年代来关注抽象的哲学。他说，德国在近代化的过程中一直没有在经济领域起到独领风骚的作用，他还高瞻远瞩地预见到，在以后也可能有政治人物试图通过军事力量统治世界，但他认为这些都不会成功；德意志民族奉献给世界、赢得世界尊重的只有思想和哲学！的确，从康德掀起了人类思维方式"哥白尼式的革命"起，德国哲学家就如雨后春笋般地涌现，不是隔几代才出现一位大家，而是群星璀璨，前后连绵，很多情况下是以群体、集团的方式出现，一直到现在也是如此。如果说德国引为自豪的是哲学，那么法国引人注目的就是文学艺术了，特别是它的小说创作。从法国大革命起，所有重大的社会事件、民族心灵的磨难和嬗变都在作品中有全景式的描绘和记录，法国作家以自己史诗性的作品参与了法国历史的建构，在政治、经济材料之外，以其独特的方式和手段留下了不可替代的历史资源。尤其需要注意到的是，20世纪60年代以来，法国的文学艺术更以其高雅的格调、逼真的性格刻画和严肃的人性探索，抵御着美国好莱坞那种媚俗的、大众的、消费主义文化的扩张和侵蚀。

反观东亚地区，历史上曾经拥有辉煌而独特的文明。经、史、子、集，汗牛充栋，耆宿硕儒，代代不绝，自先秦百家争鸣之后，随着国家的统一，先后出现了秦汉儒学、魏晋玄学、隋唐佛学、宋明理学、清代实学等文化观念和哲学形态的嬗变，构成了一个前后联结的"道统"序列。引人自豪的还有我们的文字，汉语绝不仅仅是古人表情达意的工具，更是熔铸成他们的一种思维。我们的先贤用它创造、拓展和丰富了人类的精神空间，唐诗、宋词以及《红楼梦》等作品达到了只能用汉语而不能用其他语言表达精神空间的极致，"美文不可译"，迄今为止，哪一种语言都不能准确而传神地将它们成功地翻译出来。还有我们的以写意为特征的绘画艺术、独特的书法艺术等，更构建了一个不可为其他文化所重复和替代的审美世界。

作为社会意识形态的文学艺术，与经济基础并不总处于一种必然的、机械的、一一对应的关系之中，相反，在经济凋敝、苦难肆虐的时代，极有可能是文学艺术大放异彩的时候。中国有部电影叫《黄土地》，里面去陕北采风的八路军战士，问耕地的老农，陕北的民歌成千上万，怎么能记得住呢？老农回答说："日子苦了就记住了！"老农的这一回答，蕴含着其饱经沧桑的经历，道出了民族艺术作品的真谛，那是苦难的记录，是生灵的呻吟和呼唤，是痛切的"心灵之歌"。可以说，东亚国家自近代以降一直就是在痛苦中走了过来。但近年流行中国的尽是不关痛痒的肥皂剧。我要说，所谓"韩流"，可以引起年轻人一时的兴致甚至模仿，但绝不会产生撼动人心的艺术效果！我了解到，韩国政府也制定了文化发展战略，但其内容竟然是把"文化"作为一种产业来做，要把"韩流"造成的影响进一步扩大，由中国而及东南亚，目的是赚取更多的外汇。不客气地说，这一决策的目标太功利了。

中国也有类似的情况。最近 25 年，中国发生了历史上空前未有的巨变。由于社会一直处于转型状态，各个阶层的民众经历着生活状态、人生境遇的不同转换，为文学创作提供了极为丰沛的生活资源。然而，像路遥那样把普通民众的艰难困苦感同身受、呕心沥血、以生命来写作的作家是极为稀少了。在中国的现代化进程中，作家这一群体出现了分化，大部分转换了职业，走向了商海或政界，留下来的则成为先富裕起来的精神贵族，他们在豪华别墅、创作之家里构建情感空间，其作品要么是不具典型价值的社会状态的"零度"描摹，要么是钻入荒山野地的追艳猎奇，要么是帝王将相情史权术的铺陈渲染。数以亿计的百姓的经历，特别是为中国的革命和建设做出最大牺牲的农民的命运，我们只能在《大国寡民》《中国农民调查》这样的报告文学和一些媒体远未全面而深层的报道中看到。被誉为"人类心灵的工程师"的作家，却背向普通民众的苦难和情感，这是中国目前的文学创作的现状！

在这一方面，中、韩两国需要关注日本。我知道，包括我本人在内，无论是在中国还是在韩国，有很多人不喜欢历史上同属东亚文化圈的日本；但我在这里必须说，情感不能代替理智，现在我们确实需要认真研究日本。1945 年战败给日本带来的灾难可能与它给中、韩两国造成的危害和创伤相比并不对等，然而 20 世纪 40 年代末至 50 年代，这个民族确实是在悲哀、困顿和思虑中度过的。从 20 世纪 60 年代起，日本除了酝酿和创造了经济奇迹，在学术、文化上也引起世界的再度瞩目。仍以文学为例，亚洲国家除了 1913 年印度泰戈尔、1966 年以色列撒母尔·约瑟夫·阿格农获得诺贝尔文学奖以来，东亚国家没有人问鼎这一奖项，是日本的川端康成于 1968 年率先打破了这一沉寂。川端康成幼年父母双亡，后来祖父母和姐姐又陆续病故，孤独、忧郁伴随了他的一生。他的这种精神状态正好契合第二次世界大战后日本人的普遍心理，他的获奖作品《雪国》《千鹤》《古都》等"以非凡的敏锐表现了日本人的精神特质"。1968 年川端康成获得诺贝尔文学奖给日本民族带来极大的声誉。川端康成之后，大江健三郎于 1994 年再度荣获这一桂冠。获奖词说他的作品"通过诗意的想象力，创造出一个把现实与神话紧密凝缩在一起的想象世界，描绘现代的芸芸众生相，给人们带来了冲击"。他的作品有很大的自传成分。对于其创作生涯来说，1963 年是个非常重要的年头。在这一年里，他的长子大江光出世了。原本这应该是一桩喜事，却给这位 28 岁的青年作家蒙上了厚厚的阴影——婴儿的头盖骨先天缺损，脑组织外溢，虽然通过治疗免于夭折，却留下了无法治愈的后遗症。也是在这一年的夏天，大江健三郎去广岛参加了原子弹在广岛爆炸的有关调查，走访了许多爆炸中的幸存者，可以认为，这两件都与死亡相连接的事给这位作家带来了难以言喻的苦恼和极为强烈的震撼，使他把小的"死"（儿子大江光面临的死的威胁）与大的"死"（全人类所面临的核武器爆炸的死的威胁）联系在一起，认为死亡的危险正经常性地显露出来。这种思考又使得作者在生活中不得不时时意识到死亡，并且将这种生活态度自觉不自觉地与文学创作结合起来，使其作品具有较浓厚的人道主义倾向。可以说，这种题材是日本民族的，但其主题的意义和价值却是人类的、普世的。

由此我想到，中韩两国不是在急切地试图提升各自国家的国际地位和影响吗？从韩国足球雄霸亚洲、走向世界的野心和魄力，我们看到这一愿望是多么迫切和强烈！然而，我们作一个假设，以我们两国这么曲折坎坷的近代历程、饱尝磨难的心灵苦旅，如果能在文学艺术方面有重大的国际声誉，那其他民族看待我们的目光该是多么不同！有人视文学为社会有机体结构中的"软性"因素，但"软性"的文学就有如许的魅力和功能！我想再举个例子。对于美洲大陆，长久以来有多少人关注南面那块土地呢？然而 1982 年哥伦比亚作家加西亚·马尔克斯开始矫正了人们习见的印象和看法，他的长篇小说《百年孤独》"以结构丰富的想象世界，其中糅混魔幻于现实，反映出一整个大陆的生命矛盾"而获得诺贝尔文学奖。马尔克斯在接受荣誉回到祖国后，哥伦比亚总统为他授勋，称其为"民族英雄"。现在看来，虽然美洲的经济富庶之地在美国，但不富裕的拉丁美洲却以其"魔幻现实主义"创作手法一直影响着美国文坛，其中文学艺术起到了矫正、平衡器的作用。

上面的论述意在表明，构建当代形态的东亚文明是一项多么紧迫的工作，理应引起中韩两国政府和知识界的高度重视。因为文学艺术作为用形象化的手段表达情感的文明形态，更具有感染力和影响力，所以我们举这方面的例子要更多一些。

接下来的问题是，较之意识到文化建设和创新的迫切性，更重要、也更艰难的工作是如何进行文化建设和创新。历史上，东亚文化具有文史哲不分家的传统，近代以来，这种格局已经不复存在，更多的新兴学科的涌现，使我们必须在各个学科领域寻求突破和发展的基础上才能实现新的综合和创造。以下我想结合目前中韩两国哲学研究的现状谈谈未来形态的哲学的建构问题。我的看法：第一，目前我们在哲学研究的视角上必须有一个大的转轨；第二，"哲学之功外在于哲学"，只有全社会参与理论思考和探索，才有可能建构起新形态的哲学。

我了解到，就目前韩国哲学的研究状况看，在队伍构成、研究视域和理论倾向等方面，基本上是由西方哲学和东方哲学两部分组合而成的总体格局，而东亚哲学基本上指的是传统哲学，而且可能除了我所在的成均馆大学传统文化研究占绝对优势外，在其他学校和研究机构中，西方哲学的研究比重要更大一些，比如首尔大学哲学系 17 位教授中，只有 4 位教授从事东方哲学的研究，其余都是搞西方哲学的。这里我无意对这种学科格局作出评论，但我感到最大的缺憾是，在目前的韩国哲学研究中，有研究传统的、西方的，唯独鲜有研究当代的、现实的。

中国目前的哲学研究格局虽然要比韩国复杂一些，但也存在类似的问题。按照国务院学位办公室制定的学科条例，哲学属于一级学科，下面有 8 个二级学科，包括中国哲学、外国哲学、马克思主义哲学、美学、伦理学、逻辑学、宗教学、科学技术哲学，比如北京大学哲学系的教研室就是依此来设置的(宗教学科有两个，其余各有一个)。

就研究的实际情况看，中国哲学基本上就是传统哲学研究，近 20 年来，经过这一领域的学者认真地梳理、审慎地甄别、理性地分析，在学派、人物、思想的研究方面取得长足进展，目前这些方面的研究方兴未艾，也得到了国家的大力支持，比如由北京大学汤一介教授主持、耗费巨资编纂的《儒藏》将是惠及几代学人的文化工程。

西方哲学特别是现当代西方哲学的研究在最近 20 年也显得相当活跃。我们不遗余力地翻译名著、介绍人物和派别，年轻人纷纷出国，去哲学重镇或派别发源地求学，还有的幸运者甚至成为某些哲学大家(如哈贝马斯、罗蒂、德里达)的学生。辗转引入的学术思潮在国内引起一波又一波的震荡，起初是人文主义、科学主义各派别，之后又是哲学释义学、文化哲学等，最时髦的后现代主义也流行了几年，转换到"后现代之后"了。

除了中国传统哲学与外国哲学研究，在中国还有一个特殊的研究领域，就是马克思主义哲学，情况更为复杂一些，但是随着中国进入转型时期，当代中国对马克思主义的理解也由定于一尊走向多元，按照我的划分，目前，在中国马克思主义是在三种语境中理解和使用的。一种是"政治话语"，即宪法规定马克思主义仍然是中国建党立国的思想理论基础，政治家们仍然高举这一旗帜，但已经与马克思、恩格斯创立的马克思主义有很大区别，中国共产党几代领导人对马克思主义、社会主义理解上的变化，是一种紧密结合实际、抛弃书本上的幻想和传统观念、与时俱进的过程，此外，高举马克思主义的旗帜还反映了中国目前的领导人对过去一段历史的审慎态度，显示了他们一种圆熟的政治策略。另一种语境是"传统观念"，迄今为止有相当一部分政治家、理论家，特别是从事马克思主义教学和研究的学者还坚持一种苏联的和中国改革开放前的马克思主义观念，把马克思主义流传过程的一种特定形态误为马克思主义本真进行理解和阐释，在最近 20 多年中国迅速变革的现实面前他们非常痛苦，认为这一变化是对马克思主义的背叛。第三种语境是"学术对象"，包括一批中青年学者在内，鉴于 20 世纪大多数论者理解和接受马克思主义，并不是把它当作一种单纯的学术对象，而主要是将其视为一种诠释时代问题和解决现实矛盾的策略、手段来考虑的，他们强调今天的马克思研究要回到学术层面，真实地把握马克思的思想，把他、他的文本作为一个客观的对象来进行探究。应当遵循学术研究的一般原则和路径，先把评判"悬置"起来，不预设结论，尽量排除主观因素的左右和影响，进行客观性研究和分析。遵从逻辑和理性，而不趋同于权威和时尚，在对马克思文本的解释上不定于一尊，允许有多种观点和论断。

上述三个领域应该说是目前中国哲学研究的主导方向，除此之外的其他二级学科，其实是可以归属这三个领域的，比如，美学，就学者们的研究，主要分为中国传统美学、西方美学和马克思主义美学，其他情况也类似。

由于哲学本身的特殊性，哲学史在哲学研究中一直占有相当大的比重，以至于形成这样的看法，即不懂哲学史就不懂哲学。但我想说明的是，时至今日，鉴于哲学在建构未来形态的东亚文明和文化中的特殊作用，哲学研究绝不能无视现实、时代和实践。中国古代诗论中有一句话，叫"功夫在诗外"，意思是说创作一部卓越的诗歌作品，掌握诗歌创作技巧，比如规律、对仗、用典等是重要的，但更重要的是诗人的人生感悟和情感体味，是现实生活的实际事件或经验拨动了他的心弦，迫使他不得不用作品来表达、记录和宣泄。同样，这一公理也适用于哲学研究，即"哲学之功外在于哲学"，来自非哲学。要创建属于我们民族自己的、适应 21 世纪社会变迁的文化，不能一味地靠抒发思古之幽情，在故纸堆里皓首穷经，也不能靠移植一种外来的、哪怕是多么新潮、现代的文化，在他人的思路、框架内驰骋，而需要增强原创意识，面向自己国家的现代化实践，积极进行理论建树。必须明白，新形态的哲学不可能在现有哲学基础上产生，不可能是对业已存在的各派学说、理论进行分析、演绎和组合的结果。只有把全部热忱投注到经济全球化和现代化的实际进程之中，投注到活生生的社会实践和个体生命体验之中，才能创造出无愧于时代的理论。

进行哲学建构，绝不仅仅是哲学家的事情，需要全社会成员的努力。过去亚里士多德把哲学说成是"贵族的学问"，意指衣食不愁的有闲自由阶层的精英分子才能从事抽象思维的思考。这种观点影响深远，以致造成的印象是，只有公开打出哲学研究的旗号，从事专业研究，并且在这一领域有重要著述行世者，才有可能被归为哲学家行列，进而进入哲学史。其他领域的研究者则不具备这种优势和条件。其实，这种以所属领域或所从事的职业作为判别某人在本领域或专业中的地位的前提和条件的看法，在现代社会和现代哲学中遇到了强有力的挑战。它没有注意到，较之于古代和近代，在现代，进行哲学思考的主体或参与者的数量空前扩大了，不仅专业哲学家有哲学思维，而且各种非专业的社会成员(包括诸如自然科学家、社会科学家、政治家等，不只是有文化的知识分子，甚至包括普通民众)都以各自特有的方式，超越个人一己之功利考虑，生发出对宇宙、人生的一般问题哪怕是非常朦胧、模糊的看法。因此，现代哲学的存在形式或表现形态是多层次的或多样化的。从朴素的哲学意识、分散的哲学见解、固定的哲学观点、由观点连缀而成的哲学思想直至由理论家概括、阐述的哲学理论、由专业哲学家建构的哲学体系等，按照抽象程度由浅到深，表述方式由默想、口述到书面阐发，共同构成了现代哲学多重结构系统。这种情况下，还把关注的焦点局限于专业哲学家及其著述，而排斥其他形式的哲学存在形式或表现形态，还把未来哲学形态的建构单纯看成仅由哲学工作者就能完成的，显然是失之偏颇的。比如，在诸多关于20世纪哲学史的论著中，由于爱因斯坦的自然科学家身份而没有将其归入哲学家行列，但谈及对20世纪人类思维方式变革的影响，我不知道有哪几位专业哲学家的建树可以超越爱因斯坦？作为物理学领域具有里程碑意义的相对论怎么不能同时是哲学领域的一块界碑？在中国，由于特殊的历史和国情，迄今为止，在对社会状况的总体观照、复杂现象的准确把握、所存在问题的症结的深刻透视以及解决思路的可行性等方面，政治家显然要远胜哲学家，更不用说其思想的现实影响力了。未来的哲学形态必须靠全社会成员共同参与，积极进行理论思维和建构，然后在此基础上由专业哲学家进行概括、总结、提炼和表述。因此，这是一个全社会的、系统的文化工程。

古人把文化与思想研究看作"为天地立心，为生民立命，为往圣继绝学，为万世开太平"的崇高事业，旨在"究天人之际，通古今之变，成一家之言"。让我们为建构 21 世纪新型的东亚文明而做出自己的努力！

《光明日报》的"老作者"

到了我这般年纪，对于荣辱、毁誉和功名已经不太在意和挂心了，虽然还达不到"心如止水"的境界和程度，但确实感到一切都"无所谓"了。遵循内心的善意和良知，平淡生活和处事，在专业上能有所精进，也就可以了；至于外在的评价，我现在真的觉得并不重要了。

可是，最近有件小事打破了我这"静若安澜"的心境。起因是上个月 16 日，隶属《光明日报》系列报系的《中华读书报》副总编辑王洪波先生通过微信发给我一张照片，并附言说："《光明日报》有个内部的评奖，您 2019 年赐我们的这篇文章获评'好文章'一等奖。本来应该是上半年评的，今年因为客观原因，下半年才评出来。证书我晚一些寄您，再次感谢您！"洪波所提及的文章指的是 2019 年 9 月 11 日该报用三个整版刊发的我赴欧出席"马克思年"活动间隙断断续续写成的《追寻马克思的足迹——游欧札记》。

那么，这么一个报社"内部"的奖项，既不属于国家级和省部级，也并非专业评选出的成果，为什么还是让我内心泛起一丝涟漪，感到格外的温暖呢？因为它让我想到了与《光明日报》的缘分，以及与那些敬业的编辑们的交往故事。

检索我发表过的文章目录，发现自 1999 年第一次在该报发文至今，我在这个报系已经发表了 38 篇文章，其中《光明日报》27 篇、《中华读书报》11 篇，具体情况如下：

（1）《二十世纪中国马克思主义哲学研究的特点》，《光明日报》1999 年 3 月 12 日

（2）《应重视哲学"文体"问题的研究》，《光明日报》2001 年 2 月 13 日

（3）《马克思不是"哲学终结论者"》，《光明日报》2004 年 10 月 19 日

（4）《如何解读〈关于费尔巴哈的提纲〉》，《光明日报》2005 年 10 月 18 日

（5）《马克思文本研究的基础清理与方法论省思》，《光明日报》2005 年 4 月 19 日

（6）《〈德意志意识形态〉：在文本学研究的视野内》，《光明日报》2006 年 8 月 14 日

（7）《文本研究中的版本考证：必要性和有限性》，《光明日报》2006 年 12 月 11 日

（8）《马克思文本研究的一般图景勾勒》，《光明日报》2007 年 4 月 10 日

（9）《〈资本论〉再研究》，《光明日报》2008 年 4 月 29 日

（10）《文本研究与对马克思哲学的新理解》，《光明日报》2009 年 6 月 2 日

（11）《关于马克思恩格斯著作的"历史考证版"》，《光明日报》2010 年 10 月 19 日

（12）《重读马克思》，《光明日报》2011 年 7 月 4 日

（13）《"作为资产阶级社会的社会"症结及其成因》，《光明日报》2011 年 7 月 19 日

（14）《重估理论史对于理论建构的意义——再读〈剩余价值学说史〉》，《光明日报》2012 年 4 月 20 日

（15）《为什么要重新研究〈资本论〉》，《光明日报》2012 年 6 月 25 日

(16)《〈资本论〉研究的"当代"视角省思》,《光明日报》2013 年 8 月 27 日

(17)《文本研究与对马克思思想的理解》,《光明日报》2015 年 8 月 20 日

(18)《"原子论"对马克思哲学思想起源的影响》,《光明日报》2016 年 5 月 11 日

(19)《走进〈资本论〉的世界》,《光明日报》2016 年 5 月 31 日

(20)《文本研读是马哲研究的看家本领》,《光明日报》2016 年 6 月 24 日

(21)《"初心"的寻访——探寻切近的理解马克思的方式》,《光明日报》2017 年 10 月 31 日

(22)《基于文本探寻马克思的思想世界》,《光明日报》2018 年 4 月 9 日

(23)《马克思主义哲学史研究的开拓和深化》,《光明日报》2019 年 11 月 11 日

(24)《恩格斯的资本批判及其特征》,《光明日报》2020 年 6 月 15 日

(25)《恩格斯诞辰 200 年:致敬不朽!》,《光明日报》2020 年 11 月 27 日

(26)《〈资本论〉的"版本学"研究及其思想价值》,《光明日报》2021 年 9 月 13 日

(27)《全球化时代重读〈资本论〉》,《光明日报》2021 年 11 月 20 日

以下是我在《中华读书报》刊文的情况:

(28)《"回到原生态马克思主义"何以必要和可能?》,《中华读书报》2014 年 12 月 3 日

(29)《从利玛窦出发思索东西方哲学的融合》,《中华读书报》2016 年 2 月 17 日

(30)《探究马克思思想的原始状况——三部马克思文本个案研究新著简介》,《中华读书报》2016 年 10 月 19 日

（31）《马克思为什么没有完成〈资本论〉的定稿工作》，《中华读书报》2017 年 9 月 6 日

（32）《重新理解马克思与西方文化传统的关系》，《中华读书报》2018 年 1 月 17 日

（33）《走进文本：探究马克思复杂的思想世界》，《中华读书报》2018 年 4 月 18 日

（34）《追寻马克思的足迹——游欧札记》，《中华读书报》2019 年 9 月 11 日

（35）《"理解马克思"仍然是我们时代的重大课题》，《中华读书报》2020 年 6 月 10 日

（36）《理解恩格斯：七十五载人生，八个"生活驿站"》，《中华读书报》2020 年 11 月 25 日

（37）《为什么要展开对〈资本论〉的"版本学"研究?》，《中华读书报》2021 年 6 月 30 日

（38）《从哲学层面透视"大数据"》，《中华读书报》2021 年 11 月 3 日

需要提及的是，在以上所列篇目中，《重读马克思：文本与思想》《为什么要重新研究〈资本论〉》《全球化时代重读〈资本论〉》是用一个版面刊出的，《马克思为什么没有完成〈资本论〉的定稿工作》《走进文本：探究马克思复杂的思想世界》《理解恩格斯：七十五载人生，八个"生活驿站"》则占了一个半版的版面，而《追寻马克思的足迹——游欧札记》占据了整整三个版面！

在 20 多年的历程中，我不仅受到《光明日报》编辑的关照，更在与他们的交往中成为同道乃至朋友。基于此，我也尽自己的能力偶尔为报纸做点策划或组稿。上述文章中，《文本研究中的版本考证：必要性和有限性》《马克思文本研究的一般图景勾勒》《"作为资产阶级社会的社会"症结及其成因》《〈资本论〉研究的"当代"视角省思》《"原子论"对马克思哲学思想起源的影响》和《恩格斯的资本批判及其特征》就是我在策划"聚焦《德意志意识形态》""建立中国马克思主义研究的文本学派""经济现象的

哲学透视：马克思的视角""《资本论》研究""马克思与西方思想传统"和"纪念恩格斯诞辰 200 周年"等专栏时所撰写的笔谈。

除此之外，《光明日报》的一些通讯报道也与我有点关系。比如，2012 年是北京大学哲学系成立 100 周年，由薄洁萍撰写的通讯《中国百年哲学的微缩景观——北大哲学系纪事》①引起很大反响，这是我受系里委托联系她并提供素材、参与定稿的。此前一年，薄洁萍撰写的另一篇反映中央编译局翻译家群体感人事迹的通讯《一群人 一辈子 一件事》发表后引起的反响更为强烈，为此她与王斯敏合作撰写了后续报道《把马克思主义火炬传下去——各界人士热议中央编译局翻译家群体的报道〈一群人 一辈子 一件事〉》②，我作为编译局译本的受惠者和同行参与了评论。2013 年年初，北京大学哲学系德高望重的黄枬森教授去世，教研室其他在职同人当时正好在国外访问，在系留守的我参与处理了临终事宜和一系列吊唁活动，同时配合王斯敏完成了采访并写出报道《"耘马哲，育人杰"——追记著名哲学家黄枬森》③。2014 年 8 月 4 日，《光明日报》刊出了由王琎撰写的关于我的报道《聂锦芳：在文本中走近马克思》。由我主编的《马克思的"新哲学"：原型与流变》(中国社会科学出版社 2013 年版)一书出版后，该报很快就发表了由我的导师庄福龄教授撰写的评论《马克思主义哲学史研究的新收获》④。此外，"《资本论》及其手稿再研究"被评选列入"2012 年度中国十大学术热点"，我应约为此撰写了《专家点评》⑤。中央编译局主持拍摄的文献纪录片《思想的历程》播出后，《光明日报》召开了座谈会，学者们的发言被组合成整版以《中国怎样选择了马克思主义——〈思想的历程〉带给我们的启示》⑥为题刊出，我也忝列其中。

---

① 《光明日报》2012 年 10 月 22 日。
② 《光明日报》2011 年 6 月 27 日。
③ 《光明日报》2013 年 1 月 26 日。
④ 《光明日报》2013 年 7 月 9 日。
⑤ 《光明日报》2013 年 1 月 8 日。
⑥ 《光明日报》2011 年 8 月 8 日。

我们知道，如果在国外，自然科学领域的学者不必说了，即便是人文社会科学的研究者，也很少在报纸上发表专业论文；如果有热衷于公共问题讨论的学者在报纸上发文，多是一种溢出专业范围的社会热忱，一般并不会将其作为学术成果来看待和统计。但在中国，由于报刊特殊的性质及其所承担的责任和使命，特别是像《光明日报》这样的报纸，在社会科学研究和意识形态导向方面扮演着重要角色，不仅有专门的编辑部开辟的多个理论版面来编发专业论文，而且人文社会科学领域有重大影响的成果基本上都能在报纸上得到及时的报道，而各专业的著名学者也鲜有未在这份报纸上发表过文章的。正因如此，这样的报纸在知识分子心目中的分量就相当重，各高校和研究机构在统计学者成果时，不仅不会因为报纸上的文章篇幅短小而将其排除在外，相反，还要将《光明日报》等列为重点，享有与顶级专业杂志一样的荣耀。

就我来说，深知在中国的马克思主义研究中，基于文本、文献视角对马克思思想重新进行梳理、阐释和评论的思路和方式还没有被所有人认同和接受，不少论者并没有将其理解为马克思主义研究的永恒基础和一般路径，没有把研读经典视为马克思主义学习和研究者的分内之事。这种情况下，《光明日报》能够通栏醒目打出"建立中国马克思主义研究的文本学派"的标题，这种支持和理解对我及同道是多么大的鼓励和推动！20多年来，纯粹是基于对马克思主义学术研究的信念，我与几代编辑形成了高度信任、绝对纯洁的关系。同在北京，我们之间绝大多数情况下只是通过邮件和电话交流，很少见面，甚至有的根本没有见过面。行文至此，眼前浮现出一幕幕难忘的情景和画面：在北京大学教学二楼课间休息空隙接到薄洁萍的电话，与我一一核对《资本论》"四个笔记"写作的时间；去34楼南侧取快递的路上，与王洪波通过电话斟酌关于《重读马克思：文本及其思想》12卷本"自序"用什么标题更为合适；在办公室刚一落座，就接到计亚男老师和谭华发来的有领导要求修改笔迹的校样照片；从静园四院刚刚搭成的吊唁室出来，王斯敏还想去位于朗润园的黄枬森老师家里看看，于是我与她一起穿过未名湖前往；在中央党校召开的一个小型会议上第一次见到曹建文，但聊起来犹如老朋友一样；在蓝旗营逛超市时，接到刘文嘉约我写《文本研读是马哲研究的看家本领》的电话；在宁波召开的中国辩证唯物主义研究会年会主席台上刚发完言回到座位，就收到钟超要求微信联系的短信……

　　由于最近研究任务比较重，我抽不出大块的时间详细地叙述我在《光明日报》《中华读书报》刊发文章的原委、过程以及与编辑老师们交往的细节，只能留待计划中的回忆录《往事只能回味》的写作正式启动时再设专章一一清点。但作为一名"老作者"，我对这份报纸的感激将是永久的！

蹒跚起步的身姿

——博士论文后记

一、《找寻引渡当代哲学的舟筏 ——马克思恩格斯哲学观的 当代阐释》后记

　　经过反复思考、紧张行文和认真修改，论文至此完成了。光阴荏苒，回想开始动笔的时候还是酷热难耐的盛夏，而今已是和风微拂的初春了。书桌前各种版本的马克思恩格斯著述与其他形式的参考资料陪伴我度过了多少日日夜夜，写作的过程也是梳理、思考和反复的过程。在阐释伟人的思想的论述中，渗透的更多的是我自己的理解，或者说是我心目中的马克思恩格斯的哲学观及其现代命运。与动笔初始相比，我现在的心情自然是充实多了，也平静多了。我期望"在潮涨潮落之后自己真正能捡得几枚闪光的珍珠"，得到某种程度的实现与落实，这是我最感欣慰的！此外，需要说明的是本文临近竣稿之际，新版《马克思恩格斯选集》《列宁选集》以及《马克思恩格斯全集》中的三卷出版发行了，由我参加撰写的《马克思主义史》四卷本也陆续隆重推出了。

更为重要的是，博士期间学习视野的扩大，我由跟随蒋春雨老师学习俄语、翻译《哲学的价值》①等文而进一步了解到，马克思的著述是一个庞大的文献王国，最完整、最权威的版本还不是作为中文《马克思恩格斯全集》第一版母本的俄文版 Сочинения К. Маркса и Энгельса，而是 Die historisch-kritische Marx-Engels-Gesamtausgabe（简称 MEGA）。虽然因时间关系及其他原因我来不及根据新版著作的翻译修订全部引文，而跟随赖志金老师学习过的德语现在达到的水准还不足以流畅地阅读专业文献，但欣逢马克思主义研究在国内呈此盛势和国际视野的扩展，让我既倍感鼓舞和激励，又觉得以后的研究真是任重而道远！

本文的写作自始至终受到我的导师庄福龄教授的悉心指导。从师三年，先生坚定的马克思主义信念、严谨的治学态度与方法以及生活为人中体现出的哲人风范给我留下了极为深刻的印象，并深受启发和教益。谨在此特向老师表达感佩和谢意！此外，在论题选择、提纲论证期间，冯景源教授、余长彬副教授、梁树发副教授均提出宝贵的意见。论文实际写作时，马列所办公室、资料室的老师也给予了一定的帮助，在此一并致谢！

长达 22 年的学生生活即将结束，我得带着既往的积累和新的向往再次上路⋯⋯

一九九六年春

二、《哲学原论——经典哲学观的现代阐释》后记

呈现在读者面前的这本书是根据我的博士论文《找寻引渡当代哲学的舟筏——马克思恩格斯哲学观的当代阐释》修改而成的。根据这套丛书的意旨、体例和风格，我做了必要的删节：主要是删去对马克思恩格

---

① ［俄］托罗相：《哲学的价值》，《现代外国哲学社会科学文摘》1994 年第 8 期。

斯哲学观进行比较分析的一章，而将评析现当代西方哲学观的部分扩一为三；部分章节的题目也略有改动，使其在保持学术严谨性的同时，更加形象化和富有感染力。这样，本书就成为以马克思恩格斯为主而对现代西方哲学所阐释的"哲学"观念的系统检视。作为一门古老的学科，从产生之日起，哲学对其自我角色的认定便陷入旷日持久的争论当中，各种哲学派别和人物都表达了各不相同而又莫衷一是的理解，而且这些理解并不是集中的、系统化的，而是分散在形形色色的著述之中。这无疑为我的研究与梳理增加了不少困难，需要选择特定的视角，也需要具备较为成型的研究框架。我根据自己对哲学的理解（自然这种理解也来自对哲学史的熟悉和体悟），认为要完成对"哲学"这一特殊的社会意识形式的全面反思和把握，离不开回答"哲学是什么""哲学方法有何特点""哲学史的意义""哲学家有怎样的品格""哲学运动的社会性基础和功能是什么"这样一些根本性的问题；而这些问题也正好是处于转型时期的当代哲学有待澄明的难题。基于此，我把这一视角和框架引入对马克思恩格斯哲学观的观照当中，从这些方面体味他们对哲学的理解，把握他们思想的精髓；而对他们之后大体上属于"马克思主义"这一派别的哲学观，我注重它们在共同命题上所做的分化、拓展和重构；至于对于现当代西方哲学观，我则关注它们如何解决与传统哲学的关系、如何理解哲学的社会背景以及哲学的功能与方法。这种基于当代视角对哲学命运的考察，使我获得了新的感受和认识，原来茫无头绪的线索纷然清晰，对科学的哲学观的信念也更加巩固。我决不看轻历史上任何一个派别或人物对哲学哪怕是荒诞的见解，知道它们的提出无论是求矫枉过正之效，还是出于愤世嫉俗之故，无论是象牙塔内的抽象推演，还是饱尝"异化"的内在感触，不可能全无道理，但我最终服膺的还是马克思主义对于哲学的"实践唯物主义"的理解，只有将主体性与客观性统一起来的实践原则才是引渡当代哲学抵达彼岸的得力舟筏。在"引言"中，我曾慨叹这一科学的哲学观被长期误解的命运以及它的现实困境，而这一次实际研究和梳理更加使我明白，在哲学上新与旧不是正确与否的界限，有古老的真理，也有最新的谬见！

任何研究都是一个持续不断的过程，不会因为一本书的写就而结束。在接受过多年系统而连续的哲学训练和教育，也恪守"哲学之功外在于哲学"原则而向外求索之后，我就格外渴望表达一下自己的哲学观念。根据上述的理解，这将是一个以实践唯物主义为前提、包含了元哲学、哲学方法论、哲学史论、哲学家和哲学的社会背景论的"哲学学"体系。特别是其中的"哲学家论"，旨在对这一在社会成员中颇为特殊的群体给予整体观照，是我每一念及便心旌飘摇的课题。本书不过是为这一体系的建构做些基础性工作。虽然去年以来由于工作性质的变动和研究方向的调整，我现在还难以回到原来的课题，但假以时日，我将尽力完成自己的构想。这里开出"空头支票"，意在督促自己尽早兑现。

当我修改完这本书的时候，掷笔转视窗外已是满目春晖。和风微拂，正是最惬意的时候。我是一个不会作诗的人（当然少年时也做过此梦并有所尝试），但常常注意写作时的心境体验和时空氛围。遥想这篇论文进行议题论证（博士课程里叫"开题报告"）还是在 1995 年元旦，一个飘洒雪花的日子，中国人民大学几位老师于举行联欢会的间隙在资料楼七层会议室，耐心地听我陈述，与我讨论。其中有我的导师庄福龄教授和冯景源、梁树发教授，双目失明的余长彬教授在其夫人钱学敏教授搀扶下也来了，使我颇为感动。之后，又经过半年多的资料积累和思想沉淀，到实际动笔写作的时候已是酷暑难耐的盛夏了。让笔下的思绪与背上的汗水一起流淌，反倒有一种难言的妙趣。夏秋嬗递，秋冬转换，在 1996 年元旦来临之时我终于为论文画上了句号。记得竣稿那天晚上，我特地到室外去走了走，寒风袭来，挡不住做完一件事后从心底荡漾出来的满足感。而今，当我再一次对论文进行修改并交付编辑时，倏忽间又是一年了。时光如流水一般逝去，留下的就只有这些问题和思考了。渡过人生的方式多种多样，我当然也未必总会拘泥于一种，但我知道笔墨的完成是最持久的、耐人寻味的。

最后，对在论文写作、答辩和出版过程中给予真诚帮助的师友们表示感谢！除了上面提及的，其他人还有：金顺尧教授、施德福教授、崔自铎教授、赵光武教授、赵家祥教授、赵凤岐研究员、陈中立研究员、丰子义教授、齐振海教授、宋一秀教授、冷溶同志和张新博士、魏小萍博士等。

1997 年 3 月 20 日

走进《资本论》的世界

一

　　纵然时光飞逝，也抹不去记忆中 23 年前
(1993)我进入中国人民大学马列主义发展史研究
所攻读博士研究生时，第一次走进马列所资料室
所遭逢的一幕。外面的房间是整齐的中文书刊，
通往里间的房门却锁眼生锈。我问图书管理员吴
灵芳老师里面是什么东西，她说她也不清楚，印
象中自打她来上班这扇门就没有被打开过。好奇
的我纠缠她能否打开来看看，吴老师费了很多周
折才找到钥匙把门打开。眼前的情景令我感到震
撼：书架上落满了厚厚的尘土，抹开一看，全是
苏联和民主德国赠送的俄文、德文资料。除了经
典作家的作品和《真理报》影印件外，还有大量考
证马克思著述写作、修改、整理、编辑过程的参
考文献，其中《资本论》占了很大的部分。

　　从此，我自觉地开始了对马克思著述总体情
况的全面性摸底和梳理。我最终了解到，马克思
一生都在创作和思考，但生前发表的论著不到其
全部著述的三分之一，且其中已完成的定稿也很
少，大部分是成型稿之外的准备材料、先行稿、

最初草稿、过程稿、修改稿、誊清稿、刊印稿、失佚稿以及其他相关材料。在不断的学习和思考中，我意识到，要全面而准确地把握马克思的思想，单纯依靠现成的著述、教科书的概括和他人的阐释看似方便，实则太过轻率、武断乃至"冒险"；只有进入马克思的著述本身特别是他的原始手稿之中，才能够理解其思想的复杂性、丰富性和逻辑性。

博士毕业后，我到中央文献研究室（现中共中央党史和文献研究院）工作了两年，1998 年被调入北京大学哲学系任教。北大哲学学科一向有注重文本、文献基础研究和理论分析的传统，并且在中国首先开辟了马克思主义哲学史学科方向。2000 年 5 月 5 日，北京大学成立了国内高校中最早的"马克思主义文献研究中心"，并委托我专门从事搜集文献资料的工作。我花大量的精力悉心搜集了德、俄、英、中等各种版本的马克思著述及大量相关研究资料，特别是当时除中央编译局外其他高校和研究机构还很少收藏的《马克思恩格斯全集》历史考证版（MEGA）。其中《资本论》自然也是重头戏。

资料的搜集也为我个人的专业研究提供了便利条件。在扎实的文献积累的基础上，我对马克思文本研究史进行了系统的回顾和清理、对既往的文本研究方法进行了深刻的反省，并逐步展开了对马克思文本个案的深入研究，特别是《德意志意识形态》的解读工作，其成果结集为长达 73 万字的专著《批判与建构：〈德意志意识形态〉文本学研究》，这也是我关于马克思主义研究中"文本学研究"范式或方法的一种尝试。此书出版后入选"国家哲学社会科学成果文库"，获得过赞誉，当然也有一些批评乃至质疑。在此基础上，我做了反思，按照既有的规划，把研究重点转向了《资本论》及其手稿。

这是一个多么丰富、复杂而深邃的思想世界！

谈及《资本论》，除极少数文献学家外，过去相当多的读者基本上都将其视为一部"俨然已经完成了的著作"，论者也多是借助"成型"的三卷"通行本"来展开研究和阐释。现在看来，这是缺乏真实、完整而权威的文献基础的。随着 MEGA² 第二部分"《资本论》及其准备著作"15 卷 23

册出齐，再加上第三部分"书信卷"第8—35卷大量涉及《资本论》的通信和第四部分"笔记卷"第2—9卷作为《资本论》准备材料的四个笔记等文献的发表，马克思准备、写作、修改和整理这一著述的曲折过程被直观而完整地再现出来，同时也表明，《资本论》实际上是一个庞大的"手稿群"，其中包括了"笔记"（"巴黎笔记""布鲁塞尔笔记""曼彻斯特笔记""伦敦笔记"和正在编辑的1856—1857年"危机笔记"）、"初稿"（"1857—1858年手稿""1861—1863年手稿"和"1863—1867年手稿"）、"整理、修改稿"（德文第1卷6个版本；第2、第3卷马克思手稿、恩格斯修改过程稿和恩格斯出版稿）和"书信"，这也说明《资本论》"实际上仍然处于一种日益发展的进程中，处于一种没有完成的、开放的，并且是具有疑惑和困境的发展过程中"。与此相关，《资本论》叙述结构的变迁也是一个重要的研究领域，其框架经历了两卷本著作——三本书计划——五个分篇——六册计划——九项内容——两大部分——三卷四册结构——四卷内容的曲折变迁，浸透了一个思想巨匠整整40年殚精竭虑的探索过程。如果不将这些文献纳入《资本论》研究当中，怎么能准确而全面地把握马克思的原始思想呢？

对于一个复杂且产生了巨大历史影响的思想家来说，其观点和理论的丰富内涵不完全体现在那些表述明确的论断中，而是深藏于对这些观点和理论的探索、论证过程中；就《资本论》而言，尤其是如此。如果我们仅仅将它视为一本严厉批判、根本否定"资本"的作品，一部单纯的政治经济学著作，在哲学上只是对唯物史观的运用与检验，根本体现不出马克思资本批判的多重思考和良苦用心。所以，研究者必须站在世界学术研究的前沿，以权威、完整和准确的文献资料、版本作为重新研究的基础，并且通过扎实的文本、文献内容解读才可能将其宽广的思想视野、深邃的历史意识和深刻的哲学蕴含全面地展示、提炼出来，在此基础上，再结合对20世纪资本批判史的梳理、结合目前资本全球化的发展态势来重新理解和评价《资本论》中的资本理论及其对资本逻辑的批判，以确立其思想史地位和当代意义。

2015 年 3 月至 2016 年 2 月，我受邀到德国进行合作研究和学术访问，在位于莱茵兰-普法尔茨州的特里尔——马克思的故乡度过了一年的时光，利用这次机会，我详尽地向德国同行介绍了中国近年来关于马克思文本、文献及其思想包括《资本论》研究的进展情况；而与这些数十年专注于马克思文献编辑和展览的专家的交流，对他们工作情况的了解，也使我感慨良多。

在古老、静谧而美丽的特里尔，我居住在距离城中心 6 000 米的 Ir-sch 小镇，在镇口靠近马路的地方有一块墓碑，上面写着："Ich will euch Zunkunft und Hoffnung geben（我也想给你未来和希望）"。每次路过我总会停下脚步观瞻一番，看着它，总让我思绪绵绵。再过两年的 2018 年，将迎来马克思诞辰 200 周年，作为业已启动的"马克思年"国际学术咨询委员会成员，我也将重返特里尔，届时我将拿出什么样的《资本论》研究成果献给马克思及其故乡呢？

写于 2016 年 5 月北京大学人文学苑 2 号楼 236 室

刊登于《光明日报》2016 年 5 月 31 日第 10 版

二

数年之前，一则《金融危机促使〈资本论〉热销》①的简短报道曾经被广泛转载。然而，随着时光流逝，仔细追踪就会发现，这仅仅是一则有关社会事件的新闻报道，此后带有专业性质的研究，特别是深刻阐明《资本论》与目前席卷世界范围的经济危机之间的复杂关联的讨论却并未深入展开，有严格学理支撑的研究论著仍然相当鲜见。这说明，目前的金融危机只是提供了重新研究《资本论》的社会诉求和外部氛围，它并不必然带来研究水准的自然提升。鉴于以往马克思主义研究中存在过的相

---

① 见 2008 年 10 月 16 日《日内瓦论坛》(Geneva Forum)

当惨痛的经验教训，我们必须认真思考《资本论》研究的"当代性"问题。

在我看来，对于《资本论》研究而言，"当代"确实是一个特定的视角，以此为基点当然可以"激活"文本中一些过去关注不够乃至被忽略、被遮蔽的思想；然而，如果不注意限度和界域，它又会造成一种新的"片面"，致使另外一些思想被忽略、被遮蔽；时易世变，到那时我们又必须回过头去反复"折腾"文本——这样，不同阶段的研究之间就只有否定、"断裂"，而少有传承和积累。

比如说，过去"冷战"时期，在对《资本论》主旨思想的阐释和概括中，我们特别强调的是：它对"资本""从头到脚，每个毛孔都滴着血和肮脏的东西"之本性的揭露，和对资本主义残酷的剥削制度的批判；它作为"工人阶级的圣经"对国际共产主义运动和革命的指导作用；将辩证法、认识论、逻辑学融为一体而形成的"《资本论》的逻辑"；对生产力与生产关系、经济基础与上层建筑及其辩证关系的原理的论证；矛盾分析的方法、阶级分析方法和逻辑与历史相统一的辩证方法的运用；对人类社会发展"五形态"理论的阐发等。而现在身处经济全球化时代，很多论者又从中读出：资本本性的二重性、劳动与资本关系的调整和变化、"资本的逻辑"及其结构化特征，对国家与市场关系和"虚拟资本"的新思考，"存在论"哲学、"生存论"转向"现代性"内涵，"社会有机体"结构学说和以"人的全面发展"为尺度的社会发展"三形态"理论等。这样，随着时代变迁和社会思潮的转换，《资本论》研究成为一种"忽左忽右""可左可右"的随意性言说和"时尚化"追求，而缺少了科学性、客观性和恒定性。

究其实，在上述两种不同时间段的讨论中，阐释的观点相异，但研究方式却是一致的，即都不是从文本本身出发去勾勒问题、阐释思想，而是从时代"问题"出发去观照文本。而作为研究出发点的问题，并不自文本中来，而是在研究者介入文本之前就摆在那里了，它们一般主要来自三个方面：一是当代社会实践中的所谓重大问题；二是目前流行的社会思潮或哲学观念；三是研究者个人感兴趣的问题或者自己创设的观点。由于解读者研究《资本论》的目的，不是为了或者不仅仅是为了弄清马克思文本及其思想的原始状况，而首先在于寻找对现有问题的说明、解释和论证，动机如此"功利"，自然会使得解读者在解读时省略文本研究的许多必要步骤。比如，他一般不会对《资本论》的全部著述做通盘考虑，特别是那些散乱的但篇幅巨大的手稿和笔记等会被弃之不顾，而往往只会选择那些成型、定稿的部分；同时对成型、定稿的作品他也不会全面研究，而是从中挑选那些表述明确、与自己所关注的问题相关的段落，即根据当代问题到文本中去寻章摘句。毫无疑问，按照这样一种解读思路，文本本身只被置于工具或者手段的地位，《资本论》思想的完整性必然被严重地肢解。

而按照我的理解，《资本论》的思想是一个"结构"，上述不同的观点、论断和思路确实以各种方式或隐或现、或系统或零散地存在于马克思庞杂的手稿中，但它们在《资本论》思想"结构"中的地位是不一样的。可以对其当代价值和意义进行重新评价，但不能不顾文本、论证过程和逻辑而天马行空地阐释，不能借口体现当代性、实践性，为图解和论证现实中的重大问题而肢解文本、寻章摘句和断章取义，不能为了与当代流行的哲学观念和社会思潮相挂钩、相匹配而把字面符码相同、但含义有很大变迁的思想抽象出来无原则地讨论，不能借文本研究之名肆无忌惮地阐发自己的思想，不能热衷于生造拗口、晦涩乃至别扭的名词、概念以掩盖对文本内容的肤浅掌握，却称之为"创新"和"发展"。

还有，精深的文本研究绝不能面对一部现成的、经过别人编辑而成的著述就进行解读，必须对文本写作的原初背景和写作过程进行考察，对该文本原始手稿的各种版本进行甄别，比如，迄今为止，对于《资本论》第 1 卷的研究，几乎所有的研究者依据的都是由恩格斯整理的德文第 4 版，但 1867 年出版的德文第 1 版只有 6 章，而 1872—1875 年分册出版的法文版则扩展为 8 篇 33 章，1882 年的德文第 2 版又修正为 7 篇 25 章，1887 年的英文版则为 8 篇 33 章（与法文版也不完全一致），而 1890 年的德文第 4 版确定为 7 篇 25 章。这些不同版本之间不仅在字词、段落上有非常多的改动，而且在结构上、内容上也有比较大的差别，用马克思评论第 1 卷法文版的话说，都具有"独立的科学价值"。过去的《资本论》研究没有注意到这些问题，如今我们已经有了极为丰富的材料，而且根据不同版本的比较有可能对马克思不同阶段的思考、反省和重构的工作进行了解和探究，难道还要弃之不顾吗？

我国马克思主义哲学界一直在为马克思思想的当代性作辩护，而且大多数学者认为突出"问题意识"是解决这一问题的不二法门或唯一途径。然而这种思路只是一种循环论证：它从问题出发，到包括《资本论》在内的马克思文本中找到了关于这些问题的说明，以为这就进一步证实了该问题的重要性，最后又回到该问题。实际来说，这种循环对于该问题本身没有增添多少信息量，因为就它所关涉的社会现象而言，《资本论》的时代肯定不如现在这般复杂和多样。当然，对于我们时代的问题，单纯从马克思文本中发掘，也并不能为这一问题的当代解决找到真正的出路。

而从《资本论》文本本身出发的思路，虽然最初提炼和抽象的是文本中的问题和思想，但上述各项细致的工作已经廓清了它们产生的文本背景、原初含义，以及不同思路和意义演变与当代体征，这样我们既能看到历史的延续和累积，也能把握创新与重构的机缘，使马克思原始思想的当代价值真实地呈现出来。而这种方式超越其他群体的观照的意义在于，在思想史的进程中凸显了《资本论》及其思想的价值，这是那种动机极为"功利"的、旨在单纯图解社会现实问题和流行的思想观念而研读文本的方式所不可能达及的收获。

我们看到，这样的《资本论》研究并没有回避现实性问题，而是把对历史原貌的追寻、思想史的考辨与对现实的观照、省思联系起来。回到本文开头提到的那则新闻，善良的读者希望在《资本论》中找到拯救目前金融危机的药方；但仔细地甄别就会发现，这种思路混淆了历史与现实、文本与实践之间的界域，试图使《资本论》卓越的思想所具有的方法论价值，体现在对纷繁复杂的时代课题的直接解决上，这是可能的吗？

这种对马克思的理解、对《资本论》的探究是更深邃了还是更肤浅了呢？这种"当代性"诉求是一种合理的期待还是过分的苛求呢？从资本所开辟的"世界历史"的运演看，今天与《资本论》的时代相比，虽然尚有诸多本质上的相似性、同构性，但在社会结构要素增多、社会现象空前复杂等方面，已经发生了很大的变化，这提醒我们，必须注意《资本论》当代解释力的界域，正视时代变迁所导致的差别，写出它新的篇章，而这关乎新理论的建构，就是另一个问题了。

总之，我认为，在当代新的境遇下重新研究《资本论》，不是从现实问题出发去文本中寻求解决方案，或者单纯靠一个外在的理论框架或者当代流行的思潮和方法去"挖掘"和"阐释"其思想，而是在扎实的文本、文献研究的基础上结合对 20 世纪资本批判史的梳理、结合目前资本全球化的发展态势来重新评价《资本论》中的资本理论及其对资本逻辑的批判，确立其思想史地位和当代意义。

正是根据上述思考和思路，近年来我展开了与《资本论》相关的文献搜集、资料分析和思想重新阐发工作，已经发表了一些论文并且承担了几个课题的研究。李惠斌老师对我的情况比较了解，因此在他酝酿筹划和具体主持"马克思主义经典著作研究读本"丛书时，就邀我参与这项工作。起初考虑到我的研究比较个性化，所以表示赞赏却并没有答应介入，但后来在中央编译局课题招标期限已过的情况下，李老师仍再三约请我承担其中《资本论》读本的写作，我就不好推辞了。这是一个集体项目，丛书编委会提出的原则是"突出文献性和知识性""把握权威性和精当性""处理好'编'与'著'的关系"，并且特别要求作者"一定要严格按照框架结构来进行写作，以保证每本书在格式上的统一"。既然答应参加这套丛书的写作，我也必须严格遵守这些规定，而不能使写出来的东西个性化色彩太强。为此，我特地请我的第一个博士毕业生彭宏伟与我共同撰写此书。宏伟研读《资本论》多年，并且以《资本的"总体性"》为题撰写过博士论文，提前一年获得学位。我首先设计了整体框架、章节目次，然后自己承担了"导论"、第一部分、第三部分第一章、第四部分第三章、第五部分的写作和选编工作，宏伟则撰写了第二部分、第三部分第二章、第四部分第一、第二章，最后由我通读全书并定稿。杨洪源同学帮我做了文字录入等技术性的工作。在此谨向上述人员表达谢意！

可以预料，《资本论》研究还将继续下去。我希望，从文献（文本）、思想和当代性三个维度进行的融经济学、哲学与社会理论于一体的深入探讨，有助于将这一巨著的探究推向新的高度和层次。

2013 年 1 月 17 日北京大学静园四院马克思主义文献研究中心

［《马克思〈资本论〉研究读本》

（中央编译出版社 2013 年版）导论］

三

国际最具权威的《马克思恩格斯全集》"历史考证版"（MEGA）第二部分"《资本论》及其手稿卷"甫一出齐，北京大学马克思主义文献研究中心、哲学系就于 2012 年 12 月 31 日在北京大学主办了"《资本论》及其手稿再研究：文献、思想与当代性"学术研讨会，来自哲学、经济学界从事《资本论》翻译、编辑、教学和研究的专家、学者 30 余人与会。研讨会规模不大，但议题相当专业。如此集中而深入的研讨，在近年来国内马克思主义研究界是少见的，显示出目前文本研究所达到的国际视野和思想深度。大家感到收获很大，并对以后的交流乃至合作充满期待。张宇教授是这次研讨会的积极参与者并且首先在会上做了精彩的发言，会后他又主动提出将会议论文集纳入他所主编的书系，使我们的阶段性成果能够及时问世。在他的支持下，我根据各篇论文所探究的内容大致分成"文献（文本）疏证""哲学思想辨析""经济学理论探究"三辑进行了编排。这里谨向张宇兄及各位作者表达衷心的感谢！

此外，在日本东北大学攻读博士学位的陈长安虽未与会，但慨然将其与他人合作、刚刚获得"梁赞诺夫奖"的研究马克思 1857—1858 年"危机笔记"的论文发来，并同意收入；现在在德国洪堡大学留学的我的博士生李彬彬淘沙砺金，悉心搜集到我们过去几乎没有直接接触过的布鲁诺·鲍威尔两篇重要文章并进行了翻译，它们虽然不属于《资本论》研究文献，但鲍威尔对于马克思早期思想的影响以及他从"负面"的意义上启迪马克思决然地从"副本批判"转向"原本批判"、走上政治经济学研究之路的作用是不言而喻的，再考虑到对于国内研究者来说这些文献相当珍贵，因此我也将其一并收入；我的博士生杨洪源帮助我统一了格式、体例。他们是马克思主义研究的新生代，在此一并表达谢意！

从文献（文本）、思想和当代性三个维度进行融经济学、哲学与社会理论于一体的深入探讨，将有助于把《资本论》研究推向新的高度和层次，我们愿与国内外同行共同努力，使我们对这一重要文本的理解和阐释获得基于完整文献基础和时代境遇之上的新进展。

2013 年 1 月 5 日于北京大学静园四院马克思主义文献研究中心

[《〈资本论〉及其手稿再研究：文献、思想与当代性》

（经济出版社 2013 年版）编后记]

《清理与超越》后记

一

　　这本书是我对马克思文本研究的学术基础清理和方法论省思。较之于同类性质的论著，它格外注重资料的收集、细节的考证、过程的甄别、类型的划分以及相关问题的辨析，而尽可能把对马克思思想的重新解读、阐发、概括和评价留待我另外的著述来处理。之所以在这本书中采取这种方式，除了题旨本身的要求，于我而言，也是有意为之。

　　对于历史，我持一种"温情主义"的态度，特别反对利用"时间上在后"的优势任意臧否前人，或者凭借潮流和时尚全盘否定或颠覆传统。基于这种考量，我觉得，如果把在当代新的境域下对马克思的文本的重新解读看作一种真正的学术性研究，那么它自然就应当是一个积累和创新的过程；就是说，我们不是在一片"废墟"中起步的，并不需要一切从头开始。相反，应当首先考虑的是，这种研究已经有了100余年的历史，在过程中诚然有种种误读、曲解，但毕竟也积累了相当多的成果和经验；对于前者，我们当然要批评，而且必须纠正和超越，而对于后者，一个诚实的研究者必须有足够的了解，应当保持应有的尊重。因此，近年利用为北京大学马克思主义文献研究中心购买图书和积累资料的便利，我就格外用心于已有的学术基础的清理工作，其中特别是关乎马克思的手稿、笔记、藏书的保存、流传、马克思重要文本的首次刊布、马克思全集有独立价值的各种版本、马克思文本研究史上的重要事件、"通行本"研究中的遗漏、经典研究中的空白、马克思文本研究中的几种类型（诸如：战友和学生的阐释和宣传、政治领袖的理解和推动、文本研究中的"苏联模式"、"西马"的"嫁接"和"东欧"的"发现"、"马克思学"的归旨与 MEGA 版的编纂原则）以及近年西方马克思研究界有关"马克思主义之后的马克思"的提法所表征的新的研究动向……我都一一做了梳理和分析，更不用说对目前我国马克思文本研究的现状和哲学总体研究中的文本问题的分析了。

当然，对于马克思文本研究来说，进行学术基础的清理是必要的，但仅限于此又是不够的，清理的目的是超越。我非常清楚，在穿越一个多世纪的风雨征程、已经为数不清的人们所翻译、注释、解析和宣传之后，我们今天仍感到有重新研究这些文本的必要，暗含的一个前提是，过去的文本研究方式及其所取得的成就并不能完全令我们满意，或者说它尚有诸多需要改进、添补、转换、突破之处，需要一种全面而深刻的超越。甚至可以说，今天的研究能达到什么样的水准，取决于我们在过去研究的基础上究竟能超越到怎样的程度。这样，我近年在注重资料收集的同时，自然也十分关注文本的阅读和解释方式。我对西方文体学理论以及西方一些哲学派别所涉及的哲学文体因素及其相互关系的研究进行了系统的跟踪，进而勾勒出哲学文体问题研究的一般图景；围绕"马克思研究到底是一种什么性质的研究"这一焦点问题，我对文本研究所关涉的历史性与现实性、学术性与思想性、本真性与主体性、公度性与个性化以及文本研究与"比较研究""现实研究"的关系、比较的前提、比较的态度与比较的逻辑等进行了反省、思考和分析，进而形成我所理解的马克思文本研究的"当代方式"。

我把上述清理和思考累积起来，写成文字，于是就有了这本小书。

此外，还想说明的是，按照我自己的研究计划，这种学术基础清理与方法论省思仍然属于马克思文本研究的前提性工作，此后的研究将包括两方面的内容：一是文本的个案解剖或微观透视；二是文本的总体观照和宏观把握。这两项工作我们已经交错展开了。前者我选择了《德意志意识形态》这一文本进行全面性研究，依据原始手稿、MEGA² 编辑的最新进展和研究动态，从文献学的角度、运用解释学的方法，对其产生背景、写作过程、版本源流、文体结构、内容与思想、研究历史与最新动态以及现实价值与意义等多个方面一一进行翔实的梳理、考证、分析和阐发，已经完成了 50 余万字；后者在本书经过悉心梳理而统计出来的马克思文稿的基础上，我将对这些文本按照年代、思想、类型等归类，并一一进行新的解读，已经完成的包括对马克思中学文献、文学作品、《共产党宣言》创作史、作为《资本论》第四卷的《剩余价值学说史》的新的考证与分析等。

对马克思文本的重新解读耗费了近年来我几乎全部的科研精力，而且将持续下去。

二

在这里我还想表达一下近年从事这项研究所经历、体味到的复杂的感受和心绪。

我发现，把自己所属的研究领域、学科放在当代社会变动和哲学研究的总体格局中进行比照、反省和评判，已经成为一种我经常性的思维路向。孟子说："先立乎其大者，则其小者不能夺也。"此之谓欤？我并没有这样的自觉和自信，只是养成了一种习性。

最近 25 年来，随着中国社会进入有史以来最为迅速和巨大的发展时期，哲学这门古老的学科晚近以来一直在进行着艰难而痛苦的转型和变革。而在哲学所属的各个门类和学科中，马克思主义哲学的处境又是非常独特甚至可以说是相当尴尬的。用不着我来具体描述，大家心里都清楚那是一种怎样的境地！特别是对于我们这些起码现在还不打算离开这一研究领域的新一代的研究者来说，虽然新的学术环境、系统的学业训练和展宽的知识背景已经使我们与前几代学者有了很大的变化，但在其他学科的同代学人看来，我们仍然显得非常"另类"，我们的成果很少得到公允的评判，很多论者单纯根据研究对象来确定研究水准，实际上马克思主义哲学研究被排斥在主流学术之外。这样，在宽容的期待和执着的坚守、理解的渴望与变革的意向之中，我们这一群体所经历的内心的磨难就格外多一些。

按照我的性格，在遭遇困境的情况下，首先想到的是自己的不足。我感到，我们这一学科的研究之所以呈现出这样一种局面，原因很复杂，但从我们学者自己角度考虑，学术性不强的确是中国马克思主义哲学研究最致命的症结。迄今为止，很多人并不是把它当作一种学术对象来进行探究，而主要是将其视为一种诠释时代问题和解决现实矛盾的策略、手段来考虑，很多文章和著作不遵循学术研究的一般原则、路径和规范，选题趋同于流行的政策和见解，有些论者的研究并不是学者的作为。这些都影响着马克思主义哲学研究的学术声誉。从这一点上说，虽然受到别的学科的朋友的奚落，内心不大痛快，但我实际上是认同他们对目前中国马克思主义哲学研究状况的判断的。

那么，马克思主义是不是已经没落到已经退出学术舞台、不再具有研究价值或没有资格成为学术对象的地步？我想，绝不是！在这点上，我对那些单纯根据研究对象来确定研究水准、看到马克思主义就很反感的论者，尤其还是其他学科卓有成就的学者，非常不以为然。从功利的角度说，在人类思想史上恐怕没有一种思想体系像它那样引起如此广泛而持久的社会影响；从弄清作为19世纪中叶对世界社会经济状况及其未来发展趋向的一个深刻思考者的原始思想的角度，马克思研究仍有非常多的工作，甚至诚如本书的梳理所表明的，他的作品的全集尚未完全编就，对他的思想的把握还谈不上客观和准确，怎么能说对他的研究就该结束了呢？孔子的时代距今多少年？朱熹是什么时候辞世的？柏拉图、康德呢？对这些人物及其作品、思想的研究一直延续到现在，甚至有复兴之势；为什么马克思辞世才120余年，他的思想参与甚至一度主宰了20世纪世界的变革和发展，而从事这一领域的研究就不再具有学术价值了呢？目前国内马克思主义哲学研究的学术水平确实不高，但这不意味着这种状况不可以改变；学者的研究经常是一种个体行为，怎么可以把抱有不同态度、方式和意旨的研究者统统视为"另类"？

当然，还必须看到，即使从学术角度去研究马克思主义，也会有不同的研究方向。从国内马克思主义哲学研究的现状看，"现实问题研究"和"比较研究"是热点，而"文本研究"就显得相对冷门；即使是"文本研究"，人们对做版本甄别、史实考证的兴趣也不大，很多学者更看重用新的思路、方法、术语"挖掘""阐释"和"发挥"马克思的思想，以彰显其当代意义。我已经见到有的论者用讽刺的口吻，指责我的这种研究方式是"拿着显微镜的旁观考证活动"、属于马克思研究中的"文献考古"学，认为其"价值不大"；还有的论者认为马克思的文稿大多数是用德文写成的，因而文献研究工作就应该由德国人来做，"作为中国人，我们无法直接考证马克思的文本的真伪"，只能"通过方法论的自觉来提高理解原著的水平"。

我决不否认马克思主义研究对于我们国家来说所具有的特殊意义，因而同样认为"现实问题研究"和"比较研究"很重要，我自己也进行这些方面的研究；但我觉得，既然前面有"马克思主义研究"这一定语，那么无论是什么类型和方向的研究，都不能没有文本的基础、不能没有原始思想的支撑；而离开对版本、过程、细节的详尽考证和分析，对思想能有一种客观而公正的把握吗？我们过去的马克思主义研究经典作家的话语不能说没有引证过，但大多是离开这些话语产生的具体文本环境，或者把不同文本、不同阶段中的论述不加区别地撷取出来，直接套用，这样的研究方式还能继续下去吗？而那种按照研究对象所属语种来界定研究范围和研究水准的说法，俯拾就会被思想史上的一系列跨国度、跨语种的卓绝的研究成果和事例证伪；即使就马克思文本研究史来说，迄今为止，最重要的工作、最重大的成果其实还是苏联学者的俄文研究论著。我还想举一个例子，在MEGA版《德意志意识形态》工作小组成员英·陶伯特的文章①中提到日本、韩国学者的新看法，而后者的文章也多是用各自的母语发表的；那么，作为同样处于东亚的国家、而又以马克思主义作为建党立国基础的中国的学者还要继续放弃文本研究中的这一重要方面的工作吗？

老实说，做版本考证的工作确实是吃力不讨好的事，研究者费时甚多而成果却可能并不显著。即如本书从"书志学"方面对马克思一生撰写的著述和书信所进行的统计，耗费了笔者几个月的时间、翻阅了几十种书籍、编制了长长的书目清单，最后将重复者剔除，在进行计算的基础上才得出现在的结果，而且我随时准备根据新的材料进行修订和补充；至于对其中53部重要著述的写作与出版情况所进行的考证，更是贯穿了几年不间断的教学和科研历程，是点点滴滴积累而成的。在这过程中，我没有想到过放弃，但确有孤独之感。最终给我鼓励的是梁赞诺夫的传记作者提供的一个情节：为了考证马克思一篇文章中一个标点的有无，患着感冒的梁赞诺夫连夜从维也纳坐上没有暖气的火车前去伦敦查阅原稿，隆冬的车站上留下他提着皮箱，蹒跚上车的身影。那是80余年前的事情了，那时马克思主义还不是"显学"，作为第一代马克思主义文献的研究者，梁赞诺夫阐释马克思的思想显得非常慎重，没有文献依据是断然不敢做推论的；而今很多人认为对马克思的思想的阐释可以凭借一种外在的"方法论自觉"，仅靠灵性、思辨和演绎就可以了：我们是在进步吗？

以上的思考提醒我，在马克思主义研究中，学术的态度、文本的基

①　Tnge Taubert，"Die Überlieferungsgeschichte der Manuskripte der 'Deutschen Ideologie' und die Erstveröffentlichungen in der Originalsprache"，im *MEGA Studien* 1997/2.

础、比较的视域是非常重要的；而在文本研究中则一定要注重对资料的全面收集、对原著思想的客观、准确的把握以及做出属于自己独特的阐释和评价。

三

当然，尽管有上述内心的波澜与曲折，应该说，我的研究还是比较顺利的，因为我受到很多老师、朋友的支持和帮助。在我的阶段性研究成果完成之际，谨表达对他们的感谢之情：

我应当感谢我所在的北京大学哲学系的领导。他们一直公正而热情地支持马克思主义哲学研究，高瞻远瞩地成立了马克思主义文献研究中心。尽管中心成立不过 4 年时间，许多工作仍处于起步阶段或尚待展开，图书资料也远谈不上系统和完备，但毕竟我们有了一个平台，也有了一些基础。我自己只是部分地参与了中心的工作；但离开中心，我的上述研究工作大部分却是无法进行的。

我应当感谢北京大学哲学系马克思主义哲学研究群体。来北大工作以来，我一直受到各位老师的关心、帮助和提携。虽然我们这个群体的成员并不都是专门以马克思文本为研究对象，但在各自不同方向的研究中注重文本的基础意义却是一致的。我们并不想以所谓"学派"的大字眼来自我标榜，但在多年来的研究中，我们的马克思主义哲学研究确实有了一些自己的特点，它不以新潮和时髦取胜，而以扎实的文本功底、平实的研究风格、稳妥的研究观点见长，特别是我们中的部分成员几次联袂发表的笔谈①向学界展示了我们的观点和意向。

我还应当感谢"青年哲学论坛"的朋友们。这个由在京科研机构和高等院校部分从事马克思主义哲学研究的青年学者共同组织的系列学术沙

---

① 见《北京大学学报》2001 年第 6 期、《学术月刊》2003 年第 1 期、《北京大学学报》2003 年第 4 期、《社会科学报》2003 年 9 月 11 日。

龙活动，自 2002 年 9 月正式成立以来，除特殊情况外，大致每月都要开展一次活动。朋友们视野宽泛，态度认真，善于自我反省，又充满创新意识。无论是在国内积极参与，还是一年来阅读朋友们通过电子邮件发来新的讨论稿，我都从中受到多方面的教益。

我还应当感谢那些刊登我的论文的杂志、报纸的编辑老师们。本书中的一些内容曾经刊登在《哲学研究》《哲学动态》《中国社会科学文摘》《北京大学学报》《国外理论动态》《学术研究》《教学与研究》《天津社会科学》《求是学刊》以及《光明日报》《社会科学报》上，老师们的提携使我这些不成熟的肤浅之论有了问世的机会。

本书为我所承担的 2002 年度国家社科基金一般项目"马克思文本研究的历史回顾与方法论反思"（批准号：02BZX004）的结项成果，同时得到了教育部重点学科基金以及北京大学创建世界一流大学计划的经费资助，责任编辑胡利国先生付出了辛勤的劳动，在此一并表示感谢！

最后，我亦把这本书作为我所承担的国际学术交流项目"哲学文本的解释方法研究"的最终成果。2003 年 9 月至 2004 年 8 月我来到韩国成均馆大学访学，这使我有了一个非常集中的研究和写作的机会。在韩国，我度过了一年平静、充实而愉快的时光。在此，我要特别感谢成均馆大学东亚学院儒教文化研究的各位教授。成均馆大学是韩国儒学研究重镇，但他们宽容地接受了我这个来自中国的马克思主义哲学的研究者，并且给予我的研究和生活十分周到的关心和帮助，还先后多次安排我做演讲，介绍中国目前哲学研究的总体概况，尤其是"马克思主义与儒学关系史"及我自己的看法。这里的环境也让我很愉悦，平时不外出时，我早晚都要从我所居住的 GINKGO HOUSE 出来，沿着校园逶迤而上，直至首尔城墙遗址，有时则会走得更远；而当在研究中思路不畅、笔端滞涩时，我会去文庙古址，在"明伦堂"和"大成殿"之间的空地上徘徊，特别是那棵有 500 年树龄的银杏，令我遐思无限。

在这一年的时间里，除了进行自己的研究之外，我还与韩国学术界进行了广泛的交流，除成均馆大学外，还应邀在多所大学做过讲演和出席会议。通过与韩国同行的交往，我对韩国哲学社会科学的研究范式，特别是哲学研究的总体情况有了一个初步的了解。在此我要真诚地感谢那些邀请我讲演和出席会议、担任我报告的评议人和翻译的韩国同行们。

在这一年的时间里，我还多次外出，凭吊历史名胜、皇宫帝陵，游览名山古刹、湖泊滨海，参观战争遗迹、大型企业。这些活动使我体味到这个民族自古所遭受到的多重苦难、在夹缝中生存的尴尬，感受到50多年前的那场战争迄今为止挥之不去的隐痛与影响，更赞赏其在自然环境并不优越甚至可以说有点恶劣的条件下，经济上能够崛起，并在现代化进程中比较完整地保存着传统的礼仪、秩序等文明价值，当然，我也深深地感受到在当今经济全球化浪潮中、在目前复杂的国际关系格局中，这个国家所面临的两难处境和艰难选择，联系到因在现代化道路上正迅速发展而面临层出不穷问题和困难的中国，我对"东亚的价值"这一词汇的意义似乎有了更深切的体悟。

2004 年 8 月 5 日于首尔

《滥觞与勃兴——马克思思想起源探究》引言

一

　　我来到位于德国西南部莱茵兰-普法尔茨州的特里尔——马克思的故乡，不是做走马观花的旅游和蜻蜓点水的参观，而是要利用受邀来进行合作研究和学术访问的机会在这座小城安心地住下来，考察、凭吊、研读和思考，度过一段不算太短的时光，意欲使自己了解、感受和领悟到的东西比以往更为客观、准确和到位。

　　在这座被市政府网站标明为"德国最古老的城市"（在德国，不止一座城市声称其为历史最古老者，但特里尔市政府当仁不让地指称："公元前16年，罗马皇帝奥古斯都将这里建成后方重镇，这一年是特里尔的开始。"），方圆面积不大的城中心区域，很多古罗马时期的遗迹依然完整地保留着：作为该城标志的黑门巍峨矗立，由白变灰再呈黑色的巨型沙石外形饱经风霜雨雪的洗礼，静默地俯视着从门洞下经过的路人；站在君士坦丁宫大堂之内，抬头仰望高耸的屋顶，让人体验到何为真正的富丽堂皇，更令人惊诧的是，约 1700 年前建造这幢建筑时，其材料竟然全部运自埃及！而始终没有完工、现在外表呈断垣残壁状的凯撒浴场（Kaiserthermen）地面中央是一块偌大、碧绿的开阔地，根据拉丁文古文献才得以找到并挖掘出来的地下热水供应和排泄系统，如迷宫一般复杂却又井然有序，显现着古罗马工程和技艺的卓绝水准；可容纳两万余名观众的圆形剧场（Amphitheater）现在依然是每个季度都举办的古罗马音乐节（Antikenfestspiele）的理想场地，驻足于此，耳际依稀回荡着角斗士们激烈的搏击声和观众的欢呼声。这些建筑在后来均进行过修缮和装潢，但主体结构和样式一如当初，上千年未有改变，而且均分布在位于布吕肯大街 10 号和西蒙大街 8 号的马克思两处故居以及位于诺伊大街 83 号的燕妮故居的周围，步行最远不超过 20 分钟。源远流长的古罗马文明滤去时代的风尘、战争的残忍、王权的威严和思想的宰制，保存下这些恢宏的建筑艺术和更多的人文经典，处处彰显着辉煌、秩序、平等和尊严。马克思和燕妮就是在如此浓重的历史和文化氛围中诞生并长大的。

与高大而厚重的古罗马建筑、博物馆遍布的城中心不同，广袤的郊区则是马克思在博士论文"献词"中提及的"风景如画的山野和森林"①，大片的草地、茂密的树木，放眼望去，满目是绿；一年四季，即便是在冬天亦复如此，而夏秋时分则更是多姿缤纷。清澈而美丽的摩泽尔河从城市西侧穿过，在东南方向 10 千米处与萨尔河汇合，向东北延伸 100 千米到科布伦茨与莱茵河交接。沿着马克思故居博物馆前的大街往西走十几分钟就到河岸边了，宽阔而洁净的水面与两岸连绵的树丛，真正给人赏心悦目之感。低缓的红砂岩山坡上，则种满了葡萄，简单的架子齐整地排列在梯田上，远远望去，像一支支庞大的绿色军阵和乐队，这是著名的"摩泽尔-萨尔-乌沃"（Mosel-Saar-Ruwer）葡萄酒产区——哪有一丝马克思当年忧虑的"贫困"的影子啊！

我租住的房子距离城中约 6 000 米，位于特里尔东南方向的 Irsch

---

① Karl Marx, Differenz der demokritischen und epikureischen Naturphilosophie, Marx-Engels Gesamtausgabe, Ⅰ\1, Dietz Verlag, Berlin, 1975, S. 887.

小镇，一栋栋二三层小楼分布在一条由湿地和树林构成的宽阔而低矮的谷地中，谷地的缓坡向东西方向延伸。初来乍到，这里的干净和静谧让我感到惊讶。家家窗明几净，连屋顶的玻璃也没有尘垢。我住所的窗户临街，偶有汽车和行人经过，住过大半年后，有一次我特地用手抹了一下窗台和玻璃，几乎没有一点脏的痕迹，屋里地上的纤毫原来是自己衣服上掉下来的。据说季羡林曾经描述过，他当年留德期间所居住的小城哥廷根有家庭主妇用肥皂水清洗马路，在此我倒是没有看到（我在布鲁塞尔郊外的小镇上见证了这样的场景），但也没见过有清洁工来打扫街道：每一户的垃圾都用专用塑料袋严格分类装好，放到垃圾桶里，每周一次有专门的卡车来拉走。除此而外，印象最深刻的，就是这里治安状况的良好了：家家没有围栏，更不用说院墙了，窗户挨着马路，从外面看里面一览无余，白天有白纱绸遮挡，晚上放下卷帘就可以安然入睡了。

那么，这里人们的生活状况是怎样的呢？以我的房东库尔特·维罗尼卡（Kurt Veronika）为例，年过七旬的他属于马克思毕生所关注的典型的普通工人阶层，退休前是刀具公司的技工，现在与其典雅的妻子施尔根（Schergen，退休前是小学教师）住在一栋属于自己的单独的三层小楼里，靠退休金生活，平时料理家务，偶尔外出度假，日子过得富足而安逸。在 Irsch 小镇居住的人基本上也都是这样的生活水准和状态。从我的住地 Husarengäßchen（我也不明白这个词是什么意思，很多特里尔大学的人都不知道这个街道，但在谷歌地图上可以搜索到）5 号出来，沿着一条布满青苔的小巷走 100 多米，再右转向北 50 米是一座教堂，路东则是一块墓地，镇上去世的人一般都被安葬在这里。每到星期日，人们都汇集于此，来做礼拜。如果是国家法定节日或者宗教节日，来的人会更多，旗杆上还会挂上四面彩色旗帜，并邀请乐队来演奏助兴。午后，做完礼拜的人们会聚集到外面的草坪上，汽车运来成箱的啤酒，人们喝酒、吃点心、聊天，非常尽兴。每见我走过来，总会有人热情地与我打招呼，有的竟知道我是中国人（我估计是房东跟他们说的）！还有学生见我是个外国人，也凑过来，要单独跟我留影。我平时是拒斥喝酒的，但在这样情意浓郁、阳光温暖的下午，接过一杯喝下去，真正感到沁人心脾。

　　Irsch 距离特里尔大学坐公交有 5 站路，只需不到 5 分钟，但如果没有特殊事情需处理，我宁愿花 40 分钟步行前往。沿途风景养眼而悦情。中途路过另一个小镇 Filsche，路边有一座标明建于 1846 年的黄色小旅馆，现在已经不再使用，但特里尔人还是将其保留下来，定期清洗，还特地在此设置了一个公交站点，就以 Filscher Häuschen 来命名。此外，我还发现，从 Irsch 出来，经过 Filsche、Tarfost 两座小镇，再到大学，路途不过四五千米，竟然有六个足球场！这里的中小学绝大多数只上半天课，一到下午，各个年级的学生都活跃在操场上。在一个足球场围栏的绿色匾牌上醒目地写着："Fußball ist Zukunft"（足球就是未来）。

　　作为一个"异邦人"，一次又一次目睹马克思故乡百姓如此这般的生活情形，不禁令我豁然开朗：这不就是《德意志意识形态》手稿页边上插进去的那段话所描述的状态吗？——"任何人都没有特殊的活动范围，而是都可以在任何部门内发展，社会调节着整个生产，因而使我有可能随自己的兴趣今天干这事，明天干那事，上午打猎，下午捕鱼，傍晚从事畜牧，晚饭后从事批判，这样就不会使我老是一个猎人、渔夫、牧人或批判者。"①当然，随着社会的发展，他们不再需要打猎、捕鱼和从事畜牧等体力劳动，而是有大量的时间休闲、娱乐和度假，或者自由支配，而工作期间则一丝不苟、专注而敬业。在这号称"资本主义"的国家，尽管现在存在经济复苏乏力、难民涌入等危机，甚至报纸上不时还会有"大众买不起大众汽车"之类的讨论，但在这座古老、静谧而优美的小城，至少从表面上看不到分工、等级、地位、名誉、政治、资本、金钱对普通人生活的操控、支配使其产生的焦灼和压力，他们活得自在而适意——马克思的故乡现在没有他毕生所批判的资本明显作用的痕迹，

---

　　①　马克思、恩格斯：《德意志意识形态》，《马克思恩格斯选集》第 1 卷，人民出版社 2012 年版，第 165 页。

多么耐人寻味、发人深思！

有一段时间，我几乎每天上午都要坐车从住地到位于市中心的马克思故居博物馆，和距此仅隔一个广场的燕妮故居去。当中午我在车站等车回家时，总会特意从远处认真端详这两座均为三层楼房的巴洛克建筑，燕妮故居更豪华和气派一些。遥想当年这对禀赋特异、聪慧睿智的少男少女情窦初开、激情无限的情景，也会在心目中习惯性地反思百年来对马克思思想所做的形形色色的理解和诠释，真是让人感叹不已。

在 Irsch 镇口靠近马路的地方有一块墓碑，上面写着："Ich will euch Zukunft und Hoffnung geben"（我也想给你未来和希望）。每次路过我总会停下脚步观瞻一番，看着它，总让我感慨良多，思绪绵绵，想到自己的祖国，想到自己的故乡，想到我们以往所理解的马克思主义，特别挂心那些终日为生活奔波、辛苦，在贫困、卑微、恩怨和焦虑中度日的父辈和兄弟姐妹：这样的生活是不是他们的"未来和希望"？我们正在建设着的中国特色的社会主义与经典马克思主义到底是什么关系？

二

位于特里尔市中心布吕肯大街 10 号的马克思故居，是一座建于1727 年的巴洛克风格的楼房，临街三层，后楼也有三层，中间是天井小院，前后楼二三层之间由走廊连接，后院是一个小花园。房子的外形色调几经变化，现在是白色的墙壁、暗绿色的门楣和窗沿、乳白色的窗框。马克思的父亲亨利希·马克思于 1818 年 4 月租下这所房子作为其处理律师事务的办公室，同时也供家人居住。这所房子几经所有者变迁、整修和扩建，甚至很长一段时间特里尔人也并不知道它是马克思的诞生地。1904 年它被"重新发现"——人们找到了 1818 年 4 月 5 日的《特里尔报》上亨利希·马克思有关迁入 Brückengaße 664 号的搬家告示。①同年 5 月 5 日马克思在此出生(现在故居门前右侧墙上镶嵌着黑色的马克思头像浮雕,下面用金色德文写着:"卡尔·马克思于 1818 年 5 月 5 日出生在这栋房子里"),一年半后全家迁往现距离黑门不远的西蒙大街 8 号(马克思在此居住的时间长达 16 年,现在一层是一间很小的服装店,二层是一家眼科诊所,三层和阁楼原来是马克思和家人的卧室,现在没有使用)。1928 年 4 月,德国社会民主党(Sozialdemokratische Partei Deutschlands,简称 SPD)购买了这栋房子。犹太建筑师古斯塔夫·卡塞尔(Gustav Kasel)对其重新进行了设计和修复。1933 年 5 月它被纳粹党没收,第二次世界大战后又回归社会民主党,1947 年作为马克思纪念馆开放。1968 年它被托管给弗里德里希·艾伯特基金会(Friedrich-Ebert-Stiftung)。同年,值马克思诞辰 150 周年之际,作为马克思生平和事业的展览馆开放。1983 年,在马克思逝世 100 周年之际,房舍经过扩建和重新布展后成为一座新型的现代化博物馆,供世界各地的人前来参观。

这是德国境内唯一的关于马克思"生平、事业以及一直到现在为止影响广泛"的展览馆,引起人们兴趣的自然就是其展览的内容了。面对马克思曲折的生命历程、复杂的思想嬗变以及争议更为激烈的"马克思之后的马克思主义",它是按照什么样的方式来进行布展的呢?

目前的展览内容是 2005 年设计的,占据了故居大小不等的 23 个房间(包括连接前后楼的两个走廊)。其中第 1—17 号房间是关于马克思主义创始人的内容,分为"故居历史""青年马克思""政论家和哲学家""1848 年历史时代的转折""流亡生活""政治经济学—生活主题""马克思和工人运动""恩格斯和马克思主义"等专题,主要介绍了马克思一生的生活经历、思想演变和实践历程;除展板以外,还展出了一些重要手稿的复制件、原始照片、实物、多种语言文本的电子书籍等,还设计了多

---

① 参见 Museum Karl-Marx-Haus," Trier. Karl Marx(1818-1883): Leben-Werk-Wirkung bis zur Gegenwart Ausstellung im Geburtshaus in Trier",2013,S. 3.

种视频、影像。这部分内容占全部展览的三分之二。18 号是一个户外开放式的走廊，在一面宽阔的墙壁上挂着巨幅红色布幔，远看是马克思的头像，其实是由"或终身或短时受到马克思及其思想影响的众多知识分子（主要是西方的）的名字"组合而成的。第 19～23 号房间分为"工人运动的分裂""欧洲的分裂""卡尔·马克思的思想在世界范围内的传播和运用"等专题，叙述了 20 世纪以来马克思主义在东西方社会发展中所产生的广泛影响及其曲折的实践历程。

　　作为一个主要供一般民众参观的普及性的展览，再加上空间有限，马克思故居博物馆展出的内容，仅就马克思部分而言，并没有充分反映和体现最近 20 年来国际学术界关于马克思研究的最新成果，但对于中国研究者来说，还是有些新的材料需要引起我们的注意。比如，马克思曾说："我只知道我自己不是马克思主义者。"①中国学者根据恩格斯1890 年 8 月 5 日致康拉德·施米特的信，大都认为这只是针对 19 世纪70 年代末法国"马克思主义者"把历史唯物主义解读为"经济决定论"而言的，但展览中提到的材料表明，马克思晚年特别警惕他的学说以后会沦为政党政治斗争的工具和占统治地位的"国家哲学"，认为那样会"窒息精神创造的本质"，并且举例说黑格尔哲学就是这样衰落的。在一封信中他表达了这样的忧虑："把马克思主义垄断化并使它成为一种国家宗教，就意味着卡尔·马克思精神的死亡，而这种精神正是他毕生研究和生活的灵魂之所在。"②还有，关于马克思晚年的思想和实践，展览以列表的形式叙述了他与德国社会民主党的复杂关系，即 1863 年斐迪南·拉萨尔创立"全德意志工人联合会"（Allgemeinen Deutschen Arbeit-ervereins，简称 ADAV，即拉萨尔派）；1869 年奥古斯特·倍倍尔和威廉·李卜克内西创立"社会民主工人党"（Sozialdemokratischen Arbeiter-

---

　　① 转引自恩格斯：《恩格斯致康拉德·施米特》(1890 年 8 月 5 日)，《马克思恩格斯文集》第 10 卷，人民出版社 2009 年版，第 586 页。

　　② Museum Karl-Marx-Haus Trier，Karl Marx（1818-1883）：Leben-Werk-Wirkung bis zur Gegenwart Ausstellung im Geburtshaus in Trier，2013，S. 75.

partei，简称 SAP，即爱森纳赫派）；1875 年整合为"德国社会主义工人党"（Sozialistischen Arbeiterpartei Deutschlands，简称 SAPD）；1891 年起改名为"德国社会民主党"（SPD）。解说词同时指出，马克思对前两个派别组织合并的态度是很矛盾的，一方面他同意两派的整合，另一方面又对整合后的纲领很不满意，于是写作了《哥达纲领批判》。但他的意见并没有被接纳和吸收，所以，事实上"马克思生命历程的最后十年，不再从事政治活动和工人运动，而是专心致力于历史和人类学的研究"。①这些史料对于重新理解马克思晚年的思想和实践具有很重要的价值。

当然，这里也必须指出，马克思故居博物馆展览内容的选择、解释的思路和具体的评论反映了德国社会民主党的立场。作为现在世界上唯一与马克思、恩格斯生前有过直接关系的政党，它起源于工人运动的实践，曾经有着明确的社会主义性质和方向，后来在致力于建设社会福利的前提下，接受了包括自由主义在内的思想观点，在意识形态上从"向革命性的马克思主义看齐""逐步但非正式"地转向试图通过"以民主的合法的手段""以改革的方式来实现社会主义改造的目标"。1959 年出台的《哥德斯堡纲领》，提出其核心价值观和理念"植根于欧洲的基督教伦理、古典哲学中的人文主义"。1989 年修改、1998 年补充的《柏林纲领》首次明确其"思想源自基督教、人道主义哲学、启蒙主义、马克思的历史—社会学说以及工人运动的经验"②。2007 年的《柏林纲领》再次认定，民主社会主义"植根于犹太教和基督教，人道主义和启蒙意识，马克思主义的社会分析和工人运动的经验"③。这样的演变历程所形成的价值观使其对马克思思想、历史和当代性的理解、解释和评论呈现出与苏联和

---

① Museum Karl-Marx-Haus Trier，Karl Marx（1818-1883）：Leben-Werk-Wirkung bis zur Gegenwart Ausstellung im Geburtshaus in Trier，2013，S. 69-70.

② Grundsatzprogramm der Sozialdemokratischen Partei Deutschlands，Beschlossen vom Programm-Parteitag der Sozialdemokratischen Partei Deutschlands am 20. Dezember 1989 in Berlin，geändert auf dem Parteitag in Leipzig am 17. 04. 1998.

③ Grundsatzprogramm der Sozialdemokratischen Partei Deutschlands，Beschlossen auf dem Hamburger Bundesparteitag der SPD am 28. 10. 2007.

中国等东方社会主义国家不同的情形，展览对马克思身后马克思主义发展史的解释有不客观的和带有偏见的地方，有的论断则是我们不能认同的。

但是也必须看到，上述解释方式旨在从西方社会发展和历史文化传统的演变中来理解马克思主义的起源和形成，又从欧洲资本主义面临的新情况和新发展来思考马克思主义的当代性，这对于我们来说，还是有一定的启示作用的。由于我来德后接触到的基本上都是马克思文本、文献的编辑者和组织者，特别是在与马克思故居博物馆馆长伊丽莎白·诺伊（Elisabeth Neu）、负责教育培训的玛格丽特·狄岑（Margret Dietzen）、特里尔大学政治学教授温弗里德·塌（Winfried Thaa）、汉学家乔伟、梁镛和刘慧儒、钟慧娟等的交流中，我们愈益形成一种共识，即感到20世纪形形色色的理论和实践构成了理解马克思原始思想的障碍，因此，只有回到西方思想传统和社会发展的具体情境中，回到马克思的文本、文献中才能探究清楚他的问题和观点，进而分析其对现实的影响，也只有这样才可以在当代政治、社会变革的框架和视角之外，把作为一个思想家的马克思的理论原貌和历史地位以及这种研究方式所体现的学术思路凸显出来。

鉴于以往的教训，我多么殷切地希望国内的同行不再以"当代""现实"为借口习惯性地去马克思著作中寻章摘句和断章取义，不再满足于"外围言说"和宏观展望、定性和评点，不再纠结于所谓"马克思的当代性"与"回到马克思"的关系这样虚假的问题，人为地截断当代马克思主义理论和实践与马克思思想之间天然的、内在的联系。假如号称马克思主义的研究者心思已经不在马克思身上，根本就不读马克思的书或者认为不值得读；假如号称信仰马克思主义的人理解的是"没有马克思的马克思主义""与马克思无关的社会主义"；假如满口马克思主义的中国化、现实化、大众化不过是掩盖其研究中的懒惰、投机、缺乏专业性积累和理论功底的薄弱；假如信誓旦旦地坚持马克思主义而始终停留在"原则阐释"或者改革开放之前所理解的水准——马克思主义研究就有可能离马克思越来越远，所谓"发展"和"创新"的马克思主义就会沦为空谈。

三

我就是在上述新的感性体验、理论资源和解释框架下开始重新探寻和思考马克思思想的起源、搜集和研读相关文献并最终完成本书的。从写作方式上看，我仍然采用研究《德意志意识形态》时的"文本学"路数，特别注重内容细节的解读和思想逻辑的梳理。只是本书所涉及的是真正属于马克思的"早期"文献，包括了中学材料—大学文学作品—哲学笔记—博士论文等文献，其体裁不一、思路多变、叙述凌乱、观点有异，因此需要我更为审慎地处理。客观地说，国内外学术界除了对其中的博士论文有些零星的研究外，迄今为止还没有研究者将这组文献作为一个单元统摄起来做总体上的把握和详尽的解读，更鲜见关于马克思思想的起源与其以后思想的关联和当代效应的深度分析。所以，本书的讨论虽然带有探索的性质，但在一定意义上确有弥补以往研究遗漏和空白的意图，我也做到了尽己所能勉力为之。

(一)中学时期的文献

现在保留下来的马克思中学时期的材料计有 10 份，包括：两篇诗作《人生》和《查理大帝》，高中毕业班教学计划和功课表，宗教、德语和拉丁语作文，拉丁语、希腊语和法语即席翻译记录，数学试卷，中学毕业证书的正式文本与原始副本。通过这些材料我们大致可以看出一个少年思考者的成长背景、人生理想和思维禀赋。在人们通常的印象中，中学生总是与思想幼稚联系在一起的；况且马克思这一阶段虽然表现出"良好的资质"，甚至是"智慧和感情的独特性"，但决然不能说已经非常"出类拔萃"。然而，如果联系马克思一生思想的发展，探寻那些深刻思考的最初源头，就不能忽视他的这些早期材料了。我在翻阅大量原始资料的基础上，甄别出这一时期很多相关文献，梳理了它们的主要内容及其刊布情况，特别是对迄今为止马克思最早的作品进行了考证和推断；在对马克思中学时期文献的解读中，我还探讨了其成长和运思的宗教背景，以及在这一背景下对人生职业的考虑和对历史事件的评论；最后还分析了当时德国中学教育体系的发达和完善状况，马克思身上开始显现的作为一个思想家所具有的资质、意向和思路以及以少年之眼看世界所达及的有限程度。这种全面而系统的梳理和分析证实了弗·梅林的判断："还在少年马克思的头脑中，就已经闪现着一种思想的火花，这种思想的全面发挥就是他成年时期的不朽贡献。"①

（二）文学作品

大学一、二年级的马克思是个激情澎湃的人，心意绵绵，无以抒泄，便诉诸笔端，累积成册。现在保留下来的有 6 本诗集（其中还包括未完成的一个剧本和小说片段）和与父亲之间的通信等。其中，4 本诗集是由马克思本人亲自编定的，即献给未婚妻燕妮的《爱之书》第一、第二部和《歌之书》以及《献给亲爱的父亲的诗作》，还有的诗作保留在 1 本纪念册和 1 本笔记本里，是由他的姐姐索菲娅抄录的。《爱之书》第一部收录诗歌 12 首，第二部收录诗歌 22 首，《歌之书》收录诗歌 23 首，《献给亲爱的父亲的诗作》收录诗歌 36 首、剧本 1 个和小说 1 篇，保留在纪念册里的诗歌 39 首，笔记本收录诗歌 10 首。其中《献给亲爱的父亲的诗作》里的 9 首、纪念册中的 14 首、笔记本中的 8 首是重复收入的，将其剔除后可以准确地统计出，现在保留下来的马克思创作的诗歌共有 111 首。

这些作品展示的是由激情和浪漫交织的梦幻情怀、柔美细腻的情感体悟和跌宕起伏的心理变迁。比如，《爱之书》第一部表达了他对"爱"的探索和理解，即它是由温馨曼妙的想象、五味杂陈的情愫和患得患失的思虑交织而成的感受，而实现"爱"的历程正是体验"爱"的内涵和理解人

---

① ［德］弗·梅林：《马克思传》（上），生活·读书·新知三联书店 1965 年版，第 182 页。

性的过程，简言之，在"爱"中才能理解"爱"。稍后写作的第二部主题虽然一如既往地是在吟咏爱，但马克思思考的范围已经不限于此，而是视野更为展宽了，其中展现的"英雄"意象和对爱的最终命运的思虑，显示了其思想的新进展。

《歌之书》的书写则更为动人。不同于那些矫揉造作的夸张和苦思冥想的创作，大学时期马克思写给燕妮的诗篇真正属于"情动于衷而表现于外"，是一种自然而然的情感流露，是其生命激情的记录和抒发，这里有他脉搏的跳动，每个字句都是其心迹的表白，每个音符都是他奏响的爱的旋律。"燕妮"不仅仅是一个听起来让他感到亲切甜蜜、像齐特尔琴弦上弹出的乐曲一样美妙的名字，更是震撼其心灵、独特而神奇的生命的表征，意味着永久的爱的力量，包含着此刻马克思生命中全部的情感和思考，汇聚了他的思想、意志、价值、知识、理想、欢乐、痛苦、思念、忧伤、诗韵。

"成熟时期"的马克思是一个无神论者，但他之无神论不是天生或者传承的，而是经过认真的思考和探索，从有神论转化、发展而来的。对马克思思想研究来说，问题的关键或许不在于理解其无神论体系中的具体观点和内涵，更重要的是需要梳理和甄别他是如何由一种截然不同的思路转而形成另一种类型的宗教观的。然而，正是长期以来并未引起论者关注的那些早期文献，较为具体、生动地显现出他在这一方面思想转换的迹象、机缘和方向。在《歌之书》中，马克思借助对爱的探究对人一神关系进行了思考，并对"精灵"意象进行了极其广泛的描摹。在马克思的理解和叙述中，"精灵"所指尽管是相当杂多、随意、迷蒙、混沌乃至矛盾的，但这最终却促使马克思得出逻辑的结论：神是不存在的，神的户籍在人间。

除了诗歌之外，马克思对其他文学样式也进行了探索和尝试。在表征马克思思想起源的主要作品中，剧本《乌兰内姆》的文体形式很特殊，其故事情节无可考证，但其中无疑有着在西方流传很广的"浮士德形象"的痕迹，其所涉及和讨论的人生议题也十分重大却无解，所以马克思自己表明这是一出"悲剧"。如果仔细地研读文本，一方面我们可以感受到马克思受欧洲人文经典和浪漫派思潮的强烈影响；另一方面又可以发现其中无疑也包括了他当时对人性矛盾和人生"悲剧"的独特理解。正是这些内容构成了他思想起源期的真实状态，也奠定了其以后思想走向的人文底蕴。

此外，受劳伦斯·斯特恩（Laurence Sterne）《项狄传》的感染，马克思在激情澎湃、兴奋之时还突发奇想创作了小说《斯考尔皮昂和费利克斯》片段。尽管这是一部急就章，但深得现代派文学技巧和情节的真传，叙述完全打破了按照事件发生的时间先后顺序按部就班、一板一眼的传统程式，表面看来，"东一榔头，西一棒槌"，非常零乱，但仔细琢磨和体悟，意蕴深刻，入木三分。这种主题鲜明但叙述松散而不连贯的风格甚至影响了《资本论》的结构，诚如弗朗西斯·惠恩所说，"《资本论》充满悖论和假设，深奥的解说和怪诞的傻话，断裂的叙述和奇妙的怪事"，"如同《项狄传》一样"。① 解读《斯考尔皮昂和费利克斯》，极容易让人想到 20 世纪的普鲁斯特、乔伊斯、卡夫卡、伍尔夫、纳博科夫、卡尔维诺等现代派文学大师的作品。

如果说中学习作和大学文学作品不过是马克思的梦想表达、生活随感和私人情感记录，那么在反思了以这种视角来观照和理解世界的局限后，他便开始探索新的思维方式。最终，他花费相当大功夫所做的哲学笔记和撰写的博士论文成为其哲学思想的真正起源和自我意识形成的标志。

（三）哲学笔记

假如我们把马克思主义哲学看作一个不断演化的过程，那么，需要讨论的一个前提就是：马克思本人哲学思想的起点何在？《马克思恩格斯全集》"历史考证版"（MEGA）第 2 版第 4 部分第 1 卷刊出的文献提供

---

① ［英］弗朗西斯·惠恩：《马克思〈资本论〉传》，陈越译，中央编译出版社 2009 年版，第 76 页。

了答案。通过对马克思题名为《伊壁鸠鲁哲学》的7册笔记的分析，我们发现，无论是对表征伊壁鸠鲁思想的文献选择、理论源流的追溯，还是对其思想中的"准则学"和"主要原理"的概括，乃至对"原子论"哲学由本体论向认识论的转换逻辑的探究，以及对"原子"的抽象性质与古代原子论的思维特征的揭示，都反映了处于哲学思想起点上的马克思已经具有了相当的水准。这就要求我们也必须以此为基础来估量他之后哲学思想的发展，而不能再出现"低于起点""起点之前"乃至偏离起点的理解、诠释和发挥等情况了。

马克思哲学起始点的状况是他最终所达到的思想高度的基准线。作为早期作品的《关于伊壁鸠鲁哲学的笔记》不仅仅是摘抄，而是马克思当时一些朦胧而朴素的想法乃至不无矛盾和混乱的思绪的记录。这是一幅复杂的思想图景，涉及诸多重大而永恒的哲学问题，不管他当时的思考是否有明确的答案，或者与后来思想的发展有多么大的差别，但能进行这种思考本身，就体现出一定的哲学高度、境地和水平。长期以来，我们对马克思苦心孤诣的探究并没有悉心体悟和领会，甚至某个时期所宣传和阐发的马克思主义基本原理，在某些地方都没有达到马克思哲学起源期的水准，这是多么大的错位和缺陷！

观照和思考世界必须有与对象相匹配的认识框架和能够透视本质的认识能力。古希腊次第出现的哲学流派和"哲人"序列的更迭，呈现出从实体性思维到实体的"观念性转化"，再到主体精神的嬗变轨迹，体现了人类哲学思维方式变革的内在逻辑和必然趋势，同时也昭示出主体自身永恒的矛盾和"纠结"。现实世界的真正存在不是实体、物质和生命体，而是人的应有、愿望、观念在其中的实现和落实；将两者连接起来的是人的实践活动。哲学思维总是在从观念与实体、精神与物质、主体与实践、内在与外化的关联中观照和思考世界，在矛盾总体的结构和运动中把握现实；作为"哲人"，不仅要关注抽象的、纯粹的精神，更要关注和追求精神在现实中的发展。马克思思想起源期的上述思考，奠定了他以后思想变革的方向、价值和基本架构，两者之间不是"断裂"和否定的关系，而是一种传承、延展、深化和超越。

此外，在《关于伊壁鸠鲁哲学的笔记》中，马克思还通过比较分析指出，在幸福问题上，伊壁鸠鲁式的重视形而下层面的"身体健康，内心宁静"和普卢塔克式的关注形而上层面的"精神自由，神性境界"各有自身的必要性和局限性，马克思强调必须坚持主体与对象、个体与普遍、肉体与灵魂、物质与精神、现实与超现实、日常意识与哲学意识等方面的对立统一，坚持理论逻辑与现实生活的一致，否则就会造成极端和错位。回过头来反思目前社会上关于"什么是幸福""以什么标准衡量幸福"讨论中出现的众声喧哗而莫衷一是的情形，马克思提出的"从哲学上进行思考，而且要十分彻底"的教诲仍具有重要的现实意义。

"原子论"是古希腊罗马时期形成、发展起来的一种哲学形态，也是观照和理解世界的一种思维方式，对马克思哲学思想的起源的作用不容忽视。在早期著述《关于伊壁鸠鲁哲学的笔记》中，马克思通过摘录《物性论》，梳理和甄别了卢克莱修关于构成世界的不同物质层次及其各自的特性、原子"偏离直线"的运动及其哲学含义、人的精神本质、认识方式与最终命运等问题上的看法和论争，并由此引发出很多评论，启迪了他对世界的思考。而从他"成熟时期"既坚持世界的规律性、主张"透过现象看本质"，又区分社会规律与自然规律的差异、认为二者只是"相似"而不能完全"等同"，也可以看出他对"原子论"思想精髓的吸收以及对其缺失和谬误的修正。

哲学与现实世界、哲学的"内在"特征与"外在"环境，是一种双向互动的复杂关系，二者既不能完全疏离乃至隔绝，但也不可不加分别地相互混淆甚至取代。在《关于伊壁鸠鲁哲学的笔记》中，马克思专门讨论了这一问题，并以其还不够系统和完善的论述表达了他初步的思考，这对他以后的思想发展和理论建树有非常重要的奠基性意义，对于理解当代哲学的处境及其变革之路也具有很大的启示作用。

在现在留存下来的马克思数量庞大的笔记中，有的内容几乎都来自对他人著述的摘录而鲜有本人的表达，不仔细研读和琢磨很难从这些摘录中看出他的真实用意。正因为如此，在很长一段时间内这些文献基本上没有被纳入研究者的视野乃至被完全舍弃了。我通过对《关于伊壁鸠鲁哲学的笔记》内容的梳理和解读旨在说明，在内容繁杂、思路混乱的表象背后有相对集中的议题，即马克思对作为社会成员中一个特殊群体的"哲人"给予了特别的关注，而且大致通过哲人与凡人、哲人与神、哲人与哲人之间的对照，描述和凸显了"哲人"思维的特征。这对处于思想起源期的马克思确立人生价值指向、生活道路和理论视野具有重要价值，对其未来的社会实践和理论建树也具有一定的奠基性意义。

(四)"博士论文"

"博士论文"是马克思登上德国思想论坛的"亮相之作"。奠基于扎实的学术训练和哲学史梳理，马克思质疑和推翻了以往原子论研究中贬抑伊壁鸠鲁贡献的流行见解，"用显微镜去发现"和辨析了伊壁鸠鲁与作为其思想先驱的德谟克利特在思维方式上的重大差异，借此表明伊壁鸠鲁代表的自我意识哲学"不是幻想，而是真理"，因为这种思维方式凸显了人的自我意识，在对客体的认识、解释甚至改变中来发挥作为主体的意志、功能、力量和特质。"幻想""真理"云云，不是认识论层面的，而是价值论和人性论意义上的；举凡在观照和理解世界的诸多思维方式中，只有 Idealismus 在与物的对立和纠结中把人的价值和意义彰显出来了。

"博士论文"不仅厘清了同样作为原子论者的伊壁鸠鲁与德谟克利特在思维方式上的差异，更为重要的是，对这一体系所关涉的重要议题中所蕴含的自由与必然、个体与总体、本质与现象、短暂与永恒、主体与客体等哲学原则一一进行了辨析，在此基础上形成了一个较为成型的哲学体系。尽管存在表述晦涩、思路纷杂、思考尚待完善等问题，特别是当时的现实境况和社会发展还未真正进入马克思的视野，哲学运思与现实生活还缺乏实质性关联，但有了这样的哲学意识、主体构架和价值取向，当他马上面对"《莱茵报》—《德法年鉴》时期"所遭逢的复杂局面时，便能很快辨别和发现其中存在的重大问题及其症结，进而引发出更深刻的思考和比较现实的解决思路；而往后的"意识形态批判"和"政治经济学转向"，不是对"博士论文"所阐发的哲学原则和框架的抛弃、颠倒，而是在此基础上的现实化、具体化，是更进一步的拓展和深入。

四

当我把对以上材料所进行的解读总括起来的时候，一个鲜明的处于思想起源期的马克思理论结构雏形及其特点就呈现出来了。可以明显地看出，源远流长的古希腊—罗马文明、犹太—基督教传统、近代人道主义、启蒙思潮和自我意识学说，不仅构成了马克思成长的思想资源和历史背景，更作为一种文化基因浸润在其幼小的心灵中，加之从小生长的家庭氛围、自然环境和学校教育孕育出他初期的启蒙意识、人文情怀和自我意志，而这些因素又以一种相互关联的逻辑显现出来，促成了他最初的思考和思想的起源，并对其以后的社会批判和哲学变革产生了深刻的影响。作为青年黑格尔俱乐部的成员，马克思与当时德国思想论坛的新鲜气象相互交融，但在其中又显现出其独特性来。所以，作为其早期思想探索的结晶、其思想起源期代表性作品的"博士论文"，虽然没有如其所愿得以正式出版，但却赢得极高的评价，就不是偶然的了。

那么，究竟该如何估量这些思想与马克思后来理论发展的关系呢？受传统的"不成熟—成熟"解释思路的影响，相当多的论著注重从《德意志意识形态》《共产党宣言》《资本论》等文本所表述和建构的历史唯物主义、社会主义学说和政治经济学来勾勒和"塑造""马克思"的形象，而不去追究思想起源期的这些观念、价值因子是如何渗入、转化和融合在其中的，甚至无视或者看轻后者的存在和意义。事实上，无论是作为狭义的启蒙运动（die Aufklärung），还是作为一种更为广泛的社会思潮和思想观念的启蒙意识，在马克思的一生中都发挥着持续的影响，后来他对整个运动的起源、进程、后果和影响都做过详尽的了解和深刻的把握，对霍布斯、洛克、孟德斯鸠、伏尔泰、狄德罗、卢梭、康德等代表性人物及其著述、学说进行过深入的研究，尤其是其中所张扬的理性主义、批判精神、平等观念、自由意识、创新意向等也成为马克思透视和批判资本的重要思想资源和价值意旨。更准确地说，马克思是在这些思想巨匠奠定的基础上前行的，这在相当程度上根源于其思想起源期确立的价值追求。作为德国本土产物的浪漫主义在马克思的心灵上产生了强烈的感应，并深刻地影响了他的气质，举凡诺瓦利斯(Novalis)、施莱格尔兄弟(F. Schlege und A. Schlegel)、席勒和施莱尔马赫乃至歌德和海涅等，他们不仅在怀抱理想、批判现实、憧憬未来等方面赢得了马克思的认同，他们思想中延伸出的对启蒙运动的反省、对机械唯物主义和早期工业化社会的抗议，渴望心灵宁静、追求"无限"和"永恒"的意向都可以在马克思的书信、手稿、笔记中找到回应。所以，单纯用"激进""决裂""威权""斗士"等来诠释马克思的思想形象，不仅是单向度的，而且也可能是有极大偏差的。

在对马克思主义的大量否定性评论中，"人学空场说"至为流行。尽管仔细甄别可以知道，萨特提出这一判断的原始考虑，针对的并不是"马克思的马克思主义""真正的马克思主义""活的马克思主义"，而是"懒散的马克思主义""停滞的马克思主义""当代马克思主义"。① 但他本人也不时出现混淆，更不用说其他绝大多数言说者了，他们总是把对"具体的人""现实的个人"的深切关切排挤出马克思的思考论域，这是多么大的误解！"博士论文"在对自然(原子世界、天体现象)的观照中探究出自我意识的哲学内涵，在马克思以后对资本社会的批判、革命实践的讨论中始终蕴含、贯彻和体现着，在物的世界中看到人的价值的贬值和异化，在不自由的世界中探索通往自由之径，在"虚假共同体"的强制和禁锢中寻找"现实的个人"的出路，始终是马克思"毕生研究和生活的灵魂之所在"。

然而，我们又不能把马克思思想起源期的思想解释成一种纯粹的

---

① ［法］让-保罗・萨特：《辩证理性批判》，安徽文艺出版社 1998 年版，第 126—127 页。

"观念论""唯意志论"和极端"主体论"。"成熟时期"的马克思是个规律论者，认为无论自然还是社会，现象纷纭复杂，世界变化万千，但背后有深层的本质和结构，受必然性的支配，所以认识世界就是"透过现象看本质"，把握其结构和规律，反过来对现象做出解释和变革，这是他的思想与其他唯物论、规律论一致之处。但从马克思的具体文本看，他在阐述这些观点的同时又特别注意问题的另一个方面，即总是要对社会规律与自然规律做出区分，认为二者只是"相似"而不能完全"等同"，即不能用自然规律的"因果必然性"去理解社会历史的发展，原因在于"现实的个人"的参与使社会的状况和变化受到了主体活动的强烈影响。尽管不能借此走到另一极端，否定社会发展的规律性，认为社会发展史即是观念、精神演变史，但完全无视和从根本上抹杀这一因素，也是错误的，它将导致对社会认识的简单化、表面化和肤浅化。从这一点上说，他的思想与其他唯物论、规律论又有很大的不同。可以说，马克思之规律论，是一种"弱规律论"，而不是"强规律论"，这绝不意味着马克思思想的不彻底，相反正是其哲学思维具有现代性的体现！

当本书的主体部分即将完成的时候，我开始琢磨起一个怎样的名称才能与其内容、意旨相匹配。2015 年 12 月 1 日中午，我在特里尔大学食堂用过餐后，从 Tarfost 回 Irsch，途经 Filsche 小镇，看到暖冬的阳光灿烂如秋，湛蓝的天空没有一丝云彩，飞机掠过留下多条交叉着的雪白的直线。大地并没有因冬天的来临而显现出枯黄，沿路依然满目碧绿，低洼的地方仍有清澈的小溪潺潺流出。欣赏着这样的景色，我不愿乘车，只想步行而归。我再一次想到，这就是马克思的故乡！既是其生命降临、成长之地，也是其思想和理想孕育、酝酿之所。从这里出发，他开启了思考现实的人的生活状况及其出路的理论探索和实践之旅，为普通人命运的改善，为公正、平等社会的建立竭尽了毕生的心血和思虑。然而，100 多年来，由于各种复杂的原因，他的思想可以说不仅彰而不显，甚至受到不同程度的误读、曲解乃至偏离和攻击，其苦心、意旨和逻辑不能被忠实地理解、转换和践履，这是多么惨痛的教训！而自己现在做的工作不过是要把他的所思、所言尽可能客观而准确地呈现出来。那么，什么样的词汇才能概括本书的主旨和内容呢？"滥觞""勃兴"——这样两个并不常用的词汇蓦然从脑海里跳了出来！

为了验证自己的想法，回到住地后，我马上查阅了一下词义，知"滥觞"原意指江河发源处水很小，仅可浮起酒杯。如北魏郦道元《水经注·江水》："江水自此已上至微弱，所谓发源滥觞者也。"清代钱谦益在《南京吏部右侍郎顾起元父国辅赠通议大夫制》则云："朕闻黄河之水，源可滥觞。"就是说，多个注家都认同其有来源、起源、波及、影响之说。而"勃兴"则有勃然兴起、蓬勃发展之意，如《后汉书·冯衍传》："思唐虞之晏晏兮，揖稷契与为朋；苗裔纷其条畅兮，至汤武而勃兴。"李贤注云："勃，盛貌。"而《新唐书·儒学传》也有言："四方秀艾，挟策负素，坌集京师，文治焆然勃兴。"这样说来，"滥觞"与"勃兴"两词连用确实与本书的内容和意旨颇为吻合，即我试图通过细致的文本解读全面而客观地再现马克思思想起源期的复杂状况，在三个层面上构建"缘起、传承与递进"关系：一是观照人性和世界的方式由情感和爱向哲学思维和自我意识转换轨迹的梳理；二是由马克思思想起源期所萌芽、酝酿的见解到其后来更为深刻的社会批判和卓越的理论建树之间关系的重估；三是有关现代社会的发展怎样才能算作真正源自马克思思想之渊的伟大实践的思索。而且《滥觞与勃兴》的书名与我以前出版的《清理与超越》《批判与建构》也能够构成一定的关联。这就是本书名称的由来及其含义。

最后，介绍一下本书所涉及的文献版本、我选择时的考量和注释情况。

本书所解读的文献包括马克思中学材料、大学文学作品、哲学笔记和博士论文。它们刊载的情况是：

中学材料：

《根据〈约翰福音〉第15章第1至第14节论信徒同基督结合为一体，这种结合的原因和实质，它的绝对必要性和作用》(Die Vereinigung der Gläubigen mit Christo nach Joh. 15，1-14，in ihrem Grund und Wesen， in ihrer unbedingten Nohwendigkeit und in ihren Wirkungen dargestellt），《马克思恩格斯全集》第 1 卷，人民出版社 1995 年版，第 449—454 页；Marx-Engels Gesamtausgabe，Ⅰ\1，Dietz Verlag，Berlin，1975，S. 449-452.

《青年在选择职业时的考虑》（Betrachtung eines Jünglings bei der Wahl eines Berufes），《马克思恩格斯全集》第 1 卷，人民出版社 1995 年版，第 455—460 页；Marx-Engels Gesamtausgabe，Ⅰ\1，Dietz Verlag，Berlin，1975，S. 454-457.

《奥古斯都的元首政治应不应当算是罗马国家较幸福的时代?》（An principatus Augusti merito inter feliciores reipublicae aetates numeretur?），《马克思恩格斯全集》第 1 卷，人民出版社 1995 年版，第 461—465 页；Marx-Engels Gesamtausgabe，Ⅰ\1，Dietz Verlag，Berlin，1975，S. 458-459.

文学作品：

《爱之书》第一部（Buch der Liebe. Erster Teil），《马克思恩格斯全集》第 1 卷，人民出版社 1995 年版，第 467—540 页；Marx-Engels Gesamtausgabe，Ⅰ\1，Dietz Verlag，Berlin，1975，S. 477-521（Text）、1224-1230（Apparat）.

《爱之书》第二部（Buch der Liebe. Zweiter Teil），《马克思恩格斯全集》第 1 卷，人民出版社 1995 年版，第 541—590 页；Marx-Engels Gesamtausgabe，Ⅰ\1，Dietz Verlag，Berlin，1975，S. 523-553（Text）、1231-1232（Apparat）.

《歌之书》（Buch der Lieder），《马克思恩格斯全集》第 1 卷，人民出版社 1995 年版，第 591—686 页；Marx-Engels Gesamtausgabe，Ⅰ\1，Dietz Verlag，Berlin，1975，S. 555-613（Text）、1233-1236（Apparat）.

《献给亲爱的父亲的诗作》（Gedichte，meinem teuren Vater zu seinem Geburtstage 1837），《马克思恩格斯全集》第 1 卷，人民出版社 1995 年版，第 687—831 页；Marx-Engels Gesamtausgabe，Ⅰ\1，Dietz Verlag，Berlin，1975，S. 615-688（Text）、1237-1249（Apparat）.

《诗作(录自索非娅·马克思的纪念册)》(Gedichte. Aus einem Notiz-buch von Sophie Marx),《马克思恩格斯全集》第 1 卷,人民出版社 1995 年版,第 833—911 页;Marx-Engels Gesamtausgabe,Ⅰ\1,Dietz Ver-lag,Berlin,1975,S. 705-755(Text)、1250-1254(Apparat).

《诗作(录自索非娅·马克思的笔记本)》(Gedichte aus den Jahren 1835 und 1836. Zusanmmengestellt von Sophie Marx),《马克思恩格斯全集》第 1 卷,人民出版社 1995 年版,第 913—921 页;Marx-Engels Ge-samtausgabe,Ⅰ\1,Dietz Verlag,Berlin,1975,S. 757-769(Text)、1255-1257(Apparat).

以上作品的中译本还有:《马克思恩格斯全集》第 1 版第 40 卷(人民出版社 1982 年版)、《马克思诗集》(百花文艺出版社 2012 年版)、《马克思诗歌全集》(辽宁大学出版社 1996 年版);俄文译本:СочиненияК. Маркса и Энгельса,том40,Государствнноеиздательствополитической литературы,1975.

哲学笔记:

《伊壁鸠鲁哲学 》(Hefte zur epikureischen Philosophie),《马克思恩格斯全集》第 40 卷,人民出版社 1982 年版,第 27—175 页;Marx-En-gels Gesamtausgabe,Ⅳ\1,DietzverlagBerlin,1976,S. 5-141(Text)、563-725(Apparat).

博士论文:

《德谟克利特的自然哲学和伊壁鸠鲁的自然哲学的差别》(Über die Differenz der demokritischen und epikureischen Naturphilosophie),《马克思恩格斯全集》第 1 版第 40 卷,人民出版社 1982 年版,第 183—285 页;《马克思恩格斯全集》第 2 版第 1 卷,人民出版社 1995 年版,第 1—102 页;《贺麟全集》第 9 卷,上海人民出版社 2013 年版;Marx-Engels Ge-samtausgabe,Ⅰ\1,Dietz Verlag,Berlin,1975,S. 5-92(Text)、879-962(Apparat).

罗列以上多种出处绝不是为了"掉书袋"以"炫耀"或者"卖弄"学问，而是为了更客观地把握和理解马克思的原始思想，并用中文来进行更为准确的表述和分析。尽管这些著述都有了中译本，而且有的还不止一种，但至少对于我来说，仍感到有必要把德文与中文两种文字——对照，这既是一种学习，进而从中体会到思想翻译的艰难、奥妙乃至局限，也可以发现一些不太准确甚至舛误之处，并结合自己的理解给予自认为比较合理的分析和改动。我这样做绝不是对既有的中文翻译持否定的态度，相反，"事不经过不知难"，我认为它们均有相当的利用和参考价值，而且在目前翻译作品质量普遍下滑的情况下，中央编译局的组织体制，即由专职译者集体合作、反复修订，而非单个人或者几个人独译，这就保证了他们的翻译始终处于一个比较高的基准线之上，至少少犯常识性的错误。当然，这里也有个不容回避的问题，就是包括马克思文本在内的人文社会科学作品的翻译，不像自然科学著作那样，能够在不同语种之间实现词汇含义的——对应的转换，甚至有时在另外的语种中根本找不到完全匹配的词汇，或者勉强用了一个但二者各自又有多重含义，当然还有的是因译者本身特定的意识形态或文化观念上的考量而造成的歧解，这些都为准确地理解原文的思想增添了很多难度。在所有文献中，特别不好处理的是马克思诗歌作品的翻译，现在的三个中译本，《马克思恩格斯全集》第 1 版由福建师范大学许崇信等完成，译文忠实，语言简约，且不硬为中文句末押韵而生造词汇，缺点是直接译自俄文，有些句子的表达和排列与德文并不一致；《马克思诗集》《马克思诗歌全集》均为陈玷、陈玉刚所译，二人的中文表达和文学造诣堪称一流，妙笔生花的译文真是曲尽其妙，意象不凡，但不得不承认，有的译法单纯阅读德文是体会不出来的，这就有些"过"了，而且绝大多数篇目也是从俄文转译的；最忠实的要数北京外国语大学祝彦、张荣昌等人直接根据 MEGA^2 的翻译，中文用词或许并不绚烂，但译笔准确，很多"硬译"较恰当地传达了马克思的原始意旨，作为研究者其实是更愿意以此为基础来解读其思想的。当然，不论是哪一个版本，我都发现了一些可以商榷和讨论之处，并在文中作了分析。为了使本书的读者可以更方便地验证我的理解和判断，以及供其进行更深入的研究，本书的注释一般都以德文、中文两种形式来标出。

咀嚼着对马克思思想获得的这些理解，在这座古老、静谧而美丽的小城，我度过了将近一年沉寂、专注而心安的时光。再过两年的 2018 年将迎来马克思 200 周年诞辰，近两个世纪沧桑变迁，这里物是人非，但在这并不处处彰显马克思的地方，其精魂和文脉依然有迹可循，氤氲弥漫。作为一个专门从事马克思文本、文献及其思想研究的学人，能到马克思生命诞生、思想起源之地进行考察、研究，是我很久以来的愿望；而今夙愿以偿，倍感欣慰。当我完成了既定的工作，带着众多的信息、见闻和思考离开这里的时候，要特别表达对特里尔大学和马克思故居博物馆的诸位教授、同行和朋友的谢意，也深深感念妻儿、朋友、同门和学生多年来的理解、安慰、支持和帮助，同时禁不住向国内的同行、向真正试图了解马克思及其思想的人发出真诚的呼吁——

"到马克思的故乡去！"

2016 年 1 月 29 日于 Husarengäßchen 5，Irsch Trier　草就

2016 年 11 月 18 日于北京大学人文学苑 2 号楼 236 室　改定

《批判与建构：〈德意志意识形态〉文本学研究》后记

一

　　《清理与超越》出版已经整整六年了，我才向学界奉献出这本研究马克思文本个案的专著。拖延了这么长的时间，是不是中间有什么变故致使工作出现过停滞，或者是我干脆改变了原先的设计和思路？都不是。这么多年来，除去教务、家务以及非常有限的外出应酬、讲学和开会，我白天（包括节假日在内）基本上都是在北大静园四院马克思主义文献研究中心——一间十几平方米的资料室里度过的，心无旁骛、念兹在兹的就是这个项目的研究和这部书的写作。我之所以这么精心、尽力，逼迫自己尽可能做得细致、完整而深入，除了个人志趣和做事习惯，更重要的缘由在于通过对近几年学界研究状况的观察，我有一种深深的隐忧："回到马克思"这种研究路向有沦为一个空洞的口号而少有实绩的危险，这一领域出现了再次凋零为"结不出果实的花朵"的迹象！我个人的努力可能并不会使现状整体改观，但在自己的研究中，则不能不对此保持高度的敏感和警觉。

下面我介绍一下写作此书的具体情况，最后回应学界的一些议论乃至责难。

按照我的理解，完整的马克思主义研究应该包括四个相互关联但各自独立、不能混淆更不能替代的研究方式、内容和意旨的领域或方面：（1）文本；（2）历史（包括思想发展史和社会运动史）；（3）原理；（4）现实化。不同的研究者当然有不同的侧重点，但过去普遍看重的是后两个领域或方面，文本研究和历史研究则主要是为阐释和论证原理、现实服务的。当然，也不能说这种倾向和选择完全没有合理性，但如果走得太远了，甚至成为一种潮流了，就会出问题：反映和体现在具体研究中，就是人们一般只选择那些与教科书原理、与现实问题有关的文本段落，只注意明确的观点而不深究表述观点的语境和对观点的具体论证；而曲折丰富的思想演变也变成了从线索单一的"不成熟"向"成熟"的转换和过渡，衡量"成熟"的标准则是教科书观点、原理和现实策略。

作为受过上述教育和训练的学人，我深刻地体悟到这种方式对于马克思原始思想的理解来说，构成了多么大的障碍！是至今不能忘怀的一段特殊的经历促成了我毅然决然的"反叛"：大学二年级的时候，我为准备考试而再一次阅读哲学原理教科书，看到其中引用了马克思那段脍炙人口的话："任何真正的哲学都是自己时代的精神上的精华……"①我当时产生了一种好奇心：这段话是抽象、宏观而言的还是有特定的原始含义呢？马克思是在什么时候、谈论什么问题时生发出这样的看法的？于是我抛开枯燥的教科书，去马克思的原文中寻找，结果在他于"《莱茵报》时期"撰写的时事评论中，我发现了一个与教科书截然不同的思想世界！那种宽广的视域、澎湃的激情和论辩的逻辑与此前我心目中的马克思的形象大相径庭！尤其当我发现马克思在博士论文中甚至说出"唯心

① 马克思：《〈科隆日报〉第 179 号的社论》，《马克思恩格斯全集》第 1 卷，人民出版社 1995 年版，第 220 页。

主义不是幻想,而是真理"①这样振聋发聩的话,这对已经被灌输成从坚定的唯物主义立场来理解马克思的思路来说,简直是一种颠覆!由此我受到了多么大的震撼也就可想而知了。尽管后来带有专业性质的系统的阅读和思考使我能从思想传承、发展和建构的过程中更加客观地理解马克思这些看法的原始情形及其思想演变,但从那时起,我便明白了:较之抽象的哲学原理,文本和哲学史其实才是理解和阐发马克思主义哲学最重要、最直接的基础。

有了这样的经历和认识,我该怎样重新研究《德意志意识形态》呢?

马克思、恩格斯等人撰写的这部著述,汉语学界一般约定俗成地都以郭沫若 1928 年最初摘译时使用的"德意志意识形态"来称谓,但就其写作缘起和内容来说,更准确的说法应该是"德国思想评论"。由于是在特殊情况下断断续续写作的,最终也没有完成并出版,所以,留存下来的是一部内容相互关联但结构、形式、笔迹较为散乱的手稿。在着手研究之初,我就告诫自己,要想较以往取得突破性进展:第一,必须还原手稿文本的真实状况,而不能把它当作一部完整、成形、原理性的书来看待,更不能按照教科书的观点、原理去把握、理解和提炼其中的思想;第二,必须回到当时的理论纠葛和思想图景中,避免仅仅根据马克思、恩格斯的概括和论述去把握、理解其批判对象,而要首先弄清楚后者的真实情况和思想,再比照马克思、恩格斯的选择和批判,看各自在意旨、思路、角度和论证等方面的差别,进而凸显出他们思想的深刻或肤浅、客观或离奇、真实或荒诞以及二者融通、互补的可能性或不可能性。这样说来,对这一文本的研究实际上涉及的绝不只是马克思、恩格斯等人写下的一部手稿,更有作为他们批判对象的那些众多的著述。

确立目标自然要容易些,随着研究的深入,才知道这项工作是多么繁杂和艰难!首先是没有一个可资现成利用的、可靠的版本,甚至我要

---

① 马克思:《德谟克利特的自然哲学和伊壁鸠鲁的自然哲学的差别》,《马克思恩格斯全集》第 1 卷,人民出版社 1995 年版,第 9 页。

研究的是一个怎样的文本、作者到底是哪些人、他们之间有着怎样复杂的关系也不是完全清楚的。这使我想到，过去那种不问前提的所谓"研究"是多么荒唐和离奇啊！这样，我就不得不从梳理和讨论这一文本的"创作前史"开始，再根据悉心收集到的资料，结合自己的分析和判断，对其具体而复杂的写作过程进行详细的勾勒和甄别。同时，对手稿中各个章节具体的执笔者、誊写者和修改者等复杂的情形，尤其是其中的"马克思—恩格斯思想关系"和"赫斯问题"进行了澄清。在此基础上，我又考证了原始手稿保存、刊布与版本源流等情况，特别是对 MEGA² "《德意志意识形态》研究小组"提出新的编排设想、顺序及其"先行本"进行了分析。这些文献疏证工作为以后的文本解读和思想阐释奠定了扎实而可靠的基础。

随着进入文本的具体内容，我面前又呈现出一个更为斑斓驳杂的思想世界。这时我决定先把马克思、恩格斯撰写的文本放在一边，开始一本一本收集作为他们的批判对象的那些论文和著述。这是一个大大出乎我意料的书单，直接的批评对象涉及：布鲁诺·鲍威尔的《评路德维希·费尔巴哈》，施蒂纳的《施蒂纳的评论者》和《唯一者及其所有物》，费尔巴哈的《未来哲学原理》《改革哲学的必要性》《关于哲学改造的临时纲要》《论"哲学的开端"》《黑格尔哲学的批判》和《基督教的实质》，海尔曼·泽米希的《共产主义、社会主义与人道主义》，鲁道夫·马特伊的《社会主义的基石》，卡尔·格律恩的《法兰西和比利时的社会运动》和《从人的观点论歌德》，格奥尔格·库尔曼的《新世界或人间的精神王国。通告》，海尔曼·克利盖在《人民论坛报》上发表的评论，卡尔·倍克的《穷人之歌》等，共计 9 本著作、14 篇论文和 1 部诗集；间接的批评对象涉及：赫斯的《社会主义和共产主义》《行动的哲学》和《唯一的完全的自由》，施泰因的《现代法国的社会主义和共产主义》，雷博的《略论最新的改革家或社会主义者》，圣西门的《一个日内瓦居民给当代人的信》《实业家问答》和《新基督教》，巴札尔、安凡丹、罗德里格的《圣西门学说释义》，傅立叶的《几种普遍命运路线的说明》和《经济的新世界或符合本性的协作的行为方式》，埃蒂耶纳·卡贝的《伊加利亚旅行记》，洛克的《市民政府》，卢梭的《政治经济学》和《社会契约论》，蒲鲁东的《什么是所有权》，黑格尔的《哲学史讲演录》和《历史哲学》，霍尔巴赫的《自然体系》，托马斯·莫尔的《乌托邦》，歌德的《浮士德》《少年维特之烦恼》《亲和力》和《诗与真》等，共计16本著作、3篇论文和5部文学作品。此外，还有马克思、恩格斯和赫斯等人之间的30封书信。这是一幅多么璀璨、生动而又诱人的思想史图景啊！然而，要想进入这个世界，困难却相当大。仅就那些直接的批评文本来说，除了费尔巴哈的著作有完整的翻译，施蒂纳的《唯一者及其所有物》在1972年由Philipp Reclam jun再版并由金海民教授翻译，以及克利盖在《人民论坛报》上发表的评论被收入德文版《共产主义者同盟史料汇编》外，其他著述不要说被译成中文，无论是在苏联还是在分治的民主德国和联邦德国以及德国统一前后根本就没有再版过！这种情况下，我只好请柏林-勃兰登堡科学院莱布尼茨手稿整理、编辑专家李文潮教授和多位留德学生查找这些原始刊物和书籍。他们费了很大功夫终于配齐了，复印后寄给我。这时我才蓦然想到，自己可能是现在世界上屈指可数地关注这些文献的人吧！有那么多人谈论和研究马克思，但为什么真实的马克思距离我们却越来越远了呢？

当一份份文献摆在书桌上时，就开始考验我的阅读、理解、概括和分析能力了。起初，面对这些19世纪的文字，深感异常艰难，一整天下来读不了几页，勉强读下来，整体思想和逻辑又难以把握，苦恼之至！好在我坚持着"啃"下来了，之后速度渐趋加快，特别是马克思、恩格斯论及的部分我特别用心，绝不遗漏或敷衍，我甚至校对出马克思、恩格斯明确标明引用但实际上在文字和意思理解上存在的多处错讹之处，这为我公正地理解和评价他们的工作提供了相当好的基础。

更令人欣喜的是，我终于可以在一个广阔的思想背景下，在与那些思路独特、个性鲜明的思想家的对比中，来把握马克思、恩格斯思考的主旨、言说的特殊考量和思想内涵的深邃与独到了。虽然其批评者以后几乎没有再回应他们的批评，但由于把握和理解了这些人的观点和思路，我甚至可以大致猜想出面对马克思、恩格斯的责难，他们会做出怎样的回应。在本书中，我不止一次设计了"讨论会"的场景，让这些思考者相互辩驳，在辩驳中彰显灼见、对比高下。这样的描述和分析就使一向被视为枯燥的文本研究鲜活起来了。

同时，这些文本在我们面前展示了马克思、恩格斯多么宽广的理论视野、丰富的知识领域、多样的论证方式、广泛的思想议题和独特的思考角度啊！这与我们长期以来通过教科书体系所把握和理解的"马克思主义"理论，与在别人心目中形成的那种狭隘、简单、刻板、抽象乃至肤浅的形象是多么不同！举凡："离开思辨的基地来解决思辨的矛盾"；理解人生与历史的方式；究竟该如何把握精神；自由之境及观念嬗变；从"人"到"我"思维路径批判；"独自性"能否超越"自由"；权利、法律与犯罪的"属人"性质与"为我"特征；什么样的社会能使人的"个性"得以彰显；"享乐"与现实生活；唯物史观的阐释方式与论证逻辑、理论视域和现实归旨；"历史向'世界历史'转变"的过程与环节；"现实的个人"与"共同体"关系之辨；社会主义与"哲学论证"；社会主义史的理解与叙述；超越现实苦难的方式和途径；社会主义与人类之"爱"；面对现实，如何避免走向肤浅和天真……这样的思想议题对于熟悉传统马克思主义理论的人来说，是多么陌生和"另类"啊！但恰恰是它们构成了《德意志意识形态》的内容和结构！

当然，有写作经验的人都有这样的体会：把握了思想、产生了观点并不意味着就能够自然而然地、自动地转化为文字表达出来，写作的过程实际上也参与和修正着思想的建构，因此，如何概括和阐发思想也是考验文本研究功力的重要指标。在研读过程中，我发现，无论是马克思、恩格斯还是他们的批评者，都不是明确地、系统地阐发其思想的，他们的文本不仅观点复杂而深邃，语言晦涩而多歧义，而且思考路向貌似符合逻辑实则散乱，论证方式经常转换，这为我们客观地概括和提炼其思想增添了很大的难度，需要反复阅读、体悟和揣摩。基于这种情况，我在写作时，在勉力呈现他们思考的原始语境和真实状态时也不免带有我个人主观的理解，特别是在表述中掺杂了我思考这些问题的路向和看法，正所谓"叙述即解释""解释即建构"。因此，文本解读和思想阐释的过程实际上融入了我对同一问题的很多个人见解，更不用说评论它们的那些部分了。因此，完全可以说，本书是"双重批判，双重建构"。

尽管如此，我仍很谨慎。每写完一章，我就把那些有相对独立议题的部分整理成论文，寄给报刊、杂志的编辑老师，倾听其意见，经由其手发表后，再期盼读者的反映。很感谢提出各种看法的同行，尤其是不少在读的博士生和青年教师，我的文章每发表一篇，他们就从《中国期刊网》上下载一篇，保存到单独的文件夹中，有的甚至对我说："您要是再不行动，我就给您结集出版了！"令我非常感动。此外，还有一条途径使我可以检验自己的成果，即我在北大开设过三门原著课，即"马克思文献学""马克思哲学著作选读"和"马克思原著研究·《德意志意识形态》"，分别以宏观、中观和微观方式指导学生学习原著，形成一个连续而系统的课程体系。在这三门课程中，《德意志意识形态》无疑是中心点，前两门课程使学生明白在马克思一生撰写的著述和思想演进中它处于什么位置，而后一门课程的内容则是我和学生用整整一学期逐章、逐节阅读这一文本。特别是在给全系各个二级学科研究生开设的公共必修课上，我鼓励学生从不同的专业角度评判马克思的思想及其体系特征，同时对我的研究提出意见和建议。

上述工作成效显著，自 2006 年以来，我发表的关于《德意志意识形态》的研究论文有 40 余篇；每学年都开设原著课，教学相长，使我获益良多。在此基础上，我又对全书做了多次修改、补充和完善，最后以这样的面貌呈现在读者面前。

不折不扣地说，本书是我数年来殚精竭虑、潜心研究的结晶。在研究中，我所追求的境界是：对权威的文献材料的准确把握、对文本结构的完整理解、对思想内容的详尽解读、对论证过程和逻辑的完整梳理和深刻揭示、对问题和观点的到位提炼与概括、对思想内涵的深度分析和客观评价。当然，我并不认为我的工作已经很完善了，书中出现纰漏乃至错误在所难免，因此，我随时准备做出修正、补充和发展。经典是需要反复研读的，即所谓"常读常新"；当然，这种连续的阅读和研究应该构成一个前后连续、渐次提升的序列或阶梯，以保证人类思维不断向前发展。

但遗憾的是，最近几年学界出现的状况却令我相当担忧：有的老师本来是这一领域的开拓者，但在打出旗帜、"跑马圈地"之后，就不再在这块土地上继续耕耘了；还有那些名目繁多而内容水准难以保证的会议和论坛；无文本支撑的没完没了的方法论讨论；远远谈不上权威和相关的资料堆积；不顾文本结构和主体内容而天马行空的阐释；借口体现当代性、实践性，为图解和论证现实中的所谓重大问题而肢解文本、寻章摘句和断章取义；为与当代流行的哲学观念和社会思潮挂钩、匹配而把字面符码相同、但含义有很大变迁的思想抽象出来进行无原则的讨论；借文本研究之名肆无忌惮地阐发自己的思想；生造拗口、晦涩乃至别扭的名词、概念以掩盖对文本内容的肤浅掌握，却美其名曰"创新"和"发展"……学界是太热闹了，但众声喧哗之中，很有学术前景的文本研究却没有结出丰硕的果实！

更有甚者认为，在马克思主义研究中突出学术性诉求、强调文本的基础性意义，导致马克思主义哲学研究的"学院化""形式主义化"，疏离现实生活和规避政治路线，至少是"格局太小了"。坦率地说，我不能同意这样一种见解。实际说来，与"学术性"对立的不是"现实性""政治性"，而是"非学术性"。哲学研究，特别是中国的马克思主义哲学研究的确应当关注现实、关注政治、关注现代化建设的实践；但同样是关注，在研究方式上有学术性与非学术性的分野，学术性的关注是把对现实的诠解、反思和引导联系起来进行的深邃思考，而不是流于对政策和流行观念的单纯辩护和庸俗图解。马克思主义哲学在中国 100 余年的历程，仰赖特殊境遇和外力作用，除了政治领袖的作为和社会发展外，在学术上成果有限、教训深刻，现在是我们总结经验、潜心研讨、注重积累、多元探索和强化建树的时候了。在这种情况下，需要的是宽容和鼓励，而不是动辄颐指气使地指责，好像别人陷入了"误区"，唯我路线"正宗"。自嘲地说，如果中国的马克思主义哲学研究老是停留在"外围指点"和"宏观展望"，仍旧缺乏对具体问题、文本、思想等长期而持续的悉心研究和纵深探讨，以致产生不了黄钟大吕式的巨著，既不能推进现实实践，也改变不了在当代学术格局中的尴尬处境，那才愧对时代、愧对历史，是真正的悲哀吧！

2011 年 8 月 21 日于北京大学静园四院马克思主义文献研究中心

二

倏忽间，我完成对《德意志意识形态》的全面性研究已经六年多了。此番修订最大的挑战是，MEGA²《德意志意识形态》卷的正式面世是否会对我展开研究的文献基础、解读思路和观点构成根本性的影响。

2017 年 10 月，延宕多年、吊足了研究者胃口的 MEGA² 第一部分第五卷终于出版了，作为国际上最权威版本的《德意志意识形态》露出了"庐山面目"。此前，并非此卷编辑的英国某学者根据其所掌握的材料作出了惊人的判断，不仅彻底否定了《德意志意识形态》的思想价值和地位，而且认定根本不存在这一著述！[①] 影响所及，国内也有学者担心，MEGA²《德意志意识形态》卷的出版是否会颠覆我们以往对马克思思想的理解和评价。作为曾经将时间和精力倾注在这一文本研究上的学者，我自然非常关注这一卷的出版动态，一拿到《目录》和《导言》就展开了认真的研读。最终，我不仅释然了，而且为自己几年前的研究经受住新文献的检视和挑战而感到欣慰。

---

① Terrell Carver："The German Ideology Never Took Place", in：*History of Political Thought*, Vol. XXXI, No. 1, Spring 2010, p. 127.

较之陶伯特 1997 年提出的方案和 2003 年的"先行版"，MEGA²《德意志意识形态》卷的变化在于：第一，明确了马克思、恩格斯作为《德意志意识形态》作者的主导地位。该卷标题只有马克思、恩格斯的名字，赫斯也只是一个不很重要的参与者，正文收入赫斯的文章一篇（恩格斯参与），附录收入两篇（分别由马克思参与、恩格斯合作），1997 年方案中列入的其独著《晚近的哲学家》《共产主义预言家的密谋活动》则悉数被删去了，而作为"先行版"的作者之一的魏德迈则不见了踪影，只在附录的最后收入了罗兰特·丹尼尔斯的一篇论文。第二，不再标明是两卷本的著述，而以"对青年黑格尔派哲学的批判"和"对真正的社会主义的批判"来"结构"这部文本。第三，严格按照原始手稿刊印，比如，《Ⅲ. 圣麦克斯》的目录在"5. 作为资产阶级社会的社会"后加了"论断 1：关于地产的分析、地役权的赎买和大地产对小地产的吞并；论断 2：私有财产、国家和法"；"辩护性的评注"曾经被通行本鉴定为《Ⅲ. 圣麦克斯》章中的两节之一，即"2. 辩护性的评注"，而现在根据原始手稿改为"1. 唯一者及其所有物"下"新约：我"中的最后一小节，即排在"6. 所罗门的雅歌或唯一者"之后的"7. 辩护性的评注"（仔细研读手稿的内容就可以判断出，这里的"7"是误笔，而将它与"新约：我"中的最后一小节"6. 所罗门的雅歌或唯一者"并列并排在其后，明显是不对的，因为按照这样的编排，《Ⅲ. 圣麦克斯》章只有一节，即"1. 唯一者及其所有物"，如果没有"2. 辩护性的评注"，这里标出的"1"就是多余的了）。除此之外的《Ⅱ. 圣布鲁诺》和"对真正的社会主义的批判"部分章节的标题与通行本完全一致。还需要说明的是，MEGA²《德意志意识形态》卷的编者中不再有陶伯特和汉斯·佩尔格的名字，而改为乌尔里希·帕戈尔、格拉德·胡布曼和克里斯汀·维克维特了。

客观地再现留存下来手稿的原始状态，并不意味着文本所隐含的思想的复杂性和变动性就会自然地呈现出来。在文献学信息除了个别细节外并没有实质性的变动的情况下，把握和揭示马克思、恩格斯思想的变化，特别是要深入理解在经过"博士论文"、《莱茵报》—《德法年鉴》时期的评论、"巴黎时期"的著述和《神圣家族》等的历练后其理论体系所获得的阶段性提升，最好的方式还是按照他们反思和写作的顺序、进程来清理和透视；如果只是按照哪怕是最权威的编者的编排，平面地解读文本也恐怕很难达此成效。这也表明，我当初按照文稿写作的先后，在对其各个组成部分，特别是学术界研究非常薄弱而又占全书绝大部分篇幅的《圣麦克斯》《圣布鲁诺》章进行详尽释读的基础上，来理解和分析《费尔巴哈》章，继而更进一步分析《真正的社会主义》部分的思路，仍然是正确的。这种研究得到的结论是，曾经作为其同道的青年黑格尔派的"观念论""思辨哲学"，不仅是 1845—1847 年马克思、恩格斯批判的对象，也是他们突破"纯粹""直观"的唯物主义重要的参照和支撑，"新哲学"体系是对既往的这些不同类型的哲学思维方式的扬弃和超越。

基于上述考虑，这次修订我只是根据最新文献改写了第四章的第五节，并且重新命名为《MEGA² 的编排方案与〈德意志意识形态〉的"庐山面目"》，其他章节，除了对文字表述进行了校正外，观点和论证并没有大的修改。在我以往的研究中，我基本上将《德意志意识形态》所关涉的文献"一网打尽"，对其内容和问题都一一给予了详尽的甄别，但这次我并没有增加对新版《附录》中赫斯的《格拉齐安诺博士的著作 卢格的〈巴黎二载，文稿和回忆录〉》《关于格奥尔格·库尔曼和奥古斯特·贝克尔的手稿片断》和罗兰特·丹尼尔斯《维·汉森博士的〈1844 年在特里尔圣洛克展览会上出现的神奇医疗的文档演示。1845 年特里尔版〉》的解读，基本的考虑是，原书所增加的对作为《德意志意识形态》第二卷中对"真正的社会主义"批判部分重要补充的《反克利盖的通告》《诗歌和散文中的德国社会主义》的详尽分析，就其思想容量和深度来说，完全可以弥补这一缺憾(善于将相关材料尽可能搜罗尽净进而予以编排和列入《附录》的 MEGA 编辑，这次却没有在《对"真正的社会主义"批判》部分将这两部重要文献收入，令人困惑。这部分正文现在留存的手稿中，明确标明序号的只有"Ⅰ""Ⅳ""Ⅴ"三章，这就意味着"Ⅱ""Ⅲ"章遗失了，就内容看，《反克利盖的通告》和《诗歌和散文中的德国社会主义》是与其最相关的）；如果再纳入一些不甚紧要的内容，此书的篇幅就实在是太大了。

诚愿接受国内外专家对我的研究给予更进一步的指教！

2018 年 1 月 18 日于北京大学人文学苑 2 号楼 236 室

《马克思的"新哲学"：原型与流变》导论

　　由我主编的《马克思的"新哲学"：原型与流变》一书于 2013 年入选"马克思主义学术文丛"，由中国社会科学出版社出版，全书 61.5 万字。同年 5 月 5 日，在北京大学哲学系（静园四院）一层会议室召开了该书的研讨会。7 月 9 日，庄福龄教授在《光明日报》撰文推荐，称其为"马克思主义哲学史研究的新收获"。如今七八年过去了，导师故去，学界多变，我只能在重新翻阅这本在同类著述中还不显得过时的书时，回味"当年好时光"了……

　　以下是这本书的导论。

　　在本书的视野内，"哲学形态"是就哲学家或哲学派别理论思维的特征、哲学理念形成、演变、表述和论证过程而言的。"熟知并非真知"。我们可以看到，言说了一个半世纪的马克思主义"哲学形态"，迄今为止并没有获得人们明确的认知，反而愈发陷入聚讼纷纭的境地，很多言说离开了经典作家的原始文本及其思想演进。就 20世纪而言，很多人对于马克思主义哲学的了解，很大程度上脱离了其原生形态，而更多地依赖其后继者在特定的现实境遇下的阐释、发挥与重建。过去的历史已是一种客观存在，过分情绪化地指责或为其辩护，已经没有多大意义；但考虑到马克思主义哲学的特殊性质及其在21世纪的命运，清理这段学术"公案"和历史"公案"，对在当代新的境遇下发展马克思主义哲学却是一项必不可少的前提性工作。

本书与同类著述的不同之处在于，它尽量避免先验地对经典作家的哲学思想进行抽象的定性和体系性概述，而是根据其不同时期的著述，梳理其观照世界、理解现实、把握时代以及阐发其思想的方式和内容的演变，再从总体上分析其哲学的独特性和逻辑一贯性。我们认为，奠基于全面而系统的文本基础之上的扎扎实实的研究，最终呈现出一个与以往很不相同的马克思形象，形成对马克思哲学新的理解，把其关乎理解世界的"哲学方式"的超越、新的"世界观"的阐释、社会历史的全新把握、社会认识论和"历史阐释学"的探究和鲜明的哲学归旨与思想特征等方面充分揭示出来。马克思主义哲学创新必须是在正确理解马克思哲学、在其哲学革命的基础之上展开的。

我们注意到，进入21世纪以来，文本研究逐渐成为国内马克思主义哲学研究总体格局中一个重要的领域和独特的路向。当然，这不是说过去我们对马克思的著述没有进行过研究，的确，在"原著选读"之类的著作和课程中都不同程度地涉及这一方面的内容，但其目的主要是为哲学原理教科书的观点、命题做说明和论证的，因此，一般多选择一些表述明确、便于概括的篇章和段落，而很少从版本考证、概念辨析、思想梳理等角度对完整的文本个案进行详细而完整的研究，更不用说对马克思卷帙浩繁的著述进行总体上的甄别和清理了。现在，文本研究可以说是为了矫正传统的马克思主义研究结构中史、论、著三者之间的失衡状况而进行的努力。

首先，由于把文本作为马克思主义研究中一个专门的领域来通盘考虑，这就改变了过去研究中一直存在的零散而无序的状态，特别在中文版本之外，越来越多的研究者注意到了德、俄、英、日等语种的马克思全集编辑过程中和最权威的 MEGA^2 已经出版部分的收文情况，从而可以从总体上对马克思的著述有一个比较准确的统计和清楚的把握，这有助于从宏观上把握马克思写作的特点、文体的类型、文本的曲折历程和思想被接受的种种复杂情形，在此基础上就可以甄别和撷取其中最重要的篇章进行悉心解读。

其次，由于在文本个案研究中把版本考证、文本解读和思想研究看成是前后相续、层层累积而又相互支持和融通的三个步骤、三个环节，改变了过去面对一部现成的、经过别人编辑而成的著述马上就进行解读的做法，而是首先对文本写作的原初背景和写作过程进行考察，对该文本的原始手稿的各种版本进行甄别，这有助于廓清马克思思想产生的文本语境、其思想的原始状况，从而避免了割裂和肢解原始文本的完整性和真实内涵，作出"过度诠释"。

最后，由于在具体思想的概括和分析中改变了过去动辄从特定的思想构架和政治观点出发做出随意性的诠释和情绪化的评判，尽量排除主观因素的左右和影响，不趋同于权威和时尚，避免了对马克思思想的阐释随着意识形态的转换成为一种忽"左"忽右、可"左"可右的政治游戏，从而损害了马克思主义研究的严肃性、科学性和恒定性。可以说，这样一种遵循严格的学术规范的文本研究大大提升了国内马克思主义的学术水准。

更为重要的是，按照上述路数和原则展开的研究，最终呈现出一个与以往很不相同的马克思形象，形成对马克思哲学新的理解，在关乎哲学的出发点、世界观、社会观、历史观、认识论和哲学归旨与特征等方面都会有新的阐释。以我之见，谨对其概括如下。

一、理解世界的"哲学方式"的超越

按照传统的理解，马克思早期哲学思想的发展经历了由唯心主义向唯物主义的转变，其实，唯物主义和唯心主义都不是其出发点。在其一系列著述中，马克思对这两种理解世界的"哲学方式"进行了公正而深刻的分析和批判，对其不同的形态从"类型"的角度进行了归纳和划分，切中肯綮地指出其症结：唯物主义体系中的"纯粹唯物主义"坚持客体至上原则，特点是"敌视人"；"直观唯物主义"坚持自然至上原则，关注的只是人的自然性、生物性，因而只能是一种"抽象的人"；唯心主义体系中的客观唯心主义坚持观念至上原则，追求绝对化了的"理念"或"自在之物"；主观唯心主义则坚持自我至上原则，追求的是个体的"自我意识"。马克思既不是从观念、精神、自我出发的，也不是单纯从客体、自然、物质出发的，而是从它们之间关系的现实表现和变化发展出发的，从实践出发的。因为实践不是凝固的点，不是僵化的实体，而是一种关系、一种过程、一种活动。实践是人的世界或现存世界存在的根据和基础；同时人又通过自己的实践活动使世界成为一个更大规模、更多层次的开放体系。这是对僵持于本原问题上抽象的还原论思维方式的根本转换。

二、一种新的"世界观"的阐释

在一般唯物主义的通常理解中，世界更多地被视为一种实体性的存在，甚至等同于"物质"或"自然"，并且认定"物质、自然界或存在，是意识以外、不依赖于意识而存在的客观现实"。这种观点意味着，这一"世界"是人之外的一种存在，是人观照和讨论的对象，而不是人参与、人创造、人构建、人占有和人赋予其价值和意义的过程和图景。很显然，这样的"世界"体系淡化了"人"的主体地位和人对自然、社会的实践改造，是一个失落了人的主体性和实践能动性的体系。然而，存在相对于主体而言是先在的、外在可感的物理世界，也存在内在于主体、不可直观的精神世界，还有由人类精神财富及其载体所构成的客观的精神世界；而且人是以"自我"为视角、为中心来观察和思考世界的。人类生活的现实世界不仅是人类自身创造性劳动不断展开、不断凝结和不断巩固的生生不息的历史过程，而且是一个多层次、多向度和多样态的统一体。这一点上，马克思的世界观绝对不同于一般唯物主义的世界观，而是一种"新世界观"，它的逻辑基石是对象化劳动、是实践，即在《1844年经济学哲学手稿》中论述过的异化劳动，在《关于费尔巴哈提纲》中提出的要将环境的改变和人的活动合理地理解为革命的实践，在《德意志意识形态》中认定的作为"整个现存感性世界的非常深刻的基础"的感性劳动和生产。所以，这一世界观不以抽象的哲学"物质"或"自然"范畴为逻辑基础，也不以抽象的"主体""自我"和精神为逻辑基础，而是以现实的具体的"劳动"概念为逻辑基础，并视劳动、实践是解开自然之谜、社会历史之谜、人之谜的钥匙。这样，马克思便把哲学的聚焦点从整个世界转向现存世界，从宇宙本体和观念本体转向人类世界，从而使哲学探究的对象和主题发生了根本的转换。

三、社会、历史的全新把握

社会和历史是马克思倾力研究的最重要的两个领域。马克思所理解的社会和历史既不是充满神秘色彩无可把握的存在，也不是可以任意幻想和虚构的王国。我们开始要谈的前提不是任意提出的，不是教条，而是一些只有在想象中才能撇开的现实前提。这是一些现实的个人，是他们的活动和他们的物质生活条件，包括他们已有的和由他们自己的活动创造出来的物质生活条件。因此，这些前提可以用纯粹经验的方法来确认。

社会的情况是这样的，那么由不同形态的社会更替而构成的历史呢？在马克思看来，历史也是可以确证和理解的，它也是有前提、有过程、有结局的，可以为后来者所把握的。对历史的分解可以看出，它的构成要素："全部人类历史的第一个前提无疑是有生命的个人的存在。因此，第一个需要确认的事实就是这些个人的肉体组织以及由此产生的个人对其他自然的关系。"①前提确定后，就可以进一步探究推进人的本质和社会变化的动力和机制。"一当人开始生产自己的生活资料，即迈出由他们的肉体组织所决定的这一步的时候，人本身就开始把自己和动物区别开来。人们生产自己的生活资料，同时间接地生产着自己的物质生活本身。"②个人是社会的细胞，个人生产范围的扩大和不同人的生产联结，构成了社会的结构和运动，"而生产本身又是以个人彼此之间的交往（Verkehr）为前提的。这种交往的形式又是由生产决定的"。③那么不同社会形态之间的更迭，即历史的演进是什么推动的？是盲目的或由人之外力量主宰的吗？历史的可理解性取决于对构成历史前进的动力要素和过程机理的分析。长期以来，历史被蒙上了一层更加神秘的面纱，在这里马克思给予了非常清晰的解析。

历史究竟是什么？它纯粹只是自然年代的更迭和过去事件的罗列，还是后人以自己的观念和方式对既往历程的一种梳理和解释？古代与近代以什么作为分界线？只是缘于某一个特定的历史时刻和偶然事件，还是后人对于时代"进步"的一种价值评判？"近代人"何以异于"古代人"？只是由于他们分别生活在距今不同的岁月和国度，还是在"人之所以为人"的内涵、层次和境界等方面有着质的差别？质言之，在对"历史"进行观照和理解时，是不是存在实证历史学与哲学方式之间的分野？哲学视域中的古代与近代、"古代人"与"近代人"有没有特殊含义？有什么样的含义？

那么，观念与历史、现实是什么关系呢？马克思指出，人们的观念和思想是关于自己和关于人们的各种关系的观念和思想，是人们关于自身的意识，关于一般人们的意识（因为这不是仅仅单个人的意识，而是同整个社会联系着的单个人的意识），关于人们生活于其中的整个社会

---

① 马克思、恩格斯：《德意志意识形态》，《马克思恩格斯选集》第1卷，人民出版社2012年版，第146页。

② 同上书，第147页。

③ 同上书，第147页。

的意识。人们在其中生产自己生活的并且不以他们的意识为转移的条件，与这些条件相联系的必然的交往形式以及由这一切所决定的个人的关系和社会的关系，当它们以思想表现出来的时候，就不能不采取观念条件和必然关系的形式，即在意识中表现为从一般人的概念中、从人的本质、本性中、从人自身中产生的规定。人们是什么，人们的关系是什么，这种情况反映在意识中就是关于人自身、关于人的生存方式或关于人的最切近的逻辑规定的观念。

"世界历史"不是观念史、思想史和哲学史，而是真实存在的社会运动；也不是以往所有事件的记录、罗列和展示，而是经过"过滤"的世界发展重大趋向的表征和体现；"世界历史"的推进力量不是纯粹的"自我意识"、宇宙精神和自然秩序，而是"现实的人"所进行的生产活动与人们之间的交往关系；"世界历史"的当代发展打破了国家和民族的界限，资本开辟了"世界历史"的新时代，而共产主义是一项"世界历史性"的事业。

四、社会认识论和"历史阐释学"的探究

马克思的著述，特别是《资本论》所要研究的，"是资本主义生产方式以及和它相适应的生产关系和交换关系"，而为了达到这一目的，马克思可以说是煞费苦心，用心良苦！他尝试并最终概括、提炼出可以上升到"历史哲学"高度的诸多社会认识方式、方法，诸如"普照光方法""从后思索方法""人体解剖方法""抽象—具体方法"等。马克思注意到，"在一切社会形式中都有一种一定的生产决定其他一切生产的地位和影响，因而它的关系也决定其他一切关系的地位和影响。这是一种普照的光，它掩盖了一切其他色彩，改变着它们的特点。这是一种特殊的以太，它决定着它里面显露出来的一切存在的比重"①。更进一步说，"对

---

① 马克思：《〈政治经济学批判〉导言》，《马克思恩格斯选集》第 2 卷，人民出版社 2012 年版，第 707 页。

人类生活形式的思索，从而对这些形式的科学分析，总是采取同实际发展相反的道路。这种思索是从事后开始的，就是说，是从发展过程的完成的结果开始的"①。他还指出，"人体解剖对于猴体解剖是一把钥匙。反过来说，低等动物身上表露的高等动物的征兆，只有在高等动物本身已被认识之后才能理解。因此，资产阶级经济为古代经济等等提供了钥匙"②。特别是"资产阶级社会是最发达的和最多样性的历史的生产组织。因此，那些表现它的各种关系的范畴以及对于它的结构的理解，同时也能使我们透视一切已经覆灭的社会形式的结构和生产关系"③。为此，他认为"分析经济形式，既不能用显微镜，也不能用化学试剂。二者都必须用抽象力来代替"④。可以说，这些方式、方法是马克思哲学认识论中最重要的内容。

更为超前的是马克思的"历史阐释学"思想。检视马克思不同文本的创作历程，我们还会发现一个相当普遍的现象，就是他善于把对某一问题的思考、论证和阐发与关乎这一问题的学说史的梳理和评析紧密地结合起来。像《剩余价值学说史》这样为了配合《资本论》的原创性理论建构而进行理论史梳理，把理论与理论史密切结合的做法，几乎成为马克思的理论生涯中自觉而一贯的研究方式和著述方式。长期以来，马克思的这种研究方式和叙述方式并未受到我们的关注和理解。传统的马克思主义哲学原理体系中，历史哲学（唯物史观）是非常重要的一个部分，然而根据一般唯物主义而不是按照马克思自谓的"现代唯物主义"原则所进行的阐释，把"历史"简单化为一种可以自动呈现的"社会存在"，又认为"社会意识"的内容全部来自这种"社会存在"，并且二者之间是一种反映

---

① 马克思：《资本论》第 1 卷，《马克思恩格斯文集》第 5 卷，人民出版社 2009 年版，第 93 页。

② 马克思：《〈政治经济学批判〉导言》，《马克思恩格斯选集》第 2 卷，人民出版社 2012 年版，第 705 页。

③ 同上书，第 705 页。

④ 马克思：《资本论》第 1 卷，《马克思格斯文集》第 5 卷，人民出版社 2009 年版，第 8 页。

与被反映的一一对应的关系。现在看来，这种解释把人们的意识(精神、观念)领域的独特性、复杂性和丰富性作了简单化的处理。如果一切意识(精神、观念)只是一种对外在的异质性存在的反映，怎么解释人类创作的那些浩瀚的艺术作品、精神创造所构筑的独特的审美空间和智慧高峰？又如何到位地勾勒和透视人类复杂的思想史、观念史、心灵嬗变史？

研读马克思留下来的文本，我们发现他真正完成了的、成型的作品远远少于未完成的著述，绝大多数是笔记、手稿以及计划写作的著述的准备稿、过程稿、修正稿和补充稿。马克思为什么要对自己的文稿反复斟酌、再三修改？这里不只是关乎他当时是否建立了独特的理论、思想的问题，很大程度上他更多地考虑的是理论如何表达和思想怎样阐释的问题。马克思当然坚持历史存在的客观性和规律性，但历史以怎样的方式显示自己的存在？对历史如何叙述才能显现出其当代意义？源于时代境遇和社会实践的理论又如何表达才能显示其真正的意旨？所有这些都关乎"历史阐释学"的重要议题。20世纪历史哲学把研究重点转向了诸如此类的历史表现、历史想象、历史隐喻、历史理解、历史叙述、历史方法、历史写作等领域，从而大大超越了19世纪的思维；马克思以其丰富的文本写作实践触及当代"历史阐释学"的这些问题，并且在其阐释中蕴含着大量有价值的创见，这些本属于马克思历史哲学题中应有之义，需要我们进一步探究、挖掘和提炼。

五、鲜明的"人学"归旨与思想特征

马克思思想的变革更鲜明地体现在其哲学的归旨与特征中。马克思剖析资本及资本的逻辑，论证共产主义的必要性和可能性，其根本宗旨仍在于人，在于"人的全面发展"。表面看来，《资本论》探讨的是商品生产、商品流通和总过程的各种形式，探讨的是物质、利益、财富、阶级和所有制等问题，但贯穿这些方面的价值归旨是"现实的个人"的处境及其未来，是"实践的人和人的实践"，是"人与人的关系"。如"时间"，我们一直把它看作世界的存在方式，是一种可以度量的、匀速流逝的、物理状态的间隔，然而在《资本论》看来，哲学意义上的"时间"与自然时间是有区别的，它离不开人、人的活动和人的感受，衡量这"哲学时间"的不是物理的尺度，而是社会的尺度、资本的尺度、人的尺度，时间成为人类发展的空间。用马克思的话说，就是"时间实际上是人的积极存在，它不仅是人的生命的尺度，而且是人的发展的空间"①。

古往今来，存在形形色色的哲学形态，有讲求个人道德践履的哲学，有叩问生命体验的哲学，有寻求救赎之途的哲学，有追求"绝对真理"的哲学，有安抚失意灵魂的哲学，有遁世隐逸的哲学，还有苦闷消遣的哲学，等等；而且，从社会方面来说，由于哲学家的言说和陈述与社会对其的理解之间往往会出现程度不同的错位和反差，哲学更被蒙上了异常神秘和迷蒙的面纱，在哲学与社会的关系、哲学的社会定位和社会功能、哲学家的社会角色及其社会评价等方面，出现了各不相同甚至相去甚远的评论，有时被说成是无用之学、抽象之学、"庙堂"之学、贵族之学、悠闲之学，有时被等同于诡辩之术、谶纬之学、箴言戒语、玄思遐想；对哲学家的评论更是五花八门，要么令人忍俊不禁，要么使人啼笑皆非，诸如"古怪之人的古怪之论""味同嚼蜡的人与学问""思想的巨人生活的侏儒"等，不一而足。这是哲学的本来面目吗？如果不是，到底是哲学本身出了问题，还是社会的症结？

我们当然并不全盘否定上述哲学形态存在的价值及其合理性，也姑且宽容地接受或谅解社会对哲学哪怕是严重歪曲的错误评论。但马克思主义哲学与此绝不相同，比较而言，它更是一种现实的哲学、时代的哲学、社会的哲学、人民群众的哲学和"改变世界"的哲学。

在马克思主义哲学看来，哲学不是世界之外的遐想，而"是自己的

---

① 马克思：《经济学手稿(1861—1863 年)》，《马克思恩格斯全集》第 47 卷，人民出版社 1979 年版，第 532 页。

时代、自己的人民的产物，人民的最美好、最珍贵、最隐蔽的精髓都汇集在哲学思想里。正是那种用工人的双手建筑铁路的精神，在哲学家的头脑中建立哲学体系"，"任何真正的哲学都是自己时代的精神上的精华……不仅在内部通过自己的内容，而且在外部通过自己的表现，同自己时代的现实世界接触并相互作用"。①

哲学虽然是从总体上研究人与世界的关系的，但人与世界的关系最深切的基础是现实、是实践、是时代。因此，真正的哲学无疑应该以实践为基础来研究人与世界的关系，而这种研究的目的归根结底也在于为人实践地处理自己同外部世界的关系服务。哲学的繁荣固然表现为人的精神或人的理性与智慧的开放性的自由运动，而这种自由运动往往具有对现实的超越性，但又不能完全脱离自己时代的现实的人本身和现实的世界，不能完全脱离把现实的人和现实的世界关联起来的现实的实践。

自古以来哲学还被称为"智慧之学"，但在马克思主义哲学看来，哲学追求"智慧"，并不是为了内心的自我满足、自我陶醉；哲学作为智慧之学，其根本任务和主要功能，正在于教人善于处理和驾驭自己同外部世界的关系，不仅包括对世界的理论解释，更包括对世界的实践改造。因此马克思主义哲学不仅把实践作为自己整个哲学理论的基础，使自己的哲学具有与其时代的实践相适应的内容和形式，而且特别指出，"哲学家们只是用不同的方式解释世界，而问题在于改变世界"②"全部问题都在于使现存世界革命化，实际地反对并改变现存的事物。"③

马克思主义哲学所主张的这种对现实、对世界的改变不是抽象的，而是与无产阶级革命、与对资本主义的批判、与社会主义实践联系在一起的，它是革命的无产阶级的世界观和方法论。它不讳言自己的阶级属

---

① 马克思：《〈科隆日报〉第179号的社论》，《马克思恩格斯全集》第1卷，人民出版社1995年版，第219—220页。

② 马克思：《关于费尔巴哈的提纲》，《马克思恩格斯选集》第1卷，人民出版社2012年版，第140页。

③ 马克思、恩格斯：《德意志意识形态》，《马克思恩格斯选集》第1卷，人民出版社2012年版，第155页。

性，它不是超越哲学，不是适应一切时代、适应于所有人的哲学。它本身是 19 世纪欧洲政治、经济发展的产物，是近代自然科学影响下的产儿。它的全部主旨"归结为这样的绝对命令：必须推翻使人成为被侮辱、被奴役、被遗弃和被蔑视的东西的一切关系"①。无产阶级是随着工业发展而成长起来的，它被彻底的锁链束缚着，由于自己所受的普遍痛苦而具有普遍性质，它若不解放整个社会就不能解放自己，它本身表现了人的完全丧失，只有通过人的完全恢复才能恢复自己，它否定私有制体现了社会发展的要求。为了实现人类解放，途径就是哲学与无产阶级的结合，无产阶级在哲学的统率下对现实进行无情的批判，"哲学把无产阶级当做自己的物质武器，同样，无产阶级也把哲学当做自己的精神武器"②。人类解放没有物质力量、没有无产阶级不行，因为革命需要被动因素，需要物质基础。批判的武器不能代替武器的批判，物质力量只能用物质力量来摧毁。人类解放更不能没有理论，没有哲学。革命是从哲学家的头脑中开始的。理论和哲学的意义就在于理论是能动的，物质是被动的，哲学是头脑，无产阶级是心脏，物质力量依赖于精神去把握，理论一旦掌握群众就会变成物质力量，思想的闪电一旦真正射入无产阶级这块没有触动过的人民园地，人就会解放成为人。

我们可以看出，由于各种复杂的原因，长期以来我们对马克思哲学的理解，实际上低于马克思的水准或处于"前马克思"的阶段。目前我们在大力倡导马克思主义哲学创新，但应当明确，创新必须是在正确理解马克思哲学、在其哲学革命的基础之上展开的；我觉得，这是文本研究最重要的收获和给予我们最大的启示。

本书是聂锦芳所承担的北京市哲学社会科学规划项目(06AGZX001)的最终成果。具体写作情况如下：(1)聂锦芳设计了章节目次、撰写了导论。(2)根据其总体思路，以下人员起草了初稿：单提平(第一、第二

---

① 马克思：《〈黑格尔法哲学批判〉导言》，《马克思恩格斯选集》第 1 卷，人民出版社 2012 年版，第 10 页。
② 同上书，第 16 页。

章）；彭宏伟（第三章）；聂锦芳、李彬彬（第四章）；聂锦芳等（第五章）；张翔霞、聂锦芳（第六章）；杨洪源（第七章）；陈慧平、崔爽（第八章）；荣鑫（第九章）；郗戈（第十章）。(3)聂锦芳对各章初稿一一进行了修改（有的章节进行了重写），统一了格式和观点，李彬彬翻译了英文目录。(4)最后由聂锦芳定稿。

中国社会科学出版社赵剑英社长对本书出版给予了鼎力支持，责任编辑杨晓芳女士付出了辛勤劳动，北京大学哲学系、中国特色社会主义理论体系研究中心和北京市社科规划办的老师、领导也予以指导和帮助，课题组谨表示衷心感谢！

《"巴黎手稿"再研究：文献、思想与历史地位》后记

  在马克思撰写的卷帙浩繁的著述中，"巴黎手稿"（包括通常被称为《1844 年经济学哲学手稿》的"三个笔记本"和《詹姆斯·穆勒〈政治经济学原理〉一书摘要》）是除《共产党宣言》《资本论》之外，在思想界、学术界影响最大、争议最多的作品。它自 1932 年发表以来，不仅在哲学、经济学领域影响很大，而且扩展到美学、文学、社会学甚至自然科学等学科，甚至影响对资本时代人的处境和社会生活的理解。声势浩大的"西方马克思主义"思潮、20 世纪 80 年代中国思想界"异化和人道主义"论争等重大理论事件，都与其有直接的关联。今年适逢这一手稿写作 170 周年，根据最新文献对其进行重新解读，并由此生发出对当代相关问题的深入思考，将有助于深化对马克思主义基本原理的理解及其当代发展。为此，受北京大学"黄枬森项目"资助，2014 年 4 月 12 日北京大学马克思主义哲学研究中心、马克思主义文献研究中心、人学研究中心、青年哲学论坛、马克思学论坛共同举办了纪念"巴黎手稿"写作 170 周年暨"马克思人学思想的当代理解"学术研讨会。从事相关领域研究的 30 余位学者与

会，对关涉这一文本的文献、思想、历史地位和当代影响等问题进行了深入讨论。

这次研讨会取得了丰硕的成果，概括起来大致包括以下几个方面。

一、文献辑录与疏证。聂锦芳提出了重新研究"巴黎手稿"的"路线图"，特别介绍了根据1982年出版的《马克思恩格斯全集》"历史考证版"第2版（MEGA²）第1部分第2卷编排、辑录的《1844年经济学哲学手稿》"原始顺序版"的情形及其意义；王东则对此阐发了自己不同的理解和新的编排；鲁克俭根据MEGA²"附属材料"卷梳理了相关文献学信息。

二、重要思想解读。魏小萍指出，由于马克思没有对外化劳动与异化劳动的概念进行清晰的区分，导致了在探究异化劳动的产生原因与废除途径上出现了逻辑困境，王峰明也基于异化劳动与私有财产关系而分析了《1844年经济学哲学手稿》中的理论难点，李凯林分析了异化劳动的双重形态和历史内涵，刘秀萍论证了"异化劳动学说"对"人本学"的超越，彭宏伟分析了《1844年经济学哲学手稿》中多重批判的同一性，王巍对《巴黎手稿》的"实践"概念进行了再解读。

三、历史地位重估。陈志尚对人道主义、异化问题的争论进行了回顾；赵家祥分析了《1844年经济学哲学手稿》在马克思主义哲学史上的地位；李德顺则辨析了马克思"两个尺度"的思想与价值思维；梁树发梳理了《1844年经济学哲学手稿》的发表与西方"马克思学"的形成的关系；安启念以《1844年经济学哲学手稿》为例，提出"大唯物史观与实践辩证法"构想；杨学功重新辨析了马克思哲学的实践概念与人学问题；孙熙国论证了马克思异化劳动理论与资本批判理论的统一性。

本书正是在会议论文的基础上编辑而成的。这里谨向参加会议的专家学者、向论文的各位作者表达衷心的感谢！李彬彬同学为本文集做了很多技术性工作，中央编译出版社的李媛媛女士联系出版事宜，付出艰辛劳动，在此也一并致谢。

本书的出版经费由我所承担的国家社科基金重点项目"基于最新文献的马克思重要文本再研究"(14AZX002)提供。

2014 年 4 月 14 日于北京大学人文学苑

孤寂的长旅

——写在《重读马克思：文本及其思想》出版之际

一

2018 年 1 月 8 日晚上，我校改完学生王莅执笔的近 40 万字的书稿《求解资本主义的史前史——"人类学笔记"与"历史学笔记"的思想世界》，这是我主持的 12 卷本《重读马克思：文本及其思想》的最后一卷。念及耗费了自己多年心血、念兹在兹的这套丛书至此终于完成了，我心里不免有点感慨和激动，竟至于夜不成寐。安静的夜晚，一首老歌中的两句歌词一直在耳际飘荡："时光已逝永不回，往事只能回味……"

屈指算来，到今年，我来北大工作就满 20 年了。很清晰地记得刚刚调来时的迷惘。当时焦虑的问题是：我这个年龄段的学人如何研究马克思？在北大如何研究马克思？

攻读博士学位时(1993—1996 年)，我的专业是马克思主义哲学史，导师是中国人民大学的庄福龄教授。他与北京大学黄枬森教授等筚路蓝缕，在中国开创了马克思主义哲学史学科，创办了马克思主义哲学史学会，最重要的学术贡献是团结全国 50 多位同行编写了 8 卷本、410 万字的《马克思主义哲学史》。这是我们这一学科的里程碑，作为晚辈、后学，总为此而感到骄傲。学习他们的精神，在他们的基础上继续前行，自然是我们的分内之事。然而，学术发展必然要遵循"代际转换"的规律，就是说，一代人有一代人的学术视野、研究方式、解释框架乃至思想体系，当然要传承，但更要有超越，这不是个人的野心和自负，而是学术发展的内在要求。事实上，同样耕耘在这一块领地，当时比我稍长的 20 世纪 50 年代出生的一批中年学者，已经与黄老师和庄老师等老一辈学者显示出不同的风格和思路。况且，在我与两位老师以及与众多前辈的交往中，感到他们期待我们的，并不是故步自封，亦步亦趋地重复和模仿，而是能在开拓新思路和获取新文献的基础上有所创新。在这种情况下，如果我一味欣享前辈的荣耀、再沿着以往的路数走下去，就显得太没有出息了。而且就我当时的看法，8 卷本虽然奠定了马克思主义哲学史研究的宏观基础，但在文献佐证、细节甄别、解释思路和框架设计等方面都有进一步研究和讨论的很大空间。

另外一个问题是，我来到北京大学工作，这是一所有着悠久历史和鲜明学术传统的学府。就哲学研究来说，当然很难用几句话明确而精准地概括这种传统，而且不同的时代氛围中所体现出来的东西也有差异，所以很难获得广泛的共识和认同，但也应该承认，还是有一些特征是很明显的或者备受推崇的，比如，注重独立思考，有世界眼光，不追逐时尚和潮流，甚至不大关注所谓重大的社会热点问题和流行的政策，而在研究中特别强调学术性，尤其是重视文本、文献和思想史。而这样一些传统很显然在马克思主义研究中并没有充分体现出来或者得到贯彻。改革开放以来一直在进行着艰难而痛苦的转型和变革的哲学所属的各个门类和学科中，马克思主义哲学的处境显得很独特，甚至可以说有些尴尬。长期以来，马克思主义哲学界崇尚思辨，相形之下，忽视了做一些梳理、考证的工作，认为那样是一种经院哲学的做法，不会有什么"创新"。其实大而无当的探讨既无助于学术本身的积累，也谈不上对现实问题有深刻的见解。我感到，马克思主义哲学研究严重的"不规范"，还不仅仅是指为文著述时无视诸如注释、索引等操作层面的格式、步骤和规则，更主要的是由于丧失对学术研究的敬畏态度而采取的随意行为，课题选择多是一些宽泛、抽象的"宏大叙事"，其他学科提倡"小题大做"，而我们则是"大题小做"。这样，如果要顺应人文社会科学重建学术规范的呼唤，就必须把马克思主义研究中文本的基础意义凸显出来。因此，我的看法是，文本研究虽然不构成马克思主义研究的全部内容，但它是这种研究的永恒性基础。

2000年5月5日，北京大学成立了国内高校中最早的"马克思主义文献研究中心"，并委托我专门从事收集马克思各种版本著述及其相关文献资料的工作，这为我的研究提供了相当便利的条件。中心原在静园四院有一间专门的图书室，多种语言、版本的马克思主义文献均是由我搜集的。计有：1. 新版《马克思恩格斯全集》历史考证版（*Marx-Engels Gesamtausgabe*），已出部分全部购齐，特别是1972年试编本和1975年出版的最初几卷，现在在图书市场已经很难买到，北京大学配齐完整的一套，是非常不易的；2. 收藏梁赞诺夫编辑的《马克思恩格斯全集》历史考证版第1版（MEGA[1]），共12卷13册，这套学术价值极高的资料，在国内也仅存几套；3.《马克思恩格斯全集》"通用本"德文版39卷、俄文版第1、第2版；4.《列宁全集》德文版、俄文版；5.《马克思恩格斯选集》德文版、俄文版、英文版（两卷本、四卷本）；6.《列宁选集》德文版、俄文版（两卷本、四卷本）；7.《马克思恩格斯全集》《马克思恩格斯选集》《马克思恩格斯文集》《列宁全集》《列宁选集》中文版；8. 特里尔马克思故居研究所等编《马克思恩格斯研究》第1—50卷（德文）；9.《MEGA研究》；10. 中央编译局编《马克思恩格斯研究》等相关资料；11. 国内外马克思主义研究专著、论文集；12.《马克思恩格斯全集》英文版第1～50卷。

有5年时间浸润在这些资料中，这对于我来说是一个契机，使我有了探索的具体方式和途径。庆幸当时没有急于求成，而是有一个长远的构想和规划。先是埋头清理积累，消化、总结以往研究中的得失，最终凝结成《清理与超越：重读马克思文本的意旨、基础和方法》。适逢学界展开"回到马克思"与"马克思的当代性"的争论，我也参与发表了一些看法，认为如果没有进入文本内部进行细致的解读和分析，所谓方法论云云就显得非常外在。于是我便开始切实摸索文本个案的具体研究路径。

我的梳理表明，马克思是一位特殊的思考者和写作者——他一生的写作历程长达50余年，但成形、定稿的作品不到其全部著述的三分之一，留存下来的绝大部分是手稿、笔记、摘录和书信。对于一位思想复杂且产生了巨大历史影响的理论家来说，其观点和体系的丰富内涵并不完全体现在那些表述明确的论断中，而是深藏于对这些观点和体系的探索、论证过程中。就马克思而言，尤其如此，他很多重要的思想及论证就隐匿于那些散乱的大纲、初稿、过程稿、修正稿和补充材料之中。如果不花大的功夫对其文本细节进行甄别和辨析，而是大而化之、浅尝辄止地对待，乃至满足于外围言说、宏观定性和评价，实际上很难走进其复杂、丰富而深邃的思想世界，进而理解他思想的原初意旨、复杂内涵和论证逻辑，甚至会造成简单化、碎片化、片面化乃至极端化的理解、阐释和发挥。

于是我下定决心，选择了《德意志意识形态》作为个案展开研究，盯紧细节不放，用了大约6年时间悉心进行辨析和探究，几乎穷尽了这部著述可能涉及的所有疑难问题，到2012年才推出73万字的《批判与建构：〈德意志意识形态〉文本学研究》。

至此我内心终于感到有底了，于是就决定正式启动这套丛书。

由于马克思一生撰写的文本、文献卷帙浩繁，我们只能从中选取出那些最能表征马克思思想特质、内涵以及发展历程的重要篇章，作为重点研究的对象。选取的原则是：一是马克思写作这些著述或手稿是经过精心考虑的，同时花费了他比较大的精力和比较多的时间；二是这些作品的篇幅一般比较大；三是其中的有些著述虽然不完整、不系统，但它们提出或触及的问题涉及马克思主义基本理论的主题，在马克思漫长的思想创构过程中，对这些问题具体内涵的理解和解释可能有反思、变化甚至修正，但这些主题被揭示或提了出来，这昭示了这些作品永久的思想史价值；四是对有些著作虽然过去有所研究，但现在看来或者存在资料不完整、不权威甚至错误的问题，或者解读方式、观点概括有偏差，等等。

当时就设想这套丛书要在 2018 年马克思诞辰 200 周年之际推出。很显然，单靠我一人之力很难完成。我起初寄希望于同龄人乃至比我年龄大、功力深的人与我一起合作。我压根没有"跑马圈地"和当什么"领军人物"的念头，不过是一个组织者和牵线人的角色。但盘根错节的算计、复杂的名利考量，让他们以不同方式拒绝了我的邀请。感谢家人和学生与我最终共同完成了这一计划！

而这一选择带来的另一项意想不到，甚至更重要的成果，是学生们的迅速成长。多年来，我们形成一个严格的"学术共同体"传统，除非特殊情况，每周五下午都会在我的办公室进行探讨，教学相长，共同提升。他们借此受到相当严格而系统的训练，切实地促成了专业上的提升，不仅顺利完成了博士论文，而且出版了专著，引起了学界的关注。这些年，我个人的生活并不处处顺遂，但遇到学界同仁时，总会听到对我的学生的赞誉，我感到并不全是出于敷衍和客气，就有一种由衷的欣慰：不仅自己的规划得以落实，在我和学生撰写的书中体现了自己的意图和思想，而且为他们后来的发展开辟了道路，"带他们上路并且伴走一程"——这是我们师生间的责任和情谊！

一个人的生活状态和研究领域 30 年保持不变，搁在国外尤其是德国不是稀罕的事，但在中国这个迅速变迁的国度，就近乎是"精神病"和"强迫症"的表现了。前一段时间，我的一位大学本科同学来北京大学开会，顺便来我现在的办公室坐坐，刚进门，第一句话就说："你从 30 年前那间屋子挪到这儿来了！"听后我就只能苦笑了。表面看，国内有那么多人都在这一行从业，绝不是我一个人是这样的，但仔细地考察一下实际情况，就会发现，像我这样"轴"和实诚的人确实属于比较少的"另类"，好话叫"执着"，同义词是"执拗"，实质上是不会变通、缺少开拓。沉浸在书本、理想中度日，也没有跟着热点和潮流发生学术上的转向，而是始终倾注在马克思身上，这形成我固定的领地和思想，也局限了我的视界和观念，几本书及其附带的廉价的虚名是我的收获，而遭受一定程度的非议、算计、嘲讽和排挤，也是我必然的命运。

当然，尽管有这样的自我剖析，但已经过了"知天命"之年，可能在现实生活中会有所变通，但我并不打算"重新做人"。相反，愈加感到，干成一件哪怕何等微小的事是多么不容易！坚守，也许有它的价值。就拿这套书说，从 2000 年起意算起是 18 年，从 2005 年自我探索算起是 13 年，从 2012 年正式决定上马也已经 6 年了。在这一过程中，我没有过丝毫动摇，也没有其他愿望和心思，的的确确是靠勤奋和专注度过这漫长的日子的。现在终于要出版了，我想说的是，作为框架设计、章节安排和观点表述的设计者，尽管每一本写得到底如何我心里很清楚，但即使现在发表出来，也绝不能说哪一本是"急就章"，因为它消耗了我、家人和学生大量的心思、精力和时间。

二

我们的努力最终凝结在 12 卷本丛书中。至于每一卷做了什么样的工作、作者付出了怎样的艰辛，可以从以下内容简介中大致获得了解。

第 1 卷：《滥觞与勃兴——马克思思想起源探究》

本书将马克思的"中学时期文献—大学文学作品—哲学笔记—博士论文"作为一个文本单元统摄起来进行了详尽的梳理和解读，借此勾勒出马克思思想起源期的复杂状况、演变轨迹、思维逻辑和后续效应。"特里尔传统"是一种无形的"文化场"，经千年风雨洗礼仍巍峨耸立的古罗马恢宏的建筑及其所蕴含的宗教氛围、情怀成为马克思成长的环境和背景；启蒙主义教育和大量人文经典滋润着他年幼的心田，在"适合抒情诗的年龄",他"以情感来观照人性、理解世界",在爱中体味、追问和展示爱的功能和内涵、浪漫与困境,最终意识到情感的局限性以及升华和超越的必要性;"回到古希腊'衰落'的时代"对"原子论"哲学的追寻,激发他对自由与必然、个体与总体、本质与现象、短暂与永恒、主体与客体等哲学原则进行了较为深入的分析,在此基础上形成了一个较为成型的思维框架和"世界的哲学化同时也就是哲学的世界化"的理念。这些哲学思考、自我意识和价值取向对马克思在"《莱茵报》—《德法年鉴》时期"面对复杂的社会现实展开的探索,以及更往后的"意识形态批判"和"政治经济学转向"产生了持久的影响。

本书大部分章节是在马克思的故乡特里尔完成的,这也使作者的写作和思考带有诸多独特的感性体验。

第2卷:《"苦恼的疑问"及其解决——〈莱茵报〉—〈德法年鉴〉时期马克思文献及思想再研究》

马克思一生的思想始终处于不断地探索、深化和拓展之中,而"《莱茵报》—《德法年鉴》时期"(从1842年4月至1844年2月)是其思想变化的第一个时期。起初,他携带深受启蒙思潮、浪漫派学说和自由主义的熏陶而在德国思想论坛崭露头角的青春朝气走来,但他遭逢的一系列现实问题与以往的理念相矛盾,以至于在其头脑中产生了"苦恼的疑问";为解决这些疑问,他不断地阅读、思考和尝试,提出了探究社会问题的基本思路,为以后哲学思想的变革开启了方向。本书以此为中心线索对这一时期马克思的全部文献重新进行了解读,详尽地展示了马克思思想转变的环境、动机、过程、环节、性质和标志,有助于理解和把握马克思当时思想的复杂性和丰富性,以及这一时期在马克思一生理论创造中,在整个马克思主义思想史上的重要地位。

第3卷:《思想的传承与决裂——以"犹太人问题"为中心的考察》

在马克思早期的思想演变过程中,青年黑格尔派是一个非常重要的思想背景和参照系。从深受其影响、融入其间到发生歧见、反叛出来,直至与其进行彻底的思想剥离,马克思逐渐实现了其哲学思想的变革。

在这一思想解构和转换的过程中，"犹太人问题"是一条导火索；正是在对这一复杂的社会历史事件的认识和评论中，马克思与他的思想先贤、青年黑格尔派的主将布鲁诺·鲍威尔首次展开了论争，在对同一个重大问题的观照中开始显现出理解世界的思想方式的差异。

本书以大量的原始文献资料尤其是鲍威尔本人的著述为基础，详细追溯了马克思和鲍威尔关于"犹太人问题"争论产生的历史背景以及他们的思想发展历程，复原了马克思与鲍威尔论战的真实情境和三次交锋的具体过程，细致梳理和展示了双方各自的思想、分歧和争论焦点，并力求给予公允、客观的评价，特别是还以此为视角，观照鲍威尔的哲学思想和"犹太人问题"的论战对于马克思思想发展的影响以及对于马克思所实现的哲学变革的意义。这一研究成果从独特的视域拓宽和丰富了马克思与鲍威尔思想关系的研究，有助于进一步深化对马克思思想的复杂性和他所实现的哲学变革的理解。

第 4 卷：《异化的探寻及其扬弃——"巴黎手稿"再研究》

本书是在当代新的境遇下对马克思所著的思想复杂、影响深远而又毁誉不一的"巴黎手稿"的深度解读和分析。

"巴黎手稿"指的是马克思旅居"巴黎时期"（从 1843 年 10 月至 1845 年 1 月）创作的、与单纯摘录和抄写同时代人以及前人著作的"巴黎笔记"相区别的、大量正面阐述和论证其思想的著述，它包括通常被称为《1844 年经济学哲学手稿》的"三个笔记本"和《詹姆斯·穆勒〈政治经济学原理〉一书摘要》。过去由于过于功利的"现实"考量，再加上原始文献资料的欠缺，影响了对这一手稿复杂思想理解的全面性与客观性。为此本书根据历史考证版第 2 版（MEGA²）及大量权威资料，将"巴黎手稿"作为一个文本个案进行了深度研究，从文献疏证、内容解读、思想阐释、逻辑论证多个方面一一给予悉心的探讨，再现了这一著述的原始面貌、深邃意蕴和思想史价值。

第 5 卷：《思想的剥离与锻造——〈神圣家族〉文本释读》

历史并不宽容和公正，《神圣家族》从问世起就遭逢了"寂寞"的境遇和命运。但作为马克思主义创始人马克思和恩格斯第一次理论合作的《神圣家族》是他们在世时定稿和发表的为数不多的著作之一，它是引起研究者高度关注和具有广泛影响的《1844 年经济学哲学手稿》与《关于费尔巴哈的提纲》《德意志意识形态》之间的中介，既是一部对论敌展开严苛的批判、对其观点和体系给予彻底解构的著述，更是一部建构之作，即通过剥离与作为青年黑格尔派重要代表人物"布鲁诺·鲍威尔及其伙伴"的关系，马克思、恩格斯培育、锻造出一种"新哲学"的构架。本书辨析毫芒，在整体透视"思辨哲学"的结构和症结的基础上，通过对文本内容细致的释读，梳理了"以纯观念、精神理解和解释世界"的思维方式在诸如法国大革命、唯物主义史、财产关系、"犹太人问题""巴黎的秘密"和社会众生相以及具体现实生活等方面的表现和逻辑，进而认为这些重大的社会问题也恰是马克思、恩格斯形成"以现实、历史和实践视角观照和把握世界"的"新哲学"的契机和背景，这种辨析对于重新理解马克思主义哲学的变革及其丰富内涵具有重要价值。

第 6 卷：《在批判中建构"新哲学"框架——〈德意志意识形态〉文本学研究》

《德意志意识形态》是表征马克思主义理论最重要的文本之一，但长期以来它并没有被归入"经典"之列，从而得到与其思想分量相匹配的关注和重视，迄今为止，国内外还没有一部全面解读这一论著的书问世。本书的出版具有填补这一领域研究空白的意义。

作者依据《德意志意识形态》原始手稿、新版《马克思恩格斯全集》历史考证版（MEGA²）编辑的最新进展和研究动态，从文献学的角度，对这一文本的产生背景、写作过程、版本源流进行了翔实的梳理和考证；按照原书写作的先后顺序，对其各个组成部分，特别是学界研究非常薄弱而又占全书绝大部分篇幅的第一卷中的《圣麦克斯》《圣布鲁诺》部分以及第二卷的内容进行了详尽的释读，对相对来说较为知名的《费尔巴哈》章的内容重新进行了认真的辨析；根据作者自己的理解，对其中各章节关涉的重要问题和思想——进行了深入的讨论，从总体上重构了整部文本的理论视界和逻辑架构，勾勒出马克思透过观念世界和意识形态的层层迷雾，"从现实出发"观照和理解人、社会和历史的致思路向，并将其置于人类思想史的进程和当代社会实践的图景中，阐明其现实价值与意义，予以客观的历史定位。

第7卷：《政治经济学的形而上学——〈哲学的贫困〉与〈贫困的哲学〉比较研究》

《哲学的贫困》是马克思主义理论中最重要的文献之一，也是马克思研究和批判蒲鲁东所著的《贫困的哲学》《什么是所有权》的一部论战性著作。过去学界无论是对作为马克思政治经济学研究重要背景和思想资源之一的蒲鲁东思想的理解和评论，还是对这些著述文本细节的解读和思路的比较，都存在较大的偏颇和遗漏。有鉴于此，本书在总体上把握蒲鲁东的思想原貌、厘清马克思和蒲鲁东之间的复杂关系、了解国内外相关研究状况并完成相关文献学疏证等工作的基础上，逐一对三部著作共同涉及的重要议题，诸如政治经济学的哲学方法、所有权问题、价值理论、分工与机器观、垄断与竞争理论、社会革命观及共产主义观等一一进行了深入的甄别与讨论，特别是对目前学界研究较为薄弱而又占《哲学的贫困》一书中绝大部分篇幅的"科学的发现""政治经济学的形而上学"等章节，通过比照《贫困的哲学》中的相关论述，进行了详尽的释读，再现了马克思通过辨析蒲鲁东的"形而上学方法→政治经济学→社会主义学说(社会革命理论)"这条思想主线，对自己思想体系的三个组成部分，即唯物史观、政治经济学和社会主义学说的系统思考和整合的过程，最后将这一致思路向置于人类思想史的进程和当代社会实践图景中阐明其现实意义，对其进行客观的历史定位。

第8卷：《"革命"的非模式化解读——1848—1852年马克思恩格斯政治文献研究》

在马克思、恩格斯漫长的理论和实践生涯中，1848年欧洲革命是一个非常值得关注的节点。1848—1852年他们为理解、描述和分析这一重大历史事件写下了大量宝贵的政治文献，真切、全面地表达了当时他们对革命理论与实践之间密切而又复杂的关系的思考，具有十分重要的理论意义和现实价值。遗憾的是，时至今日，这组文献并没有得到系统而全面的研究，导致我们对马克思、恩格斯"革命"理论的认识是模糊的、不完整的，甚至是自相矛盾的，同时，也使得我们未能准确地理解和把握唯物史观与现实之间的复杂关系。

本书将这组文献作为一个整体进行了详尽的考察和解读，在此基础上探究了在当年纷纭的理论和实践纠葛中马克思、恩格斯的思考，揭示了他们关于"革命"的思想、观点和思路的内在逻辑及其演变过程，再现了他们在处理理论与实践关系时所遭逢的困难及其所取得的进展，力图摆脱传统的模式化的解读对其原始思想的偏离及其所带来的理论困境，以加深对马克思主义"革命"理论复杂内涵的理解，并在思想史视野和当代政治哲学的图景中确立其应有的地位。

第 9 卷：《政治经济学批判的逻辑建构——"1857—1858 年手稿"再研究》

广义上的"1857—1858 年手稿"是处于马克思理论核心位置的一组重要文献，被马克思誉为其"一生黄金时代的研究成果"。尽管近年来学界在对这一手稿的研究中取得了一些进展，但在具体思想细节的阐释方面依然显得较为薄弱，致使这部手稿至今仍"如一块广袤的未被深耕过的荒漠土地"，有鉴于此，本书不仅破除了"《资本论》初稿论"的影响，将这部手稿视为概念体系完整的独立著作，更在重新探究马克思与黑格尔的思想关系、梳理马克思"原本批判"研究模式转向的基础上，就这部著述中所涉及的主要思想议题，诸如政治经济学研究的整体思路及哲学方法、作为逻辑起点的商品及其交换运动、简单流通中的货币形式辩证法、资本一般及其辩证的生产总过程、资本一般的形式规定性等，作了全面、翔实且系统的解读；尤其是关于"货币章"的分析，填补了国内外相关研究领域中的"空白"；最后，将这部手稿置于当代实践格局和思想图景中来阐发其价值和意义，给予客观的历史定位。

第 10 卷：《"资本一般"与政治经济学批判——"1861—1863 年手稿"再研究》

在马克思一生所写的《资本论》材料中，"1861—1863 年手稿"的篇幅最长，涉及 23 个笔记本、1472 个印张。但贯通的页码表征的却是不连续的写作过程、庞杂的内容、纷乱的议题、若隐若现的逻辑，对研究者构成了极大的挑战，深刻地检验着解读者的理解、概括和分析能力。在熟悉全部文献的写作过程和内容的基础上，本书找到一个恰当的解读框架——"资本一般"，以此来呈现《资本论》写作在这一阶段的困境、磨难及马克思尝试解决的思路和效果，全部细节的盘活把马克思这一时期工作的进展准确地揭示出来，并使他对"剩余价值学说史"的梳理（对古典经济学、庸俗经济学的批判）获得了畅通的解释。可以说，"资本一般"给马克思的政治经济学研究带来了新的面貌，帮助他摆脱了困境，极大地影响了他后来"三卷四册"的结构，同时既接通了马克思与黑格尔哲学以及思想史的关联，更显现出其思想的超越性，而且置于当代西方经济学的整体图景中也是一种独特的视角和方法。

第 11 卷：《资本社会的结构与逻辑——〈资本论〉议题再审视》

《资本论》是马克思一生最重要的著述，是诠释马克思思想最重要的文本依据。在当代新的境遇下要把马克思主义研究推向新的高度和层次，仍然绕不开这座"思想高峰"。本书遵循恩格斯提出的"按照作者写作的原样去阅读自己要加以利用的著作，并且首先不要读出原著中没有的东西"的原则，重新审视了《资本论》三卷内容，从中提炼出若干复杂而重大的议题，从文本学视角重新梳理了马克思解决问题的思路和方案，对于诸如劳动价值论、使用价值的谱系、资本的定义、资本的运动、利润率趋向下降规律、"斯密教条"批判、经济危机的必然性、资本家在创造剩余价值中的作用、剩余价值是否消失了等具有强烈现实意义的重大理论问题，也给予了新的甄别和分析。

第 12 卷：《求解资本主义的史前史——"人类学笔记"与"历史学笔记"的思想世界》

"人类学笔记"与"历史学笔记"是马克思在生命最后时期写下的长篇

读书摘录，内容涉及 19 世纪下半叶文化人类学和启蒙主义历史学的最新研究成果。与以往相关研究中所提出的"思想衰退说""回归早年人类学研究说""放弃《资本论》说""研究重心东移说"和"唯物史观应用说"等不同，本书将"晚年马克思"的研究视域拓展至其中后期思想发展（特别是《资本论》研究）过程中，以两部笔记所梳理的从史前社会到资本主义社会产生的人类历史及其向世界历史的转化为线索，以"求解资本主义史前史"为总问题，以史前时代至希腊罗马社会、中世纪、近代、现代四个时期以及经济、政治、宗教三个论题为经纬，通过对其中所关涉的十二个问题的讨论来全面把握两部笔记的思想议题。通过这一研究，马克思与西方思想传统在更广和更深层面实现了勾连，这为重新审视马克思与 20 世纪的思想发展史和社会运动史提供了全新的视角。

三

这样，我们就按照原初的计划、通过对重要的文本个案的解读完成了对马克思复杂的思想世界及其意义的再探究。我们讨论的只是黄老师和庄老师等主编的 8 卷本《马克思主义哲学史》前三卷的内容，但不仅以 600 万字的总篇幅超过了全套丛书，而且对马克思思想的梳理、分析和评论无疑都大大拓展和深化了。

在研究中，我感到最困难的，并不是权威而完整的第一手文献的搜集，而是对这些文献的把握、理解和解释；我们不仅要还原马克思当年写作的原始情境、状况及具体内容，而且必须找到一种合适的"框架"来统摄和清理大部分处于散乱状态的文献中的思想及其逻辑。很显然，这样的"框架"不能出自我们纯粹的杜撰，更忌讳用一种外在思路、观念和范式来强行套用。因此，鉴于马克思留存下来的文本及其表述方式的特殊性，一方面，我强调，精深的马克思思想研究必须走向文本学、文献学，而不能将其全部让渡给马克思手稿的辨认者、著作的编辑和翻译家，因为我们也需要对其作出的成果进行检验和理解，才有利于更进一步客观、准确和到位地概括和分析马克思的思想，所以我不允许学生离开文本、文献的原始状况和具体内容抽象地讨论马克思的思想；但另一方面，虽然马克思很多著述的表达有"个性化"的特征，叙述非常散乱，观点也不很系统和明确，可是其中无疑又有着极大的思想容量和严密的论证逻辑，构成其思想发展前后相续而又不断推进的序列，所以我们就必须在反复研读这些文献、切实把握其内容的基础上，提炼出一个解释"框架"来贯穿这些分散的材料，体悟、概括和分析其思想。很显然，这中间解读者主体性的发挥又是必不可少的。

而当我们的解释与马克思文本中的思想能够接通的时候，我们觉得才算是真正理解了他——不仅仅限于他的观点，更包括他对观点的论证；不仅仅限于他定型、成熟的思想，更包括他"苦恼的疑问"、对自我的反省、理论的内在矛盾、开放的多元思路、多重的理论和实践效应。客观地说，12卷本中每一本书的写作都经历了这样一个痛苦而漫长的过程。当我们的研究达致上述理想的状态的时候，欣慰之感也便油然而生，觉得我们悉心的研读和认真的讨论获得了回报。

当然，我们也坦然面对学界对这种研究方式的质疑和批评，特别愿意诚恳地接受那些基于文本细节对我们的疏失、纰漏乃至错误的校正。但有些过分的指责并不能令我信服。在丛书"总序"中我回应了三种看法，即认定文本研究只是做版本考证而不研究思想、只是复述原著的思想而没有理论建树、有意回避现实问题因而体现不出马克思主义的当代性。至于有的论者挖苦地将这种研究判定为"匍匐在权威的脚下，清点前人的脚印"，我的看法是：关于后一点，我只想提醒一下，"事不经过不知难"，您不妨也尝试着花点功夫进入文本内部清点一下，看是不是比"外围言说""宏观定性"要困难得多、复杂得多，因而据此对马克思的理解也要客观得多、深入得多；至于前者，我必须强调，我为全部12本书设计了统一的结构框架，每本书的最后部分都是总结性的"综论"，如果看过我们前面详尽的梳理和解读，再看这部分具体内容，甚至也包括我写的两卷中每一章的最后段落，就会发现，我们并不缺乏"问题意识"和"当代眼光"，总是站在比研究对象和文本更大的范围和更高的程度上予以透析和总结，进而力图完成超越。只是有了前面扎实的基础，我们的这种超越就更有底气了，而不至于落空和陷入虚妄。

漫长的孤旅不会因为这 12 卷本的完成而中止，马克思研究值得我们终身投入。事实上，我们一直没有停止自己的工作，目前业已展开或处于准备阶段的课题包括对马克思思想起源期的"柏林笔记"、对马克思政治经济学研究产生过重要作用的"伦敦笔记""危机笔记（1856—1857）"、《资本论》第二卷和第三卷手稿以及对 1867—1883 年马克思的活动、思想图景及其后续效应的专题研究。同时，我在考虑写一部两卷本的《马克思的思想世界》的书，拟对我们重读马克思的成果作出总结，对其一生思想探索中涉及的重要议题的内涵及其论证从元理论的角度作出概括和阐释，也借以对其在 20 世纪东西方不同的理论和实践影响以及经济全球化时代的现实价值作出分析。

往事如流水。现在身处燕园，再一次回忆起三年前待过的马克思故乡——特里尔，眼前浮现出位于布吕肯大街 10 号和西蒙大街 8 号的两处马克思故居、位于诺伊大街 83 号的燕妮家旧址、雄浑的黑门、壮观的教堂、旖旎的摩泽尔河畔风光、如绿色军阵般整齐排列的葡萄架……今年在那里将有 4 个大型展览揭幕和近 300 场不同的活动举行，而作为中国学者，我与同道以这 12 卷本的著述探索马克思复杂而深邃的思想世界，表达我们对他的理解，共襄盛事，以纪念这位人类历史上影响最深远的思想家诞辰 200 周年。

《"到马克思的故乡去！"》后记

挽留不住的时光，不曾淡漠的记忆！而今我又以这本小书拷贝和保存了当初的见闻和感受。当然，这些并不是事先计划好了的。

倏忽间，从德国回来已经整整一年了。这期间，除了完成教学任务，主要的一项工作是修改在特里尔已经大致完成的一本重新讨论马克思思想起源的书稿，其中的"引言"部分记述了马克思故居博物馆的情况以及我在那里工作和生活的经历。据此，我也应邀在几所高校做过讲座。很受知识界推崇的《读书》杂志的编务颜峥看到这份"引言"后，征得主编的同意很快进入审稿程序，决定先行发表（由于刊物篇幅所限，由原来的近2万字缩减为6 000字），之后又经过其精心编辑，在该刊微信公众号上推出。不料，这篇并不是严格学术意义上的文章却成为我迄今为止发表的190余篇论文中传播最广的一篇。国内专业界、朋友圈的流传就不必说了，遥远的特里尔与北京有7个小时的时差，微信发出的第二天凌晨，一打开手机，我就收到来自那里很多朋友温情的祝贺。信息把我们联系在了一起——"世界真是太小了！"

广东教育出版社的陶已总编和李红霞老师看

了《读书》上的文章，又了解到我在德期间还曾拍摄过一些照片，随即做出决定，出版一本"青春彩绘版"的《到马克思的故乡去！》。为此，她们一行两次来京到我办公室专谈此事。起初，我很踌躇，虽然知道现在已经进入了"读图时代"，人们追求"视觉效果"，书店里的畅销书都配有插图，或者干脆是图文各半乃至以图为主，但我多年来写作和出版的都是文字书籍、学术作品，从来没有产生过以这种形式出版作品的想法，所以当时只是被动地答应考虑一下。但她们信心满满，给我介绍出版界的情况，并且很快启动程序，获得选题审核，送来出版合同，还说要在世界读书日隆重推出。盛情难却，我就只好利用寒假，勉力完成此书了。

回首自己进入马克思主义哲学专业 30 年的经历，"探寻一种切近地理解马克思的途径和方式"是我始终不渝的努力方向，这便成为这本小书"引言"部分的主题；考虑到这是一本向读者介绍马克思故乡历史和现状的普及性的读物，于是我以文字解说图片的方式展示了城内沧桑而凝重的古迹和城外旖旎而多彩的风景；又以自己在 Irsch 小镇生活的独特见闻和感受，分"初来印象""居民生活""我的房东""德文手记""登岗琐记"几个专题，具象地呈现了特里尔普通人生活的环境和状况；接着，我以比较大的篇幅从"历史传统""校园景致""学生生活""教授工作""学术年会的开展"等方面介绍了特里尔大学的状况。

当然，我最关注的还是马克思在这里的生活、学习和思想起源期的情形，因此以"故居现况"为题，重点概述了位于布吕肯大街 10 号的马克思故居博物馆的历史、现状以及展览的详细内容，此外，对位于西蒙大街 8 号的马克思另一处故居、位于诺伊大街 83 号的燕妮故居、位于耶稣会会士大街 13 号的马克思就读过的威廉中学遗址以及位于约翰尼斯大街 28 号、现已关闭的特里尔马克思故居研究中心也一一做了简单的介绍。

现在留存下来表征"特里尔时期"马克思思想状况和进展的文献主要有：他最早创作的两首诗《人生》和《查理大帝》；中学毕业时的宗教、德

语和拉丁语作文；围绕《德法年鉴》创办而写给卢格等人的著名的
"1842—1843 年通信"（其中 5 封是在特里尔写的）。我对这些文献的内容
进行了初步的解读，它们展示了这一时期马克思心理和思想的成长、生
活方式的抉择，以及后来走上现实批判和社会变革以寻求人的解放的坎
坷道路的缘由。

综合起来，在特里尔所获得的上述见闻，不能不引发我更进一步的
沉思。有的是零星生发的感慨，有的则是反复考量也难以寻找到答案的
难题。诸如：特里尔的生活对于马克思一生的影响、马克思思想与西方
传统之间的关系、究竟该如何诠释马克思的思想形象、德国社会的现代
转型与马克思学说的命运、我们正在建设着的中国特色社会主义与经典
马克思主义的关系，等等。我把自己初步的思考简略地表述出来，构成
本书最后一部分的内容。

必须再次说明，本书的写作对于我来说是一次全新的尝试，各章之
间篇幅不太均衡，写法上也有差异。特别是多年来的学术写作使我养成
每有引文都要详细注明出处的习惯，但这种方式并不适合这本"青春彩
绘版"的普及性读物，所以我接受他人的建议，把引文后的注释删除了。
这里特将书中征引的文献罗列如下：

1. Museum Karl-Marx-Haus Trier，*Karl Marx* (1818-1883)：*Leben-Werk-Wirkung bis zur Gegenwart Ausstellung im Geburtshaus in Trier*，2013.

2. Jonathan Sperber，*Karl Marx，sein Leben und sein Jahhundert*，Verlag C. H. Beck München，2013.

3. Marlene Ambrosi，*Jenny Marx，ihr Leben mit Karl Marx*，Verlag Weyand，2015.

4. Diethard H. Klein und Teresa Müller-Roguski（Herausgegeben），*Trier，Ein Lesebuch*，Husunm Verlag，1986.

5. Grundsatzprogramm der Sozialdemokratischen Partei Deutschlands，*Beschlossen vom Programm-Parteitag der Sozialdemokratischen*

Partei Deutschlands am 20. Dezember 1989 in Berlin, *geändert auf dem Parteitag in Leipzig am* 17. 04. 1998. \ Beschlossen auf dem Hamburger Bundesparteitag der SPD am 28. 10. 2007.

6.《马克思恩格斯全集》第 1、第 47 卷，人民出版社 1995、2004 年版。

7.《邓小平文选》第 3 卷，人民出版社 2001 年版。

8. 聂锦芳：《神性背景下的人生向往与历史观照——马克思中学文献解读》，《求是学刊》2004 年第 2 期；《"到马克思的故乡去！"》，《读书》2016 年第 6 期；《"思维着的人"的思索与"愚人船"的命运——重温马克思"1842—1843 年通信"及其意义》，《哲学动态》2016 年第 10 期；《滥觞与勃兴——马克思思想起源探究》，中国人民大学出版社 2016 年版。

全书所选 300 多张照片，绝大部分是我用自己的 iPhone5 手机所拍，不是专业相机，我也没有任何拍摄技巧，都是路过之处，兴致所至，随手一拍。虽然真实地展示了当时的状况，但质量、构图的优化却根本无从谈起。这些还请读者谅解！此外，有些照片来自方海霞、钟慧娟、汪婷、章红新、徐鹏等老师和同学，我们一起外出游玩后，他们会把照片发给我，但现在我已经分不出哪一张是谁拍的了；还有几张历史文献照片来自网络，在此谨向朋友们、也向网站和作者致谢！

作为"2018 年德国马克思年"国际学术咨询委员会成员，我现在与特里尔的同行保持着联系，衷心感谢 Rainer Auts、Elisabeth Neu、Margret Dietzen、Christian Soffe 和乔伟、梁镛、刘慧儒诸教授和老师，我们明年再相聚。

我本不是一个矫情的人，但在这里必须表达对妻子和儿子的感念！近年来孤寂之感常袭心头，遭遇不平时情绪也难免波动，但家人的陪伴、包容和安慰，化解了胸中块垒，让我尽可能淡然而坦荡，坚守主业，看得长远。同样是教师，妻子除日常的教学、研究外，还要操持大部分家务，特别是一日三餐，应该说比我更为劳累；儿子处于青春成长期，对新事物抱有好奇和兴趣，但现在的教育体制和社会环境，使他的理想与现实常出现错位，小小年纪压力却不小。整整一个寒假，我们三人基本上待在家里，儿子复习功课，妻子写作，我则弄这本小册子。这是我们的常态，让我倍感温馨和充实。但我长年为自己的研究费心、费力，没能给他们更多的付出，甚至没能为他们提供一个像样的生活空间，因此常感愧疚。

还要提及我的弟弟和学生。作为一个普通工人，在不景气的企业工作，弟弟收入很少，但他却用大量的时间和精力来读书，对很多问题的看法犀利而独到，对我"不忘初心"的忠告更是一种提醒和警示。除了妻、儿，我现在日常交往最多的就是学生了。我经常暗自苦笑：这是我的孤独，也是我的宽慰！每周五下午一次、很少间断的"学术共同体"的研讨，切实地促成了他们的成长，也延续了我自己的价值。

最后，我把这本小书献给那些无视马克思的人，此书有助于您理性地看待我们今天所处的时代，只要资本仍然是塑造世界最主要的力量，马克思透视问题的方式和维度就不可或缺；献给那些对马克思抱有兴趣、但囿于传统观念却并没有真正理解马克思的人，此书启示您应该转换框架和视野，更客观而到位地接近这位思想巨匠；作为我所承担的国家社科基金重大项目"重读马克思：文本及其思想"（16ZDA098）、教育部人文社会科学重点研究基地重大项目"马克思经典文本研究及其当代价值"（16JJD710004）、国家社科基金重点项目"基于最新文献的马克思重要文本再研究"（14AZX002）和中宣部文化名家暨"四个一批"人才工程自主选题项目"马克思文献学"的阶段性成果，我也将此书奉献给同行，期盼我们共同努力，推进马克思主义研究水准的提升和超越资本逻辑的社会主义事业的发展。

"理解马克思"仍然是我们时代的重大课题
——《"理解马克思并不容易！"》
新书分享会上的发言

  "重新阅读马克思"可以说是 21 世纪的一种世界性的现象，它并不只是属于纯学术研究范围内的事件，而是有着深刻的社会历史根源，并且体现出理论发展的内在诉求。从国际上看，20 世纪 80 年代末、90 年代初发生的苏联解体和东欧剧变对此起了重要的推动作用。在当时，一方面产生了"历史终结论"等论调，以为从此之后资本主义可以一统天下，但这种预测在随后爆发的金融动荡及其所带来的经济衰退和社会危机中迅速破产，马克思的资本批判再次彰显出当代价值。另一方面，对国际共产主义运动影响深远的苏东事件又促使人们认真反思"现实中的马克思主义"与马克思原始思想之间的复杂关系，于是出现了"马克思—马克思之后的马克思主义—马克思主义之后的马克思"这样的概念序列。在这种情形下，回到文本、回到原始语境中全面理解马克思就成为国际学术界和致力于社会重大问题思考的人们的共识。

  而在中国，当改革开放这场深刻的社会运动序幕揭开的时候，作为"总设计师"的邓小平在总结长期以来革命、发展的经验和教训时说过一句很沉痛的话："搞了几十年社会主义，但什么是社会主义、什么是马克思主义，我们并没有搞清楚。"对照这样语重心长的告诫，学界特别反思了过去对待马克思主义的实用主义、功利主义、教条主义态度，以及学习和研究经典著作时普遍存在的断章取义、寻章摘句的做法，认为这些情况不仅严重地败坏了马克思主义的声誉，也是社会主义建设实践经历挫折的内在缘由。

而从理论发展的内在趋势和诉求看，"按照原始文字编排""囊括马克思恩格斯全部著述"的"历史考证版"（MAGA）的影响日益扩大，其所刊发的大量新资料，提供了重新客观、完整而深入地理解和阐释马克思思想的文本、文献条件。而从中文版的情况看，改变了过去直接从俄文转译的方式，而是根据德文校订的《马克思恩格斯全集》第二版陆续翻译出版，随着《马克思恩格斯文集》十卷本、《马克思恩格斯选集》四卷本的编译，马克思著作的中文翻译更为准确，这就把更加深入的文本解读、思想阐述和价值评估的任务摆在研究者的面前。

我本人从20世纪80年代中期进入大学至今，学习和研究的对象没有发生过变化，不仅仅一直在马克思主义哲学这个大的学科和领域内耕耘，而且始终专注于马克思本人的著述及其思想。我攻读博士学位时（1993—1996年）的专业是马克思主义哲学史，当时的体会是，没有扎实的文本、文献功夫，实际上很难把握哲学发展的细节、过程和规律。1998年调入北大工作之后，"重视文本、文献和思想史研究"的传统更在我的研究中打上了深刻的烙印。2000年5月5日，北京大学成立了国内高校中最早的"马克思主义文献研究中心"，并委托我专门从事收集马克思各种版本著述及其相关文献资料的工作，这为我的研究提供了相当便利的条件。有5年时间我浸润在这些资料中，埋头积累、清理、消化并总结以往研究中的得失，最终凝结成《清理与超越：重读马克思文本的意旨、基础和方法》一书。适逢学界展开"回到马克思"与"马克思的当代性"的争论，我也发表了一些看法，认为二者之间并不是矛盾的，而是应该和必须关联起来的；如果没有进入文本内部进行细致的解读和分析，所谓方法论云云就显得非常外在。从此，我便开始切实摸索文本的具体研究路径，下定决心选择了《德意志意识形态》作为个案展开研究，盯紧细节不放，用了大约 6 年时间悉心进行辨析和探究，几乎穷尽了这部著述可能涉及的所有疑难问题，到 2012 年推出了 73 万字的《批判与建构：〈德意志意识形态〉文本学研究》。至此，我对怎样进行文本研究内心终于感到有底了，于是决定正式启动大型丛书《重读马克思：文本及其思想》。经过持续艰苦的努力，我与受到我研究方式和观点影响的 8 位作者一起完成了这套 12 卷本、600 万字的著作，在 2018 年马克思诞辰 200 周年之际推出。这套丛书出版后，在国内外产生了强烈反响，被德国专家称为"近年来世界范围内对马克思本人著作及其思想最为深入、系统的研究"，是"突破甚至颠覆以往《资本论》及其手稿研究范式的重要研究成果"。

但是，回顾 20 多年专注于马克思文本研究的历程及所取得的成绩，并没有让我感到特别的欣慰、满足和轻松。相反，我切实地感受到，正如这部书的书名所标识的——"理解马克思并不容易！"其中的缘由在于，马克思是一位特殊的思考者和写作者——他一生的写作历程长达 50 余年，但成形、定稿的作品不到其全部著述的三分之一，留存下来的绝大部分文献是手稿、笔记、摘录和书信。对于一位思想复杂且产生了巨大历史影响的理论家来说，其观点和体系的丰富内涵并不完全体现在那些表述明确的论断中，而是深藏于对这些论断的探索和论证过程中。如果不花大力气对其文本细节进行甄别和辨析，而是大而化之、浅尝辄止地对待，乃至满足于外围言说、宏观定性和笼统的评价，实际上很难走进其丰富而深邃的思想世界，进而理解他思想的原初意旨、复杂内涵和论证逻辑，甚至还会造成简单化、碎片化、片面化乃至极端化的理解、阐释和发挥。只有当我们的解释与马克思文本中的思想能够接通的时候，才算是真正理解了他——不仅仅限于他的观点，更包括他对观点的论证；不仅仅限于他定型、成熟的思想，更包括他"苦恼的疑问"、对自我的反省、理论的内在矛盾、开放的多元思路、多重的理论和实践效应。

而文献的复杂和思想的复杂又基于马克思毕生所探究的资本社会的复杂性。马克思是以历史的、辩证的眼光看待资本的，一方面，他注意到，"资本来到世间，从头到脚，每个毛孔都滴着血和肮脏的东西"，资本给劳动者带来了极大的苦难和社会上最大的不公正。另一方面，资本主义生产方式又是人类文明的巨大进展，它使劳动直接具有了社会劳动的性质，第一次使生产在社会规模上进行，"摧毁一切阻碍发展生产力、扩大需要、使生产多样化、利用和交换自然力量和精神力量的限制"。而在资本背后，马克思又特别关注"现实的个人"的生存境况和未来发展。他剖析资本及资本的逻辑，论证共产主义的必要性和可能性，其根本宗旨仍在于人，在于"人的全面发展"。表面看来，《资本论》探讨的是商品生产、商品流通和总过程的各种形式，探讨的是物质、利益、财富、阶级和所有制等问题，但贯穿这些方面的价值归旨是"现实的个人"的处境及其未来，是"实践的人和人的实践"，是"人与人的关系"。

因此，"理解马克思并不容易"源自其文本文献的复杂性、思想的复杂性、他所探究的资本时代的复杂性、他所关注的"现实的个人"的异化困境以及扬弃这种异化的艰巨性。从最近经济全球化的实际情形看，资本仍然是"塑造"世界最重要的力量，关乎人类发展的问题错综复杂、盘根错节；而对它们的思考和探究，又无不与马克思的思想有深刻的内在关联。因此，"重新理解马克思"仍是我们时代最重大的理论和实践课题之一。

基于上述考虑，2018 年 10 月—2019 年 1 月，我于赴欧出席"马克思年"活动和"追寻马克思的足迹"的间隙，在马克思的故乡特里尔市郊伊尔施小镇，在老房东库尔特·维罗妮卡（Kurt Veronika）的家里，认真回顾了自己走过的学术之路，又初步设想了以后的研究计划。记得当时将打印出来的迄今为止已经发表过的 200 多篇论文的目录摊在书桌上一一浏览，仿佛又经历了一次 20 多年的时间隧道。应陕西人民出版社的邀请，我从中挑选出 30 多篇，以三个专题呈现出来，组成了这部文集。

上篇"反思我们理解马克思的态度和方法"。我认为，置身于 21 世纪来重新观照和解读马克思在19世纪所写作的文本，显然绕不开20世纪所奠定的基础和积累。然而，我们今天仍感到有重新研究这些文本的必要，暗含的一个前提是，过去的文本研究方式及其所取得的成就并不能完全令我们满意。鉴于过去的特殊情形，今天的重新解读必须突出强调如下几点：回到学术层面进行探讨；尽可能详尽地占有文献资料，填补研究空白；甄别属于马克思自己的问题、思路、论证方式和理论架构，准确把握其思想；客观而公正地评估马克思学说的价值，为其合理定位。同时研究者也必须对自己的研究工作有一个恰如其分的估量，明确其界域和难度。为此，笔者分析了构成目前马克思主义研究水平提升的内在障碍，说明在历史性与现实性、学术性与思想性、本真性与主体性、公度性与个性化等矛盾之间既应保持融通与提升，又当有合理的区分与"必要的张力"；当过分强调现实性、思想性、主体性、个性化已经成为一种潮流的时候，为矫枉过正，我们何妨呼唤对历史性、学术性、本真性与公度性的重视。

中篇"马克思重要文本、文献梳理和解读"。既包括以往研究中没有予以足够重视的中学文献、大学文学作品、"博士论文"《德法年鉴》时期的书信、"巴黎手稿"《神圣家族》等，也根据新的文献材料和方法重新讨论了《关于费尔巴哈的提纲》《德意志意识形态》《共产党宣言》《资本论》及其手稿等。在研究中，我力图将版本考证、文献解读、思想阐释与现实意义重估紧密结合起来。比如，在人们通常的印象中，中学生总是与思想幼稚联系在一起的；然而，如果要是联系马克思一生思想的发展，探寻那些深刻思考的最初源头，就不能忽视他的早期材料了。我在翻阅大量资料的基础上甄别出这一时期9份相关文献，梳理了它们的主要内容及其刊布情况，特别是对迄今为止马克思最早的作品进行了考证和推断，探讨了其成长和运思的宗教背景，以及在这一背景下对人生职业的考虑和对历史事件的评论，最后，分析了当时德国中学教育体系的发达和完善状况，马克思身上开始显现的作为一个思想家所具有的资质、意向和思路，以及以少年之眼看世界所达及的有限程度。还比如，《共产党宣言》是马克思、恩格斯影响最大的著述，也是我们耳熟能详的作品，汗牛充栋的解读和宣传表明要在这一文本个案研究中取得新的突破非常困难。但是，我通过对其创作史和传播史的探究发现，文本的写作过程、最初的思想内容与其后来所造成的影响之间存在一种错综、复杂而微妙的关系，而过去的马克思主义研究中不同程度地夸大了二者之间的因果联系，有意无意地把以后因复杂因素而产生的判断附加于前者。为此，我重新分析了《共产党宣言》的定稿结构，运用新的文献材料重新梳理和甄别了它的创作过程和传播途径，认为它在马克思主义文本序列中经典地位的确立，并不完全是由其本身的思想和内容奠定的，更主要的是由后继者对它总体思想中的某些部分的突出强调和与实践的紧密结合而形成的。

下篇"马克思重要思想及其意义辨析和阐释"。 重新研究马克思的文本，并不是"为文本而文本""为研究而研究"，而是要通过对文本的悉心解读客观地把握和理解马克思复杂的思想世界及其当代价值。本书着重讨论的问题包括马克思与西方文化传统的关系、马克思的哲学变革的实质和内涵、唯物史观的解释领域及其限度、马克思和恩格斯的思想关系、马克思的"新哲学"及其体系的理解、"现实的个人"与"共同体"等，这些梳理对于"重新理解马克思"具有重要意义。比如，由于特殊的时代境遇、实践发展和学科分界，无论是在东方还是西方，不在少数的论者倾向于把马克思的思想从西方文化传统中剥离出来，作为一种独特的理论建构和价值取向予以理解和阐释。我通过对马克思青少年时期文献的详尽解读，深入探究了马克思思想起源期西方文化传统因子的渗透和影响，借此对长期以来流行的解释思路和观念进行了矫正和辨析，从而表明，马克思对于西方文化传统的关系不是弃之不顾、彻底打碎、颠覆重来，而是在传承、反思基础上的扬弃和超越。还比如，"现实的个人"与"共同体"的关系是马克思、恩格斯在《德意志意识形态》中特别关注的问题。我通过对"费尔巴哈"章最后部分的 18 个段落的解读，重组了马克思、恩格斯在这一问题上的论证层次和主要内容，即"现实的个人"是社会存在的前提，但在历史的演进中社会的主体却不是"现实的个人"而是他们所属的阶级；每个个人迫于生存条件、受共同利益的制约而形成共同的关系，进而结成共同体，但其个性和自由却又受到了共同体的制约；只有"个人的自主活动"参与、渗透到"生产—交往形式"交织而成的社会结构中，才能实现古代共同体—现代市民社会—自由人的联合体的转变。我认为，在马克思以后的思想发展中没有停止过对这一问题更进一步的思考，从而使其成为马克思主义理论体系中最重要的议题之一。

此外，本书的"引言"和"跋尾"分别编入了在《重读马克思：文本及其思想》完成后，我详细回顾这套 12 卷本的著作漫长的研究历程及其复杂心迹的文字，以及我出席"马克思年"活动期间遍及欧洲各国"追寻马克思的足迹"的见闻和感想。这样，本书除了具有文献翔实、分析细致、观点新颖等特点，在叙述方式上也讲求多样化，文笔也更为生动一些，目的是使它不仅对专业研究者具有重要的参考价值，而且对于关注当代社会发展的普通读者也会产生积极的影响。

"荟萃多年艰辛探索的精华"，只是一句广告宣传用语，现在，我不揣浅陋地将这本书抛向学界，期盼方家检验和赐教！

《马克思思想发展历程中的
"犹太人问题"》后记

      要更为客观、全面地理解和把握马克思早期
思想的复杂性、论证逻辑和演变进程，绕不开对
他与青年黑格尔派关系的深入探讨。但国内学术
界在侯才教授开创性的工作①之后，这方面的研
究一直处于停滞状态。我在完成对马克思文本、
文献研究的基础清理和方法论省思②后，曾经试
图通过专题史的研究来突破这一学术"瓶颈"，但
认真考虑后，我认识到，没有扎实的对文本个案
的解读，这一期待就可能落空，于是就转入了对
《德意志意识形态》持续数年的悉心研究当中。这
一工作完成③后，本来应该往前追溯到并不受研
究者关注、但其实很难解读的《神圣家族》和《论
犹太人问题》等著述，以期在完成全部文本内容
和细节的解读后再综合讨论这一段思想纠葛的演
变逻辑，以及总体上对于马克思思想变革的影响
及其意义。但《资本论》及其手稿的研究摆上日

---

      ① 侯才：《青年黑格尔派与马克思早期思想的发展：对马克思哲学本质的一种历史
透视》，中国社会科学出版社 1994 年版。
      ② 聂锦芳：《清理与超越：重读马克思文本的意旨、基础与方法》，北京大学出版社
2006 年版。
      ③ 聂锦芳：《批判与建构：〈德意志意识形态〉文本学研究》，人民出版社 2012 年版。

程，所以我只完成了关于《神圣家族》的一篇论文①就搁置了这一计划。这成为我心里暂时的遗憾。

李彬彬自北师大来到我们下攻读博士学位后，使这一计划接续起来了。他在第一年学习过程中，除了完成系里规定的必修课程外，经过我俩认真讨论和反复磨合，初步决定由他承担当时已经筹划成型的 12 卷本《重读马克思：文本与思想》中《神圣家族》的研究和写作工作。我建议他从原始资料的翻译入手展开研究。我们知道，马克思的著述中相当部分是论战性的作品，即他总是通过对论敌的思想或文本的梳理和批驳，"在论战中阐明其正面的见解"。但是遗憾的是，长期以来，由于不注重对原始文献资料的收集、翻译和辨析，我们对这些复杂的思想纠葛的了解和把握基本上都是单纯根据马克思的概括和论述来推测其批判对象乃至当时的理论图景。比如，作为马克思开启其与布鲁诺·鲍威尔思想剥离进程序幕的重要作品《论犹太人问题》，实际上是对后者先前刊印的一部小册子《犹太人问题》和一篇重要论文《现代犹太人和基督徒获得自由的能力》较为详尽的评论，但由于国内研究者过去对这些文本几乎没有直接接触过，致使所获得的思想信息实际上单一、肤浅乃至很片面，所得出的结论自然也就很难说是客观、准确和到位的。而随着文本研究的深化，必然要求我们改变这种在马克思思想理解上"不求甚解"和"外围言说"的状况。

李彬彬的第一外语是英语，当时已经能够熟练地阅读和翻译专业文献，考虑到尽管青年黑格尔派的作品大部分有英文翻译，但我还是希望他最好从德文原始文献入手，特别是有关犹太人问题的著述。于是他全身心地投入歌德学院的"魔鬼训练"中，效果相当不错。之后他顺利地获得国家留学基金委的资助，去洪堡大学学习。在德 18 个月的时间里，他一头扎进图书馆，广泛收集资料、潜心研读，认真地翻译，除了有一

① 聂锦芳：《一段思想因缘的解构——〈神圣家族〉的文本学解读》，《学术研究》2007 年第 2 期。

段时间参加口语培训外，基本上都是在图书馆—教室—食堂—住地轮换着度过的，很少外出游玩过。在这期间他先后翻译了布鲁诺·鲍威尔的《犹太人问题》《现代犹太人和基督徒获得自由的能力》《评讨论犹太人问题的最新著述》《目前什么是批判的对象？》《对〈神圣家族〉的反批评》和埃德加·鲍威尔的《普鲁东》等文献。当然，面对如此非常丰富而又复杂的资料，他也感到了这一研究领域的博大、复杂和深邃。我们商量后决定调整研究计划，暂时不进行《神圣家族》的解读，而是把其博士论文限定在马克思与"犹太人问题"的梳理上，当然论述也不仅仅限于《论犹太人问题》了，而是将《神圣家族》《德意志意识形态》中的相关内容也穿插进来，使得在"犹太人问题"上马克思与青年黑格尔派之间所进行的三次交锋的过程能被完整地梳理出来。至于《神圣家族》的文本学研究拟在以后再逐步完成。按照这样的方案和思路，他完成了博士论文，经过答辩获得北京大学博士学位，论文经过修订作为12卷本的一卷以《思想的传承与决裂——以"犹太人问题"为中心的考察》为题出版。

《现代犹太人和基督徒获得自由的能力》被翻译成中文后，由于篇幅比较短，我向《现代哲学》做了推荐，承蒙刘森林教授和编辑部审阅后得以发表，同时他希望刊出一篇与其配套的研究性论文。这真是特别中肯的建议！有文献解读经验的人可能都有这样的体会，现成的文本摆在眼前绝不意味着其中的思想和逻辑会很轻易地被读者理解和掌握，相反，如何叙述、概括和分析其内容构成了对研究者耐心和能力极高的检验和挑战，这是文本解读最困难的地方。为此，我花比较大的精力重新对照、研究了上述文献，撰写了《再论"犹太人问题"——重提马克思早期思想演变中的一桩"公案"》一文。而在这过程中，我愈加感到这个问题确实比较复杂，而我们的研究提供的只能是一种思路和一得之见，于是就产生了系统出版布鲁诺·鲍威尔相关文献以与马克思的著述相对照的想法，意在向学界提供进一步深入探讨的资料。这就是本书的由来。

必须指出的是，在马克思著述译文的选择上，考虑到中央编译局翻译的权威性、可靠性，特别是经过修订后的《马克思恩格斯文集》的高质量，经协商我们使用了其中的相关篇章，在书中已经注明。借此机会，特别要向哺育了我国几代马克思主义研究者的中央编译局的翻译家们表达崇高的敬意，尤其是对以不同方式对我的研究给予过切实帮助、支持和鼓励的顾锦屏、韦建桦、柴方国、魏海生、杨金海和冯雷等前辈、老师表达衷心的感谢！

此外，我的论文在《现代哲学》刊出后，南开大学阎孟伟教授写了《完整理解马克思的人的解放理论——马克思〈论犹太人问题〉的再解读》，陈述了他独到的看法；中央编译局的林进平研究员近年来也潜心于犹太人问题的研究，成果甚丰，而他与段青合译的美国加利福尼亚州圣塔莫尼卡市规划分析与调查研究院研究员威廉·布朗沙尔的《卡尔·马克思与犹太人问题》是一篇很重要的论文；李彬彬翻译了德国学者赫尔穆特·希尔施的论文《所谓的丑陋马克思：对一个"直言不讳的反犹主义者"的分析》，在专著出版后又发表了《政治解放与人的解放——马克思和鲍威尔对"犹太人问题"的解答》。还有，埃德加·鲍威尔撰写的《普鲁东》一文，虽然与本书的主题关系不大，但由于作者本人作为青年黑格尔派成员的身份，以及考虑到对此文的系统批判在《神圣家族》一书中所占的地位，李彬彬专门翻译了此文，事先也在《现代哲学》上刊发；遵循旧例，刘秀萍教授写了解读文章《重温〈神圣家族〉对〈蒲鲁东〉的分析和评判》。这组论文可以被视为对马克思与"犹太人问题"研究的最新成果，经授权在此一并予以收入。这里谨向作者和译者们表达衷心的感谢！

我们希望，通过在"犹太人问题"上马克思与青年黑格尔派之间多次交锋的文献的完整呈现，以及国内外学术界最新研究成果的集中刊发，使读者可以在对照和辨析中加强对马克思思想复杂性及其论证逻辑的理解，进而深化对马克思主义哲学史的学习和研究。

2016 年 12 月 25 日于北京大学人文学苑 2 号楼 236 室

我已经再次上路

——首师大讲座"开场白"

2021 年 5 月 11 日，我应邀到首都师范大学做了一场讲座"马克思的'突围'——重新思考他与古典经济学家们的思想纠葛"。讲座内容我事先写成了文字稿，开场白则是我现场的临时发挥。讲稿比较长，有 5 万多字，考虑到现在期刊篇幅的限制，我近期拟从中修改成相对独立的三篇文章来发表；现在根据记忆把开场白整理出来。

非常感谢广云教授邀请我来做这次讲座！我们是多年的朋友，我对他更是心存感念之情。我们 12 卷本《重读马克思：文本及其思想》出版后，德国同行似乎更感兴趣一些，他们非常急迫地索要去每一卷的英文目录和内容提要，渴望了解我们是怎么重新理解和阐释马克思的，并给予了不低的评价(参见《一位中国学者研究马克思的著述在德国的反响》)。然而在国内，除了出版社的宣传和我们自己的介绍，私下的讨论不得而知，在学界少有公开、正式的反应，而广云教授是唯一的例外，他专门写了有细致分析和思想见地的书评，在志军主编的集刊上刊出。不受名缰利锁困扰的马克思当年都希望耗费了自己大半生心血的

《资本论》在"广大范围内迅速得到理解"，认为这是"对我的劳动的最好的报酬"；平凡如我者自然对像广云、志军这样长期以来给予理解和支持的师友充满谢意和敬佩。我与广云"灵犀"相通之处还在于，我前天刚写完《马克思的"突围"——他与古典经济学家们的思想纠葛再清理》一书的《导论》，不期然当晚就接到他邀请来做讲座的电话。所以，今天讲的内容可以说是我首次向学界介绍我新近的研究进展——谢谢朋友们的关照，想告知大家的是，我已经再次上路。

12卷本著作出版后我一直在思考下一步的研究做什么、怎么做。在2018年为配合这套丛书出版而写作的《走进文本：探究马克思复杂的思想世界》一文的最后，我提出了一些具体想法，后来我还设计过两套多卷本丛书《马克思与西方思想传统》《马克思与20世纪》的框架。但除了按照以往的方式指导三名学生完成了研究"柏林笔记""《资本论》第二册手稿"和"伦敦笔记"的博士论文，对于其他规划如何落实，我一直没有想得很清楚，也就没有进一步展开工作。比如，尽管分开来看，12卷本中的每一卷是对一部或几部文本个案、文本群的解读，但连缀起来作总体观照，大家会发现有一条比较明晰的思想史演变的线索和逻辑，我们意在通过这种思路完成在新的时代境遇和权威文献基础上对马克思思想体系的重构。但当我在每一卷最后部分《综论》的基础上具体考虑对这种体系进行阐释的时候，还是感到比较困难，要把思想史的梳理转换成元理论构建，至少觉得还没有达到"水到渠成"之境。当年10月我接到去德国出席"马克思年"活动的邀请，并利用那次机会走访了欧洲多座城市以"追寻马克思的足迹"。在常年竟日伏案劳累之后短暂转换了一下"活法"，但四处奔波也让我有了更多新的感性体味和鲜活的思考。2019年年初回来后，我有大半年时间一直沉浸在这次实地考察的回忆和快慰中，写了近10万字的关于"马克思年"特里尔四个展览具体内容的综述、详细的考察经历散记和随感，以致给一个过去多次转载我文章的编辑造成我不再写"研究论文"的印象。2020年是恩格斯诞辰200周年，由于客观原因我无法践行与德国朋友、房东重返那里参加纪念活动的约定，为表达敬意，我重新阅读了他的一些著述，写了关于他思想起源和资本批判的论文以及一些阅读札记和随感。时光在"蹉跎"中流逝，这种不根据长远规划和周密考虑，而是见缝插针、随事（文）起意展开的所谓"研究"，让我内心非常不踏实，惶惑度日的感觉很不好。所以，从去年下半年开始，我下定决心回到原来的思虑中，寻找可行的方案。

我反省了我们12卷本著作在著述存在的问题。刚才广云兄介绍，他们特意组织了一个"读书班"，专门研读这套书，这让我很不好意思。因为它除了尝试提出并践行了一种独特的理解马克思的方式，触及的文本和思想复杂，阐释和评价中存在的问题也会很多。就我个人的感觉来说，它最大的遗憾是没有彻底清理和回答"马克思为什么没有完成《资本论》的定稿"这个核心问题。这关系到对1867年《资本论》第一卷出版直至马克思1883年去世这段时间其思想、实践活动的把握和理解，也是实现马克思与20世纪资本主义的发展和变化的勾连、评估马克思主义在西方乃至东方效应的前提。在12卷本中，只有王莅执笔的《求解资本主义的史前史——"人类学笔记"与"历史学笔记"的思想世界》一书触及这段文献和问题，但由于多种考虑，那本书只选择了这两部笔记进行研究，并据此作出了一些解释。但这只是这16年间马克思庞大著述中的一部分，在更宏大的背景和时间维度上展开梳理和把握进而做出分析，这方面的工作还有待拓展和深化。

毋宁说，这也是国际"马克思学"研究中最困难、最前沿的课题。2012年MEGA第二部分"《资本论》及其准备材料"出齐，以其所刊布的15卷23册庞大的文献集群，再加上第三部分"书信卷"第8～35卷大量涉及《资本论》的通信和第四部分"摘录、笔记卷"第2～9卷所刊布的多部笔记等，系统地再现了马克思酝酿、思考、写作、修改和整理这一著述的曲折过程，颠覆了关于《资本论》是一部业已定稿、由"三卷本"构成的完整的著述的传统印象，同时给专门致力于《资本论》研究的学者提出了新的挑战，给他们形成了比较大的压力，即如何切实地把文献专家编辑过程中形成的考证成果有效地运用于对马克思思想的重新解释之中。

由对原始手稿和文献的考辨、解读转换为思想史研究，焦点问题就凸显出来了——对于一个专门致力于马克思研究的人来说，这是不能绕开的问题，即马克思为什么最终没有整理出《资本论》第二、第三卷？

在多年来策划、组织、撰写 12 卷本著作的过程中，这一问题一直困扰着我。2017 年借助《资本论》第一卷发表 150 周年，我写了一篇纲要式的文章，大致清点了 1867—1883 年马克思的理论研究进展和实践活动，包括围绕《资本论》的后续整理和写作、西欧工人运动的参与及波折、资本主义"史前史"的求解、对俄国社会未来走向的设想以及"我只知道我自己不是'马克思主义者'"的警示等方面，廓清了当时的现实境遇并勾勒了马克思大致的工作领域及其研究所取得的阶段性进展。现在看来，这还只是一种外在性的分析，接下来更有待于我进入马克思这一期间的著述，通过对文本内容的具体解读来做出判断和解释。就是说，面对新出现的各种复杂状况，他是如何进一步思考资本的性质、运动、逻辑及其后果的。我认为，"没有按照以往的设计完成第二、第三卷的定稿工作"这一状况成为理解马克思晚年资本理论的关键，而我的工作就是尝试把马克思并没有明确表达出来的新思考概括并阐释出来。

确定了下一步研究的具体内容，我心里踏实多了。所以，去年下半年起，我打乱文本类型编排、只按照时间顺序重新系统地阅读这一时期马克思的著述，就从 1867 年《资本论》第一卷及其 6 个"序言"和"跋"以及大量通信开始。经过一段时间的集中研读后，我感到当时马克思是通过这部著述来最终完成对古典经济学的突围和超越的。在马克思思想研究中，所谓"哲学的革命性变革""政治立场的转变"，如果不落实到资本运动的具体环节、过程和机制中是得不到体现和进一步推进的。而就过去对马克思政治经济学与古典经济学之间关系的理解来看，我们只注重鉴别众多经济学家及其著述对待劳动价值论、剩余价值来源等问题的看法以及阶级立场的站位，认为对此表示赞同或者思路有所接近的马克思就予以吸收，表示反对甚至态度不明的就被马克思抛弃，而他们复杂的探索过程中对具体经济现象的分析、运行机制和过程的揭示和经济政策的主张等大多被忽略了。这正像我们以前清理马克思哲学与德国古典哲学乃至整个哲学史的关系情形一样，只注重从后者中抓取诸如"唯物主义""辩证法"之类的概念和思路，而撇开、遮蔽了更为复杂的思想、逻辑和体系，这些年马克思主义哲学研究中范式转换、视野拓展、文本细读所取得的纵深推进，显现出原来的理解是多么狭隘、外在和肤浅！而回到马克思研读古典经济学家们的著述时所做的篇幅巨大的笔记，从他极为详尽的摘录中，我们不难看出，他基本是从其思想整体、研究方式、论证思路、与时代问题和历史变迁的关联等方面，总体上把握这些先贤和同时代人的著述的，其中确实有极为凝练甚至尖刻的评价和定位，但绝不仅仅以是否集中在一两个观点上的鲜明表态作为评判标准。马克思的政治经济学当然有唯物主义辩证方法的支撑、无产阶级和劳苦大众获得解放的价值诉求，但如果不进入资本主义经济的具体运行机制和环节中，只靠外在的谴责和批判、激进的行动和举措，实际上是无济于事的。而从马克思最终并未放弃的《资本论》"六册计划"（特别是后三册"对外贸易""国家""世界市场"）的构思看，古典经济学的探索给予他的启示是深刻的和多方面的。

此外，我也意识到，导致长期以来我们对马克思政治经济学与古典经济学之间复杂关系做出简单化的理解还有一个原因，就是用"古典经济学"这个抽象的概念把马克思之前和同时代众多经济学家复杂的思想进行笼统的观照，结果所揭示的内容撇开了他们的个性化特征和思路，所以必然是粗疏的。就像我们过去用"唯心主义"把哲学史上高度重视精神、观念作用的人物和派别归为一类而弃之如敝屣，实际上抛弃了多少有价值的思想！殊不知，恰恰这些"唯心主义"哲学形态，既是马克思"批判"和质疑的对象，也是构成马克思超越"旧唯物主义"、实现"新哲学"建构的有益因素和成分。

基于上述考虑，我逐渐形成了自己梳理 1867—1883 年马克思思想变化并将其阐发出来的初步框架。据我现在的构想，这将是一部三卷本的书：第一部着重清理马克思是如何从古典经济学所提供的思路、体系和方案中"突围"出来的；第二部分析《资本论》三卷所构建的体系和观点与19世纪70年代后的实践发展和理论变化之间出现了怎样的"差池"；第三部讨论马克思新的理论视野的拓展、对社会发展的多维思考所展示的"开新"意向以及与20世纪的关联。

就第一部来说，我严格按照马克思著述提供的线索进行处理，但不再把古典经济学家视为一个统一的流派和整体，而是把他们一一分开，具体深入到其著述中探究他们的观点和体系、辨析马克思是怎样理解和把握他们的思想以及对马克思产生了怎样的影响。马克思关于他们的研究当然不是平均用力的，所以我会根据实际情况调整书的章节和篇幅。现在想到的这个部分可大致归为4类、涉及26位思想家：

一、"古典政治经济学"的演变图景和功过（1. 威廉·配第；2. 亚当·斯密；3. 大卫·李嘉图；4. 布阿吉尔贝尔；5. 弗朗斯瓦·魁奈；6. 西斯蒙第）

二、"庸俗经济学"何以是"庸俗化"的？（7. 萨伊；8. 马尔萨斯；9. 詹姆斯·穆勒；10. 麦克库洛赫；11. 西尼尔；12. 巴师夏；13. 凯里；14. 约翰·穆勒）

三、德国历史学派经济学的困境（15. 李斯特；16. 罗雪尔；17. 希尔德布兰德；18. 克尼斯；19. 布尼塔诺；20. 瓦格纳；21. 施穆勒）

四、德国知识界其他"平庸的模仿者"（22. 路德维希·毕希纳；23. 弗·阿·朗格；24. 杜林；25. 古·西·费希纳；26. 拉萨尔）

我利用"五一"假期家人外出的空闲完成了这本书的《导论》。这学期开始系统地看这些古典经济学家的著作（也包括传记），对马克思摘录和评论他们的著述我比较熟悉，但仍需要再一次认真阅读和思考，接下来大致按照上述顺序一一写出专题论文，最后做出总结和评论。同时，为了弥补自己知识结构上的缺陷，我从去年开始有意识地涉猎20世纪以来西方主要经济学流派的演变和微观经济学研究的内容，翻阅了一些重要经济学家的著述，特别是凯恩斯、米塞斯、哈耶克、科斯和诺斯等人的书。毋庸讳言，他们之中多数是反对马克思主义的，思维方式、经济观点乃至研究方法和著述风格有很大的差异，然而，我想指出的是，如果我们能像马克思当年所说的那样"决不用玫瑰色描绘"其面貌、理解其学说，而是将其看作资本时代关于经济运行的不同方案、思路和理论主张，同时，考虑到即便始终坚守"劳动价值论"、致力于从宏观和总体上把握社会结构变迁的马克思主义政治经济学，也并不是完全置身于资本社会之外进行"纯粹的批判"、要以全然异质的社会形态彻底替换资本社会，而只能在资本主义的发展和变革中寻找对资本的超越，逐步走向未来新的文明形态，那么，马克思主义政治经济学与这些派别之间就不只是对立、矛盾和冲突的关系，而是可以，也必须进行对话、融通、互补和创新。这无疑会有助于让我力图从重新清理马克思与古典经济学家思想纠葛中所获得的新认识彰显出当代意义。

悉心探究马克思的思想世界及其演变历程

——三部马克思文本个案研究新著简介

时序已经推进到 21 世纪，距离马克思生活的时代已经过去近一个半世纪。以"马克思主义"为符码的社会运动和思想研究还在继续进行着，但必须看到，作为 19 世纪中下叶德意志民族一代思想大家的马克思，某种程度上在当代其实"已经悄然退场"。一方面，他曾经下功夫研究、现在也以隐形方式存在的一些重大而结构性的问题，以及提出的深邃见解及其论证并没有被揭示出来；另一方面，人们在马克思的名目下阐发了那么多新潮的思想，实际上已经远远超出他当年观察和思考的界域，增添了很多不属于他的意旨和内容，更不用说还有有意无意的曲解和误读了。尤为复杂的状况是，在"马克思之后的马克思主义"一个半多世纪的演进历程中，很少有论者是把马克思及其文本和思想当作一种单纯的学术研究对象来看待的，对他的理解和阐释加入了过多的现实考量和情绪成分，以致出现了这样的情形：言说马克思的人越来越多，"挖掘"和阐释的思想越来越新颖，但马克思本来的形象和思想却越来越模糊，人们对他的文本越来越不熟悉。鉴于这种情况，多年来我们提倡回到马克思的文本、文献，悉心探究其思想的原始状况、论证逻辑和演变历程，进而凸显其思想史价值和现实意义，就是为改变这一状况所做的一种努力。

最近由我策划、主编的 12 卷本《重读马克思：文本及其思想》丛书中的三部受国家出版基金资助、被列入《马克思主义研究论库》由中国人民大学出版社推出，即黄建都的《"苦恼的疑问"及其解决——〈莱茵报〉—〈德法年鉴〉时期马克思文献及思想再研究》、李彬彬的《思想的传承与决裂——以"犹太人问题"为中心的考察》和杨洪源的《政治经济学的形而上学——〈哲学的贫困〉与〈贫困的哲学〉比较研究》。较之于以往的研究，这些著述力求把版本考证、文本解读、思想阐释与现实意义重估结合起来，取得了以下突破。

一是对马克思"苦恼的疑问"及其求解之法的甄别。马克思一生的思想始终处于不断地探索、深化和拓展之中，而"《莱茵报》—《德法年鉴》时期"（马克思 1842 年 4 月起开始为《莱茵报》撰稿、接任编辑直至 1843 年 3 月退出、之后又致力于创办《德法年鉴》并于 1844 年 2 月出版第一卷这段时期）是其思想变化的第一个时期。起初，他携带深受启蒙思潮、浪漫派学说和自由主义的熏陶而在德国思想论坛崭露头角的青春朝气走来，但遭逢的一系列现实问题与以往的理念相矛盾，以至于在其头脑中产生了"苦恼的疑问"；为解决这些疑问，他不断地阅读、思考和尝试，提出了探究社会问题的基本思路，为以后哲学思想的变革开启了方向。黄著以此为中心线索对这一时期的马克思的全部文献重新进行了解读，详尽地展示了马克思思想转变的环境、动机、过程、环节、性质和标志，有助于理解和把握马克思当时思想的复杂性和丰富性，以及这一时期在马克思一生理论创造中、在整个马克思主义思想史上的重要地位。具体而言，他所做的工作包括：（1）厘清了"《莱茵报》时期"马克思产生的"苦恼的疑问"及其所进行的初步分析；（2）首次完成了对鲜为人知的"克罗茨纳赫笔记"的全面性解读；（3）分析了《黑格尔法哲学批判》对所有制、阶级和国家法关系的探究，以及与当代政治哲学重要议题的关联；（4）通过对《1843 年通信》（8 封）内容的考证，阐明马克思"要对现存的一切进行无情的批判"的含义；（5）回答了为什么《论犹太人问题》成为马克思与青年黑格尔派的决裂进程的开始；（6）重新评估《〈黑格尔法哲学批判〉导言》在马克思主义思想史上的地位、马克思所阐发的政治解放与人的解放的关系及其依靠力量的现代价值。

二是以"犹太人问题"为中心考察马克思与先驱思想的传承与决裂过程。在马克思早期的思想演变过程中，青年黑格尔派是一个非常重要的思想背景和参照系。从深受其影响、融入其间到发生歧见、反叛出来，直至与其进行彻底的思想剥离，马克思逐渐实现了其哲学思想的变革。在这一思想解构和转换的过程中，"犹太人问题"是一条导火索；正是在对这一复杂的社会历史事件的认识和评论中，马克思与他的思想先贤、青年黑格尔派的主将布鲁诺·鲍威尔首次展开了论争，在对同一个重大问题的观照中开始显现出理解世界的思想方式的差异。李著以大量的原始文献资料，尤其是鲍威尔本人的著述为基础，详细追溯了马克思和鲍威尔关于"犹太人问题"论争产生的历史背景以及他们的思想发展历程，复原了马克思与鲍威尔论战的真实情境和三次交锋的具体过程，细致梳理和展示了双方的思想、分歧和争论焦点，并力求给予公允、客观的评价，特别是还以此为视角，观照鲍威尔的哲学思想和"犹太人问题"的论战对于马克思思想发展的影响，以及对于马克思所实现的哲学变革的意义。这一研究成果从独特的视域拓宽和丰富了马克思与鲍威尔的思想关系的研究，有助于进一步深化对马克思思想的复杂性和他所实现的哲学变革的理解。

三是通过《哲学的贫困》与《贫困的哲学》比较探究马克思"政治经济学的形而上学"方法。《哲学的贫困》是马克思主义理论中最重要的文献之一，也是马克思研究和批判蒲鲁东所著的《贫困的哲学》《什么是所有权》的一部论战性著作。过去，学界无论是对作为马克思政治经济学研究重要背景和思想资源之一的蒲鲁东思想的理解和评论，还是对这些著述文本细节的解读和思路的比较，都存在较大的偏颇和遗漏。有鉴于此，杨著在总体上把握蒲鲁东的思想原貌、厘清马克思和蒲鲁东之间的复杂关系、了解国内外相关研究状况并完成相关文献学疏证等的基础上，逐一对三部著作共同涉及的重要议题，诸如政治经济学的哲学方法、所有权问题、价值理论、分工与机器观、垄断与竞争理论、社会革命观及共产主义观等一一进行了深入的甄别与讨论，特别是对目前学界研究较为薄弱而又占《哲学的贫困》一书中绝大部分篇幅的"科学的发现""政治经济学的形而上学"等章节，通过比照《贫困的哲学》中的相关论述，进行了详尽的释读，再现了马克思通过辨析蒲鲁东的"形而上学方法→政治经济学→社会主义学说（社会革命理论）"这条思想主线，对自己思想体系的三个组成部分，即唯物史观、政治经济学和社会主义学说的系统思考和整合的过程，最后将这一致思路向置于人类思想史的进程和当代社会实践图景中阐明其现实意义，对其进行客观的历史定位。

这是我们师生数年间艰辛探究的结果。多少年来我们这个"学术共同体"形成一个严格的传统和研讨方式，除有特殊情况，每周五下午都会在我的办公室对每一文本细节以及研究进展进行认真讨论，日积月累，终成此阶段性成果。敝帚自珍，现在身处马克思诞生和思想起源之地的特里尔，闻知这些著述问世，我感到由衷的欣慰，也期待学界专家的批评和指正。

马克思文本研究新收获

——祝贺学生四部著作完成

2019年以来，我的学生先后完成了四部研究马克思文本个案的专著。这是我们这个"学术共同体"在出版12卷本《重读马克思：文本及其思想》之后持续推进的工作，是我们向学界奉献的新成果。当然，我们并不打算穷尽对马克思所有文本个案的研究（那是不可能的，也没有必要），而是试图根据其思想发展的逻辑和线索、撷取那些构成其关键环节的重要著述，深入到具体语境和文本内容中进行详尽的解读和分析，将其思想的复杂性和曲折性尽可能客观地再现出来，进而为以后展开的清理其与西方思想传统的关系、评价其在20世纪和当代的效应以及对其思想体系进行总体建构等更为艰难的工作奠定可靠的基础。

以下是这四本书完成后我写下的札记和推荐意见——

一、《马克思"柏林笔记"研究》，杨偲劢 著，26万字

祝贺偲劢完成以马克思的"柏林笔记"为研究

对象的博士论文！今天下午我们讨论完"综论"部分的内容，让我想起这个课题从提出到完成的整个过程，心里还挺感慨的。

做这个课题有两方面的困难：一是它是我们做过的文本个案中唯一没有中文翻译的著述，尽管可以根据国内西方哲学界对个别哲学家著述片段的翻译稍作弥补，但仅靠这些并不能呈现马克思这部笔记的整体状况；二是如何找到一个合理的框架来统摄和整合这些散乱的材料，揭示出马克思当时的思想状况、意旨和逻辑，进而评价这部笔记的价值。起初我们选择和启动这部笔记研究的时候，老实说，对最终会做成什么样子、得出什么样的结论心里没底。不仅偲劢当时有疑惑，我也是如此；洪源和他专治西方哲学的同事可能也就此课题做过沟通，但没有展开研究。

怎么办呢？坚持做下去就是了！我们还是按照以往的路数和做法，先认真研读、讨论和领会文本的内容，不放过具体细节；在此基础上，与我以前研究过的"伊壁鸠鲁笔记"和博士论文以及此后思想的发展相关联，又考虑到这是马克思为数不多的专门涉及和探究哲学问题的著述，我认为马克思的思想结构在本体论—认识论—价值论三个方面都获得了进展；再将其具体化到文本问题和内容中，经过多次讨论，偲劢拟出"实体""灵魂""怀疑""神""宗教""自由"六个议题，这就在大的框架上完成了对这部笔记复杂内容的概括和提炼。这是这项研究最重要的进展。

接下来是具体处理每一部分的论证。我们在综合把握的前提下，打乱顺序进行归类，然后再围绕每个议题将其所涉及的思想——层次化、逻辑化。偲劢在有关马克思摘录对象（亚里士多德、莱布尼兹、斯宾诺莎、洛克、休谟等人的重要著述）的思想与马克思的理解之间"度"的把握上处理得十分谨慎和客观，既要依据那些著述中的结构和观点展开论述，又不能走得太远，必须充分顾及马克思的考量、选择和意图。遵此，偲劢一章一节地写，我们一章一节地讨论、修改，到最后已经感到非常顺畅了，心里就很踏实了。我从中又体会到以前学生每篇论文写作完成时的欣慰，也再次表明，我们这样的讨论和研究方式确实有效。

综合地看偲劢的这篇论文，它不仅在这部笔记的研究方面填补了空白，而且可以说已经穷尽了文本中几乎所有的细节（他在"综论"中还提及那些没有被纳入六个问题的其他一些思想的价值）；而对六个问题的论述层次清楚，逻辑衔接紧密。论文充实和丰富了马克思思想起源期的形象和思想图景，深化了对德国古典哲学之外近代哲学家对他思想的培育和塑造的解释，更如实地评估了这部笔记对马克思后来理论结构可能具有的影响，也公正地指出了它所存在的缺陷，持论公允而客观。

想想看，马克思写作这部笔记以来，世界上还没有一部专门以其为研究对象的著作，现在由偲劢完成了！尽管还有改进和完善之处，但我确实感到满意，于是写了以上的话。

二、《〈资本论〉第二册手稿研究——文献疏证与思想探析》，刁超群 著，36 万字

学生刁超群完成了 36 万余字的博士论文《〈资本论〉第二册手稿研究——文献疏证与思想探析》，今天我们师生二人对论文进行了最后的统稿和校正，我写下了如下的导师评语。

《资本论》是近年来马克思主义研究领域的热点之一，但也存在突破瓶颈、继续深化的必要性和迫切性。比如，长期以来学界对马克思这一代表作的研究主要集中在第一卷，对第二、第三卷的讨论相对薄弱；即使有所探究，也主要根据恩格斯整理、定稿的版本来展开。尽管我们不能完全否定恩格斯的工作，但是马克思著述最权威的"历史考证版"（MEGA）在第二部分刊出了马克思的手稿、恩格斯整理的过程稿和恩格斯的出版稿，第三部分刊出了《资本论》漫长的写作过程中所留存下来的大量书信，第四部分刊出了与其相关的摘录、笔记等，这无疑给我们提供了根据原始手稿写作过程来探究马克思复杂的思想进展，并且客观评价恩格斯整理稿的学术价值的基础和条件，而在此基础上展开新的探讨

是《资本论》研究深化的必然要求。当然，进行这种探讨又非常困难，在国际学术界也很少有学者致力于此。

刁超群不畏艰难，在阅读大量文献的基础上，开始了悉心的梳理、思考和写作。他不仅极为细致地考察了马克思长达40多年探索资本流通问题的轨迹、客观地描述了第二册8个手稿写作的详细过程及其具体内容，更在此基础上重新探讨了《资本论》第二册各篇所关涉的重要内容，在诸如资本形态变化及其循环、资本周转以及社会总资本的再生产和流通等问题上，尽可能呈现马克思的原始思考、恩格斯的整理思路以及这些问题在20世纪和当代的表征之间的内在关联。这些探究不仅具有重要的文献学价值，回应了由大村泉等人的考证和哈维等人的阐释所引发的争论，而且充分揭示了《资本论》第二册与第一、第三册的内在关联，进而凸显了"流通"之于资本逻辑的独特价值，展示了20世纪和当代经济全球化境遇中资本流通的新形式和新变化。

可以说，刁超群借助对第二册手稿的探究，真正把对《资本论》的研究引向了深处，对于一个博士生来说，这是非常不容易的。当然，《资本论》三卷四册"是一个艺术整体"，特别是第三卷与第二卷之间更是紧密相连的，因此希望刁超群在完成博士论文、取得阶段性成果的基础上，不间断地完成后续工作。

需要说明的是，通行的用"卷"来表述《资本论》结构的做法来自恩格斯，而马克思当初是以"册"来概述的，因这篇论文主要是基于马克思的手稿来进行研究的，所以就按照马克思本人的说法，用"第二册"来指称他探究资本流通问题的内容。

三、《〈哲学的贫困〉再研究——思想论战与新世界观的呈现》，杨洪源 著，27.5 万字

众所周知，马克思的政治经济学研究和资本批判与古典经济学的关

系至为密切，但长期以来，学界对这一关系的讨论关注比较多的是英国古典经济学，尤其是亚当·斯密、李嘉图、穆勒等人的思想，而对于欧洲大陆诸如法国、德国经济学的价值估计不足，研究也较为薄弱。但实际上，法国的蒲鲁东、德国的李斯特等人在马克思经济思想的形成和发展中发挥了不可替代的作用。更为重要的是，马克思的思想是对以往的理论整体超越，他不只是对经济现象和规律进行专门探讨，从事的也不是单纯的经济学研究，更是要对社会有机体结构、资本的运行及其未来给予总体把握和深刻透视。这样，探究"政治经济学的形而上学"、对社会复杂问题进行哲学思考，就成为其思想发展中的题中应有之义和必要环节。

正是基于此，洪源从攻读博士学位开始致力于对马克思与蒲鲁东关系的全面性研究，经过四年悉心研读、思考，完成并出版了博士论文《政治经济学的形而上学：〈哲学的贫困〉与〈贫困的哲学〉比较研究》。之后，他并没有止步，更没有转换课题，而是经过几年的积淀，又推出了《〈哲学的贫困〉再研究：思想论战与新世界观的呈现》。这部新著不是既有成果的重复和浓缩，而是基于新的探索和思考而做出的修订、精练和完善，有的章节属于增补、新写和重构。综观此书，作者彻底改变了长期以来学界对蒲鲁东及其思想的"脸谱化""污名化"的观念和做法，将澄清其思想原貌、厘清马克思与蒲鲁东的思想关系以及阐明二人的论战对于马克思政治经济学批判和哲学思想建构的意义作为目标，紧紧结合文本，仔细清理了二者关系中所涉及的重要议题，诸如经济学研究的哲学方法、所有权问题、价值形式、社会分工、机器使用的后果、竞争与垄断的关系、社会革命、个人与社会历史的关系等。这样，既鉴别了在同一问题上两种不同思路和观点的关联和差异，又呈现出马克思建构其新世界观和理论体系的进程和发展。

可以说，洪源的研究把国内学界对马克思与蒲鲁东关系的探讨推进到新的层次，代表着目前马克思主义领域这一课题研究的最高水准。此外，我们的12卷本著作出版后，在德国学界引发了较好的反响，一些同行在看了每一卷的英文提要和目录并了解了整套丛书的意旨、研究思路和方法后，给予了高度评价，并不约而同地表示由于不懂中文使其不能阅读全书而"深感遗憾"。为此我一直在考虑此书的"外推"工作，但总是为600万字的篇幅、较为多样和曲折的叙述等因素而踌躇。现在洪源拿出的这部新著篇幅适中、叙述简练，为翻译提供了便利，那么，就把它作为一种先行探索予以期待吧。

当然，研究无止境。无论是对文本细节的甄别、国外成果的吸收，还是对于相关问题的当代现实表征和效应的分析，本书也都有深化和提升的空间。洪源还非常年轻，希望继续努力。

四、《资本：从流通到生产——基于马克思〈伦敦笔记〉的文本研究》，陈栋 著，16.8万字

为陈栋加油！

陈栋赶在系里规定的日期之际提交了论文《资本：从流通到生产——基于马克思〈伦敦笔记〉的文本研究》。现在提供的文稿主要供研究生院进行查重等技术性审核之用，距离论文正式定稿并送答辩委员审阅还有差不多一个月时间，所以还来得及进行补充、修改和完善。在我们讨论设计的章节中，陈栋现在完成了除第五章之外的部分。第五章是对《伦敦笔记》目前尚未正式出版的两卷中那些散乱的问题的归类和分析，陈栋通过与德国专家联系了解了其内容梗概。剩下来的时间他将写完这一章，到外审时再将其补入正文，这期间还可以对已经完成的部分进行修改。这篇论文的写作真是"一波三折"。现在陈栋提交的字数是16.8万字，而1月下旬预答辩时他只完成了5万字！他之所以能做到这一点，源于多年浸润在这一课题上的积累，特别是科班出身所培养出来的思维、写作功夫，这也是参加预答辩时，尽管他的完成量是最少的，但老师们对他仍抱有信心的缘由。已经完成的部分我粗略浏览后觉得不

错，比较清晰地梳理和概括了 1850—1853 年资本主义特别是英国的经济状况、理论争论以及这一时期马克思的思想发展与后来《资本论》手稿写作的关系。国内学界对这一笔记的研究非常有限，陈栋的论文试图对其进行全面的研究，比较理想的成果可能得等到他毕业之后正式出书才能拿得出，但现在完成的部分预计通过论文答辩不存在什么问题。最近两个多月，尽管是放假期间，陈栋却连续作战，很是辛苦。我俩按惯例还是每周都定时通过语音讨论，王莅参加了几次，洪源也提供过意见和建议。所以和以往的情况一样，这篇论文也是我们师生合作的产物。当然，接下来后续工作还不少，陈栋还需要再加把劲。让我们为他加油！

《伦敦笔记》是马克思定居伦敦初期撰写和摘录的重要的经济学文献，在《资本论》创作史上具有重要的思想价值。但由于《马克思恩格斯全集》"历史考证版"（MEGA）尚未出齐，而已经出版的卷次又没有中文译本，所以在国内的研究中，它只被少数著作或论文简略地提及，而鲜有论者对这一文本做过全面而精深的研究，就是在国外，专门的研究也比较少。

陈栋不畏艰难，在充分占有丰富的文献材料和悉心理解思想内容的基础上，试图对其展开系统的研究，梳理马克思复杂的思想逻辑和意图，进而探究它对后来的《资本论》及其手稿叙述结构的奠基性意义。从目前完成的情况看，作者的意旨基本上达到了。可以说，这篇论文在一定程度上填补了国内学术界关于《伦敦笔记》研究的空白，对于进一步深化《资本论》的研究具有重要的价值。

论文根据对《伦敦笔记》的复杂思想前史和多元创作背景的梳理介绍，证明了《伦敦笔记》在马克思漫长的理论生涯中绝不是一组偶然断裂的文献群；通过对《伦敦笔记》四大阶段创作过程及主要文献议题的整理叙述，较为清晰地反映出马克思这一时期的理论轨迹与内在思路；凭借对《伦敦笔记》在世界范围内刊布流传和研究状况的把握，具有针对性地提出了一种关于《伦敦笔记》再研究的新"路线图"。以上的梳理和论证奠基于丰富的文献和严密的逻辑基础之上，使整篇论文的结构合理、思路清晰、论述严谨，显示了作者系统的专业训练和深厚的研究功力。

　　当然，由于《伦敦笔记》篇幅浩大，还有两卷没有刊出，再加上写作仓促，有些内容还没有来得及清理，结论部分的分析也稍显薄弱。期待作者在以后的研究中进一步完善和提升。

无从表达的教师节问候
——怀念庄福龄教授、张恩慈教授

教师节，收到很多学生的问候，内心感到温暖。念及到了自己这样的年纪，老师已经一一故去，连当面祝福的机会都没有了！于是，就又落寞起来。竟日总在看书、写东西，但授业老师庄福龄教授、张恩慈教授去世之后，竟没有为他们专门撰写并发表过纪念文章，愧疚之感和笔债压力一直纠缠着。也曾多次尝试动笔，但总犯踌躇：敷衍和颂称之言，老师不需要；但要说出自己内心真实的看法，又不知道该怎样表述，于是就放弃了。只有自己心里清楚，实际上是很想念老师的，特别是在观察到我们这一学科一些特殊状况的时候，特别想和他们说点什么。今天来办公室办事，处理完后坐在沙发上发呆，想写点什么，思路却照例不畅，就调出以往的日记，看到有几篇谈论两位导师的文字，也算情真意切，再次读来，感受依旧。在此谨选择留存在电脑中的几则札记刊出，心香一瓣抛向虚空，由衷地道一声：庄老师、张老师，节日快乐！

一、2016年12月1日，星期四

我读博士期间的导师庄福龄教授去世了。相伴一生的师母是年初走的，庄老师在医院和疗养所昏睡了三个半月，只是偶尔才醒来，但已经几乎认不出家人和弟子，却总念叨着自己文集编辑和出版的事。相关方面敷衍他说，进展很顺利，但其实到现在为止也没有启动过此事。庄老师一生应该说是比较遂顺的，他虽然从来没有在政治上谋求过发展，始终是一个大学老师，但观点、为人和在学界的地位一直为官方和主流意识形态所认可，所以他没有像我的硕士生导师张恩慈教授那样有过大起大落的经历。但也正因为如此，他可能从来没有想过换一种思路，反思一下自己毕生从事的研究和长期付出的得失，也就没有张老师晚年所感到的落寞、虚无和幻灭。

作为他们两位的学生，我进入这一行业也30年了。今天在办公室枯坐了五六个小时，除了让学生在马哲史学会的微信公众号上发了关于庄老师的讣告和生平外，一直在校对即将出版的一本新书。看着自己写下的东西，虽然与老师们还在同一专业领域，但在兴趣、思路、观点、论证乃至表述方式诸方面已经很不相同。学术上我没有传承，在无限的孤寂、困惑和怅惘中明天去送庄老师最后一程……

父母已故，导师又去，逢年过节没有了探望的老人，我成了真正的孤儿。

二、2016年12月9日，星期五

昨夜庄师入梦来

依稀病榻话匣开

一念文集编纂事⁽¹⁾

又问何日搬新宅⁽²⁾

醒来怅然难再眠

往事帷幕习习来

父母已逝师又去

上无可恃成孤儿

人世冷暖谁人诉

庄子群里寄情怀⁽³⁾

　　注：(1)今年春节期间与王东、梁树发、邱守娟老师一起去看望庄老师，他殷殷嘱托两件事：一是编纂、出版其文集；二是调整三卷本"马克思主义中国化丛书"的结构和人员，尽快出齐。(2)过去每次去探望老师，庄老师和袁老师都非常关注我的住房问题。(3)"庄子群"为庄老师门下学生的微信群名称。

　　打油几句，聊寄对庄老师的怀念！

三、2017 年 8 月 16 日，星期三

　　"至少有十年不曾流泪

　　至少有一些人给我安慰

　　可现在的我会莫名的心碎

　　当我想你的时候……"

　　昨夜在汪峰的歌声中入睡，凌晨闯入梦境来的竟是庄老师！恍惚间传来他病愈的消息，我与梁树发老师匆匆赶了去。庄老师站在客厅的台阶上迎接我们，背后是他家里那位年纪大一点的保姆。庄老师胖了很多，面色红润，腰板挺得很直，身材更显得高大了，我向上伸展手臂才能够得着他的肩膀。握着他的手，我很激动，向他叙说学界近年的变化和我的一些遭遇，他安慰说：历来如此。梦就醒了。

不觉间，老师去世已经大半年了，除了清明节与同门去墓地拜祭，没有场合表达怀念之情，传说中的追思会也没有了下文。幸得广洲兄提醒，我才在夏天于银川举行的中国马克思主义哲学史学会年会期间主持学会换届结束时，提议与会者以鼓掌的形式向庄老师表达敬意。多少年来，也算忙于所谓"学问"，其实自己心里很清楚，这学问是不关乎个体生命体验的，这是我、也是大多数哲学研究者内心的矛盾和分裂！下定决心，在弄完手头这套书后，一定花时间写点悼念张恩慈老师和庄老师的系列文字，不想叙述他们的学术成就，只想谈谈毕生投身于这样一种思潮和社会运动之中对他们的"塑造"、他们的际遇以及我的理解。多年来总抱有一种情怀，我却一直回避着（以至于被误认为研究文本就是远离现实），就是好好讨论一下被舆论和学界言说得太多的"马克思主义中国化"，只是我与大多数论者有着很不一样的感受、理解和评价，又不知道该怎么来表达，或许梳理与马克思主义相关的几代政治家和学者的命运，其探究如果坚守的是一种"没有马克思的马克思主义"会对中国产生什么样的影响等，是更接近本质的方式？

…………

哦，暑假！在持续的工作和孤独中度过，这是我的宿命吗？活得太紧张了，我有点放不开，像西西弗一样，老在推那块巨石呢，而加缪原书的副标题就叫——"论荒谬"！

抽空写下这样的文字，我只能自嘲和苦笑了。

四、2018 年 7 月 15 日，星期日

谨向杜镇远老师致敬！昨晚和今天见到这么多给我们上过课的老师，内心很激动，同时也更加怀念已经去世的张恩慈老师。这几年我写了很多东西，但没有写出对张老师的追忆和理解，以及对于马克思主义在中国坎坷命运的反省，这是我的"罪过"和心结！

虽然阅历上与在座的老师相比仍然浅了些，但仔细清点一下发现，我是你们30年前的学生，现在也已经年过半百，到了鲁迅写作《朝花夕拾》的年纪了。有的老师可能知道，今年我的研究工作到了一个关节点：耗费了我多年心血、由我和受我影响的8位作者合作撰写的《重读马克思：文本及其思想》在马克思诞辰200周年之际出版了。这期间约稿的杂志和报纸很多，我借此机会也回顾和总结了一下自己走过的道路。那么，在这里学习的7年之于我有着怎样的意义呢？

我能想到的与杜老师相关的有两点。

第一点是外语学习。我是1985年入学的，那时中苏关系开始缓和，在系里主持工作的杜镇远老师和武高寿老师做出了一个可能除我之外，我们班50多位同学都认为是不正确的决定：学习俄语。我们是从零基础开始的，一般大学外语课程只开设两年，但外语系的孟老师和郑老师却自愿带着我与康有、秀生等学了6年！靠此奠定的基础，到人民大学后我才从俄文资料中知道，马克思著述是一个庞大的文献王国，他享年65岁，写作生涯长达50年，而且几乎没有中断过，但他写下来的作品中，成型、定稿的很少，不到其全部著述的三分之一，绝大部分是笔记、摘录、提纲、草稿和过程稿。对于一个思想复杂的人来说，其观点的复杂内涵并不完全体现在那些定稿的部分和表述明确的段落中，更可能蕴含在对这些观点的探索和论证中。而哲学探索和研究的关键也在于论证。我更进一步了解到，迄今为止世界上并没有囊括马克思全部著述的全集出版，我们所熟悉的《马克思恩格斯全集》中文版50卷不完全是根据马克思原始手稿编辑的，而是由苏联文献专家根据当时特殊条件下的理解，对部分手稿做了程度不同的甄别乃至改动后整理而成的，而且经过了文字上德—俄—中文的转换。至此我才明白，对于马克思研究来说，回到原始文本、文献是多么重要和必要！这种信念支撑了我20年来几乎全部的研究工作。现在设想，如果当初学习的是英语，并且以后从事学术工作，我很可能会选择西方哲学或者西方马克思主义的研究，而实际上在中国是不缺乏这方面的人的，但离奇的情况是，在庞大的马克思主义研究者中从事文本、文献研究的却屈指可数！这样说来，我今天的状况就与杜老师他们当年那个"错误"的决定很有关联了，为此我对他们心存感念之情！

第二点与北大有关。当年的条件肯定不能与现在相提并论，但那时哲学系有个好的做法和传统，就是规定研究生期间必须外出访学两次，系里提供经费。我和康有到北京访学是杜老师带着去的。我很清楚地记得，我们在魏公村国家图书馆招待所安顿下来后，杜老师先独自去北大拜访他的老师黄枬森先生和他的同学叶朗教授。在拜会结束时他征求黄老师的意见，说有两名学生想见见您，是否可以。黄老师虽然德高望重，是我们这个学科的奠基人，但极其平易近人，很爽快地答应了。我和康有按照约定的时间赶到黄老师居住的中关园，黄老师在他那间由于堆满图书资料而显得很狭小的书房接待了我们。我没有想到的是，几年之后我成了黄老师的同事。现在想起这些往事，心里都充满了温暖和感激。

谈到与北大的关联，必须提到今天我们研讨的杜老师新著《他山之石》后记中的一句话——"自我反省，独立思考。"我觉得，这是北大的传统、哲学的要义，也是这本书的精髓。哲学的进步有赖于哲学观念的变革和研究方式的转换。这部书是根据杜老师 20 年前的授课笔记整理而成的，其中所涉及的各个板块和具体流派在近年学界的研究中都取得了相当程度的进展，但这些进展是奠基于像杜老师这样思想解放的理念之上的。杜老师这代人从深重灾难、思想炼狱中走过来，我都能体会到当年张恩慈老师、余维综老师和杜老师这些人被迫离开北大、离开北京、流落到并非其故土的山西时苍凉的心境。从磨难中走出来的杜老师最切近的感受，就是必须决然地告别人云亦云、麻木追从的路数和思维，独立地进行思考，理性地看待世界。他强调哲学的科学基础，致力于哲学与科学的结合与联盟；而在我看来，更深刻的见解在于，把马克思放到西方思想发展中进行讨论，认为不理解西方哲学史就不能理解马克思。可悲的是，这样一种看法即使在今天中国的马克思主义研究中也没有成为共识，不在少数的论者把马克思与西方思想割裂开来进而对立起来，用马克思主义对抗西方思潮和社会。改革开放这么多年了，很多人仍然坚持和阐述那种一成不变的、低于马克思水准的"马克思主义"，表征着中国社会的现代转型是多么艰难！这也表明，作为中国的马克思主义研究者，进行深刻的自我反省是多么重要和迫切！

这里想提醒大家关注一下张恩慈老师退休后的选择。由于多种多样复杂的情形和考量，一个人的思考在其公开发表的东西中并不能得到完整的体现，张老师的情况也是如此。我是张老师最后一个学生，送走我之后他就退休了。这时他的选择是不再从事所谓学术研究，特别是马克思主义。他没有沉浸在那部大部头的《认识论原理》的荣耀中，更很少提及 20 世纪 60 年代他所发表的论文和参与的论争所造成的轰动效应，以及那部《认识与真理》的小册子被翻译成几种外文，相反，他想将过去的这些"业绩"彻底忘掉。他对肖前教授说：以后开会我们就不要发言了，没有新东西讲什么呢？尽量让年轻人讲吧。他是很少向学生流露情感的，但我回去看他时他说的两句话给我的印象非常深刻。一次谈到北京学界的状况，他不再注视我，而是把目光转向窗外，望着黑沉的夜幕，停顿了一下后说：我回不去了！另一次，他特别认真地对我说：我们一辈子研究马克思，但从来没有到过他出生、生活和工作过的地方去看一看，这肯定是有问题的！多年后，我到了特里尔，在那里从事研究工作一年多，有段时间我几乎每天都要去马克思故居博物馆，每当我看完材料在布吕肯大街的广场边上等车回住地时，遥望那些耸立着的古罗马宫殿和巴洛克建筑，浏览风景如画的摩泽尔河畔风光，无限地感叹：这块土地上酝酿、培育的理论和学说怎么会成为社会发展中的单线论？于是，我心里一再回味起张老师那些话的深意和他晚年选择的价值——他是以自己的"无所作为"表达对以往的研究方式的反省。

发言规定的时间到了，再次祝贺杜老师大作的出版，感谢老师们的培养！

五、2019 年 11 月 30 日，星期六

今天是庄福龄老师的忌日，今年又正值其九秩冥寿。年初的中国马克思主义哲学史学会常务理事会曾经规划，要在年内与庄老师生前所在单位联合举办一次研讨会，以资纪念。但大家都很忙，而庄老师生前社会地位并不"显赫"，也不是什么当红"理论家"，所以协调他几乎工作了一辈子的学校、学院领导和有关专家的时间比较困难。再加上我这一年可以说是病、伤相连，上半年做了一个小手术，养病一个半月；下半年又腰椎压缩性骨折，卧床十二周，因此没有督促和张罗成此会——这是我作为学生的"罪过"和秘书长的失职！

现在又快到学期末和年底了，大家也愈加忙碌，再操办会议已经不太可能。为弥补内心的愧疚，养伤期间虽然写作不便，但我还是伏在床上，不惮浅陋地"敲击"出《马克思主义哲学史研究的开拓和深化》的短文发表，以表达对庄老师的怀念。当然，自己对这一领域研究现状的一点反思，并未在文中深入地表达出来，这是我的无奈。

我个人真实的感受是，如今中国的马克思主义研究，虽然有党和政府的重视与支持，文章、著作喷涌，讲座、会议不断，但于热闹乃至喧嚣中，多急功近利、随风起意、大言矫饰之举，少潜沉积累、独立省思、深入透析之念，新旧杂糅，诸象并现。马克思当年即有"赞誉"与"侮辱"的洞察、"龙种"与"跳蚤"的警示，现在我们某种程度上竟将其变成了事实！

必须明白，一哄而起、众声喧哗造就不出深刻的思考和厚重的学术成果。对于真正的思考者、研究者来说，"孤独"可能是其永久的宿命。马克思诚然是社会革命家，其学说也注重现实和实践，但就其一生最基本的职业和身份而言，他始终是一个学者、一名理论家。马克思是马克思主义研究者的楷模，《资本论》是这一领域的范本。不妨去伦敦寻访和

考察一下迄今为止依然留存着的马克思当年生活和工作的地方，沿着大英博物馆周围的几处居所到圆形阅览室的路线走一走，就会更加清楚地了解他客居那座城市 30 多年的恒常状态。虽然有参与国际工人运动包括"第一国际"等事务，但绝大部分时间，马克思基本上保持着雷打不动的生活节奏和工作规程：早上去博物馆的圆形阅览室，伏案阅读和写作一整天，傍晚回家，继续工作至深夜，在短暂的睡眠之后，第二天凌晨再去博物馆……周而复始，直至生命的终点。对照这样的先贤及其工作态度和思想建树，我们何以自处、焉不汗颜？

基于上述思考，我认为，对庄老师最好的纪念，是拒斥时尚、潮流和虚浮，在前辈开辟的领域和探索的基础上，直面文献的浩繁、思想的驳杂、历史的曲直和实践效应的多样性，据此寻找更为合理而到位的"框架"、线索和方法，予以新的把握、梳理和阐释，并结合经济全球化时代的现实境遇、置于世界历史和思想发展的总图景中做出客观而理性的评价，真正实现马克思主义哲学史研究的拓展、深化和超越。

今晨醒得早。思及马克思、马克思主义的原始样态、发展演变及其在中国的命运，回想庄老师一生所处的时代和他的经历，他对"马克思主义哲学史"学科和中国马克思主义哲学史学会的付出，他与黄枬森老师团结全国 50 多位同行编撰完成 8 卷本《马克思主义哲学史》所建立的伟业，还有他去世前对王东教授、梁树发、邱守娟夫妇和我念叨 10 卷本《马克思主义史》的设想及其文集编辑的情景，特别是 1993 年投身"庄门"以来老师对我的关照、帮助、理解和支持……往事历历浮现，内心不能平静，聊发几句感慨，又言不尽意。

"心动神疲"，思绪浩渺。在无尽的怀念中，敬祝庄老师和袁老师于九泉之下遂顺、安康！也祝愿我们这个学科的从业者能够自我反思，摆脱困境，融文本与思想、理论与实践、历史与现实于一体进行深入探究，使马克思主义研究取得长足的发展。

四、祛魅与澄明

"你被放在秤上称了，称出你分量不够"

——致同学信

　　陆续有同学把作为期中考核的短论文发到我的邮箱。今晚看了几篇，发现有用心写作的，但应付交差和敷衍的居多。这学期因客观原因一直采用微信群"授课"。平时我每周定期发送内容导读和相关研究文献之后，作为反馈，你们提出问题、与我交流的比较少，而其中百分之八十询问的都是关于这门课将如何考试！这种情况让我有一点感触。

　　我向你们推荐的一篇短文，是将近 180 年前一个利用服兵役的空闲去柏林大学听课的"旁听生"所写的两篇日记，记录的是他当时上课的情形和在两节课上所听到的内容以及他的思考。文章篇幅虽短（翻译成中文 4000 多字），但写出后作者寄往几百里外的科隆，当月就见报了。那时作者很年轻，尚未"入道"，寂寂无闻，显然是文中所表达的思想引起了编辑的关注。

　　在文中，作者把"只埋头学术的麻木不仁的气氛"看作"德国学术界的不幸"，相形之下，认为柏林大学承担着"当代思想运动的中心"和"思想斗争的舞台"的使命，教师中各种派别的存在造成的"活跃的辩论气氛"，"使学生们轻而易举就对当代各种倾向有清楚的了解"；同时，他很忧虑当时的哲学界摒弃理性传统、致使人们重陷"自己的虚荣心"，"满口诺言和高谈阔论"、成为"总是夸耀自己的吹牛大王"，而赞赏"洞察整个思维领域和理解生活现象的那种宽阔自由的眼光"。作者关注着自己祖国的"前进"和"发展"，坚信"制度是完全建立在最新的……科学基础上的"，"普鲁士的福气就在于理论、科学、精神的发展"，"而历史给我们安排的使命就是创造整个理论的繁荣"；他担心的是，如果放弃了"精神和它的自由"，将来有一天——用《旧约》中的话说——会出现这样的情况："你被放在秤上称了，称出你分量不够。"①

历史并不总是进化的。今天阅读这些文字，联想到现在的境况，能说我们已经"超越"先贤了吗？不仅仅在同学们身上，就是我们老师中间，患得患失、得过且过、精于算计和功利考量、涣散、懒散的人也不在少数。在这篇文章中，作者还特别注意到，马尔海内克教授批评当时德国学界缺少"平心静气地……科学探讨，而是采取激怒、仇视、嫉妒，总而言之采取狂热的态度，只要有人认为有了神秘学说和幻想就足以把哲学思想从它的宝座上推下来"，应该说，这种情形在今天中国学界还很普遍，根本没有改观。

需要说明的是，这位"旁听生"在不足半年听课期间写下的并不只是这两篇日记，他还听了大名鼎鼎的谢林的讲座；更为难能可贵的是，他不计身份，不畏权威，以"凡是真的东西，都经得住火的考验；一切假的东西，我们甘愿与它们一刀两断"的信念，向这位学术泰斗发起挑战，撰写了一篇专题论文和两本小册子，当时也都很快发表了。影响所及，不仅引发了同道撰文大加肯定和《福音派教会报》刊文予以批判，甚至黑格尔派教授卡·米希勒在柏林大学开设的讲座中还利用了这个"旁听生"所写的小册子中的材料并直接引用了其中的段落。由此可见，思想的创造力一旦迸发，是不论年龄、资历的。

---

① 恩格斯：《一个旁听生的日记》，《马克思恩格斯全集》第 2 卷，人民出版社 2005 年版，第 430 页。

作者当时的年龄与你们现在相当，才 22 岁。多少人念叨过他的名字，传播过他的思想，也有评论说他的理论是"一种倒退"，其实很多人并没有认真读过他的书，因此也谈不上真正了解和理解他。他是谁？你们知道吗？

附：《一个旁听生的日记》①

一

在柏林这样的城市里，一个外国人如果不参观这个城市的全部名胜古迹，那么对他自己、对欣赏能力都是真正的犯罪。然而经常有这样的情况：柏林最著名的地方，使普鲁士首都与所有其他城市迥然不同的那个地方，却往往为外国人所忽视；我指的是那所大学。我指的不是歌剧院广场上的雄伟大厦，不是生物解剖陈列馆和矿物陈列馆，而是数量很多的课堂，那里有机智的和迂腐的教授，年纪轻的和年岁大的、活泼的和严肃的大学生，新生和老生；在这些课堂内过去讲的以及现在每天仍在重复的内容，已经传播到普鲁士境外甚至讲德语的地区以外。柏林大学的荣誉就在于，任何大学都没有像它那样屹立于当代思想运动的中心，并且像它那样使自己成为思想斗争的舞台。有多少其他的大学，如波恩、耶拿、吉森、格赖夫斯瓦尔德，甚至莱比锡、布雷斯劳和海德堡等大学大都回避这种斗争，笼罩着只埋头学术的麻木不仁的气氛。这种麻木不仁长久以来正是德国学术界的不幸。相反，柏林大学的教师中却有各种派别的代表，从而造成活跃的辩论气氛，而这种气氛又使学生们轻而易举就对当代各种倾向有清楚的了解。在这种情况下，我就想行使一下当前大家都可以作为旁听生听课这一权利；于是，有一天早晨，正

---

① 恩格斯：《一个旁听生的日记》，《马克思恩格斯全集》第 2 卷，人民出版社 2005 年版，第 424—430 页。

值夏季学期刚开始，我走进了大学校门。有些专业已经开课，大多数专业正好是今天开课。在我看来，最有趣的是**马尔海内克**开设的关于把黑格尔哲学引入神学的讲座。在这一学期，该校的青年黑格尔派的最初一些讲座一定非常有意思，因为他们当中有些人已经有言在先，说要同谢林的启示哲学进行直接论战，而另一些人，可以指望，他们在捍卫黑格尔被损害的亡灵的尊严方面不会持观望态度。马尔海内克的讲座显然是针对谢林的，这就不能不引起人们的特别注意。在他到来之前，课堂里早已挤满了人；青年人、老年人、大学生、军官、以及天知道还有些什么人。他们坐着、站着，拥挤在一起。终于他进来了；谈话声和嘈杂声戛然而止，一顶顶帽子像听到口令似的一下子都从头上摘了下来。他身材结实强壮；有着一副思想家的严肃、果断的相貌；高高的前额上披散着因绞脑汁而斑白了的头发。他讲课时，举止落落大方，没有那种埋头念讲稿的学究气，也没有装腔作势、故弄姿态的手势；他的态度像年轻人那样豪爽，目光专注地望着听众；他讲得很平静，语调庄重缓慢而又流畅通达，平铺直叙而又富有深刻的思想，这些思想一个接着一个涌现出来，而且一个比一个更加中肯。马尔海内克在讲台上以其坚定的信心、不可动摇的刚毅与尊严，同时也以自己的整个气质所焕发的自由思想而令人肃然起敬。而今天他登上讲台时情绪更不一般，使他的听众比平日更加敬佩。如果说他在整整一个学期内耐心地容忍了谢林对已故的黑格尔以及他的哲学进行不体面的抨击，如果说他一直心平气和地听完了谢林的讲座，——这对马尔海内克这样的人来说确实不是一件容易的事——那么，他进行反击、在战场上用自豪的思想去攻击自大的词句的时刻现在终于到来了。他从一般的意见谈起，出色地阐明了当前哲学对神学的态度，以赞赏的口气提到了施莱尔马赫；当谈到后者的学生们时，他说，这些人是在施莱尔马赫的激发人们思考的思想引导下走向哲学的，至于那些走上另一条道路的人，就让他们为此而吃苦头吧。渐渐地他把话题转向黑格尔哲学，很快就清楚了，他的话是针对谢林的。他说：

"黑格尔首先要人们在哲学中超脱**自己的虚荣心**，要他们别以为想出某种独特的东西就万事大吉；而且，他尤其不是那种**满口诺言和高谈阔论**的人，他平静地让哲学的**业绩**替他讲话。在哲学上他从来不是那种总是夸耀自己的吹牛大王①。——不错，现在谁也不会自认为才疏学浅，竟无能反驳黑格尔及其哲学，而且谁要是在口袋里装有反驳他的哲学的论据，谁就一定会走运；因为从那些一味承诺驳倒黑格尔哲学而后来**又不信守诺言**的人身上可以看到，这种反驳是很容易取悦于人的。"②

当他讲到最后这几句话时，听众原来就不时流露的赞同声一下子迸发成暴风雨般的欢呼声，神学讲座上出现的这个新现象使讲授人感到十分惊讶。这种活生生的自发形成的气氛同马尔海内克的论敌的那些讲座经过安排才在结束时勉强出现干巴巴的喝彩声形成了鲜明的对照。马尔海内克做了一个手势使欢呼声平静下来，继续讲道：

"可是所期望的这种反驳现在还没有，而且，只要不是平心静气地对黑格尔进行科学探讨，而是采取**激怒、仇视、忌妒**，总而言之采取狂热的态度，只要有人认为有了**神秘学说**和**幻想**就足以把哲学思想从它的宝座上推下来，所期望的这种反驳也就不会有。这种反驳的首要条件当然是正确地理解对手，看来，黑格尔在这里的某些论敌好像是和巨人搏斗的侏儒，或者像那位更加著名的、同风车搏斗的骑士。"③

---

① "吹牛大王"出自普劳图斯的《撒谎者》。——编者注

② 引自菲·马尔海内克《关于黑格尔哲学对基督教神学的意义的公开讲演集。序言》1842年柏林版。——编者注

③ 同上。

就广大听众感兴趣的方面而言，这是马尔海内克的第一讲的主要内容。马尔海内克再一次表明，如果事关捍卫科学的自由，他总是勇敢地、坚持不懈地站在战斗的岗位上。人们通常赋予加布勒以黑格尔继承人的称号，其实，以马尔海内克的性格和洞察力来说，他比加布勒更胜一筹。黑格尔用来洞察整个思维领域和理解生活现象的那种宽阔自由的眼光，也是马尔海内克本人所素有的。如果他不愿为了在最近 5 年才出现的进步而牺牲自己多年的信念，牺牲自己的来之不易的成果，有谁能责备他呢？马尔海内克长期与时代并进，因而有资格实现科学的终结。他善于使自己同哲学的最尖端成果保持同一高度，并以哲学事业为自己的事业。这是他很大的优点。从莱奥提出黑格尔门徒到布鲁诺·鲍威尔被解职时为止，他一直是这样做的。

此外，马尔海内克准备讲座一结束就把讲稿①付印。

弗·奥·

二

在一间宽敞的课堂里，零零散散坐着几个大学生，他们正等待他们的老师。门上的一张布告写着：**冯·亨宁**教授，由本课开始将就**普鲁士财政制度**作公开的学术报告。这个课题是毕洛夫-库梅洛夫②提到日程上来的，它同报告人（黑格尔从前的学生之一）的名字都引起了我的注意，然而使我感到惊奇的是，听讲的人似乎并不多。亨宁进来了，他身材匀称，"正当壮年"，一头稀疏的浅发；他开始讲课，吐字很快，口若悬河，却显得过于详细。他说：

"普鲁士同其他许多国家不一样的地方就在于，它的财政制度

---

① 指菲·马尔海内克《关于黑格尔哲学对基督教神学的意义的公开讲演。序言》1842年柏林版。——编者注

② 见毕洛夫-库梅洛夫《论普鲁士的财政》1841年柏林第 2 版和《普鲁士，它的国家制度、它的管理和它同德意志的关系》1842年柏林版。——编者注

是完全建立在近代国民经济科学基础上的，到目前为止，只有它一个国家敢于把亚当·斯密及其继承者的理论成果应用于实践。例如，英国本来是这些近代理论的发源地，现在却还深深陷于旧的垄断制度和保护性关税制度中，法国陷得甚至更深。无论是英国的哈斯基森，还是法国的杜沙特尔都没有能够以比较明智的见解来克服私利，更不要说奥地利和俄国了。普鲁士却坚决承认自由贸易和工业自由的原则，并且废除了一切垄断和保护性关税。这样，我国制度的这个方面使我们大大超过那些在其他方面、在政治自由的发展方面远远超越了我们的国家。如果说我国政府在财政方面取得了如此非凡的成就，那么就另一方面来说也应当承认，我国政府找到了进行这项改革的极其有利的条件。1806 年所遭受的打击为建筑新大厦扫清了基地；代议制虽然使各种特殊利益受到关注，但束缚不了政府的手脚，可惜，总是有一些顽固的老家伙，他们出于狭隘性和阴沉心理，挑剔新事物，责备它们不是顺应历史而产生的，而是从抽象理论中不切实际地强行臆造出来的；好像从 1806 年起历史就停止不前了，好像实践的缺点就是它同理论的一致，同科学的一致；好像历史的本质就是停滞不前，在原地兜圈子，而不是前进，好像本来就存在不受任何理论影响的实践！"

请允许我就最后这几点多说几句，毫无疑问，德国的特别是普鲁士的社会舆论对这几点会表示同意。早就应当坚决驳斥某一派别关于"自然国家"的"历史的、有机的、自然的发展"等喋喋不休的议论，并且在人民面前揭露这些冠冕堂皇的表面文章。如果说有的国家确实应当重视过去并且不得不满足于比较缓慢的进步，那么，这对普鲁士来说是不适用的。**普鲁士前进得还不够快，发展得还不够迅速。**我们的过去已经被埋葬在耶拿以前的普鲁士废墟下，已经被拿破仑入侵的洪流所淹没。那么是什么东西束缚着我们呢？我们不应当继续拖着那些妨碍过许多国家前进的中世纪足柳了；我们不应当再让过去几个世纪的污泥陷住双脚了。因此，要在这里谈论历史，却又不想追溯旧制度，这怎么可能呢？如果发生某种倒退，那么这样的倒退可能是有史以来最为卑鄙的，可能是对普鲁士历史上最光荣的年代的最无耻的否定，不管这是有意的还是无意的，都将是对祖国的背叛，因为它必然再次引起 1806 年那样的大灾难。不，事实是明摆着的，**普鲁士的福气就在于理论、科学、精神的发展**。或者从另一角度看这个问题，普鲁士不是一个"自然"国家，而是一个由于政治，由于有目的的活动，由于**精神**而形成的国家。近来，有人站在法国方面，企图把这一点说成是我们国家的最大的弱点；① 相反，这种情况只要应对得当，它将是我们的主要力量之所在。正如自我意识的精神能超越无意识的自然界一样，普鲁士只要愿意就能超越"自然"国家。由于普鲁士各省之间差别很大，所以为了避免任何一方受到不公正待遇，普鲁士的制度就必须**纯粹从思维中**生长出来；在这种情况下，各省会自行逐步融合起来，而它们各自的特点则将全部融合为自由的国家意识的高度统一体；否则，要建立普鲁士内部的立法的和民族的统一体，恐怕花几百年的时间也是不够的，而且第一次毁灭性打击就必然给我国的内部统一带来无人能承担的后果。其他国家应当走的道路是由它们一定的民族特点所决定的；我们摆脱了这种强制性，我们可以按自己的意愿去做；普鲁士能够置一切其他考虑于不顾而只按理性的启示行事，它能够学习邻国的经验，而这是任何其他国家都做不到的，它能够作为欧洲的模范国家，站在时代的高峰，在自己的机构中体现当代的完整的国家意识，而这又是任何国家都比不了的。

这就是我们的使命，普鲁士正适合完成这一使命。难道我们能够为了一个过时的派别的几句空话而放弃这个前途吗？难道我们不应当听从历史？而历史给我们安排的使命就是创造整个理论的繁荣。我再重复一

① 见古·法伊《普鲁士及其在新省的政治关系和宗教特点下的统治》1842 年巴黎版。——编者注

次，普鲁士的基础不是过去几个世纪的废墟，而是万古长青的精神，这种精神在科学中获得意识，在国家中为自己创造自身的自由。如果我们放弃这种精神和它的自由，那么我们就否定了自身，就是出卖了自己最神圣的财富，就是扼杀了我们自己的生命力，我们也就不再有资格跻身于欧洲国家的行列。那时历史将对我们作出可怕的死刑判决："你被放在秤上称了，称出你分量不够。"①

弗·奥·

弗·恩格斯写于 1842 年 5 月   原文是德文
2 日—5 月中旬   中文根据《马克思恩格斯全集》
载于 1842 年 5 月 10 和 24 日   1985 年历史考证版第 1 部分
《莱茵报》第 130 和 144 号   第 3 卷翻译

---

① 参看圣经《旧约全书·但以理书》第 5 章第 27 节。——编者注

马克思不需要以这样的方式
彰显其当代存在
——对一则谣言的甄别以及引发的思考

昨天网上流传一幅图，在马克思头像下面有一段话："当人类出现瘟疫大流行，资本主义就会暴露出种种弊端，从社会主义必然取代资本主义的趋势来看，瘟疫也是资本主义的丧钟。"并且标出这段话是马克思1876年说的。好几位朋友和家人知道我是专门研究马克思文献的，特别传图过来，并向我求证。我做了如下的回复。

我对此没有印象，刚才又检索了一下电脑里的马克思著述，也没有发现这句话。根据我对马克思当时思想状况的了解，觉得1876年的他已不太可能再说"趋势"和"丧钟"之类的话了，相反，他困惑于19世纪70年代开始，"在很多方面都和以往不同"的资本世界的新变化，最终做出决定："在英国目前的工业危机还没有达到顶峰之前，我决不出版（《资本论》——作者注）第二卷。"①

不料，今天中午远在加拿大的钱宏先生又来

---

① 马克思：《马克思致尼古拉·弗兰策维奇·丹尼尔逊(1879年4月10日)》，《马克思恩格斯文集》第10卷，人民出版社2009年版，第431页。

短信求证，他发的图上不仅有马克思的头像和那段话，更标明出处是在"马克思全集第三卷 232 页"。对此，不需要有任何犹豫就可以做出肯定的判断了——这句话的确是生造的！

首先，世界上并没有单独以"马克思"为名出版的"全集"，他的著述总是与恩格斯合在一起出版的，中外都一样。

其次，曾经出了两个版本的中文《马克思恩格斯全集》第三卷，收入的是其 1843—1846 年的作品，距离 1876 年差不多还有 30 年的时间！旧版收入的是《德意志意识形态》，新版开头部分则是《黑格尔法哲学批判》《德法年鉴》上的两篇文章和《1844 年经济学哲学手稿》。对于这些著述的内容，我是太熟悉了，其中怎么可能会有这样的话呢？

最后，还有一种情况，就是这段话会不会出现在马克思著述的外文版本中而在中文版中被漏译了？也不可能！中文旧版第三卷是严格按照俄文版"通行本"翻译的，与民主德国出版的德文版"通行本"编排方式也完全一致。中文新版则参照各个文本的德文最新版本对正文内容的翻译进行了修订；至于国际上收文最全的《马克思恩格斯全集》"历史考证版"（MEGA），其第一部分第三卷收入的是恩格斯 1844 年之前的著述，第二部分第三卷收入的是马克思"1861—1863 年手稿"，第三部分第三卷收入的是马克思和恩格斯 1849 年 1 月至 1850 年 12 月的书信，第四部分第三卷收入的是马克思 1844 年夏至 1847 年初的摘要和笔记——1876 年的论述怎么会出现在这些卷次中呢？

这件事也引发了我的一些思考。

每当世界上出现普遍性的社会危机的时候，人们总会想起马克思。以"马克思主义"作为我们建党立国的理论基础的中国是如此，对其毁誉不一的西方也一样。这是这位毕生致力于对现代社会进行深刻反思和批判的思想家当代影响的表征。但是，我认为，马克思不需要以这样的方式彰显其存在！这样的做法，无论动机如何，只会败坏他的声誉！事实上，马克思生前就对类似对其思想所进行的阐释、传播和宣传极其反感，保持着高度的警觉，在多种场合激愤地指出："我播下的是龙种，而收获的却是跳蚤。"①"他这样做，会给我过多的荣誉，同时也会给我过多的侮辱。"②"我只知道我自己不是马克思主义者。"③但遗憾的是，人们记住、强调和发挥了很多在其思想体系中并不重要或者需要还原为特定语境才能准确理解而不能无限演绎的观点和话语，但无视、回避、抵制和遗忘了马克思这样振聋发聩、语重心长的警示和论断。

更令人叹息的是，类似这样无中生有的造谣之事，在现在的中国却愈发盛行起来。特别是最近客观原因的泛滥，仿佛为在家里闲着的人们创造了更容易制造此类谎言的条件和时间，每天遍布网络、微信圈的信息，真假难辨，混淆视听，颠倒是非。这是当代中国症候的集中显现。少有人认真思索：我们这个追逐着中国梦的国家，怎么会出现如此状况？为什么会有这样非理性的声音？这一现象值得深究。

补记：

令人叹服的"顽强"

我把上述札记发给一个微信公众号推送。很快，某研究机构一位同行辗转通过好几个人，最终找到我的一位同门，委托他与我沟通，逐一询问他们能否以下列方式做出申辩——

一、马克思的这段话出现在目前大英博物馆所收藏的手稿中，聂本人对此不知道。

我回复：据我所知，马克思的原始手稿现在保存于阿姆斯特丹国际社会史研究所与俄罗斯社会和政治历史档案馆两家机构，大英博物馆没有收藏。

二、聂的短文中提及的外文版本只涉及俄文版和德文版，能不能说

---

① 恩格斯：《恩格斯致保尔·拉法格（1890 年 8 月 27 日）》，《马克思恩格斯选集》第 4 卷，人民出版社 2012 年版，第 603 页。

② 马克思：《给〈祖国纪事〉杂志编辑部的信》，《马克思恩格斯选集》第 3 卷，人民出版社 2012 年版，第 730 页。

③ 恩格斯：《恩格斯致康拉德·施米特（1890 年 8 月 5 日）》，《马克思恩格斯文集》第 10 卷，人民出版社 2009 年版，第 586 页。

这段话出现在英文版中？

我回复：我在短文中提到的 MEGA 收入的是原始文字，不能说是纯粹的德文版（当然德文著述占大部分），如果马克思是用英文撰写的，这个版本一定会按照原样收进去，而不会先翻译成德文再编入。马克思著作的英文版都是以俄文版、德文版为母版编辑、翻译的，并不是单独编辑的，只有"马克思学家"吕贝尔主持的法文版有自己特殊的选文和编排原则。

三、那么，能不能说这段话不见诸文字而是保留在语音中？

我回复：什么？说马克思有声音留存下来？我只能说，这想象力太丰富了！

最终，沟通不了了之。

另外，我昨天和今天还收到两位同行的评论——"即便这句话不是马克思说的，它也是有道理的、是对的！"其中一位避开我的考证，挑出短文后半段的四段文字一一做了判定，使用的言辞分别是——"这个判断是错误的""不准确和不深刻""言过其实的判断""这个说法也是站不住脚的！"

我认识这位老兄，我回复他说：老王，你垄断着"真理"，每一条都这么决绝地下了定论，我就不与你讨论了。只想说一句：你没有看清楚原文语境就急于批判，那篇短文最后说的"非理性"是指造谣、生造等造成的"真假难辨，混淆视听，颠倒是非"的乱象，不是指我们国家的整体状况，请不要过度演绎和发挥！

为什么要一再伪造并传播
所谓马克思的"名言"

国内某大学校友为庆贺母校 90 华诞捐赠了一尊马克思铜像，并在下面刻有一段文字：

> 一个人应该：活泼而守纪律，天真而不幼稚，勇敢而不鲁莽，倔强而有原则，热情而不冲动，乐观而不盲目。
>
> 马克思

今天下午该校一位教授发来照片，并通过短信问我："聂老师好！请教一下，这话出自马恩全集哪卷？"

收到短信时我正在外面，匆匆回复他说："我初步判断，这可能不是马克思说的。"回到家后，打开电脑，先从我所收藏的中文电子版的马克思著述中检索，结果没有找到这句话。于是我又琢磨，如果这句话马克思是用德文写的，那么对仗如此工整的中文表述该怎么回译，想从外文版本中查找，当然这得费点时间。而根据我对马克思的生活、性格和思想的了解和把握，觉得他不大可能持这样一种充满"中庸"思维特征的人生观。

我将此想法告诉该教授，他回复说："我听您网上的视频课，说马克思在准备博士论文期间，非常熟悉古希腊哲学。而古希腊亚里士多德哲学中就包含有这种中道伦理学思想，非常类似儒家'中庸'观念。黑格尔其实就是一个名副其实的亚里士多德主义者，我想马克思对此应该是有把握的。"

马克思当然是熟悉古希腊哲学的，他摘录的那一时期的文献中关于亚里士多德的部分主要是在《伊壁鸠鲁笔记》和《柏林笔记》里。我再次在《伊壁鸠鲁笔记》中搜索，自然还是没有查到。我又与专门研究过《柏林笔记》的学生杨偲劢联系，问他对这句话是否有印象。

偲劢搜索《柏林笔记》后得出结论："这肯定不可能是《柏林笔记》中亚里士多德部分的话。亚氏确实有类似'中道'的观点，但这话明显不像他的语言风格。"此外，由于 1949 年以后，除贺麟首译的"博士论文"、朱光潜对《1844 年经济学哲学手稿》个别表述的修订有所流传外，马克思著述的中文译本都是由中央编译局提供的，所以偲劢再次查阅了编译局各种马克思著述版本的数据库，结果也没有找到这句话，这样又"至少能肯定这句话不是编译局翻译的版本"。所以，他也同意我的"初步判断"，认为这句话不可能是马克思说的或写的。

细心的偲劢还从网上搜索了有关这句话的信息，发现将其放在马克思的名下不是近期才有的事，而是 2014 年就有了，但似乎近来有些具有官方背景的微信公众号也"中招"了，多次引用"马克思"的这句话来佐证其看法和观点。

我们进一步分析，按照惯例和常识，这么一段通俗易懂的话，如果真的是马克思本人所说，恐怕早就为我们所熟知了，如同那句"在科学上没有平坦的大道，只有不畏劳苦沿着陡峭山路攀登的人，才有希望达到光辉的顶点"[①]的名言一样。单就这句话列举的几对范畴，我们觉得其中有的不免流于浅薄，而让马克思说出"守纪律"那样的表述，而且竟

---

① 马克思：《〈资本论〉第一卷法文版序言和跋》，《马克思恩格斯文集》第 5 卷，人民出版社 2009 年版，第 24 页。

然还与"活泼"相对,真是有点匪夷所思了!

再回到关于亚里士多德的问题。由于他讨论过"节制",当然持有类似"中庸""中道"的观念,但他所阐发的"德性"范畴,其蕴含远比这句话的论说要复杂得多。就以《尼各马可伦理学》中所讨论的"勇敢"为例,其含义的涉及面就很广,他当然提到了"勇敢"与"鲁莽"相对,但同时也认为,"激情"和"乐观"都是"勇敢"。这样说来,这句话即便带有些许亚氏思想的意味,但其视野明显没有亚氏那么宽广,更谈不到深刻,何况是落在马克思头上呢。而马克思早年摘录的亚氏《论灵魂》片段,主要涉及认识论问题,而不是伦理学方面。至于他后来引用的诸如《尼各马可伦理学》《政治学》中的论述,都不可能出现将这么多含义复杂的范畴同时并举和对仗的情况。

所以,虽然这句话没有像前一段时间流传的"瘟疫也是资本主义的丧钟""大胆"标明是马克思在"1876 年"所言且出自"马克思全集第三卷232 页"那般"言之凿凿",但我们同样可以做出肯定的判断——这句话也是伪造的!

令我们深感困惑的是:为什么会一再出现这种伪造马克思"名言"的状况?这次还劳民伤财,花钱将它刻在铜像上!更让人不能理解的是,"瘟疫也是资本主义的丧钟"那句话被揭穿后,数位论者竟然回应说:"考证出不是马克思说的,又能怎样?""它是对的""有道理的""不违背马克思的思想"。于是乎现在在搜索引擎上只要输入"马克思论瘟疫"等关键词,就会看到依然以此为据或多次引用的文章,充斥着"神预言""伟人的思想穿越时空,看到了本质"等评论,这句话甚至出现在高考模拟试卷中!这不由得让人联想到,在无序的经济活动中,那些假冒伪劣商品只要贴上"权威标识"或挂上"金字招牌",就能在市场上畅通无阻的情形。

特别值得注意的还有截然相反的状况。最近一段时期非此即彼的极端化思维异常活跃,上述言论又刺激了那些反感马克思主义、贬低马克思思想价值的言论,于是与其对照、应和着涌现出来了。各种吐槽、挖苦乃至诅咒不一而足。

对照一下，可以看出，上述两者观点相左，但思维路向却是一致的——如此缺乏对原始思想、历史真相与事实原委的尊重、甄别和追求，怎能有助于客观地理解马克思的理论进而理性地评估其当代价值？怎能有助于解决我们所面对的盘根错节的现实问题进而促进人类社会的发展和文明的进步？

"诠释疏漏""诠释错误"和"过度诠释"

　　"世界历史"理论是马克思主义思想体系中的重要组成部分，但在过去流行的原理教科书中并没有它独立的地位，更不能奢望那时会对这一思想作出认真的清理和完整的阐释了。20 世纪 90 年代以来，鉴于世界范围内社会发展格局的新变化，特别是经济全球化浪潮的涌动，国内马克思主义哲学研究界开始关注这一思想，并且对马克思在这一问题上的相关论述进行了研究，取得了一些进展。较之过去，应该说，情况有了改变，这是一种进步。然而，将现有的研究结论、方式与马克思的文本悉心对照，就会感到，对马克思这一思想的理解和把握不同程度地存在着"诠释疏漏""诠释错误"和"过度诠释"等问题。

　　主要表现是：

　　其一，人为地用现代学科的不同界域肢解马克思完整的"世界历史"概念。

　　不在少数的研究者在论述这一思想时，都区分了所谓"历史学意义上"与"哲学层面上"的"世界历史"概念（类似的还有"广义的"与"狭义的"说法），认为前者包括人类有史以来的全部历史、总体历史；后者则指 18—19 世纪以来世界发展中的"一体化"进程，两者具有不同的含义，而马克思这一方面的思想则属于"哲学层面上"的或狭义的"世界历史"范畴。对此，我们不禁要问："哲学层面上"的"世界历史"是怎么产生的？不是源于"历史学意义上"的"世界历史"吗？"狭义"是不是包含在"广义"中呢？这是研究者为了论述问题方便而"杜撰"出来的区分，还是马克思本人的真实意图？在马克思的著述中有没有关于这一问题的学科区分？为什么在被指认是在"哲学层面上"讨论"世界历史"的《德意志意识形态》中，马克思一再指责施蒂纳的"历史反思""根本不要求（历史材料的）彻底性或任何一点可靠性"？[①]

其二，没有真正按照学说史的处理方式，客观地再现马克思论述这一思想的那些文本的具体语境及其相互之间的真实关系。

的确，近年来有很多论著提及并且有的还简略地梳理过从《1844年经济学哲学手稿》到《神圣家族》《关于费尔巴哈的提纲》再到《德意志意识形态》，直至后来的《共产党宣言》《资本论》手稿和晚年笔记等马克思论述这一问题的文本序列，但这种被有人讥为"痛说革命家史"式的罗列和勾勒方式，却给人们造成一种印象，即马克思只是为了阐释这一方面的思想而写作这些文本的，因此它们之间仿佛构成了一种前后相续、层层推进、不断完善的逻辑关系。

究其实，这种研究无论对于这些文本之间的真实关系，还是对于每一文本中具体的"世界历史"思想，都不能不说是一种很肤浅的理解乃至曲解，是一种简便易行但却没有多少学术含量的处理方式。实际上，仔细地考察就会发现，马克思是根据具体的研究问题和评论对象而写作那些复杂的著述的，它们之间有的有比较密切的关系，有的则关系不大，甚至没有关系。而且，每一文本都有其特殊的现实针对性和思想理论结构，即便其中涉及了"世界历史"问题，在不同的文本中其含义、侧重点、分量等也很不一样。对此，我们应该认真地想一想：离开马克思写作时的原始话题和具体语境，单独从不同文本中抽象其"世界历史"思

---

① 参见马克思、恩格斯：《德意志意识形态》，《马克思恩格斯全集》第3卷，人民出版社1960年版，第174—183页。

想，并用一种外在的、臆造的逻辑线索把它们连缀起来，能客观地呈现马克思原始思想真实的演变轨迹和理论内涵吗？

其三，过多地赋予马克思"世界历史"思想以当代的"经济全球化"考量，特别是无视 19 世纪中叶与今天的资本主义和社会主义（共产主义）的"世界历史性"意义的具体状况和时代视差。

前面说过，长期以来被遮蔽的马克思的"世界历史"思想受到论者的关注，很重要的原因是当代经济全球化态势的触动，而且二者之间确实有某种程度的关联。然而如果认为"马克思的世界历史思想和今天的经济全球化本质上是一致的"，甚至说它可以成为"确立经济全球化位置的基本原则"，为解决经济全球化难题提供直接指导，那完全是为难和苛求处于 19 世纪中下叶的马克思了。

必须看到，当代的经济全球化与马克思当时的"世界历史"时代在有关联的同时更具有很大的时空视差：在马克思的时代，资本开辟了"世界历史"的新局面，但生产自始至终是社会发展的决定性力量，而今天的经济全球化则与 20 世纪七八十年代以来"消费社会"的来临有很大的关联；在马克思的心目中，资本主义不以国家与民族为单位，因而是一种"世界历史性"现象，而替代资本主义的社会主义（共产主义）更是一项"世界历史性"的事业，而今天处在经济全球化境遇中的"现实的社会主义"仍以单个的国家或民族为基本单位，社会主义（共产主义）远未成为全世界人民自觉选择的道路和模式，经济全球化的前景至少到现在为止看不出是为了"实现全人类的解放"。

不分析造成二者差别的具体的历史原因和复杂的时代背景，以便总结理论和实践的双重得失和经验，而只是试图从老祖宗那里寻找解决当代问题的"灵丹妙药"，能有什么样的真正的收获呢？此外，这里还需要提出的问题是，对马克思思想的研究必须得以这些思想"强有力"的现实影响力为唯一的前提条件吗？

我认为，所有上述问题的存在都关涉马克思思想研究水准的真正提升。这种情况告诫我们，决不能再按照以往的方式和思路"研究"和"发展"马克思主义了。如果只是讨论的具体题目更换了，而研究方式和思路依然不变，那么对马克思思想的理解和把握就不会达到科学、客观的程度，从而真正有所推进。

其实，悉心研读马克思的著述，仔细甄别"世界历史"思想在其文本中的各个出处的具体含义，在此基础上是可以概括和抽象出他关于这一思想的基本观点的，其要旨包括如下几个方面：（一）"世界历史"不是观念史、思想史和哲学史，而是真实存在的社会运动；（二）"世界历史"也不是以往所有事件的记录、罗列和展示，而是经过"过滤"的世界发展重大趋向的表征和体现；（三）"世界历史"的推进力量不是纯粹的"自我意识"、宇宙精神和自然秩序，而是"现实的人"所进行的生产活动与人们之间的交往关系；（四）"世界历史"的当代发展打破了国家和民族的界限，资本开辟了"世界历史"的新时代，而共产主义是一项"世界历史性"的事业。

上述情况表明，马克思的"世界历史"思想仍然有很大的研究空间，无论是对其原始思想的梳理、甄别，还是对这一思想理论观点的提炼和体系的"重构"，乃至对其现实意义的客观评价和在此基础上的当代发展，都需要我们付出艰苦的努力。

"历史唯物主义"与"当代中国"
关系之我见

很感谢"'历史唯物主义与当代中国'高端学术论坛"安排我做一个简短的发言！我感到，陈先达老师在当代中国马哲界是一座"高峰"，也是一个复杂的"存在"。上午听了诸位老师的发言，很受教益，但我觉得大家有一个重要遗漏，就是忘记了陈老师很长一段时间是在中国人民大学马列主义发展史研究所工作的，他是靠研究马克思主义哲学史"起家"的，刚才梁树发老师的介绍弥补了这一缺憾。现在大家都在称道陈老师这几年发表的政论文章、时事评论，觉得写得力透纸背，有"铁一般的逻辑"，但我想支撑这些论证的是他研读马克思主义经典作品和熟悉思想发展史的功夫。我们也可以设想一下，若干年后再来看这些文章，假如说它们的影响犹在，但陈老师那两部马克思主义哲学史研究著作《马克思早期思想研究》《走向历史的深处》可能更具学术价值。

正是基于这一点，在这里我恳请老师们宽容地对待马哲界那些"有特点"的研究。因为马克思主义是一个特殊的研究对象，讨论"思想"不能离开"文本"，观照"现实"不能不结合"历史"，探究

"实践"不能撇开"理论"。拿我来说，即便是在考证某一著述的不同版本、梳理某一概念内涵的流变时，我也没有回避思想、现实和实践的意图，相反，觉得只有这些扎实的工作才能为后者的探讨奠定坚固的基础。因为这几对矛盾性的范畴之间不是单纯的一一对应、"原型—反映"的关系；就以今天会议的这个主题而言，"历史唯物主义"与"当代中国"之间绝对不像高考政治试卷中所判定的那样，是抽象的哲学原理与对原理的运用、验证般的机械、单向和简略。

上午坐在主席台对面看着这个会标名称，让我想到马克思在《新莱茵报》上发表的那些著述。马克思是我们这一领域研究的典范。我们知道，唯物史观的基本思路在《德意志意识形态》中首次得以简略的表述，再加上《哲学的贫困》的阐发，它获得了马克思思想发展中最初的理论形态，紧接着就爆发了 1848 年欧洲革命。按照以往的解释，唯物史观在这场影响深远的历史运动中得到"成功的"贯彻、运用和验证，而《共产党宣言》和 1848—1852 年其他一系列政治文献就是这种"贯彻、运用和验证"的产物。然而，如果认真阅读这些著述，就会发现，其中所记录和评论的大量复杂现实问题和历史事件，却远远超出马克思此前所阐发的唯物史观的框架和界域，甚至对其部分重要观点构成严重的挑战，迫使他不得不重新思考、拓展和深化既往的理论。这之后，唯物史观更为"经典的表述"出现在 1859 年的《〈政治经济学批判〉序言》中。经过漫长的政治经济学研究，马克思"所得到的，并且一经得到就用于指导"其"研究工作的总的结果"获得更为凝练而明确的概述，达到了某种程度上更为"科学"的理论形态。然而，如果回到当时著述的实际情形，就会知道，这是马克思构思以"六册计划"来结构《资本论》的尝试，只是他撰写第 1 分册的阶段性成果。《〈政治经济学批判〉序言》中决绝的态度和思路甚至没有能够有效地"指导"和帮助马克思顺利进行第 2 分册的工作，盘根错节的问题也没有由此获得缓解，马克思只好通过写作"1861—1863年手稿"来寻找新的方案。所以，这部手稿的意旨根本不是单纯地根据唯物史观的一般方法对"剩余价值学说史"进行彻底的梳理和清算，而是借此探索更为合理而到位的关于《资本论》的结构，最后通过构筑"资本一般"的框架才形成"三卷四册"的体系。再后来，在三卷初稿完成后，马克思整理出《资本论》第一卷，通过对"资本的生产过程"的分析使唯物史观体系得到更为完善化的建构，然而马克思对此的探索并没有止步。从 1867 年第 1 卷出版到 1883 年他去世，在身体状况很不好的情况下，近 16 年间，马克思不断地观察资本时代的发展，发现了很多不能为既往的理论所包含、统摄和解释的现象，于是他开拓理论视野，更新知识结构，深化和开辟研究领域，撰写了数量庞大的手稿和笔记。由于时间关系，我不能做更为细致的梳理和分析，但这些简单的勾勒足以说明，历史唯物主义作为一个理论体系，诚然有它的基本原则，但更有复杂的因素、丰富的内涵和开放、包容的结论，对此，我们决不能再对其做简单、抽象、教条化的理解。

至于"当代中国"，这些年我很少发表专门讨论这一方面的文章，但诚如怀玉兄刚才所谈到的，作为一个中国的马克思主义研究者，不可能不抱有一种情怀，考虑和关注它的当代效应以及对于中国发展的意义。然而，令我感到忧虑的是，在今天，中国传统、中国国情、"中国道路""中国特色"已经成为相当一部分人，包括不少"马克思主义者"拒绝向先进和真理学习，拒绝自我剖析、反省和总结，拒绝开放、变革和转型的借口、依据和理由。对于中国的未来发展来说，我认为这是非常危险的事情！指导当代中国发展的"中国特色社会主义"绝不能仅仅限于提出一些具体的路线、方针和策略，更应当是一种思想体系、基础理论的建树。它所解决的也不只是关于中国崛起、中华民族伟大复兴的问题，而应该致力于为人类超越资本逻辑寻找新的文明形态。它所具有的"世界意义"的阐发，则必须借助对经典马克思主义的深刻理解和对当代经济的全球化态势的准确把握来展开。作为中国改革开放 40 多年历史进程的参与者和见证者，我们受惠于这个时代，不仅个人生活和命运发生了极大的改变，思想、观念也应该紧跟时代的步伐。包括对马克思、马克思主义的理解，大量新的原始文献的问世和解释语境的变迁，暴露了原来的认识在客观性、准确性和时代性方面的欠缺，作为一个专业的研究者，我们不能停滞于过去的思维框架内，而应当大力推动和促进这一趋势和潮流。

这是我肤浅、朴素而真诚的看法。

"四史"教育中也应提及这样的人

最近学校和系里要完善博士生的培养过程和环节，其中的一个举措是对学生进行年度考核。教研室的考核今天下午举办，在几小时内，二三十人要就各自的学习、研究情况做汇报，每人15分钟。我在座位上干坐着，嘈杂声中也无法看书，延续中午临时产生的一点感想，"敲出"如下一篇札记来。

目前党中央正在全社会开展"四史"宣传教育活动，其中，党史自然是重点。但按照我的理解，如果遵循"教育"的规律，要使对党的正确性的理解不只停留于单纯外在的灌输和接受层面，而是基于理性、事实和逻辑，提倡自我思考和领悟，那么，后"三史"特别是社会主义史似乎也很重要。漫长的社会运动和复杂的思想图景，经由千洗万漉、残酷淘汰，最终"吹沙淘金"。既然活动如此热烈，回顾和总结既往真正有所收获，才能告慰先贤和有助于对当代社会问题的思考。

我是专门研究马克思主义思想史的，最近在重新清理和思考马克思与古典经济学的关系。与以往研究的不同之处在于，我并不是从大名鼎鼎的亚当·斯密开始追溯的，而是向前延伸至他之前100年的威廉·配第。因为马克思将他称为

"政治经济学之父"，主要原因在于配第创立了"政治算术"的概念，首次尝试用算术方法探究社会经济问题，"不是把一连串比较级和最高级词汇空洞地拼凑在一起，而是立志用'数字、重量和尺度'来说话，只利用从感观的经验中得出的论据，只研究在自然界中具有可见的根据的原因"。在马克思看来，这是"政治经济学作为一门独立的科学分离出来的最初形式"[①]，也就是说，是统计学而不是后来发展出来的劳动价值论和剩余价值学说造就了"政治经济学"，而配第是"统计学的创始人"。

我的研究与以往的研究还有一点不同，即我主要是想厘清实际状况、历史线索和论证逻辑，进而结合思想史和当代实践做出评价，而不把重点放在为马克思的理论及其现实性的辩护上（当然二者有时也是融通的）。这样，我的工作必须紧扣原始文本来进行，不仅包括马克思庞杂的手稿，更需从古典经济学家们的著述出发，而极力避免根据马克思的摘录和叙述来推测其评论者的思想和主张。就配第研究来说，就是我必须首先认真阅读他的《赋税论》《献给英明人士》《政治算术》《爱尔兰政治的剖析》《货币略论》等著述。但遗憾的是，350多年前撰写的这些文献，不要说在中国，就是在英语世界也鲜有人问津了。现在大多数人包括不少学者都很功利，总是追踪时髦和热点，喜欢讨论当代的问题，而我不想这样。

我在搜集配第作品的时候惊讶地发现，其实在20世纪60年代他的一些短篇著述就有中译本了。主译者陈冬野先生，原名陈昭钜，1917年出生于福州。陈冬野先生7岁时因意外事故骨折，造成终身腿疾。少年时期他在故乡跟一个英国人开始学习英文，打下扎实的基础。19世纪30年代他随家人迁居日本，在那里完成了中学学业，后来就读于日本经济专科学校，回国后升入中山大学。第二次世界大战爆发后，他又与家人一起回国，定居昆明。他花10年时间在专业上冲刺，25岁成为教授。因国内局势动荡，还参加过民盟等组织。1949年后，"自知不宜从

---

① 马克思：《政治经济学批判。第一分册》，《马克思恩格斯全集》第31卷，人民出版社1998年版，第447页。

政，以他的性格，选择了最适合自己的职业——教书"，先后辗转福建师范大学、厦门大学、首都师范大学当老师、做翻译，直到 1997 年去世。他儿子说，父亲大半生"一直是个默默无闻的教授"。

我是根据商务印书馆再版他的译著时，他的儿子陈白湜先生所写的《后记》了解到他的情况的，进而还想知道在翻译外陈先生是否还有其他研究配第的著述，于是就去信询问长期在首师大从事马克思主义哲学、政治哲学教学和研究的程广云教授。广云回复说："在学校里还从来没有听说过他。"

程兄的回复很令我感慨。为什么这样的人在我国会"默默无闻"，以致同一学校、同一专业的人"都没有听说过"？我们（国家、学校、学界）就是如此对待这种人才的吗？我个人觉得，仅就陈冬野先生把作为政治经济学开创者的配第的著述引入中文世界这一点，我们这些研究马克思主义史的人也应该感念他、记住他！

北京大学马克思主义研究风格的体现

——王东、刘军新著出版座谈会感言

祝贺王东老师和刘军新著出版！对于王老师和这本书的很多感受，我想说的话，前面发言的老师们基本上都提到了，与大家不一样的地方可能在于，我更多地是基于多年来与王老师的亲身交往和深入了解而生发出的感性判断。我是1998年来北大哲学系工作的，从此开始与王老师一起搭档处理马克思主义哲学教研室的日常事务，一直到他退休，之后不久，我也退出了。在十余年密切的交往中，我与王老师遇事共同商量，相互理解和支持，合作非常顺畅。通过这样的途径和方式，我也更加了解了王老师。退休之后，他一如既往的执着和勤奋，隔一段时间就有新书出版，年逾古稀的王老师写作量比我们这些在职的人还要大，真正做到了"退而不休"。

退休之后依然潜心治学、笔耕不辍也是我们哲学系老师的传统。哲学系是"长寿系"，很多老先生思考、写作到生命的最后时刻。黄枬森老师就是这样的，现在教研室已经80岁高龄的几位教授(如赵家祥老师)还在发表专业论文。由此看来，思想创造者总是要到自然生命终结时方才停止思考的，在国外也是如此。前几天看到，德国哲学家哈贝马斯在 2019 年 90 岁时推出长达 2000 多页的巨著《另一种哲学史》，以毕生深思的结晶重新梳理和评骘历史上最重要的哲学家、哲学经典及其对自己的影响，令人感佩不已。我觉得王老师也将归属于这一卓越的思考者和写作者群体和行列之中。

对于这部书，我同意老师们的评价，这里想补充的是，我更愿意把它视为北京大学马克思主义研究风格的一种体现。马克思主义是一个特殊的研究领域，必须把文本与思想、理论与实践、历史与现实内在地关联起来。遗憾的是，近年来有的人却"臆造"了一些本不存在的对立和矛盾，进而对有特点的研究方式及研究者进行指责。大家想一想，一个马克思文本、文献的研究者怎么可能只满足于考证版本而不关注思想呢？即便是 MEGA 编辑和中央编译局的翻译家们，虽然其工作性质比较特殊，但如果撇开对马克思思想的理解和把握，其编辑和翻译事实上也无法顺利进行，更何况是文本及其思想研究者呢？此外，怎么能够设想一个探究马克思恩格斯思想的人会回避他们的实践活动及其理论的当代境遇呢？一个梳理和辨析历史(思想发展史和社会运动史)的人难道能不知道其工作的意旨在于对现实的理解和思考吗？"事不经过不知难"，外在的、随意的指责和评论容易，若要真正进入精深的研究，情况就完全不同了。文本的特殊情形、思想的复杂逻辑和深刻的价值重估若不以扎实的文本考证、细致的内容解读和准确的历史清理做基础，往往会沦为空论。马克思主义发展史这方面的教训难道不值得反思吗？可惜的是，在目前国内马克思主义研究中，类似的状况仍旧赫然存在！

另外，我们也看到，所谓面面俱到、四平八稳的"研究"实际上根本就做不到深入乃至深刻。所以，理想的状态应该是，以多元路向和各种形式的成果呈现，共同组成马克思主义研究的斑斓色彩和繁荣景观。这就不得不涉及马克思主义研究的不同风格了。记得我刚来北大工作不久，开始了新一轮全国重点学科的评比。当时北大哲学系的领导组织系内、外专家开了好几次会，重点讨论究竟什么是北京大学马克思主义哲学研究的传统，最后形成的共识是，思想史(哲学史)和文献研究是我们区别于国内其他哲学系和研究机构最重要的特色和长处，这也是北京大学人文、社会科学研究的特征。就是说，北京大学的马克思主义哲学研究秉持的是与西方哲学研究、中国传统哲学研究同样的方式和思路的，黄枏森等教授筚路蓝缕，开辟了马克思主义哲学史研究这一领域和方向，确立了北大马哲在全国独特的地位和优势；黄老师在20世纪六七十年代就展开对列宁《哲学笔记》的研究，其最后凝结而成的成果对这一笔记写作过程和编排方案所进行的甄别、对其复杂的思想内容的悉心解读、将其与黑格尔《逻辑学》所进行的比较研究，以及对《哲学笔记》思想史地位和现实价值的评价，从今天的角度看，就是典型的"文本学研究"。而在黄老师指导下，作为北京大学最早招收的哲学博士之一，王东老师按照这一思路写作完成的论文，迄今为止仍然是我们这一学科经得起时间检验的最重要的成果之一。最终，在几次讨论所达成的共识的基础上，北京大学马克思主义文献研究中心于2000年5月5日成立，挂靠在哲学系，特别在静园四院辟出两间专门的资料室（后来被办国学班的人蚕食了一间），供我们收藏多个语种、各个版本的马克思主义原始文献及其研究资料。几年之后，王老师与我几乎同时出版了专著《马克思学新奠基》和《清理与超越》，这是我们梳理文献基础、省思研究方法所获得的成果。后来，王老师在马克思主义宽广的研究领域内多方开拓，我则沉浸在马克思文本个案的精深解读之中。在多年孤寂的探究过程中，我遭遇过误解、嘲讽乃至排挤，但一直受到对文本、文献研究的重要性及其艰难性有切身体会的王老师的理解和支持，所以我非常感念王老师以及在座的安启念老师等长期以来的鼓励和帮助。我想再次强调，文本研究与思想研究、与现实问题并不存在割裂、对立和矛盾，相反，它在这一领域所取得的成果切实地提升了国内马克思主义研究的专业水准，促进了与国外同行和国际马克思研究界的交流，而绝不是把马克思主义研究引向了"邪道"和"歧路"。不仅如此，如果从世界马克思主义研究的总体状况和发展态势反观国内的马克思主义研究，还会发现，我们相当多的讨论是无法与国外同行进行对话和交流的，因为缺乏对话和交流的基础，双方在所关注的问题、研究的课题、分析的思路乃至所使用的概念、框架等方面都无法对接。同样是研究马克思主义，为什么彼此之间的差异竟然如此巨大？近年来提出的所谓"争夺学术话语权"，在我看来，至少在马克思主义研究界根本就不是一个"问题"，不是由于国外学者强行垄断解释权而故意排挤、"敌视"我们，而是很多领域长期以来压根没有中国人参与和讨论。在与国外同行还很有限的交流中，我真实的感受是，他们实际上是非常欢迎和期待中国同行的加入乃至起"主导"作用的。我的意思绝不是说，我们必须以国外同行开辟的方向、思路和议题为准则，而是基于马克思主义是一个世界性的研究领域和复杂的社会运动，双方完全可以在这一宏大的背景和宽广的场域就同一层面的问题展开专业而深入的对话。只要具备深厚的学术积累，能秉持理性、宽容的态度，遵循学术规范，服膺事实和逻辑，就不难表达出我们的主张和看法，进而彰显出特色；而文本研究恰是诸多马克思主义研究路向中最具对话基础并可以取得突破的平台之一。无疑，王老师的努力及其所取得的成果可以为这种对话提供积累和准备。

最后，我还想谈谈顾海良老师刚才发言中提及的"学术传承"。与王老师多年的交往中，还有一点也给我留下极为深刻的印象，就是他对黄枬森老师的感情。更早的情况不再追溯了，就我与他合作十多年的经历来说，在黄老师80、85、90华诞，王老师带领我们精心策划、周密组织了多场纪念活动和学术研讨，并启动了多卷本《黄枬森文集》的编辑和出版工程；黄老师去世后，又多次召开追思会和思想讨论会，昨天还与我们研究筹备明年黄老师100周年诞辰的纪念活动。这让我想到，黄老师晚年曾为其多年挚友、武汉大学杨祖陶教授的长篇回忆录《回眸——从西南联大走来的六十年》(人民出版社2010年版)写过一篇序言。作为一个理性的哲学研究者和翻译家的杨老师在这本书中对师生之谊表达了浓烈的情感，也对个别事件的处理透露出一点情绪，对于后者，儒雅而厚道的他并没有明确地说出来，是黄老师在序言中点透并作出分析的。而王老师作为黄老师的学生，是深得老师真传的，现在他又把这种难能可贵的师生情谊、学术风格传递到刘军、赵玉兰等人身上。我们今天研讨的这本书虽然由他和刘军联合署名，但不难看出，整部书的框架、观点乃至语言表述等是王老师一贯的风格，就是说是由他主导的；但他更愿意把自己大半生研究的心得和体会完整地传授给学生，希望由他们发扬光大，再传递给下一代。这种优秀的学术传统的承续和纯正的学者之间的"代际更替"是良好的学术生态、深厚的学术氛围涵育的结果，也是北京大学最吸引人之处，在当今时代，尤其值得珍视！

2020 年 12 月 12 日即席发言，12 月 14 日追记

"凡是吵吵闹闹的地方，
就没有真正的学问"

平常的日子。阴天，闷热之气稍微缓解了些。依然按照平时习惯了的时间和节奏起床、收拾房间、早餐，餐后泡茶，再之后坐到窗前，开始工作。

昨天已经校对过为《〈资本论〉早期文献集成》所撰写的长序，生怕史实和表述方面还有细节上的差错，就又浏览了一遍。然后继续搞配第，复读他的《爱尔兰的政治剖析》。最近一段时间的集中阅读，对其所著《赋税论》《献给英明人士》《货币略论》《政治算术》诸篇的内容和思路应该说都比较熟悉了，又悉心对照过《政治经济学批判》第一分册、"1861—1863 年手稿"、《资本论》第一卷、《反杜林论》中的"《批判史》论述"中的相关评论，更加明白了马克思是在什么意义上称配第为"现代政治经济学的创始人"①的。除了"土地为财富之母，而劳动则为其父"②的传统解释之外，我理解主要是他开创了"政治算术"的范式，即尝

---

① 恩格斯：《反杜林论》，《马克思恩格斯选集》第 3 卷，人民出版社 2012 年版，第 614 页。该书第二编第十章《〈批判史〉论述》为马克思撰写。

② ［英］配第：《政治算术》，《配第经济著作选集》，陈冬野，马清槐，周锦如译，商务印书馆 1983 年版，第 63 页。

试以统计学的方法（"数字、重量和尺度"）分析同一社会的结构、比较各个国家的状况，这是观察和把握现代社会方法论上的重要突破。马克思的《资本论》主要是元原理的阐释，但他同时注重理论史的梳理、现实材料的甄别和官方档案的征引，特别是留意统计数据。这意味着，一方面政治经济学研究当然要有形而上学基础，需要关注影响经济运行的社会环境包括政治因素，另一方面更需要注意经济本身的规律和科学性。为此，马克思引证经济学著述和观点时，从时间和首倡者两方面来确定其重要的历史成就，"作为注解以充实正文"。更在阐发原理时尝试借助数学公式和方程来进行，在《资本论》的后续修改中甚至还提出过完全用数学方式重新表述第一卷的内容的设想。我们知道，20世纪以降，在经济学研究中，统计、数学已经不仅仅是一种外在的手段或工具，而是与所要探究的经济现象内在地联系在一起。如果说马克思是探索这种方式的先驱之一，那么他的思路源自配第"政治算术"的启迪便是确定无疑的了。至此，我要写作的论文的观点和结构也就酝酿成熟了，自认为还是有一点新见解的。

阅读和思考间隙，看到有同行和过去的学生发来短信，询问为什么不去参加一个据说声势和规模都很大的会。我回复说："我现在很少参会，觉得不如在家躺着或者看书""现在住的地方离北大比较远，没有课我就不去学校了。"朋友遂把这些话串联起来，用一句流行语谑称我的状态和主张是"'躺平'了看书"。玩笑归玩笑，但这也让人再次思考一下：我们这个专业的学问究竟该怎么做？

不再抽象议论了，谈点个人的感性体悟吧。近年来"寄人篱下"度日，住在一所以理工科为主的大学的家属区。如果不外出或者有杂事打扰，我几乎每天都要去操场跑步或者在校园散步。风景虽无称奇处，但"梧桐大道"上几幅摄影作品下方的警句却深得我心，让我受益。

比如，达·芬奇所言"凡是吵吵闹闹的地方，就没有真正的学问"，真是振聋发聩！我上网查了查，发现这段话并没有摘录全，特别是以下还有一句更击中要害。他说：如果学者老是处于无聊的"争执"状态，

"那就说明这是虚假的、乱七八糟的学问"！①

另一句是李大钊的教诲，可谓苦口婆心——"凡事都要脚踏实地去作，不驰于空想，不骛于虚声，而惟以求真的态度作踏实的工夫。以此态度求学，则真理可明；以此态度作事，则功业可就。"②

自然，还有马克思在为《资本论》"法文版"所写的序言中那句脍炙人口的话——"在科学上没有平坦的大道，只有不畏劳苦沿着陡峭山路攀登的人，才有希望达到光辉的顶点。"③

马克思主义在中国是"显学"，自然具有特殊的条件和地位。但我想说的是，它也是学科、是专业，所以只有在遵循基本的学理、规则和规范的基础、前提下，才能显现和强调其特殊，而不是撇开这些基础和前提。

① ［英］艾玛·阿·里斯特编著：《达·芬奇笔记》，郑福洁译，生活·读书·新知三联书店 2007 年版，第 317—318 页。

② 《李大钊全集》第 4 卷，人民出版社 2006 年版，第 565 页。

③ 马克思：《〈资本论〉第一卷法文版序言和跋》，《马克思恩格斯文集》第 5 卷，人民出版社 2009 年版，第 24 页。

"荣誉"即"侮辱"

一

　　某位老兄撰写了6万余字的长文，借以反思世界近代史上的"左翼"问题，今天刊出的是其中关于马克思与"左翼革命化"关系的一节。我看后发现，这一部分基本是根据过去习见的资料和既定的思路写作而成的。因近30年来作者离开了学术体制，主要从事其他方面的活动，理论研究和著述只是其业余爱好，所以他并没有在悉心搜集和解读最近20年来刊布的新的文献基础上再现马克思"革命"思想的复杂性以及与现实实践之间的错位，这就导致这一节多有纰漏乃至"硬伤"之处。

　　为此，我提出四点供老兄参考：1.《新莱茵报》被马克思命名为"民主派的机关报"，上面刊发的他和恩格斯所撰写的100多篇文章，既呼唤革命，也反思激进运动的后果。因为他们发现，尽管当时发生的政治事件被统称为"1848年欧洲革命"，但各个国家之间的实际状况和情势并不相同。2. 马克思领导创办的"国际工人协会"（"第一国际"），也是在他的亲自提议下解散的。3. 刊出的这节内容特别令人遗憾之处（但对于论证作者的观点又是很必要的）是没有梳理马克思对作为德国政治强人的俾斯麦的独特评论。事实上，他对后者通过"铁血政策"统一德国，以及统一后借助国家力量来布局政治、经济发展的思路和寻求在欧洲乃至世界霸权的做法是很不以为然的。4. 该节也没有清理马克思、恩格斯与德国社会民主党之间的复杂而微妙的关系。我掌握的文献是，由于不能有效协调这一派别的活动，"马克思生命历程的最后十年，不再从事政治活动和工人运动，而是专心致力于历史和人类学的研究。"①这些史料对于重新理解马克思晚年的思想和实践具有很重要的价值。

基于此，我认为在文案结尾处作者所谓"由马克思驾驶的革命火车头……"云云是不确切的，用马克思的话说："他这样做，会给我过多的荣誉，同时也会给我过多的侮辱。"②

二

老兄在回复中说，我提出的"四点批评似乎还没有形成连贯的叙述，无法参考，但值得考虑。你我分歧，关键还是在于，对马克思是总体上否定还是留有余地，暴力革命这个魔鬼是从宣言这个匣子里放出来的是毫无疑问的，马克思把暴力革命上升到社会进步的历史观高度也是毫无疑问的，当然，这不排除他在著作中复杂甚至前后不一的论述，马克思晚年不想再继续出版《资本论》后续两卷，肯定有极其痛苦的原因——对自己革命叙事的怀疑"。又说："关于马克思的晚年思考，即走向人类学，国内可能是我最早研究，但研究表明，马克思晚年并没有从他对革命的想象中走出来，他只是深陷于革命没有在欧洲爆发的痛苦之中，他

① Museum Karl-Marx-Haus Trier，Karl Marx（1818-1883）：Leben-Werk-Wirkung bis zur Gegenwart Ausstellung im Geburtshaus in Trier，2013，S. 69-70.
② 马克思：《给〈祖国纪事〉杂志编辑部的信》，《马克思恩格斯选集》第 3 卷，人民出版社 2012 年版，第 730 页。

没有否定暴力革命而明确主张工人运动走和平之路，恩格斯在晚年倒是对暴力革命有比较深刻的反思，他主张工人进行议会斗争。关于马克思的革命理论可以写出一本书，此文强调马克思理论对于左翼革命化的决定性作用。"

深入讨论总有益处，只是现在越来越缺少这样的机会、氛围和条件了。尽管对作者在此文中的叙述和论断感到遗憾，但我一向赞赏老兄的执着和犀利，这方面他确实值得我学习。

当然，我也再次告诉他，克拉德当年出版的"人类学笔记"是从马克思晚年3万多页手稿中挑选200多页编辑而成的，因此，仅仅据此所做的研究及得出的判断已经不足为训了。从这么庞大的写作量中也可以知道，马克思当时的思想是非常复杂的。我理解其中也不全是痛苦，也有基于新的拓展和建树而产生的欣慰，从他最后几年的信中也可以看得出来。马克思确实是一个具有反思精神和创新意识的人（我不是出于自己是其思想的研究者、以此谋职和靠此吃饭才这样说的）。20世纪唯一与其有过直接关系的政党——社会民主党后来的理念、选择和做法（福利国家的举措），韦伯等人对资本主义与新教伦理关系的讨论，更不用说海德格尔等人关于他"颠覆形而上学"哲学贡献的评估，以及一大批西方马克思主义、人文主义哲学家试图"嫁接"其学说和批判理论的发展，都可以被视为马克思思想的后续效应。这也表明，他的思想具有开放性和包容性，后来我们所熟知的"马克思主义"（包括东方激进革命的思路、主张和做法）虽然与他有关，但他并非其唯一正宗。

马克思思想对当代社会具有非常重要的价值，只是我们这些专业研究者现在并没有找到恰当而充分的阐释、发挥这种价值的途径和方式！

三

老兄再次回复我说，如何评价马克思的理论，基于不同语境，可能大相径庭。他的这篇文章侧重马克思与"左翼"的关系，后续还有展开，期待我继续提供批评意见。

他同时指出，文本研究确实很重要，但他有一个看法，即马克思对历史的影响主要还是基于其当时已经发表的著作，包括对中国的影响，译本最初来自日本的居多，当时发表的这些文本以及对它们的解读，未必符合马克思的原意，但正是这些文本才产生了巨大影响。后来发现的马克思的手稿，对于在文本上准确理解马克思的思想或有重大意义，但革命者就是在没有阅读这些文本的前提下开始革命的。马克思究竟要对后世革命承担何种责任？他觉得一本《共产党宣言》和一本《资本论》足够了。革命者不需要充分考证马克思所有历史文献才决定是否进行革命，"这是文本学研究需要考虑的问题"。他特别指出这一点，供我参考。

在我看来，二者确实是有差异的，但也只有尽可能统摄起来，才有助于我们接近真实。比如《资本论》，如果用"通行本"的结论和简单的"劳动价值论"和"剩余价值来源说"，实际上无法解释20世纪资本社会的变迁、国家力量（如德国）崛起对历史的重新改写、经济学各个派别的长足发展，这样，马克思思想当代性的体现和发挥就显得非常困难了。然而，我们通过对"马克思为什么没有完成《资本论》定稿工作"的考证，从他晚年大量的笔记中体悟他思想的新进展，感到其中提供了与20世纪可以紧密勾连的诸多线索和设想。

这种探究在他人看来或许显得"书呆子气"十足，但我认为，这是马克思研究摒弃情绪化评判、走向深化的必要步骤。老实说，在研究中，我的困惑、苦恼也比清晰、明确的情况要多，可能是功夫和思考力还不够的缘故。

老兄看了我的这些回复后评论道：国内很多"马学研究肯定是糟蹋了马克思的声誉，而你是少数的例外！"

在今天，理性的声音是多么必要和可贵

近日，有关阿富汗变局的议论沸反盈天。作为一个纯粹的外行人，本不敢置喙一词，但读了北京大学国际关系学院钱雪梅老师的文章和书，有些感触，引发了一点外在的思考，谨记录在此，就算是"离开马克思就不能再说别的话了"之例外吧。

据我肤浅的观察，现在对于热门的公共话语和重大的社会问题，在政府、媒体和公众舆论之外，像钱老师这样专业而理性的学者的声音太过微弱，他们客观而到位的分析和论证少有人关注。相反，无论有没有相关背景、知识和能力的人都喜欢一股脑起哄、上阵，非理性主义情绪、意见和观点泛滥，结果造成的往往是无是非、无真相、无道义的情形。在中国，"公共知识分子"竟然成为一个贬义词，这真是一件很悲哀的事！

这篇短文之外，不得不提到钱老师穷数年之功于 2019 年出版的近 50 万字的《普什图社会的政治生活》（中国社会科学出版社）。我不知道这是否是国内这一研究领域填补空白之作，但至少在我这个外行看来具有集大成的意义，看了这本书后对于同一课题我就不想参阅其他书了。尤其令我激赏的是，该著在条分缕析地概括和梳理了这一神秘民族的历史变迁和现实境况后，在《结论》部分将其置于"民主与民主化""部落、民族、国家关系""现代化"三个维度上进行总体透视，真正显示出作者的宽广视野和思想深度。读后我由衷地感叹："这三点真是切中肯綮啊！"因为它们既是当代社会发展理论研究中亟待突破的论域和焦点，更是现实中东西方交往、国际关系处理中盘根错节的症结和难题。

而在目前这样的境况下，这一点显得多么必要和珍贵。

从哲学层面透视"大数据"

　　近年来，一个词语在高频度、广泛地被使用和流行，这就是"大数据"。它不仅成为政府决策的重要依据和方式，更切实地进入普通人的日常生活，成为其经常谈论的议题和规划出行的参考。但诚如俗语所言，"百姓日用而不知""熟知并非真知"，对于"大数据"，实际上很多人是不甚了解的（我本人即是如此），更缺少上升到理论层次和知识体系方面透彻的厘清和分析。

　　新近出版的《大数据知识论研究》（苏玉娟著，科学出版社2021年9月版）是部严谨而专深的学术专著，不仅梳理了"大数据知识"的形成条件、发展脉络和当代发展状况，而且通过多维视角和多种方法廓清了笼罩在这一新的社会样态上的层层迷雾，更在此基础上，从"知识论"范式出发对"大数据知识"所涉及的一系列问题进行了详细的分析，并预测了它对人类未来的影响。

一、"大数据"时代及其特征

　　究竟什么是大数据（Big Data）？学界对此并没有确切的定义。传统和通常的理解以为数据大就是大数据，但作者指出，"大数据不仅数据量大，而且结构复杂，处理速度快，价值密度低"。为此，该书详细地考证了这一概念在国内外文献中出现的情况。1998 年，美国《科学》杂志刊登了一篇介绍计算机软件 HiQ 的文章《大数据的处理程序》（A Handler for Big Data），第一次使用了大数据（Big Data）一词。2008 年 9 月 4 日，英国《自然》杂志推出了"Big Data"专刊，从互联网经济、超级计算、生物医药等多方面探讨了大数据方法带来的变革、挑战以及未来的发展方向。这之后大数据逐渐成为学术界、产业界和政府各界甚至民众中的热门概念。美国、法国、德国等国家开始重视大数据并实施大数据发展战略。我国也积极迎接大数据时代的到来。党的十九大报告指出："推进国家治理体系和治理能力现代化，秉持共商共建共享的全球治理观，推动互联网、大数据、人工智能和实体经济深度融合。"习近平总书记在中央政治局第二次集体学习时进一步强调"用好大数据布局新时代"。2015 年，国务院出台《促进大数据发展行动纲要》，从发展形态、指导思想、总体目标、主要任务、政策机制等方面，促进我国大数据发展，加快建设数据强国。

目前大数据已经被广泛应用于政府治理、社会治理和企业治理中。大数据是需要新处理模式才能具有更强的决策力、洞察力和流程优化能力的海量、高增长率和多样化的数据资产，具有体量大（Volume）、速度快（Velocity）、种类多样（Variety）、真实性（Veracity）、价值密度低（Value）、可变性（Variability）和复杂性（Complexity）等特征。从来源看，大数据主要来自科学仪器、传感器、互联网、社交网络平台等，呈现为结构性大数据和非结构性大数据。大数据技术通过对大数据存储、分析、挖掘和可视化等，将大数据中包含的知识表征出来。

作者以上的梳理和概括准确而清晰地描摹了"大数据时代"的状况和特点，这是大数据知识产生和发展的重要基础。

二、思考"大数据"的多维视角

作者特别注意到，大数据知识作为当代知识发展的重要形态，其发展受当代哲学和大数据技术的直接作用。为此本书始终围绕"大数据知识论"这一范畴来展开论述，指出这是当代知识论新的研究领域，正越来越受到学界的关注。知识论属于哲学的分支，哲学作为研究自然、社会和思维规律性、普遍性的知识和方法，追求事物发展的普遍规律。按照传统知识论关于知识的形而上层面和形而下层面的二分法，大数据知识论就应该研究关于大数据知识的本体论、认识论层面，对于大数据知识的实践应用就应该是管理学、情报学等学科关注的领域。目前，哲学、管理学、图书情报学等都在研究大数据知识，只是不同学科侧重点不同。从哲学层面看，对大数据知识本体论、认识论进行研究，这是无可厚非的。

对于大数据知识的实践问题，哲学层面是否需要研究？答案是肯定的。原因在于大数据知识的实践问题与本体论、认识论和方法论等紧密联系在一起，大数据知识的实践问题与其他方面存在的必然联系。大数据知识本身来源于实践需要，大数据知识发展过程是大数据知识发现与实践的统一体，如果我们认为对大数据知识本体论、认识论的研究属于哲学层面，而实践研究不属于哲学层面，这样，人为地将大数据知识研究分割开来，这不符合大数据知识发展的客观现实。因此，作者认为，我们需要从本体论、认识论、确证论、真理论、方法论、实践论等方面系统研究大数据知识共性基础上的哲学问题。这种分析视野开阔，见地中肯。

三、"大数据"知识论的元问题

该书在清理以往研究的基础上，博采众家之长，试图从知识论视角研究大数据知识的本体论、认识论、实践论和方法论等。

作者指出，科学技术是知识论不断超越的重要因素，大数据技术成为超越当代知识论的重要因素，大数据知识论也就成为当代知识论研究的重要领域。从这一理解出发，全书渐次就大数据知识的特质、结构、确证、目标、方式和应用等问题——展开详细的讨论。作者的主要看法是：其一，大数据时代，通过对大数据的存储、分析、挖掘等可以发现隐含在大数据中的知识。大数据知识是大数据被证实为真并具有善和效的命题或信念，大数据知识是真、善、效的统一。其二，大数据知识是在历史、技术、伦理、认知、语言、实践和社会等语境相互关联中实现的，不同语境的内在关联构成大数据知识的实现结构。其三，我们应赋予历史、伦理、技术、认知、语言、实践等语境不同的权重，加权后形成确证的总阈值，阈值越大，大数据知识确证的程度越高。阈值越小，大数据知识确证的程度越低。其四，大数据知识作为对经验世界和网络世界运行规律的客观反映，发现真理是大数据知识的重要目标。通过提高大数据知识的确证程度，可以更接近真理。其五，大数据知识的实现方法包括大数据知识的发现方法、确证方法和实践方法，具体包括大数据归纳方法、基于关联的因果分析方法、递归分析方法、语境分析方法。其六，大数据知识被广泛应用于政府治理、社会治理和企业治理中，大数据知识的真与效在实践中得到彰显。大数据知识对数据治理变革具有引领功能，大数据知识在政府治理、社会治理和企业治理中正在引领一场数据治理变革。

通过对以上问题的清理，该书初步勾勒了"大数据知识论"的框架体系。

四、大数据知识对人类未来的影响

作者是理学博士，从专业出发将大数据与科技革命联系起来看待其未来命运。每一次科技革命都为人类开启一个新时代。农业科技革命引领人类进入农耕时代，蒸汽机革命引领人类进入机械化时代，电力革命引领人类进入电器时代，计算机革命引领人类进入信息时代，大数据技术革命将引领人类进入智能时代，在此过程中逐步使人类从繁重的体力劳动和脑力劳动中解放出来，有更多的时间实现自我价值，人类对客观世界的认识越来越明朗，越来越走向自由王国。

据此，作者就大数据知识对人类的影响作出如下预测。

首先，促进人类进入智能时代。自 20 世纪 60 年代以来，人类渴望人工智能技术的出现，当时的人工智能最多是低级的机器人，它主要模仿人的动作并进行重复性劳动。大数据时代，机器可以根据大数据知识采取行动，可以模仿人的智力，如现在的机器人可以与人进行情感沟通，帮助人解决情感问题，或者实现智能化的家务劳动，等等。

其次，进一步解放人类脑力劳动。正是由于大数据技术革命，人类大大扩展了对客观世界的认知和改造，大数据技术的智能化计算大大解放了人类的脑力劳动，这是人类发展史上的重要解放。可以说，"大数据的发展应以人为中心，维护人的权利和尊严，促进人的全面发展，满足人民对美好生活的向往，而不是走向相反的方向"。

再次，依托大数据服务于人类需要。人类发明大数据技术就是要实现对日益增长的大数据进行治理，为人类提供更智能、更精准的服务。大数据毕竟是人类社会建构的结果，虽然来源于客观世界，大数据毕竟不等同于事实本身，所以，对于基于大数据产生的知识我们需要结合客观世界及其产生的小数据综合提炼形成大数据知识，而不能盲目相信大数据。

最后，引领人类走向自由王国。从人类的认知能力看，随着人类能力的不断提升，人类对客观世界的把握和理解程度越来越高，客观世界对人类的控制程度越来越弱，该过程彰显出人类从必然王国走向自由王国的趋势。大数据技术大大提升了人类对客观世界的认知能力，人类对客观世界认识越多，其对客观世界的可控制能力越强，人类自身的自由度就越大。利用大数据技术，人类不仅可以认识经验的宏观世界，还可以认识渺观世界和宇观世界。所以，正是由于大数据技术的应用，人类的自由度才越来越大。

总之，我阅读此书的感受是，它不仅仅是系统厘清"大数据知识"体系的读本，而且更有上升到哲学层面的理论透视，因此，是一项值得关注的研究成果。

美丽的俄语，隽永的"жить"

    昨天下午，西斜的余晖洒进屋内，坐在窗前听了一首俄文视频歌曲——《活下去》（Жить）。震撼的画面、隽永的意味和荡气回肠的旋律，真正感染了我。现在我尝试着将歌词内容复述和解读如下：

    歌曲一开始伴随着浓烟四起、火光冲天、机毁人亡的画面，向恐怖袭击者追问：怎能剥夺鲜活的生命？/怎能熄灭所有的灯光？/怎能剥夺一位孩子只有五岁的母亲的生命？并且反复恳求：不要这样！不要这样！

    知晓大难至此，恳求无济于事，接着作者又与生者开始谈心。人无法预知其生命还能持续多久，但唯一能够选择的是好好度过余生。支撑我们的理由只有一个，那就是：活下去！活下去！那么，怎样在这艰难的世间学会生存呢？答案是：爱、宽恕和奉献！对亲人，要珍惜在一起的每一个瞬间，相互陪伴，相亲相爱，携手追梦；对敌人，当然不能消除对他们的怨恨乃至愤怒，但也不需要以牙还牙、以暴施暴，而要尝试着学会宽恕，考量心里的怨怼不能越过的界限，要尽量抑制夺眶而出的复仇的泪水。

    劫难已然降临，但世间也不会长久处于黑暗

之中，相反，黎明即将到来，所以我们对命运依然要保持期待并选择相信未来。由于昨日已经成为过去，愤怒和报复并不能使境况彻底回还，协力度过艰难、赢得美好的前景才是更重要的，而真谛还在于以上所言，即奉献、珍惜和宽恕。母亲离开了，孩子还生活在这个世界，所以，"活下去"是对母亲最好的报答和安慰，是唯一的生活信念。只要能让幸福围绕在你我身旁，阴霾必然会散去，朝霞就会再次映红天空，拥抱整个大地。而所谓"学会在这世间生存"的意涵就是，在天人合一之境中，在朝霞的映照下，人们相亲相爱，共同追梦，用自己挚爱的心灵之光照亮世界，彻底驱散敌对、仇恨、阴谋和野蛮。

　　紧接着，由两个年轻歌手用 Rap（说唱）形式讲述了一个"叛逆者""觉悟"的故事。称自己年少时就热爱音乐和运动，不循成规和传统，喜欢改变。那时没有人相信他会成功，但他却一直坚持着自己的兴趣和理想。遭遇过无数的奚落和冷遇，在街上、在人群中曾被大声斥责"走开！"而与兴趣和理想无关的学习、工作又让其重负不堪。但自己是父母唯一的儿子，他们希望自己出人头地的唯一机会和选择就是获取莫斯科大学的毕业证，这成了他那时生活的全部动力和源泉。但他却做了一个完全与众不同的抉择：未征得家人的允许就擅自退学了。之后却陷入了困顿，为生计发愁，甚至无处可去。于是，灰心和沮丧将其拖入了谷底。这时有人对他说，这个国家最富有的人是孤儿院的孩子。于是他听了人家的劝解，来到孤儿院。谁知，至此意想不到的"转变"发生了！看着孩子们清澈的眼睛和稚嫩的脸庞，他幡然觉醒。于是，所有灰心丧气都烟消云散了，"活下去"的希望强烈起来——"不是两年，而至少是三十年。/三十年就够了吗？我要一百年。"重拾信心和信念，使他终于意识到，"是时候改变一切，一切困难皆可解决"。最后，歌手现身说法，告诫和呼吁同辈："我可以成为更好的自己，那么你也可以；/我能做到的，你也同样可以。/请用自己的双手把握每一个机会，与我一起改变生活。"

　　歌曲的最后和声再起，呼唤人们"活下去（与我携手！）"！再次强调：

如何学会生存？——"没有战争，没有伤害，/简单地做个普通人，/简单地做个普通人，/活下去！"

原谅我用笨拙的笔阐释不出这首歌更进一步的深意，同时也觉得没有必要再多说什么了。于是，我上网查阅了一下这首歌创作的背景资料。情况是这样的：2015 年 10 月 31 日，俄罗斯科加雷姆航空公司一架从埃及沙姆沙伊赫飞往圣彼得堡的空客 A321 客机遭遇恐怖袭击，在西奈半岛上空失事，机上 217 名乘客和 7 名机组人员全部遇难。2016 年，为纪念空难发生一周年，俄罗斯艺术家伊戈尔·马特维延科（Игорь Матвиенко）创作了这首歌曲"жить"（《活下去》）。之后，27 位俄罗斯最具人气的歌手参与了献唱和录制，由此流传开来，使其成为该年度最震撼人心的俄罗斯歌曲。

我还有幸从网上找到几段用中文表述的这首歌的作者的"创作谈"。由于无法考证出处并搜索到原文，所以不知真假如何、真实与否，但在观点上它确实"于我心有戚戚焉"。谨录如下：

> 我一辈子都在写歌，有一些是欢乐的，还有一些是悲伤的。有为年轻人写的，也有一些爱国歌曲。但是我总想创作这样一首作品，它能够反映这个世界正发生着什么。

> 这首歌，确切地说，并不仅仅是一首歌，我不知道该如何将它归类。这是来自生活本身的旋律，它诚恳而又亲切。演唱这首歌曲的艺术家们，他们不是在表演，而是感同身受地将歌词的内涵传递出来，这种发自内心的力量才是听众真正能感受到的。

> 有一些作品能够让生命变得更美好，也有一些作品正好相反。如果说，我们的歌，我们的项目能够帮助某一个人战胜生活中的苦难，我想，我们的目的就达到了。

此外，与这首歌的情感和意蕴相匹配，歌词的俄语表达也平实而隽永。美丽的俄语！生灵之叹、积蓄的情愫、通达的境界据此得以抒泄、迸涌和挥发出来——Жить！为此，我特别将这首歌的视频发给我 30 多年前的大学同学，我跟他们说：很怀念我们一起学俄语的时光……

参拜路遥墓

应邀匆匆赴延安出席一场活动。活动结束后在"学习书院"用餐，与人聊天时得知路遥墓就在不远处。午饭后距离返程飞机起飞还有几小时空闲，于是就请活动策划者带我去参拜位于延安大学文汇山上的路遥墓。通往墓地的小径狭窄而逶迤，路边、坡上有很多杂草，看得出平时来这里的人很少。路遥墓在山坡上一块开辟出来的较宽敞的空地上。时值清明节刚过去不久，祭台上有还未彻底枯萎的鲜花和路遥生前写作时绝对不能离开的香烟。雕像下面的基座已经开裂，甚至还掉落了一角，显得有点破败和凄凉。路遥的墓像农村普通人的坟头一样呈圆顶状，只是不是用土堆积而成，而是用石块砌成的，严丝合缝而结结实实。墓后面是一块高大的石壁，上面镌刻着一尊牛的浮雕、路遥"像牛一样劳动，像土地一样奉献"的自况和签名，赫然醒目。

站在墓地，想起大学、研究生期间曾为他的书感动过，《惊心动魄的一幕》《在困难的日子》《人生》《平凡的世界》诸篇之外，印象更深的是在一份杂志上连载的长篇追忆《早晨从中午开始》。一些文学小圈子里的论者因作品艺术性的缘故而看轻他，殊不知路遥的意义早已远远越出了文学的范畴。在大变动的时代，一个来自中国社会最底层的农家子弟不甘命运的安排和摆布，试图以这样的方式来进行抗争和彻底"蜕变"，并借此干出"惊天动地的事"来，一如他获得茅盾文学奖之后所产生的痛快淋漓的感受——把大家都"比下去"了！

在路遥已经辞世近 30 年的今天，在国家和世界发生了更大的变化的情形下，怎么看待他的人生选择和人生之路呢？放弃庸常投入事业，带来名望也导致早亡，是励志的楷模还是警示的案例？此刻我一时也想不太清楚。但作为在青年时期曾买过、看过他的书，还专门去图书馆将连载《早晨从中午开始》的杂志一本本找来复印并装订成册的晚辈，直到现在我犹感到，较之于那些安于现状、恬淡度日、无志进取的人，那些动辄抱怨和腹诽、在彷徨和愤懑中纠结的人，那些撕毁尊严、蝇营狗苟、上蹿下跳的人……路遥博大、坚韧、善良、通达、恢宏，展示的是人生一种大境界、大气魄。毋宁说，世事嬗变，这样的人是越来越少了，于是路遥某种程度上成为一种象征，寄托着我们这些年过半百、木已成舟的人的向往和梦想。令人慨叹的是，就现实情况看，我们离他越来越远，而更为年轻的人则已经不知路遥为何人了……

悼念乔伟教授

　　半夜醒来，发现床头手机信号在闪烁，提示有新的信息。打开一看，是特里尔大学孔子学院的李毅院长发来的，共两条，一条告知："乔伟教授昨晚病逝"；另一条则附了简短的评论："乔伟，特里尔大学汉学系的建系主任，也是第一位在中国接受高等教育（北师大）后在德国做教授的学者，昨晚以 94 岁高龄过世。乔老师生前对汉学系，对孔院关心到最后一天，捐赠大量藏书，参加活动，并用他自己的影响力为正面的中国形象努力。"

　　我睡意全无，立即欠身给李院长、乔教授的夫人方海霞老师以及梁镛教授一一发了短信，表达哀悼："得知乔教授去世，非常震惊和悲痛！我两次去特里尔，与乔教授交流很多，多次在他家吃饭、长谈。谨致深切哀悼之情！"

　　收到我的信息，梁教授马上回复，称"乔老师过世，我也很悲痛。我们以前交往甚多。我到特里尔时，他已荣休，所以大部分时间都是在他家见面。我们聊上帝，聊世界，但谈的最多的是中国。我们为中国取得的每一点成绩欣喜，为中国出现的每一处问题担忧。不管周边有多少惊涛恶浪，也不管有什么人在那里骂娘，始终坚信中国的明天会更好。这是我这些年跟乔老师交往受益最大的一点。……追悼活动也在筹备当中。我们都好。你也多保重。"

看后，我只得感叹——"您写得太好了！"

有一份资料说，第二次世界大战以后到20世纪90年代初，在德国各大学汉学系中原籍中国的教授仅有4人，即1967—1980年在汉堡大学的刘茂才（Liu Mao-Tsai）、1971—1994年在柏林自由大学的郭恒钰（Kuo Heng-yü）、1972—2000年在法兰克福大学的张聪东（Chang Tsung-Tung)以及1984—1991年在特里尔大学的乔伟（Chiao Wei）。而这一时期在德国各大学汉学系共有102个教授职位，也就是说中国人在德国汉学系教授中仅占不到4％（参看木子：《留德学人在德国汉学中的地位——由〈另一种西学〉》想到的》，《中华读书报》2007年6月1日）。今天的情况已经完全不同了。越来越多的中国人先在国内接受教育后去德国继续深造，甚至中学毕业后去德国直接接受高等教育，其论著在德国乃至欧洲其他国家出版。"从中国移民的知识中获益"的观念转换和决策，使原籍中国的教授在德国学界的影响越来越大，在汉学界甚至占了半壁江山。

早在20世纪80年代，特里尔大学就成立了汉学系，创始人即为乔伟教授。他当时在波恩大学东亚学院任教，1982年受托来此，筚路蓝缕，招兵买马，设计课程，开始创业。起初一个冬季学期只有十几名新生，现在已经形成包括以中国学为主专业或副专业的本科、硕士和博士在内的较为完整的教学体系。近年来，由于孔子学院的创办，且附属于特里尔大学的这所孔子学院是莱茵兰—普法尔茨州唯一的一所，汉语教学已经辐射到德国西南部乃至卢森堡，全日制、脱产之外，再加上短期、轮训等多种形式，还有受托企业职员的培训，汉语教学活动比较活跃。中国近年来经济的快速发展，是许多德国人选择学习中国经济和中国政治的主要原因，特别是学习中国经济的人毕业后求职较方便。特里尔大学汉学系在主辅修专业的课程外，也开设或增加了一些有关现实中国政治、经济的课程或者举办相关的讲座。汉学系教师的研究重点为中国思想史、中国文化、跨文化交际及现代汉语语言学。学科设置兼顾古今，旨在贯通中国思想传统与社会现实。现在拥有2个教授教席、5个全职讲师、7个兼职讲师和1个秘书职位，前两个是固定的，其他向社会上乃至全球招聘。

乔伟教授1926年出生于河北省深州市。北京师范大学汉语言专业毕业，后辗转于中国内地、中国香港、中国澳门等地谋生，又入台湾大学学习。1957年留学欧洲，先在西班牙，后到维也纳大学攻读博士学位，之后又连续担任德国波恩大学东方语言学院讲师、教授和特里尔大学汉学系主任，还曾受聘国内武汉大学、南开大学、南昌大学等高校客座教授。主要研究方向为比较语言学、中国哲学和中德文化交流史。著作以德文为主，涉及语言、文学、哲学等方面，并出版了中文专著《德国克虏伯与中国的近代化》。以前的德国汉学主要讲授和研究古汉语，乔伟教授比较早地开设现代汉语课程，与中国建交谈判时的联邦德国代表团成员有些是他的学生。

我于2015年3月—2016年2月、2018年10月—2019年1月两次到特里尔，与乔教授成了真正的忘年交。乔伟教授经历复杂，我曾劝他详细地写一写，他说"都不是大事"。他大我整整40岁，那时他已经90高龄，但身体矍铄，思维活跃，又无子女，特别愿意与我交流，隔一段时间就让其夫人方老师与我联系，先去他们家吃饭，然后或者在客厅畅谈，或者驱车外出游玩。

身处马克思故乡的乔伟教授信奉天主教。这固然与他生命历程中的每个节点，特别是在最艰难的时刻总得到传教士的关照有关，但相当程度上也体现着他的理性思考和选择。由于长期从事语言学的研究，他之前并没有认真阅读过马克思的书。我们熟悉之后，曾多次深入讨论过"特里尔传统"究竟给马克思的成长和个性发展带来什么，我也详细地介绍了自己通过阅读原始文本而形成的对马克思思想和马克思主义发展史的理解，他多次感叹"大开眼界"。就前者来说，我们认为，自小生长的环境对马克思影响最大的主要体现在宗教情感和人文关怀方面。特里尔那些壮丽的建筑基本上都与宗教有关，而其中天主教的理念又体现得尤为突出和明显，当然，不是严格的教规、固定的礼仪和刻板的程序，而是其中所渗透的精神气质。我们感到，马克思的思想与天主教教义之间诚然属于不同的世界观，但也并非截然对立的，在一定意义上也可以融通和对话。天主教虽然有天主创世、"三位一体"之说，但作为"最高主宰"的主被赋予至高无上、全能全知、无所不在的神性和定位，某种程度上是启示被它创造出来的人要知道自己的来源和局限，懂得感恩，有所敬畏。主之外的信众则天生平等，没有高低、贵贱、智愚之别。每个人都要服膺天律，坚守正义，积极面对生活，忍受苦难，净化灵魂，补赎罪过，最终善良和罪恶会获得迥然不同的报应。这些观念的灌输再加上马克思父亲所信奉的开明新教的影响，特别是受中学时期贯穿在语言、宗教、历史等课程中的人文经典的熏陶，马克思一生中的价值追求和人性关怀借此得以确立起来。我们应该在这一意义上理解马克思思想与宗教之间的复杂关系，而不能将他后来基于宗教产生的世俗根源和现实流弊而转向无神论和"反宗教"的立场与此完全对立起来，在表面的矛盾之中内在的价值仍有一致之处，因为宗教不仅代表着具体的、特定的教派，更体现着人类学意义上的终极关怀。尽管马克思后来走出了特里尔，但特里尔永远是他的故乡；马克思毕生探究和追求超越资本主义的自由、公正、平等和正义，都源自"特里尔传统"的浸润和培育。

长期在欧洲生活的乔教授一直关注着祖国的发展。国家实行改革开放后，一直到近 90 岁前，他几乎每年都回国。正是在他的努力下，特里尔大学与武汉大学、厦门大学、华东师范大学、广西大学和台湾政治大学均签订了交流协议，师生经常互访。他还跟我说，他也曾经代表特里尔大学校方来北大联系过校际合作事宜，但北大没有回应，他猜测北大可能更看重"对等"关系，果不其然，北大很快与柏林自由大学等签订了协议。殊不知，这是国人通常的思维，如果说在中国高校中，北大、清华独执牛耳，但在德国没有一所大学可以傲视群雄，人们也不崇拜地域和等级，各个学校都有非常顶尖的专业，比如特里尔大学这样的学校，古典语言学在欧洲就属于最牛的学科。即使是综合排名，海德堡大学、慕尼黑大学、波恩大学、亚琛工业大学等也不能说就逊于柏林的自由大学和洪堡大学。

在西方，关于中国的负面报道非常之多，有的甚至到了捏造事实的地步。对此，乔伟教授总是据理力争，"为中国的发展讲话"。不仅如此，他还以自己的观点影响着德国同行和同道。2011年11月8日《法兰克福汇报》上发表了一篇题为《一个和谐的世界》的文章，宣称中国开办孔子学院的目的在于统战和向全球扩张，德国汉学家在孔子学院里不享有学术自由，甚至将孔子学院比作军事机构。对此，早年在中国台湾留学(1975)、在波恩大学跟随乔教授学习汉语(1976)、后在特里尔大学任教的卜松山(Karl-Heinz Pohl)教授①以"读者来信"的方式投书该报，对作者的诋毁言论予以批驳，指出"《法兰克福汇报》以整版篇幅刊登了一位知名学者的文章，表达其对中国的邪恶见解。这真是令人悲哀！""作为一名与中国打了多年交道，与中国同事在各个层面长期开展良好学术交流的汉学家，我为德国媒体的政治狂热和由此可能对中德合作带来的危害感到焦虑。"②每次去乔教授家，总看到开着的电视一直是中央4台，对于中国新发生的重要事件，乔教授如数家珍，对于国家未来充满信心。前面所引梁镛教授的短信也可以见证，在德国，理性的声音和观点始终与祖国的进步同在。

特里尔位于德国西南边陲，要回国需要先坐大巴或者火车去法兰克福，然后换乘飞机。2019年年初回国时，因我凌晨天还不亮就得动身，而其时我居住的市郊Irsch小镇去特里尔火车站的公交还没有到首班车发出的时间，不巧的是那几天房东和梁教授又正好都外出了，乔教授夫妇知道这一情况，不顾年事已高决定亲自开车送我。我原以为方老师一个人就可以了，不料乔教授也早早起来了，一起将我准时送到火车站。

---

① 参看沈彬彬：《德国汉学家卜松山：深耕半个世纪的"中国通"》，《华商报》2019年6月17日。

② 《法兰克福汇报》2011年11月14日。

在站台上，我们依依惜别，相约一年之后再见，因为 2020 年是恩格斯诞辰 200 周年，我计划再访伍珀塔尔和特里尔，顺便去还没有访问过的作为恩格斯生命历程中一个重要"驿站"的不来梅和出版《资本论》的汉堡、授予马克思博士学位的耶拿大学等地看看。不承想因客观原因我去年无法前去参加纪念恩格斯的活动，而今又传来乔教授去世的消息。

往事历历在目，于哀悼之余，谨祝方老师和那里的朋友们保重！待以后有机会我再次访德或者你们来中国时我们再见……

2021 年 2 月 26 日匆匆

"心事浩茫连广宇"（二十四则）

　　双休日无事。平时总是看书、写东西，感到烦了、累了，就想暂停一下、休息一下。但年纪大了，也懒得外出观景、游玩去凑热闹，于是就在家里躺着，浏览微信朋友圈，看有什么新奇事情发生。脑袋自然还是不能停止转动，也轻松不下来，看着看着就引发了一些思考，想发点议论。据说，作为中国中古文学研究领域的开拓者、现代文学学科奠基人之一的王瑶教授生前曾警示学生："不垒高坝提不高水位，随处发泄做不成大学问。"自我估价，无论如何也达不到这位山西晋中乡贤的要求，于是索性自甘"堕落"，偶尔也借题"发泄"一下。

一、何为"荣耀"？

　　有位教授在朋友圈中发布消息并配图："大学同学吴某某，参加了某部会议，镜头上新闻联播了，为他点赞！"

　　这让我产生了一点感触，突然想到那年在德国听到的一件事。

　　于尔根·奥斯特哈默（Jürgen Osterhammel）

是欧洲知名的世界史专家，所著三卷本《世界的演变：19世纪史》以对全球化和资本主义的新诠释享誉学界（国内有社会科学文献出版社的中译本，强烈推荐！）。默克尔60岁生日时，谢绝了部长和总理府工作人员为其举办庆贺活动的提议，特地请了一周假，到同为德语区的瑞士一个安静之地休息、读书和思考问题。有人向她推荐了这部大部头的书。她浏览后大受触动，想到自己年轻时在民主德国接受教育并以"叛逆者"身份开始参与政治，两德统一后进入政坛，并最终问鼎高位。但主政多年的她对世界局势的发展却越来越看不清楚，对导致目前这种复杂状况的历史渊源也不甚了解，而奥斯特哈默的这部历史学巨著对她却多有启示。当然，读后还有很多问题仍然困扰着她，于是她想找作者见个面，亲自向其请教。回到柏林后，她让人联系了远在康茨坦茨大学任教的奥斯特哈默教授，请其方便时赴柏林一叙。几天后，两人见面了，并在一起用餐、讨论问题。不料，这样的场景被记者拍到，随后作为新闻在报纸上刊出。谁知这件在我们看来可能是无上"荣耀"的事却引发德国学界广泛的非议，奥斯特哈默随即遭到所在大学学术委员会的调查，理由是"试图以政治势力影响学术评价"。在整个事件中一直始终处于被动和"蒙圈"状态的奥斯特哈默经过多次应询和辩解，才被解除是其主动所为的嫌疑，捍卫了自己作为一位学者的纯正性，避免了被大学解聘的后果。需要说明的是，在整个调查期间，联邦政府为了避嫌，没有发表任何意见。

纳闷的是，同处"地球村"，学者的境遇和对"荣耀感"的理解怎么会有如此大的不同呢？我只能无言了……

二、如何做人？

有同辈朋友收到我的学生赠送的专著，想发朋友圈予以鼓励和推荐，事先写了一段评论的话，向我征询意见。我回复说：谢谢老兄关照、提携他！您的评价很中肯，他在这方面的研究目前确实处于国内最领先的地位。您的留言也让我有点感慨，想到有一种可贵的心态：年龄大了，看着年轻人成长，心里会感到高兴，为他们点赞，给他们鼓励和支持，也向他们学习。可叹的是，并不是所有人都能像老兄一样，相反，有的人不仅忌惮同辈，后学、身边的人出了东西都会感到不自在。

有位读博士时的老同学转发一文《华国锋：袁隆平是个什么样的人》，我看后给他留言：袁、华都是"厚道""本分"之人！其实，做人真不应该那么聪明、机巧、耍谋略、装城府、狗苟蝇营、上蹿下跳、呼风唤雨、震天动地。回归本初、坦坦荡荡、明心见性、脚踏实地、义薄云天，不好吗？如是，吾民甚幸，吾国甚幸，世界大同。另，文中所引马克思《资本论》法文版序言中的那句话不确，估计此文是一个做学问不够严谨的人帮助起草的。

有朋友最近在工作中受到排挤，还在上班，但实际上处于"赋闲"状态。我发短信询问情况：最近怎样？暂时不能改变什么，就维持和等待吧，找些书读、网上的电影看或者别的事做（比如做饭）。很多是非无解，争辩不出什么，受点委屈，感到憋气，但想想即便有了改变、出了气，也无趣且无聊。保重身体、养好心情为要。

写下这些，心里感到沉重，想到自己活了大半辈子了，还在琢磨"怎样做人"，就只能苦笑了……

三、重复"查重"？

现在各个杂志都引入了网上查重机制，并规定了重复率不能超过的指数。印象中我以前投稿后也发生过几次被编辑要求通过改变叙述方式以降低重复率的事。昨天我向一个杂志提交了一篇新近整理出来的论文，今天早上编辑就做了查重处理。因文章比较长，她分两部分操作，形成两个报告，重复率分别是17％和23％，她来信说重复率有点高，要求我稍微做点修改，"最好在15％以下"。收到短信后，我粗略浏览了一下报告，发现涂红部分绝大部分是引自马恩文献的事实陈述，只有很少部分可以通过修改叙述方式避免重复，于是答应她尝试处理一下。但鉴于这是一篇考证文章，所以也告诉她不能保证达到那个15％的规定。她回复说："好的，实在不行也没办法。"

上午我停下自己正写的东西决定修改这篇文章，之前又仔细看了一下她发来的两份报告，发现了一个秘密：第一份列表中"重合文字来源"的1、2、4、5、7、8、9和18、19、20以及第二份报告中的1、2、4、5、7、8、9、10都是不同的网络资源收入的《资本论》第一卷和同一篇文章，报告是将它们多次计算，最终相加而成重复率的。由此我想到，如果排除这些重合而只计其中的一次，这篇文章的重复率是不是还不到15％呢？我也不知道这样的理解是不是合理，但最终只校正了文章的一些表述和错别字、增补了新发现的两段佐证文献，然后就提交了。当然也给编辑重新做了解释，她收到后回复说："没问题，后续我再联系您。"

你们以前做论文查重处理时注意过这种情况吗？我的理解对不对呢？

四、珍视共识

关注对于同一个重要事件在国内外的反响，我发现，"袁隆平去世"是近年来在我国发生、引发中外主流媒体和民意大体一致的看法和基本共识的罕见现象。由此生发的启示是，对此国人应当珍视，因为我们不可能在与西方长期激烈的争吵、对撞、仇视、算计中完成崛起、实现"梦想"，所谓传统、国情、特色不应该成为我们拒绝反思和开放、向真理和先进学习、拥抱世界潮流和趋势的理由、借口。

五、寻求突破

上海辞书出版社要影印出版多种外文版的《资本论》，约我写篇介绍性的序言之类的东西。这两天一直在处理这件事，之后我将从配第开始——清理马克思与古典经济学家们的复杂关系和思想纠葛，大概涉及 20 多位。我已经搜集并程度不同地翻阅了他们大部分著述和一些评传，决定不把他们统摄在一个派别中从总体上看待，也不拟按抽象出来的共同议题进行框架设计以展开辨析，意在改变单纯根据他们对于"劳动价值论""剩余价值来源"等的态度以及"阶级立场"等来确定其思想对于马克思政治经济学的影响的传统思路。较之过去的研究，我更关注他们在微观经济运行和具体经济政策等方面的思想和主张；在我看来，这也是在经过马克思主义政治经济学的"否定"之后，他们中的一些人及其思想在 20 世纪经济学中仍有影响的原因。马克思的摘录和评论表明，他也非常留意这些内容，所以他的政治经济学研究不是置身于资本经济运行之外简单的定性和批判，而是深入其内部通过对具体机制和过程的讨论和揭示来寻找变革和超越的努力，这也更显现出没有最终完成的《资本论》第二、第三卷内容的重要性，它们是马克思晚期思想与 20 世纪资本变迁和经济学变革实现勾连、对话的可能性通道。

这是到现在为止我的认识和理解，也不知道合理性和准确性怎样，有空时咱们再见面详细讨论，我先按照这样的思路阅读和写作下去。

六、代际更替

近年来我总在表达这样一种看法，即学术推进一定程度上是要通过"代际更替"来完成的；然而，要在现实中顺利地得以实现并不容易。比如新近在朋友圈中广为流传的一篇文章，其作者在 19 世纪 50 年代出生的学者中显得颇为突出和活跃，较之于前辈来说，他在知识结构、话语体系、研究视域等多方面都有比较大的"变化"，很受青年学者的认可和追捧。然而，仅从这篇文章所涉及的深层问题和观点来说，从中不难发现，其所取得的变革和进步确实还很有限。今天断断续续写成一篇分析此文的札记，并不准备示人，而是旨在警示自己，假如在学术上不再有新的开拓、新的见地，"到站下车""让贤来者"是最明智的选择。

下午游泳时还在琢磨这件事，它让我再次想起已经去世多年、现在"60 后"学人已经不知为何者的张恩慈教授。他当年退休之后毅然决然地告别了几乎逗留了大半生、给他带来荣耀也使其招致坎坷的马克思主义研究领域，只在书房里保留了"二十四史"和《鲁迅全集》……

七、倍感"惭愧"

那天上课时谈到，现在一大批所谓"国学"研究者关注政策和理论动向并为之竭力做论证的劲头，令我们这些专搞马克思的人自愧弗如。但后来想一想，觉得也不奇怪，这不正是传统文化中"士—仕"价值链的当代延续吗？只有得到主流的关注和认可，其所谓"研究"才能获得最终意义。我将这一看法发给一位早已脱离学界但始终关注政情和思想进展的师兄，他回复说：你说得对！马克思还是提倡批判意识的，儒生就只有"三呼万岁"了。

八、也论"躺平"

"人们当自己的时运不佳、或对自己的事业感到悲观失望时，可不是像某些人所想的那样，努力于抗拒自己所面临的灾难，相反，他们放弃一切努力，消沉颓丧下去，甚至连可能挽救自己的办法也不去考虑或采取。"

——这是不是就是最近国人所热烈谈论的"躺平"和"内卷"状态呢？可能很少有人知道，近350年前（1672）一个叫威廉·配第的英国人是以这样的表述作为其代表作《政治算术》序言的开头语的。但他不认同这样的人生态度和选择，他劝诫人们，"如果没有有力而又明确的根据，决不轻易绝望"。那么，怎么能做到这一点呢？首先，应该对自己"处于怎样的状况有真实的了解"，而"对于有可能导致对……希望减少的一切因素"，都要"细心地加以考察"。其次，"在任何可疑的情况下，都应往其最好的方面设想"。①

九、检讨翻译

在马克思恩格斯文本文献研究会成立大会上，侯才教授以《概念的翻译及其限度》为题做了报告，指出当前国内在马克思研究中对概念的翻译主要存在以下三类问题：第一，被翻译的概念存在缺陷和不足，但目前已经成为定规，被普遍使用和接受，因而难以改变，例如"唯心主义""唯物主义""意识形态"等概念；第二，被翻译的概念已经被普遍使用，甚至是不证自明的前提，但实际上是一种误译，因而必须加以纠正，例如"人本主义""现实的个人""人性"等概念；第三，被翻译的概念已经得到广泛使用，但实际上存在争议，因而需要进一步加强研究，例如"共产党人""人类解放""物象化"等概念。

---

① ［英］威廉·配第：《政治算术》，陈冬野译，商务印书馆2014年版，第4页。

十、财产公示

微信圈中有人大谈"财产公示",一位教授说"应该不难啊",也有人作了附和。对此,我谈了一点看法:

现代社会的一个结构性变化是国家与社会的分离、产权观念和制度的建立,家国一体或混合状态是否处于"前现代"的表现,哪里谈得上"财产公示"啊?还是先进行思想"启蒙"和体制"变革"吧。马克思在介入社会现实之后写的第一部书叫《黑格尔法哲学批判》,尽管他没有写完,但在思想探索过程中他却有一个重要发现,就是普鲁士国家对市民社会的控制和塑造,为此他提出观察时代问题的"颠倒"原则和"真正的民主制"方案,即市民社会决定国家和"去政治化"构想,在这些问题解决之后再分析资本的本性、运行过程和双重后果以及超越资本的可行性途径。到现在为止,很多人没有认真读过马克思,也不想弄懂他的思想,很多情况下,他不过是我们利用的一个符码和工具。马克思晚年曾预见到这种情形,他说:"他这样做,给我过多的荣誉,同时也会给我过多的侮辱。"①

十一、珍视思想

一个国家应该珍视和铭记哪些人呢?我了解一点德国的情况。最近几十年来,柏林—勃兰登堡科学院最大的"世纪项目工程"是如下六套"德意志民族最伟大的思想家"著述"历史考证版"的编辑和出版:莱布尼兹、康德、黑格尔、马克思恩格斯、尼采和海德格尔。无独有偶,柏林

---

① 马克思:《给〈祖国纪事〉杂志编辑部的信(1877 年 10—11 月)》,《马克思恩格斯选集》第 3 卷,人民出版社 2012 年版,第 730 页。

自由大学"脑型"图书馆地下一层哲学区书架上最醒目的也是这几位思想家的著述。他们是德意志民族语言、性格、哲学和历史的开拓者、塑造者、建构者乃至批判者和颠覆者。如今，大浪淘沙，披沙沥金，经过残酷的淘汰，他们的思想和著作成为"德国科学最辉煌的成就"（马克思语）。

十二、严重退化

有人转发了朱光潜先生 1922 年 3 月发表于上海《时事新报》的文章《怎样改造学术界》中的片段，罗列出中国学术界的"五大通病"——"缺乏爱真理的精神""缺乏科学批评的精神""缺乏忠诚扎实的精神""缺乏独立创造的精神""缺乏客观实验的精神"。多么振聋发聩、促人深省啊！令人感喟的是，100 多年过去了，朱先生指陈和评判的症状不仅没有得到任何缓解，反而更严重了！

十三、难得周全

鉴于马克思主义的特殊性，在研究中必须尽可能将思想与文本、现实与历史、理论与实践相统摄、结合起来考量，这是一种内在要求，在具体研究中我也告诫自己应当勉力这样做。但经过多年尝试、磨难和苦恼，我个人的真实感受是，只有回到文本、思想、历史和理论中才能感到安定、清晰、丰富、逻辑和深刻，而一联想、延伸和接触到现实、实践、当代，永远是一头雾水、茫无头绪，眼睁睁看着矛盾、错位、离奇而愤懑、疑惑和无奈。

最近关于马克思与古典经济学家威廉·配第思想关系的重新梳理和检讨暂告一个段落，我自认为获得了超越以往研究的一点新见解。于是在外出讲座和浏览微信时也抽出空闲多少留意了一下现实中发生的多少能与马克思主义挂点钩、沾点边的事。结果仍是一无所获，找不到着力点，于是在焦虑中渴望自己尽快"退回"到文本和思想史的探究中去……

十四、对比强烈

前天去某校做讲座，活动结束后到北门外用餐。有人指着用巨资修建的家属区豪华大门，详细地给我介绍了设计中各个细节的意涵，据说其中包含有十余种"秦文化"的元素，都有来自先秦、《史记》诸典籍的依据，名之为"大秦门"。听后很为策划者煞费苦心的考量叹服，同时让我感到，这座研究马克思主义的重镇中国传统文化的素养和水准也很不一般！不料，刚才又看了博士同学群中蔡兵兄所发的南方某城市经常在餐馆中吃二手饭和露宿街头者的视频，无聊的我竟然把这两件似乎八竿子打不着的事情联系在一起来看待了。两厢对比太过强烈。作为一个对社会有所观察和思考的人，内心自然不能没有一点触动或敏感，但仔细想想，又能怎么样呢？

十五、经典释今

时光流逝不再复返，但经过残酷淘汰后硕果仅存的经典却具有永恒的意义。它们指征的是历史上发生的状况，但依然揭示着当代社会的症结。无弗远近，不关中外。

今天阅读的是马克思笔记中对古典经济学家威廉·配第《政治算术》一书的摘录。让我感到惊奇是，他特别抄写了如下一段话并加了下划线（如果翻译成中文是要用黑体字着重标示的！）——

荷兰人所采取的鼓励商业的政策，就是对土地和房屋的所有权予以切实的保障。因为土地和房屋虽然可以称为"稳固的大地和不能移动的物件"（Thrra Frima & resimmobilis），但是他们的所有权却不稳固。这可从法学家和行政当局不乐于承认它是稳固的情况得到证明。因此，荷兰人乃通过登记制度及其他保证的方法，将所有权规定为和土地本身一样是不能移动的东西。因为对于通过劳动而获得的东西如果没有任何保障，也就是说，如果一个人经过多年的艰苦劳动和忍受极端痛苦而获得的东西会在片刻之间轻易地被别人用欺骗手段，或通过串通舞弊抑或施行诡计抢索而去，那就不可能鼓励人们勤勉劳动。①

此外，马克思还注意到配第所说的另外一种情形——

在维护教义的统一上花费的力气最多的地方，异端分子也最多。②

如果不是悉心阅读文本，谁会知道，困扰当代中国、迄今为止依然没有解决的难题，在340多年前就由西方人提出，并在之后一直由睿智的思想家进一步思考、探究和尝试着解决。而在传统的马克思主义理解中，人们怎么会想到这也是马克思极为关注的问题呢？他是在什么意义上判定配第为"现代经济学的创始人"的？配第当年的思考与马克思的"劳动价值论"到底是什么关系？

---

① ［英］威廉·配第：《政治算术》，陈冬野译，商务印书馆2014年版，第32页。
② 同上书，第30页。

十六、发文路数

今天与一位前几年在美国顶尖大学获得博士学位、目前在国内任教的老师交流，他谈到了世界法学界目前的研究现状，说同样从事法学研究、发表专业论文，三个地域、三种操作路数、三个评价标准。

一是美国的情况，学者主要在各类法学评论（Law review）上发表论文，而负责审稿和做出发表决定的编辑大多是法学院的学生。在这位老师看来，由于学生与论文撰写者没有特殊利益的关系，所以避免了人情的介入，基本上保持了纯粹的学术标准——"原创性"（originality）、"精准性"（well-researched）和"分析性"（well-analyzed）。二是欧洲的发表体系，长期坚持的是教授编辑、同行评审的传统。但这位老师对此操作存有疑议，他认为，同样强调"原创性、彻底性、深刻性、重要性、社会相关性"，但这些标准事实上在今天仍然是模糊不清的、很随意的，所以欧洲法学界形成了各部门领域的"小圈子"，只有认识、接近和发展与这些"权威"的关系，才能在其主办的刊物上发文。三是在国内，从迄今为止的情况看，即便在所谓顶级法学期刊的发表实践中，仍然没有被普遍遵循的学术标准和学术规范，最显著和一贯的是政治标准，体现的是人脉关系，学术考量是最后的因素，所以水平很低。不仅不能跟有很长历史传统的学科相比，而且较之于以往倒退得很厉害。

十七、"当打之年"

一位已经很久不在行、但一直关注政局情势和理论动态的同门，今天在微信中借邹诗鹏教授新近发表的论文《论马克思社会政治理论的起点——黑格尔国家法哲学批判与国家社会化的基本定向》表达了他对目前马哲研究状况的"忧虑"——

> 马哲界这批处于当打之年的学者，还在做马克思的文章，这是他们的知识优势也是他们的知识局限，离开马克思不能再说别的话了。当然，这篇文章立意还不错，但这类主题，我早在1985年就做过了，从市民社会与政治国家的关系，梳理出马克思的国家和社会理论，其中就有国家社会化的相关论述。我这么说，不是显摆自己有什么先见之明，实在是想说，当下的这些马哲学者(有名的我几乎都认识)，始终没有跳出马克思所设定的理论和知识框架，从思想到方法到问题意识，均离不开马克思的那根拐杖，至今没有值得重视的理论成果。岂不是可悲？

在很多问题上，我并不完全认同这位老兄的看法，但觉得作为一个体制外人，他一直保持着对理论的强烈兴趣和著述习惯，确属不易和难得。就他上面评论来说，作为马哲中人，我感到他有点"站着说话不腰疼"，于是写了一段评论——

> 如果撇开当代中国复杂的社会环境和学术生态，以马克思文本及其思想为研究对象，通过重新讨论马克思当年涉及的问题和逻辑，延伸至思想史的清理和理论问题的当代推进，也是学术发展的一种方式和途径。就马哲界的情形看，"当打""拐杖"之论亦如其他学科和群体一样难以清晰言说和简单定论，当然对研究者做出这方面更高的要求也很在理，但就学术而言，不论是视野扩展、观念更新、框架建构还是国际前沿的跟踪和对接、新文献的征引和考辨等，较之30年前的马哲研究确实有了不少进步，也是事实。

但我写出后并没有将这段话发给他。晚上睡觉前思虑这件事，感到他的偏颇自然是很明显的，但也不能说没有一点道理。

十八、晚年境界，一较高下

三十多年来我一直没有间断过阅读的只有马克思和鲁迅。马克思是我的工作，我发表过的东西中百分之九十与他有关；鲁迅是我特殊的爱好，虽然没有刊印过一篇研究他的论文，但我的日记中有很多对他的理解和评论。两人让我欣赏的共同点是，直面现实的勇敢、犀利的社会批判、大跨度和总体性的思维、开放的世界眼光和深刻的历史意识、决不妥协苟活的执着和严于自我反思的精神。其中最值得深思的是他们晚年的状态。

马克思毕生最重要的工作无疑是《资本论》的写作，他不会不明白这部书的完成对于他具有多么重要的意义，但让人惊诧的是，在写出初稿后的近 16 年中，他虽然没有停止过整理和修改工作，但硬是没有完成定稿并付梓，因为在这期间他遇到了以原来的理论框架解释不了的大量实际情况，这时他的选择是即使不能完成作品，也要扩展视界，弄清原委，自我修正，并做出新的探索。鲁迅是以"作家"名世的，这是他的第一职业和身份，但他硬是没有写出一部他已经不止一次谋划过的长篇小说（有的评论家甚至把是否创作过这种形式的作品作为"文学家"是否够格的标准），而是用大量时间和精力磨炼、锻造评析时弊、反省"国民性"的"短戟和匕首"。

我还想到列宁。我并不是研究他的专家，但我知道，从 1917 年十月革命"成功"一直到 1924 年去世，他大部分时间在莫斯科郊外安静地度过，借此机会，他痛切地反省了这场革命的双重效应，对社会形态演进序列中的"跨越"与"不可跨越"难题进行了深入的思考，撰写、口述了一系列文件和札记，对布尔什维克党"当前的工作""紧迫的任务""长远的规划"等做出了分析、部署和展望，这些材料被称为列宁晚年的"政治遗嘱"。我觉得，列宁是以其晚年这种深沉的探索和思考完成了他将革命家与思想家融为一体的形象塑造的。可惜的是，他的这些宝贵的思考被封存、"篡改"，更有相当部分没能付诸讨论和实践，最终他开创的事业在数十年后被葬送。我甚至觉得，如果按照列宁晚年的思路展开政治改革和经济、文化建设，遵循马克思的意旨处理社会主义与资本主义之间复杂的关系，苏联的历史和结局可能会被改写。想一想，邓小平在改革开放之初所说的那句话是多么意味深长吧——"也许列宁的思路是对的"，"我们要退够"！

　　自古圣贤多寂寞，他们身后频遭动机不同的人们的吹捧或棒杀，但能真正愿意、能够理解他们并走进其心灵深处的有多少呢？所以，在今年马克思忌日我写下这样的话："他大半生在贫困、流亡和思考中度过，而身后却在传播、争议和轰动中寂寞……"惭愧的是，年龄渐大，视域和环境逼仄，我越来越感到自己的无能和无力，只能在持续的阅读和思考中向往他们达致的境界。

　　以上梳理也让我感到，一个人的晚年是沉浸在既往的思路、习惯和荣耀中陶醉，还是能反省自我、拓展视界、拒绝时尚和潮流，是可以看出其思想的深浅和品行的高下的。正因如此，当看到有的学界前辈尽管已经长期不接受新的学术信息、理念和方法，但仍不甘寂寞、不厌其烦地发表文章，一再重申自己过去定型的，甚至是改革开放前的观点，还将自己几十年前发表的著述收罗在一起，利用现在良好的条件，推出豪华的全集或选集，这时我会将其与以上所提及的马、列、鲁、邓的思考和作为进行对照，晚年境界，高下立现。

十九、极端天气频发均源自"人类的错"！

　　2021年4月我去了趟延安，之后有六个月没有离京外出。除了生性不喜多动（近年尤甚）外，还有一个原因，即当年夏秋天气反常、多雨。北京虽然没有遭受大的灾害，但几乎隔几天就要下雨，且雨势都不小。

整个华北的情形也大抵如是，状况最严重的先是河南，后是山西。前者于 7 月中下旬出现持续性强降水天气，据官方报道，造成全省 150 个县（市、区）1602 个乡镇 1366.43 万人受灾、73 人遇难。而国庆节前后，老家山西更是连续多日遭暴雨肆虐，致 11 个市 76 个县（市、区）175.71 万人受灾，12.01 万人紧急转移安置，284.96 万亩农作物受灾，1.7 万余间房屋倒塌。此次暴雨给山西带来了不可估量的损失。

现在互联网便捷，信息畅通。虽然只有很少的人能付诸行动、参与救灾，但旁观者的议论却不会缺席。前几天就有朋友转发了某公众号上的文章《华北重回水乡，历史兴亡又到关键时期?》，其中的编者荐语称："每个气候变化周期，就是国家兴亡周期，诡异又真实。"

我也关注灾情，但更思考由此引发的问题。看了这篇文章后，我写了如下的评论——

祈福华北! 祈福河南! 祈福山西! 但必须指出，这不是"气候变化周期"的反复，更不是"国家兴亡周期"的轮回，它"真实"，但不"诡异"，是人类极度膨胀的自负、永不满足的欲求和无节制的活动所导致的结果。

100 多年前，恩格斯就警告过，"不要过分陶醉于我们人类对自然界的胜利。对于每一次这样的胜利，自然界都对我们进行报复"[1]。今年的诺贝尔物理学奖颁给三位研究气候与复杂物理系统的科学家，其中的德国人克劳斯·哈塞尔曼本身就是一位气象学家。他以确凿的数据及其所建构的模型识别出人类活动在气候中留下的特定信号和"指纹"，证明极端天气的出现均源自"人类的错"!

"没有哪一次巨大的历史灾难不是以历史的进步为补偿的"[2]，这也是恩格斯当年的论断，然而，现在看来，那可能只是他那个世纪以及之

---

[1]　恩格斯：《自然辩证法》，《马克思恩格斯选集》第 3 卷，人民出版社 2012 年版，第 998 页。

[2]　恩格斯：《恩格斯致尼古拉·弗兰策维奇·丹尼尔逊(1893 年 10 月 17 日)》，《马克思恩格斯文集》第 10 卷，人民出版社 2009 年版，第 665 页。

前所呈现的规律。因为自 20 世纪以降，人类社会似乎不长记性了，牛气冲天的人们在追求欲壑难填的私利的同时，制造了数不尽的灾难，然后又一次次重复犯错，累积起来，到今天再次大难临头！

人，为何而活？世界，欲往何处？什么可以拯救人类？

二十、置于"系统"中观照"元素"

清华大学美术学院柳冠中教授在一次访谈中提出，我们不能追求元素，而要追求系统。他以德国为例，认为德国强调的就是系统，像德国足球，真正像法国、意大利那样的明星队员几乎没有，而是"整个坦克车的打法"。德国语言也具有这样整体性的特征，一个人的话说完了，你才知道他说什么。他认为这就是德国的优势，即系统整体地看问题。而我们现在特别强调的是"单个"，不管是设计、美术还是其他专业，论文里突出的都是"元素"，强调的是"中国元素"。柳教授指出，脱离系统的元素是没有意义的。现在流行的做法实际是一种低层次的思维方法，即凭眼睛、感官去判断，但不懂得眼睛告诉你的可能是假象。大家都追求多、酷，越色越美，越大越美，越多越美。其实这些观念远远落后了，可是国人都信奉这个。中国最大的问题是小生产意识，人们都幻想通过十年寒窗苦读，将来考个状元，以便一步登天，都是这种心理在作怪。

我只能说，这是个真正理解德国的教授！他强调的这一点，哲学上称为"结构"或"体系"，这种思维导致德国产生的哲学家特别多。

二十一、妄议《易经》

远在新西兰陪孩子读书的老同学私信于我：我觉得中国的《易经》是

非常值得我们骄傲的哲学，你怎么看？

我不是专门研究中国传统哲学的，回答起来可能并不合适和到位。

作为一个外行，我感觉，《易经》强调结构、变异、预测和循环等，确实是有自己特点的，但它不追究这些结构、变异、预测和循环的缘由、依据和逻辑论证。包括它在内的中国传统思维都是这样，看重的是人伦、体验和了悟。这与源自古希腊的西方哲学和以古印度经典吠陀为基础发展起来的印度哲学的思维方式是不一样的。世界和人性都很复杂，一种思维揭示的只是其中一个或一些层面，都不能垄断解释权，更不能胁迫他人接受，进而认为据此就可以拯救世界、救赎人类。

至于"骄傲"云云，对此我是没有这般感受的，就像对于德国古典哲学，我也不认为它只是德国人"骄傲"的资本，相反，我将其看成全人类的精神财富。

二十二、一点感慨　一个期盼

人生的命运，变幻莫测，一个半世纪，沧海桑田。马克思在世时，绝大部分时间在穷困和思虑中度日，自己孜孜以求的崇高事业又与其生存境遇的改善毫无关联。他在不间断的书写中批判资本社会，探究现代文明的走向和出路，仅晚年在贫病交加中写下的摘录、笔记就有 30 000 余页。而今，这些当年不值一先令的手稿，1 页的拍卖起价就达 300 000 欧元！时耶？命耶？毕生批判资本的马克思，其原创精神产品如今竟为资本所操控和炒作，这才是问题的关键！在无限的感慨中，产生了一个天真而幼稚的想法：据说已经"不差钱"，且以其学说为理论基础的我们，能否动用国家或社会的力量，将这些散落各处、极其珍贵的原始文献一一搜罗、购置起来，以嘉惠后学，泽被世道，承续其未竟的志业？

二十三、权力介入资本运动形成离奇的社会关系和结构

马克思在解剖现代社会的结构进而探究人类未来命运时，提出一条次第提升的人的解放之路，即政治解放—社会解放—个体解放，也就是说，首先要从权力的控制中解放出来，其次寻求超越资本、财富对人的桎梏及其所导致的人的异化状态，最后再在生命个体的自我反思、变革和提升中达致自由之境。然而，现在看来，他是有点拘泥于理论推导和太过理想化了，在以后社会的发展中，政治权力不但没有率先退却和转型，反而以各种方式维持甚至扩大其巨大的影响力，特别是强行介入资本运动，致使二者之间不再是递进关系，且介入后者的依据、方式、程度和后果越来越不清楚，或者主导者不愿意厘清楚和故意搞混淆。这样，权力和资本在现实中既能彼此隔离，也可以相互为敌，更容易妥协、联通和合谋，结果形成当代社会离奇的关系和结构。特别是在宏大的"责任""使命"的感召下不断展开的社会运动，表面试图缓解矛盾，实则制造了更为森严的等级，在一系列人为操作下追逐和谋取着个人和集团无尽的利益，操控和左右着亿万普通人的命运。

这是权力、资本与社会变迁之谜，更是人性矛盾的体现。

二十四、人活一世如草木春秋

读博士时的同学在群里告知，她将我的《为什么"俾斯麦会来敲你的门"？》一文转给他们那个领域中的"外国新闻史""政治传播"等群了，还称"这么扎实的功底[强]""很有价值[强]"。一会儿又发来这几个群里讨论的情况，有人感叹："现在还有人真研究马克思，那太难得了！"还有一位则说："此前一直弄错聂老师的性别[捂脸]。"

对此，我想说的是，被人弄错或不为人知都很正常，毋宁说也是挺好的事。人活一世如草木春秋，本应自然生长，并随时光荣枯，而不该呼天抢地，上蹿下跳，非要弄得出人头地、人人皆知乃至万众仰慕乃可。因为在现实生活中，情况往往是"捧""棒"相伴，祸福一体的。马克思的命运即是反鉴。他身后被很多对其文化传统、思维方式和理论意旨不明就里甚至完全陌生的人胡吹狂捧，他们生硬地把一个学者、思想家拔高为"天才""领袖"和"导师"，把他"关于西欧资本主义起源的历史概述彻底变成一般发展道路的历史哲学理论"①和"放之四海而皆准"的"绝对真理"，并竭力裹挟亿万普通民众投入到将旨在达致"个人自由而全面的发展"的目标转换为争夺个人、集团和国家霸权的轰轰烈烈的社会运动之中，结果实践与理论脱节，行动与意图悖逆。而当最终出现波折、困境乃至灾难的时候，就又开始问罪和清算马克思本人及其思想了，使得他在"声势显赫"的同时也"臭名远扬"了。而实际上，高瞻远瞩的马克思晚年对这种情况早有过预见，他说："他这样做，会给我过多的荣誉，同时也会给我过多的侮辱。"②

马克思犹如此，何况我们这些区区凡人呢？

---

① 马克思：《给〈祖国纪事〉杂志编辑部的信》，《马克思恩格斯选集》第 3 卷，人民出版社 2012 年版，第 730 页。

② 同上书，第 730 页。

"我知道自己无知"

一

我看到有的老师年纪大了还在坚持做学问，而且发文、出书汪洋恣肆，充满"真理在手"、纵横捭阖的豪气。对此我在钦佩之余也心生疑惑。尽管在同一行当耕耘，自己还算得上刻苦和勤奋，少有松懈和倦怠的时候，但我的体会却与人家迥然不同——学问越往深处做，感到自己陌生的东西越多，因此胆子也就越小了。不要说多方开拓，就是在 30 多年厮守的这块领地，也经常觉得以前讨论过的很多文本及其思想还有进一步阐释和评价的必要，更有自己压根没有注意过、但实际上也很重要的东西会不时地冒出来。学问无止境，马克思主义研究也是如此。每次遭逢这种情形，我就只能如实地承认，自己对很多问题的认识还是太"无知"了！

二

有位从事"东欧新马克思主义"研究的老师来

信问我："卢卡奇主张的'reading against the text'怎么翻译？"鉴于我多年来专注于马克思文本、文献的研读并对这种思路在马克思主义整体研究中的意义和界域发表过一些看法，又考虑到在西方人文社会科学教学中，也有"reading against a text"的方法，他问能不能翻译为"依托文本的阅读"？

对于卢卡奇，我确实是外行。于是我就这位老师的问题与我的学生李彬彬进行了讨论。彬彬近年有德、英文译著问世，特别是他翻译了不少青年黑格尔派成员撰写的小册子和论文，在学界引起关注。但他也没有看到过卢卡奇的这一说法。我俩分析，从字面上看，"reading against the text"应该是既参照又不局限于文本，因为"against"既指在文本中找出其间断、不周延之处加以重构，也包含参照现实来看文本的解释力的界域及其可能具有的不足的意思。

其实，这也是我的"文本研究观"。学界对这种研究方式多少有点误解，以为致力于文本、文献研究的人都主张"唯文本论"，但至少我不持这样的观点。当然我的理解仅源于自己研读马克思著述的经验和体悟，所以我很少离开马克思发言，也不敢随意把这种见解扩展到其他思想家身上。谁知有价值的思路和思想自有相通处，我在卢卡奇这里找到了"知音"！

我把我们的讨论及理解告诉这位老师。他回复说："你的解释很透彻。如果按照西方对'批判'的建设性理解，这应该是一种对文本的批判性阅读。你的学问做得很好，既重视文本解读，又不唯文本。我读过你的一些大作，印象很深刻。"

三

德国特里尔马克思故居博物馆兼职翻译钟老师发短信问我，德文词"Rätesystem"中文是怎么翻译的？我只知道它是在表述苏联"体制"时使用的，但关于它对应于中文著述中哪个习惯性用语，我没有特别的印象，所以一下就蒙了。于是只好向中央编译局的翻译家们请教。

徐洋兄虽然也谦称他"对这个词没有研究"，但还是马上做了一番梳理，并得出自己的判断。他先是根据这个词的构成和词源以及字面意思，说翻译成"委员会制度"或者"体制"应该是可以的。之后，他又上网查阅了"苏维埃"概念的中文解释、德文关于1905年、1917年俄国革命历程和"Rätesystem"的简述。根据这些材料可以判定，这种体制是与代议制民主相对立的直接民主的一种形式。巴黎公社就是这种体制的最早体现，第一次世界大战以后欧洲国家的革命，包括苏联实行的苏维埃制度，也是如此。基于此，这个词直接翻译为"苏维埃制度"就可以了。

我同时还通过原来在北大读书、现在在人大任教的小马，请教了她长期从事共运史研究的导师，其看法与徐洋一致。这位更了解其中原委的教授还告知，德国人不爱用"совет"（苏维埃）这个俄文词，就用了"Räte"这个德文词，意思都是"委员会"。

我综合他们的论证连同结论一起告诉了远在特里尔的钟老师。这些辨析也让我心生感慨和羞愧——自己搞了30余年马克思主义研究，竟然不知道我们所熟知的用语"苏维埃"在德文中是怎么表述的！

四

现在几乎所有的老师上课、做讲座时都用PPT，但我一直对这种方式很抵触。也有过尝试一下的念头，但最终都放弃了。我固执的考虑是，一旦采用这种形式，学生和听众会将注意力投注到屏幕上的图像和文字上，而忽略掉我本人的讲授。如果我自己一页一页操作PPT，特别是照着上面的文字念，讲起来会很不流畅，授课效果也会大打折扣。基于此，我开设的课程，无论是人数比较少的博士生的"原著精读"和"哲学前沿"，还是人数相对来说比较多的本科生的"马克思主义哲学史"，都还是按照传统的"板书"方式讲授。每当外出做讲座时，联系人一般会提前调试设备，常常索要电子教案，我都会回答说："我不用PPT的！"

最近教育部决定对新修订出版的"马工程"重点教材进行培训。"每本教材由两位相关课题组成员讲授，每人讲一次课，每次2.5小时，内容是教材的重点、难点、创新点。"我是《马克思主义哲学史》教材编写组成员，经首席专家们商量决定，由我承担其中第1~6章的讲授。我考虑后答应了，并列了如下提纲：

马克思恩格斯哲学思想的发展历程

——《马克思主义哲学史》修订版第1~6章辅导提纲

一、《马克思主义哲学史》教材1~6章主要内容和修订情况

二、马克思、恩格斯哲学思想的起源与西方文化传统的关系

三、马克思、恩格斯哲学思想"革命性变革"的历程及其实质

四、马克思的政治经济学研究与《资本论》哲学思想

五、马克思、恩格斯晚年哲学思想的发展及其效应

但是这次培训并非课堂教学，而是责成高等教育出版社录像。因此要求必须"配备PPT，图文结合"。没有办法，我只好在以上提纲的基础上把文字稿发给联系人。联系人小吕是高教社新入职的编辑，中央民族大学哲学专业硕士毕业，制作PPT对她来说驾轻就熟，她很快就根据我提供的内容制作好了。返回后我看了一下，也提不出什么意见，修改了几处文字就提交了。经"马工程办公室"三审，教案顺利通过。我据此去位于马甸桥的高教社完成了录制。尽管编辑和剪辑人员觉得不错，但我感到自己操作PPT时动作不太熟练，这对我的讲授还是造成了干扰。现在教育部已经下达通知，要求各高校开设"马克思主义哲学史"课程的教师网上收看，完成这次培训。效果如何，且听大家的评判吧。

家人与我是同行，但对于她们开设的每一门课程，其学校规定必须

使用 PPT，所以她对这种方式已经非常习惯了。但有趣的是，学校工会鉴于多年教学中都在"一刀切"地使用 PPT，很少有教师书写"板书"的情况，所以决定举办一次"板书"比赛。今天她按照要求去教室用粉笔写了《道德经》中一段话，并以此为背景拍照留念，借此参与这一活动。我看后觉得，还是传统的教学方式更耐看、有韵味。

"决不要在这上面欺骗自己"

一

　　某位在马哲界很活跃的老师评论并转发了一篇"重磅""深度好文"，称其以 67 000 字的篇幅，"基于学理化阐释、学术化表达、体系化构建的理论旨趣和学术动因"，以"'三基本'的理论模型和学术范式"，将一个"理论体系划分为三个层次三大板块"。这些不明就里的大词汇把我绕糊涂了。但可能鉴于作者在理论界的地位和资历，此文却引来好多位同行的点赞。

　　上述情况再次让我反思目前的马克思主义专业研究。可以看出，有相当多的文章和著作基本不遵循学术研究的一般原则、路径和规范，致使这样的成果可能造成一时的"轰动效应"，但经不起时间和学理的检视。实际上，大而无当的探讨既无助于学术本身的积累，也谈不上对现实问题有深刻的见解。这些严重地影响了中国马克思主义研究的学术声誉。

　　理论体系建构是个复杂而艰难的过程。马克思当年花费了 40 余年时光，继晷焚膏，殚精竭虑，煞费苦心地探究关于资本社会的结构和资本运行的逻辑，力图从理论上给予准确的描摹和深刻的透析。特别令人感佩的是，在已经完成《资本论》大部分初稿的情况下，鉴于19世纪70年代后资本世界的新变化以及研究领域和视界的拓展，他不断反思既往的思路和框架，进行新的思考和探究。最终马克思并没有将自己的体系定型化并完成《资本论》的写作，而是以留存下来的庞大的手稿集群，真实地记录了自己探索的进展、面临的困境和尝试，以开放性的结构和论断为后人思考20世纪资本主义的变化和推进理论科学的发展开辟了宽广的思路、奠定了厚实的思想基础。但是，现在不在少数的论者根本无视理论探索和体系建构的复杂和艰难，动辄随意勾勒和炮制"理论模型和理论框架"。这表明，目前中国的马克思主义专业研究不只少有既与时代的剧变相匹配、又具有超前性和超越性的重大成果，反而在"科学化"方面退化了。

二

本人忝列人文社会科学研究者之列，对于近年来这一领域无论是学术成果还是研究者素质、"科学性"水准退化的感受很深。所以，就对自然科学研究领域的研究及其专家兀自抱有些许期待，希望问题比我们这一行当要少一点。但当参加了一场某理工科研究机构附属大学文科职称评审会，呆坐了整整一天，所见所感才让我明白，那不过是我一厢情愿的"美好愿望"罢了。会上经几位院士和学院领导动员，四个正高名额中有两个给了在校机关做处长的人，生硬地把在学院做一线教师、发文很多的年轻人给挤掉了(一般一个学院只能分得一个教授指标)。更令我惊诧的是，主持评审会的学术委员会主任竟然说，咱们的评审可以讲学术，也可以不讲学术，前几天"理科片"的职称评审中，个别院系的"悲情牌"就发挥了作用。而两位得以晋级的人也真是贪心不足，本来已经在机关做到行政处长，还要来学院分一杯羹，美其名曰"双肩挑"干部。

这样的体制和做法只能让勤勤恳恳的一线教师、研究人员和年轻学者寒心！回家后我还特意"百度"了一下，发现在会上发言的一位院长，竟然在美国一所一流大学任教多年，10多年前返回国内某985高校工作，近年又被这所附属大学高薪聘请。给我留下比较深的印象是，他在会上对其学院几位申报者的排名所做的说明，而排在第一位的并非其学院的专职教师，而是最后得以晋级的该校继续教育学院的院长。在正式投票前，他特别提醒与会评委，"尊重学院的决定！"

我自己严格按照申报者的汇报情况及其提供的材料所显示的学术水准，将赞成票投给了两位年轻教师。当然，我的一票影响不了与会者"协商"的最终结果。这大概就是晋级和荣誉评审中的"中国特色"吧。问题是，这种多年形成的惯例就是合理的、不可改变的吗？长此以往，对于真正的学术事业的发展、科学的评价体系的建构乃至良好的社会风气的培育，其效果是正面的还是负面的？

三

多年来就对导师和学生联名发文的现象有点看法。我是不主张这样做的。

师生在研究中有合作是常见的现象。我主编的12卷本《重读马克思：文本及其思想》，除了我本人独立研究、撰写、署名的两卷外，其他各卷基本上都是按照我的观点、思路和设计，由我和学生围绕文本个案或者思想阶段一周复一周不间断地讨论，再由学生执笔写出初稿，然后我们一起修改，最后由我定稿并交付出版的。这种情况下，如果我提出联合署名，我相信学生们没有不同意的。但我压根没有产生过这样的念头。

我认为，老师把学生们带入研究领域，他的责任和义务就是倾注心力、全身心地教育、支持和辅导学生。让他们既经历研究的磨难、探索的辛苦，也缓解他们的压力，廓清他们的思路，解决他们的疑惑，引领他们接受严格的学术训练，明了真正的学术真谛。这种情况下，他们撰写的著作、论文即便是在老师指导、参与下完成的，但作为长者，我主张还是要让学生单独署名。他所取得的成果虽然老师也参与了，甚至可以说是师生合作和努力的结晶，但对于学生来说意义更大，借此他们不仅在学业、科研上获益，也为其以后的研究和工作奠定了基础、开辟了道路。

　　正是基于上述考量，我的学生，无论是在读的，还是已经毕业、继续从事科研的，他们撰写的文章虽然绝大部分我是知晓和指导过的，但没有一篇发表时有我的署名。我很欣慰于自己这样的做法。有的人会说，现在的刊物都青睐卓有名气的学者，"青椒学人"出头艰难。情况确实如此，但我告诉学生，即便这样，"向上"的通道并没有彻底堵塞，这种情况下能使境况有所改观的，只能是我们自己艰苦的努力和成果的水准。为此，我要求他们，一定要以严谨的学术态度和严格的学术规范对待自己的专业，即便是从事马克思主义研究，也不能追赶时尚和潮流，不能见缝插针、随事（文）起意。要对自己的工作有长远的规划和周密的考虑，有世界眼光、前沿意识和独立思考，在明确的课题和方向上长期坚守、纵深耕耘。这样，随着时间的推移和研究的深入，才能占据该领域的制高点，成为某一学科的专家，自然也就会逐渐被学界认可，那时所谓成果的发表就不再是什么困难的事了。

　　所幸的是，我的那些从事学术研究的学生基本都听从了我的教诲和建议，潜心治学，埋头积累，单独署名的论文和著作也陆续得以发表。虽然人生和学术之路漫长，他们尚在旅途之中孜孜探求，但已经显现出新的气象和姿态，前景看好。

四

一位专家在新近为一项社科基金项目写的鉴定意见中称，鉴于"'人性'问题在学界颇有争论，(结项)成果中关于'马克思、恩格斯思想中的人性解读'有可能会引起学界的争鸣"，所以建议申请者删去这部分内容。

看了这份鉴定，真让人有"不知今夕是何夕"之感！想到这位专家大半生在这一行当厮混，他没有注意到近年来马克思主义哲学研究中大力倡导认真阅读原著、悉心反思 20 世纪对马克思主义的理解和解释吗？怎么到如今还不懂得，是需要根据马克思、恩格斯的原始思想及其论证逻辑来厘清和阐明马克思主义与人道主义、人性论之间的复杂关系，还是一如近 40 年前那样继续选择割裂、回避甚至制造二者的对立呢？

无独有偶。前一段时间我新写的一篇短文被拒，编辑告诉我说，他们的领导提出的理由之一是："您第三部分对现实的批评虽然很有道理，但也怕引发争议！"

整理这些轶事时，我看到德高望重的许全兴教授在马哲史学会群中的一则留言："不同看法很正常，有争论才有发展！只有一种观点、一种看法，哪成世界！"诚哉斯言！

五

双休日，于无聊中简述了以上近日我心里有所留意的几件琐事。那么，是否可以统合起来做一下分析和评判呢？能力有限，我想到马克思当年通过援引并改写古希腊神话中的一则典故来反思德国状况的事例，以此来表达我的感受吧。

传说宙斯之子柏修斯（Perseus）有一次向国王发赌誓，称他可以远涉重洋去取得蛇发女妖美杜莎的头（Medusenhaupt）。本来事情办得很顺利，但就在柏修斯杀死美杜莎、取得首级并将其装入皮囊准备带走时，他却被其他妖怪发现了，在归途中遭到追杀。这时，柏修斯拿出出发前天神送给他的一顶隐身帽（Nebelkappe）戴上，这样他可以看见妖怪，但妖怪却看不见他，于是他最终得以顺利返回。

但是，马克思在《资本论》第 1 卷的序言中却反其道而行之，他设想"隐身帽"的功效并不是如此。相反，柏修斯戴上它遮蔽了自己的眼睛和耳朵，使自己感觉不到妖怪的存在以及自己身处险境的危局，那么其结果将是如何呢？别说取回美杜莎的头了，丢了性命都是可能的！其境遇的不堪和凄惨也就不言而喻了。

据此，马克思对德国的状况做出了分析。他敏锐地看出，当时的统治者和庸俗的经济学家们的做法与他的设想正好类似——用各种手段遮人耳目、掩盖真相，以便使人们看不到国家的落后和愚昧。为此，马克思发出这样沉痛的呼吁——

"决不要在这上面欺骗自己。"①（Man Muß sich nicht darüber täuschen）

---

① 马克思：《〈资本论〉第 1 卷序言》，《马克思恩格斯文集》第 5 卷，人民出版社 2009 年版，第 9 页。

图书在版编目（CIP）数据

追寻与沉思：马克思及其当代性札记/聂锦芳著. --北京：北京师范大学出版社，2025.5. -- ISBN 978-7-303-30593-3

Ⅰ. A81-53

中国国家版本馆 CIP 数据核字第 2025SV6427 号

ZHUIXUN YU CHENSI：MAKESI JIQI DANGDAIXING ZHAJI

出版发行：北京师范大学出版社 https：//www.bnupg.com
　　　　　北京市西城区新街口外大街 12-3 号
　　　　　邮政编码：100088
印　　刷：北京盛通印刷股份有限公司
经　　销：全国新华书店
开　　本：730 mm×980 mm　1/16
印　　张：29.5
字　　数：412 千字
版　　次：2025 年 5 月第 1 版
印　　次：2025 年 5 月第 1 次印刷
定　　价：129.00 元

策划编辑：郭　珍　　　　　责任编辑：郭　珍
美术编辑：王齐云　　　　　装帧设计：王齐云
责任校对：段立超　　　　　责任印制：赵　龙